中國學術思想 研究輯刊

二六編

林慶彰 主編

第2冊

柳興恩《穀梁大義述》之《穀梁》興廢源流研究

王巧儀 著

花木蘭文化事業有限公司

國家圖書館出版品預行編目資料

柳興恩《穀梁大義述》之《穀梁》興廢源流研究／王巧儀
著 — 初版 — 新北市：花木蘭文化事業有限公司，2017〔民
106〕
目 2+294 面；19×26 公分
（中國學術思想研究輯刊 二六編：第 2 冊）
ISBN 978-986-485-167-6（精裝）
1.（清）柳興恩 2. 穀梁傳 3. 研究考訂
030.8   106014194

ISBN-978-986-485-167-6

9 789864 851676

中國學術思想研究輯刊
二六編　第 二 冊   ISBN：978-986-485-167-6

柳興恩《穀梁大義述》之《穀梁》興廢源流研究

作　　者　王巧儀
主　　編　林慶彰
總 編 輯　杜潔祥
副總編輯　楊嘉樂
編　　輯　許郁翎、王　筑　美術編輯　陳逸婷
出　　版　花木蘭文化事業有限公司
社　　長　高小娟
聯絡地址　235 新北市中和區中安街七二號十三樓
　　　　　電話：02-2923-1455／傳眞：02-2923-1452
網　　址　http://www.huamulan.tw 信箱 hml 810518@gmail.com
印　　刷　普羅文化出版廣告事業
封面設計　劉開工作室
初　　版　2017 年 9 月
全書字數　238120 字
定　　價　二六編 12 冊（精裝）新台幣 22,000 元

柳興恩《穀梁大義述》之《穀梁》興廢源流研究

王巧儀　著

作者簡介

王巧儀，輔仁大學中國文學系碩士，現攻讀輔仁大學中國文學系博士班，爲輔仁大學全人教育課程中心兼任講師，曾參與國家教育研究院編修《教育部異體字字典》。研究方向爲《春秋》學、經學。著作有〈相感之道，利在於正——試論《易·咸卦》中的無心之感〉、〈自公羊傳「弒君」例觀《春秋》大義〉。欲效法有清以來《穀梁》家繼千載絕學之心，貢獻一己棉薄之力。

提　要

　　清代柳興恩（1795～1880）見漢代以後，《左傳》、《公羊傳》都有專家世代相傳，唯獨《穀梁傳》少有專家，唐以後更成絕學，遂發憤續此絕學，於經史子集之涉及《穀梁傳》者，依次摘錄，斷以己意，並詳考《穀梁傳》的研究歷史，闡明其興廢源流，依據不同的主題，分作〈述日月例〉、〈述禮〉、〈述異文〉、〈述古訓〉、〈述師說〉、〈述經師〉、〈述長編〉七個部分成《穀梁大義述》三十卷。本文以柳興恩《穀梁大義述·述經師》爲據，嘗試梳理《穀梁》於歷來的研習、流傳及傳授情形，得出《穀梁》經師治《穀梁》的學統。並試圖梳理《穀梁》於歷代經師的影響、政治的環境、學術的背景等狀況之下，《穀梁》興盛或衰頹的情形。於查考歷來《穀梁》經師於《穀梁》學地位外，亦將經師之間的傳授情形，作〈《穀梁》傳授流傳譜系表〉。將本文各章內容大要略述如下：第一章〈緒論〉：先說明本文研究緣起、研究方法與各章內容大要，其次敘明柳氏著述動機及《穀梁大義述》之體例。第二章《穀梁》之傳授源流——周代至隋代〉：先分別討論柳氏所列周代至西漢《穀梁》經師三十人，東漢《穀梁》經師三十五人，三國《穀梁》經師五人，晉代至隋代《穀梁》經師八十人，末作小結。第三章《穀梁》之傳授源流——唐代至元代〉：分別討論柳氏所列唐代《穀梁》經師三十六人，宋代《穀梁》經師六十九人，元代《穀梁》經師二十一人，末作小結。第四章《穀梁》之傳授源流——明代至清代暨柳氏失收之《穀梁》經師〉：分別討論柳氏所列明代《穀梁》經師四十一人，清代《穀梁》經師四十八人，並柳氏失收之《穀梁》經師三人，末作小結。第五章〈結論〉：以「授受」、「著作」、「通經致用」三方面分析說明柳氏所列三百六十五位《穀梁》經師，以明柳興恩《穀梁大義述·述經師》之《穀梁傳》傳授流傳體系。敘述柳書的侷限與疏失所在，並闡明柳書在《穀梁》流傳與經學史中的地位。末附附錄與參考書目。

目次

第壹章　緒　論

第一節　研究緣起

　　在梳理《春秋》學研究的過程中，發現歷來研究《穀梁傳》的學者數量明顯比研究《公羊傳》、《左傳》的學者人數少。因而產生了疑惑：同樣為《春秋》解經，何以研究《穀梁傳》的人會如此少呢？是因為《穀梁傳》解《春秋》經不如其他二《傳》嗎？即使如此，《穀梁傳》既然同列為十三經之一，作為經典的存在，必然有其重要性、特殊性。否則，若《穀梁傳》如此不濟，何以其書可留存至今，當同鄒氏、夾氏散亂亡佚、僅存其目才是。於此想法之下，當閱讀柳興恩（乾隆六十年乙卯 1795～光緒六年庚辰 1880）〔註1〕《穀梁大義述・敘例》，看到柳興恩大嘆《穀梁傳》所傳《春秋》大義如何精彩，惜千古以來，《穀梁》學如何衰微傾頹，大義蒙塵，不見於世人眼前之語。刹時心有戚戚焉。

　　儘管於清代同時於《穀梁》學有專著者，尚有許桂林（乾隆四十四年戊戌 1778～道光元年辛巳 1821）〔註2〕《穀梁傳時月日釋例》〔註3〕、侯康（嘉慶三年戊午 1798～道光十七年丁酉 1837）〔註4〕《穀梁禮證》、鍾文烝（嘉慶

〔註1〕　柳興恩，原名興宗，字賓叔，江蘇丹徒人。道光十二年壬辰（1832）舉人。
〔註2〕　許桂林，字同叔，號月南，江蘇海州人。著有《春秋穀梁傳時月日書法釋例》。
〔註3〕　皮錫瑞稱「治《穀梁》者，先觀范《解》、楊《疏》及許桂林《釋時月日例》。許書簡而有法。」參見皮錫瑞《經學通論・春秋》〈論三《傳》皆專門之學，學者宜專治一家，治一家又各有所從入〉（台北市：河洛圖書出版社，民國63年12月景印出版）頁88～90。
〔註4〕　侯康，字君謨，廣東番禺人。著有《穀梁禮證》。

二十三年戊寅 1818～光緒三年丁丑 1877）〔註5〕《穀梁補注》、梅毓（道光二十二年壬寅 1842～光緒八年壬午 1882）《穀梁正義長編》等。於《穀梁》學上各有其貢獻及地位。認同梁啓超言「《穀梁》學自昔號稱孤微，清中葉以後稍振，其著作有鍾朝美文烝之《穀梁補注》、有侯君謨康之《穀梁禮證》、柳賓叔興恩之《穀梁大義述》，柳書較佳。」〔註6〕的想法。

柳興恩見漢以後，《左傳》、《公羊傳》都有專家世代相傳，唯獨《穀梁傳》少有專家，唐以後更成絕學，遂發憤續此絕學，於經史子集之涉及《穀梁傳》者，依次摘錄，斷以己意，並詳考《穀梁傳》的研究歷史，闡明其興廢源流，成《穀梁大義述》三十卷。吳雁南、秦學頎、李禹階所編《中國經學史》稱「此書開了清代《穀梁傳》研究的先河。」〔註7〕

柳興恩《穀梁大義述》依據不同的主題，分作〈述日月例〉、〈述禮〉、〈述異文〉、〈述古訓〉、〈述師說〉、〈述經師〉、〈述長編〉七個部分。

其書最為人稱道的是搜羅宏富，如吳連堂於一九九八年出版的《清代穀梁學》，稱「柳氏《大義述》最顯而易見者，即其搜羅整理之功，如其〈述日月例〉之分類排比，〈述師說〉之彙聚眾家，〈述經師〉〈述長編〉之周詳靡遺，皆可見其用力之勤；而搜羅之宏富，足顯前人於穀梁學之成績，且可供後人研習《穀梁》之資。又，《大義述》之分類論述，具明所由，體例分明，眉目清晰，為當代《穀梁》著作所未及。」〔註8〕

然其書最為人詬病之處亦在乎此，因柳興恩大量篇幅的引述資料，而其論述的「述日」闕文者，共有六百五十處。致使孫詒讓〈與梅延祖論穀梁義書〉云：「柳氏致力甚勤，而識鑒疏固，其書義例蕪雜，駢枝為累，未饜所聞也。」〔註9〕江慎中〈春秋穀梁傳條例敘〉云：「柳氏專事抄撮，絕無心得，其書內〈述例〉一篇，為排比日月而不及其他，若不知日月之外，別有義例者，其於《穀梁》之學，入之不深，已可概見。」〔註10〕為其闕文者，近代

〔註5〕 梅毓，字延祖，江都甘泉人。著有《穀梁正義長編》。

〔註6〕 參見梁啓超（1783～1928）：《中國近三百年學術史》（臺北市：中華書局，民國 51 年），頁 192。

〔註7〕 參見吳雁南、秦學頎、李禹階：《中國經學史》（台北市：五南圖書出版股份有限公司，2005 年 8 月初版）頁 469。

〔註8〕 參見吳連堂，《清代穀梁學》（高雄：高雄復文圖書出版社，1998 年 2 月），頁 373。

〔註9〕 孫詒讓《籀廎述林》卷十。

〔註10〕 《國粹學報》六十八期。

張慰祖著有《穀梁大義述補闕》一書，除〈述古訓〉之外，餘皆補闕。柳氏後人柳詒徵稱「不可謂君（張慰祖）非公（柳興恩）之功臣也。」另有蔣元慶撰〈柳興恩穀梁述禮補缺〉一文，專門爲《穀梁大義述・述禮》補缺。

對於《穀梁》經師傳授、源流暨流傳部分，有李日剛〈穀梁傳之著於竹帛及傳授源流考〉一文中〈穀梁學之傳授世系〉，除傳授世系外，李日剛亦敘述《穀梁》學在先秦西漢的傳授，並將東漢、魏晉、唐、清代《穀梁》學的興衰情形作一概述。〔註11〕另有王熙元於民國六十三年於孔孟學報發表的〈穀梁傳授源流考〉一文，其謂柳興恩之《穀梁大義述・述經師》自周子夏，迄清王闓運，搜羅甚富。然惜其「仍有遺漏，或所取不宜，或引文繁簡失當。」故「略仿其例，補其闕漏，匡其未逮，而徵文尤詳。」〔註12〕末附〈穀梁傳傳授統緒表〉，爲《穀梁傳》於先秦兩漢間之授受系統。

柳興恩於《穀梁大義述・敘例》中，其〈述經師〉中所述之經師有「其說已亡而名僅存者」及「自漢以後，併治三《傳》者」〔註13〕。

然查〈述經師〉全文，可知柳興恩所引錄經師，尚有史傳（或有資可據）明言其治《穀梁》者；有《穀梁》相關著作者，有但存其目，其書已佚，或其說已亡者；有三《傳》相關著作者；著作中明引《穀梁》文字，或《穀梁》義者；參與經學會議（石渠閣會議、白虎觀會議等）及爭立學官者；有史傳（或有資可據）言其「明《春秋》」、「能說《春秋》」、「通《春秋》」、「習《春秋》」、「治《春秋》」、「修《春秋》」、「垂意《春秋》」者。據〈述長編・史部・漢書五行志〉，可知柳興恩謂「兩漢凡言治《春秋》者，具係《公羊》、《穀梁》。」〔註14〕若是，則此等人亦有可能爲治《公羊》者。以此，柳興恩述中多有旁證，如：俱治《詩》、《春秋》者，以《詩》、《春秋》爲江博士（自瑕丘江公

〔註11〕　對於東漢至清代《穀梁》學的興衰情形，李日剛言：「東漢，《左氏》之學興，《公羊》尚有李育、戴宏、何休等與之抗衡。《穀梁》學在東漢之寥落可知。魏晉，學者之治《穀梁》，遠較《公羊》爲勝。注家之可據楊《疏》數者，其餘皆膚淺末學，無甚可觀。其最見重於時者，則推范甯之《集解》。唐楊士勛爲范甯作《疏》，其後又落寞無聞焉。清代，有許桂林著《穀梁釋例》、柳興恩《穀梁大義述》、鍾文烝《穀梁補注》，與《公羊》之學竝呈復興之象。」

〔註12〕　參見王熙元：〈穀梁傳傳授源流考〉，《孔孟學報》第 28 期（民國 63 年 9 月），頁 219。

〔註13〕　參見清・柳興恩：《穀梁大義述・敘例》（臺北市：藝文印書館，民國 54 年）《皇清經解續編》南菁書院本，頁 11013。

〔註14〕　參見清・柳興恩：《穀梁大義述・述長編》（臺北市：藝文印書館，民國 54 年）《皇清經解續編》南菁書院本，頁 11257。

始）家法，顯有師法抑或家法傳承者，雖但言《春秋》，亦目其為《穀梁》經師；言行合於《穀梁》者，上疏、上奏言及《穀梁》文字、《穀梁》義者，或行止合於《穀梁》義者。

〈述經師〉於《穀梁》學史上佔有舉足輕重的重要地位，雖前有洪亮吉、畢沅所作的〈通經表〉。然柳興恩〈述經師〉確是博采古籍，勾勒出自東周子夏以降，至清代之時，《穀梁》傳授及流傳的情形。雖王熙元稱其「仍有遺漏，或所取不宜，或引文繁簡失當。」王熙元以「流傳統緒」為題，以此目之，柳興恩〈述經師〉確是「所取不宜」。然若以「《穀梁》興廢源流」為主軸，自柳興恩以《穀梁》為千古絕學，欲集其大成而作《穀梁大義述》的著述動機看來，舉凡與《穀梁》相關，甚或與《春秋》、三《傳》、經、傳等有關連，柳興恩皆將其列入〈述經師〉中，不可不謂其苦心孤詣。無可諱言，柳興恩確有遺漏之《穀梁》經師，如浮丘伯、陸賈等。

第二節　研究方法及內容大要

本文欲以柳興恩《穀梁大義述・述經師》為據，嘗試梳理《穀梁》於歷來的研習、流傳及傳授情形，看出《穀梁》經師治《穀梁》的學統。並試圖梳理《穀梁》於歷代經師的影響、政治的環境、學術的背景等狀況之下，《穀梁》興盛或衰頹的情形。

本文研究方法與撰寫方式如下：

柳氏〈述經師〉首列經師姓名，於「述曰」下輯錄文獻，或附以案語。柳氏列經師名姓或單人、或雙人、或多人，本文略存其貌，並加諸序號，以便檢閱。於經師名姓之下敘明柳氏所輯錄文獻，回歸原始資料比對；以案語加以分析其與《穀梁傳》之關係，據分析結果判定是否可目其為《穀梁》經師。於各章節下以小結將柳氏所列《穀梁》經師分類。

柳氏輯錄之文獻依據有：先師之載錄、史傳、史志、歷代圖書敘錄、《荀子》、《毛詩》、《西漢會要》、《華陽國志》、《隸釋》、《冊府元龜》、《風俗通》、《太平御覽》、《唐會要》、《澠水燕談錄》、《容齋隨筆》、《國史儒林傳稿》、《經義考》、《欽定四庫全書總目》、《漢學師承記》、《疇人傳》及其同代所聞見者。柳氏於第一次引用時，錄其作者朝代、姓名及書目全稱，其後再次徵引，則以書目簡稱錄之。

　　本文於敘明柳氏徵引文獻時，以其原文錄之，其後進行分析時，則以書目全名稱之。柳氏所輯資料，除〈述經師〉外，尚有參見該書他處者，以甲、乙、丙分別述之；其所輯錄文獻僅一則時，逕書「柳氏曰」；不僅一則，抑或柳氏有案語時，以 1、2、3 之序號列之；其以雙行夾注行文者，皆以（）方式註明。

　　柳氏所輯資料以宋人陳騤《中興館閣書目》與清人阮元《國史儒林傳稿》二書未能窺見全貌，本文與柳氏引二書處，《中興館閣書目》採用趙士煒《中興館閣書目輯考》；《國史儒林傳稿》採用〈集傳錄存〉與《清史列傳・儒林傳》。

　　《中興館閣書目》與《中興館閣書目輯考》之關係論述如下：

　　清人葉德輝〈刊秘書省續編到四庫闕書目序〉：

　　　　《宋史・藝文志》云：「太宗始于左升龍門北建崇文院，而徙三館之書以實之。眞宗時，王宮火，延及崇文、秘閣，書多煨燼。其僅存者，遷於右掖門外，謂之崇文外院。仁宗既新作崇文院，命翰林學士張觀等編四庫書，仿《開元四部錄》爲《崇文總目》，書凡三萬六百六十九卷。神宗改官制，遂廢館職，以崇文院爲秘書省。徽宗時，更《崇文總目》之號爲《秘書總目》。詔購求士民藏書，其有所秘未見之書足備觀采者，仍命以官。且以三館書多逸遺，命建局以補全校正爲名，設官總理，募工繕寫。迨夫靖康之難，而宣和、館閣之儲，蕩然靡遺。高宗移蹕臨安，乃建祕書省於國史院之右，搜訪遺闕，屢優獻書之賞，於是四方之藏，稍稍復出，而館閣編輯，日益以富矣。當時類次書目，得四萬四千四百八十六卷。至寧宗時續書目，又得一萬四千九百四十三卷，視崇文總目，又有加焉。」〔註15〕

北宋時，宋太宗太平興國三年（978），建三館書院，遷貯三館書籍，賜名崇文院。眞宗大中祥符八年（1015），崇文院大火，將僅存的書籍移到右掖門，稱爲崇文外院。宋仁宗景祐元年（1034），命翰林學士張觀、李淑、宋祁等校定整理三館與秘閣藏書，仿唐代《開元群書四部錄》，編列書目，慶曆元年

〔註15〕參見清・葉德輝：《刊秘書省續編到四庫闕書目》，收於《書目類編》（台北市：成文出版社，民國 67 年 5 月）頁 125。另可參見《宋史・藝文志》，引自（元）脫脫等撰，楊家駱主編，《新校本宋史并附編三種》（臺北市：鼎文書局，民國 69 年，《中國學術類編》）頁 5031～5034。

（1041）成書，賜名《崇文總目》，共著錄經籍三萬六百六十九卷。神宗改官制，以崇文院為秘書省。徽宗時，將《崇文總目》改名《秘書總目》。清人葉德輝〈刊秘書省續編到四庫闕書目序〉：

> 王應麟《玉海》：「紹興初，改定《崇文總目》，秘省續編四庫闕書。淳熙四年十月少監陳騤言乞編撰書目，五年六月九日上《中興館閣書目》七十卷，《序例》一卷，凡五十二門。計見在書四萬四千四百八十六卷，較《崇文總目》所載多一萬三千八百十七卷。」〔註16〕

南宋時，高宗紹興初，改定《崇文總目》，使秘省續編四庫闕書，成《秘書省續編到四庫闕書目》。孝宗淳熙四年（1177）秘書省少監陳騤上言要求編撰書目，至五年（1178）六月，上《中興館閣書目》七十卷。共著錄經籍四萬四千四百八十六卷，較之《崇文總目》，多出一萬三千八百十七卷。然《中興館閣書目》約莫於元明之際亡佚，此後僅能從他書中輾轉引用。直至趙士煒編撰《中興館閣書目輯考》一書。趙士煒〈中興館閣書目輯考自序〉：

> 士煒識傷淺陋，才愧博通，妄欲繼武前哲，從事網輯，自《玉海》所得者，凡九百餘條。其次《山堂考索》中所得者幾二百條，次《直齋書錄解題》中亦得百條有奇，餘則《困學紀聞》、《漢書藝文志考證》、《詞學指南》、《宋史・藝文志》中，多者十許，少亦一二，諸書所引，或稱《中興書目》，或稱《館閣書目》，或稱《淳熙書目》，或僅稱《書目》，凡此所屬，胥付鈔。內除複重，所獲逾千條，未備者俟他日再為補苴。〔註17〕

趙士煒自《玉海》、《山堂考索》、《直齋書錄解題》、《困學紀聞》、《漢書藝文志考證》、《詞學指南》、《宋史・藝文志》等書中引《中興書目》、《館閣書目》、《淳熙書目》、《書目》等為《中興館閣書目》輯佚。本文於柳氏兩引《中興書目》處，採趙士煒所編撰《中興館閣書目輯考》為證。

〈集傳錄存〉與《清史列傳・儒林傳》與《國史儒林傳稿》之關係論述如下：

嘉慶十四年己巳（1809），陳壽祺任國史館總纂，修〈儒林〉、〈文苑〉兩

〔註16〕 參見清・葉德輝：《刊秘書省續編到四庫闕書目》，收於《書目類編》（台北市：成文出版社，民國67年5月）頁126。

〔註17〕 參見趙士煒：《中興館閣書目輯考》，收於《書目類編》（台北市：成文出版社，民國67年5月）頁491。

傳，翌年丁憂去職。〔註18〕是歲阮元任翰林院侍講，十月，「自願兼國史館總輯，輯〈儒林傳〉」〔註19〕；十七年，「八月十六日，阮元奉以其為漕運總督諭。」〔註20〕「八月二十日，將纂辦粗畢之〈儒林傳〉稿本交付國史館，其〈文苑傳〉創稿未就。」〔註21〕則阮元去史職時，〈儒林傳〉已纂有成稿。據〈集傳錄存〉下常生案：

> 家大人嘗撰〈儒林傳〉一百數十人，乃集各書而成。將成時，即出京總督漕運。後史館中據此為底稿，略刪數篇，其不刪之人，於篇句中亦有所刪。然不刪者皆已定為〈儒林傳〉。傳為史館文，即不得刊入私集。至於已刪者即非史文，不妨削去儒林之名，而收入私集。
>
> 故今檢稿集錄為一篇，收入《揅經室續集》。〔註22〕

可知清國史館所修〈儒林傳〉，即以阮元〈擬國史儒林傳〉為底本，並刪去若干傳。其史館刪汰之稿，阮元輯為〈集傳錄存〉，收於《揅經室續集》卷二，尚可藉而考見阮氏〈擬國史儒林傳〉原貌也。阮元〈擬國史儒林傳稿〉，後經館臣續纂，增修改訂，每傳進呈後，方寫為定本。今本《清史列傳·儒林傳》

〔註18〕參見陳壽祺〈與方彥聞令君書〉：「壽祺先於嘉慶十有四年（1809）充國史館總纂，專朔〈儒林〉、〈文苑〉兩傳，尋以憂歸。明年宮保儀徵公適在京師，當事延之獨纂〈儒林傳〉。」（《左海文集》卷五，《續修四庫全書》冊 1496，影印清刻本，頁 74）另參見阮元〈誥封奉直大夫翰林院編修陳君慕志銘〉：「嘉慶十五年（庚午，1810）七月干支辛，年六十五。」（《揅經室一集》卷五，《叢書集成初編》本，頁 463、464）另參見阮元〈隱屏山人陳編修傳〉：「俄以丁父憂歸，時庚午歲也。初壽祺將以是歲逾秋告歸省親，未幾遭丁憂，星奔痛鉅，乃自悔其在都之非，其所述至令人不可卒讀。」（《揅經室續集》卷二，《叢書集成初編》本，頁 97～100）則陳壽祺於嘉慶十四年為國史館總纂，十五年七月丁父憂去職。

〔註19〕參見王章濤編著《阮元年譜》（合肥：黃山書社，2003 年 10 月第 1 版），頁 527。

〔註20〕參見王章濤編著《阮元年譜》（合肥：黃山書社，2003 年 10 月第 1 版），頁 554。

〔註21〕參見清·張鑑等編：《雷堂庵主弟子記》卷四，清咸豐間刻本（《乾嘉年譜》冊 11，北京圖書館出版社，）頁 647～649。另可參見王章濤編著《阮元年譜》（合肥：黃山書社，2003 年 10 月第 1 版），頁 554～556。

〔註22〕參見阮元：《揅經室續集》卷二，《叢書集成初編》本，頁 59～82。〈集傳錄存〉共收正傳十三人：毛奇齡、沈國模、錢澄之、臧庸、閻循觀、王鳴盛、丁杰、任大椿、孔廣森、張惠言、孔興燮、孔繼涵、顏光猷。附傳二十三人：孔當、邵曾可、勞史、桑調元、汪鑒、談泰、桂馥、方中通、方中履、朱鶴齡、臧禮堂、韓夢周、汪紱、金榜、李惇、劉台拱、汪中、孔毓圻、孔傳鐸、孔廣榮、孔憲培、顏光敏、顏光斅。

為歷任館臣纂定之稿集錄成之。

柳氏引阮氏〈國史儒林傳稿〉為據，列為《穀梁》經師者三：萬斯大、孔傳鐸、朱筠。據阮氏〈擬國史儒林傳序〉言：「自順治至嘉慶之初，得百數十人。」〔註23〕可知阮氏〈擬國史儒林傳〉所收傳主，當為順治元年（1644）至嘉慶初年（1796～1812）間人。經檢閱，萬斯大生於崇禎六年，卒於康熙二十二年（1633～1683）。孔傳鐸生於康熙十二年，卒於雍正十三年（1673～1735）。朱筠生於雍正七年，卒於乾隆四十五年（1729～1780）。皆於阮氏〈擬國史儒林傳〉所收傳主年間人。其中，僅孔傳鐸一人於〈集傳錄存〉中有傳，引之以為柳氏佐證。萬斯大、朱筠未見於〈集傳錄存〉，二人當為阮常生案語之「不刪者」，則引《清史列傳·儒林傳》為證。

本文將柳氏所列《穀梁》經師略分為四類，並以其與《穀梁傳》關係遠近分以細目。分類方式如下（各朝代依其當代不同情形而稍作調整）：

一、以其撰有著作，列為《穀梁》經師者。依其著作與《穀梁傳》關係之遠近，又可略分為四：

（一）撰有《穀梁傳》專著者。

（二）著作為《春秋》學範疇，兼及《穀梁傳》。依其內容與《穀梁傳》關係之遠近，可約分為五：以《穀梁》別為一節，雖非《穀梁》專著，柳氏仍列為《穀梁》經師；引《穀梁》傳文、傳義說解，雖非《穀梁》專著，柳氏從寬取之，列為《穀梁》經師；內無《穀梁》傳文、傳義，柳氏從寬取之，列為《穀梁》經師；其書雖佚，尚有資可考者；其書未見，但存其目，無可考者。

（三）著作為經學範疇，兼及《穀梁傳》。依其內容與《穀梁傳》關係之遠近，可約分為五：以《穀梁》別為一節，雖非《穀梁》專著，柳氏仍列為《穀梁》經師；以《春秋》、三傳為目，引《穀梁》傳文、傳義說解，雖非《穀梁》專著，柳氏從寬取之，列為《穀梁》經師；以《春秋》、三傳為目，通論三傳者，柳氏從寬取之，列為《穀梁》經師；其書雖佚，尚有資可考者；其書未見，但存其目，無可考者。

（四）因故無從歸類者：其為目錄之書，無從歸類者；與《穀梁》無涉者。

二、以史傳明言其研讀、授受《春秋》兼及《穀梁傳》者。依史傳所載

〔註23〕參見阮元：《擘經室一集》卷二，《叢書集成初編》本，頁31～33。

情形，約可分爲三：史傳直言其通曉、授受《穀梁》者；史傳但言其通《春秋》，不得而知是否確爲《穀梁》者；史傳言其明《春秋》三《傳》，不專指《穀梁》者。

三、以《穀梁》傳義議論時事者。

四、不當目爲《穀梁》經師者。

將各章內容大要略述如下：

第一章〈緒論〉：本章分作三節，第一節爲「研究動機」。第二節爲「研究方法與各章內容大要」。第三節爲「柳興恩行跡」，分爲「柳興恩生平略述」及「相約各治一經」兩部分。第四節爲「《穀梁大義述》」說明柳氏著述動機及《穀梁大義述》之體例。

第二章〈《穀梁》之傳授源流——周代至隋代〉：本章分作四節，第一節爲「周代至西漢《穀梁》學者及《穀梁》學傳授」，共錄經師三十人。第二節爲「東漢《穀梁》學者及《穀梁》學傳授」，共錄經師三十五人。第三節爲「三國《穀梁》學者及《穀梁》學傳授」，共錄經師五人。第四節爲「晉代至隋代《穀梁》學者及《穀梁》學傳授」，共錄經師八十人。

第三章〈《穀梁》之傳授源流——唐代至元代〉：本章分作三節，第一節爲「唐代《穀梁》學者及《穀梁》學傳授」，共錄經師三十六人。第二節爲「宋代《穀梁》學者及《穀梁》學傳授」，共錄經師六十九人。第三節爲「元代《穀梁》學者及《穀梁》學傳授」，共錄經師二十一人。

第四章〈《穀梁》之傳授源流——明代至清代暨柳氏失收之《穀梁》經師〉：本章分作三節，第一節爲「明代《穀梁》學者及《穀梁》學傳授」，共錄經師四十一人。第二節爲「清代《穀梁》學者及《穀梁》學傳授」，共錄經師四十八人。第三節爲「柳氏略而未收之《穀梁》經師」，共錄經師三人。

第五章〈結論〉：本章分作三節，第一節爲「柳興恩《穀梁大義述・述經師》之《穀梁傳》傳授流傳體系」，以「授受」、「著作」、「通經致用」三方面分析說明柳氏所列三百六十五位《穀梁》經師。第二節爲「柳興恩《穀梁大義述・述經師》之侷限與疏失」，分別敘述柳書的侷限與疏失所在。第三節爲「柳興恩《穀梁大義述・述經師》之評價與地位」，以歷來學者對柳書的評價，進一步闡明柳書在《穀梁》流傳與經學史中的地位。

本文於查考歷來《穀梁》經師於《穀梁》學地位外，亦將經師之間的傳授情形，試圖作〈傳授表〉。《《穀梁》傳授表〉於大多數經學史書籍中皆有，

然多止於西漢。〔註24〕〈傳授表〉類似於〈世系表〉、〈譜系表〉〔註25〕。〈世系表〉只要確認血緣關係即可，〈傳授表〉情形較〈世系表〉複雜的多：有因家學傳承者，如瑕丘江公傳子至孫；有從經師受學者，如房鳳授於侯霸；亦有非爲經師所傳，然直承前朝經師論者，如：晉代董景道上承東漢鄭玄。〈世系表〉中，父可有多子，如魯惠公有魯隱公、魯桓公二子；兒子不可有二父。然〈傳授表〉中，經師可以授多位弟子，如榮廣授於蔡千秋、周慶、丁姓等；而弟子亦可以受於多位經師，如蔡千秋又受於皓星公。

第三節　柳興恩行跡

（一）柳興恩生平略述

柳興恩，生於乾隆六十年乙卯（1795），卒於光緒六年庚辰（1880），年八十六。原名興宗，字賓叔，江蘇丹徒人。道光十二年壬辰（1832）舉人。「貧而好學，敦實行。」爲儀徵阮元（乾隆二十九甲申 1764～道光二十九年己酉 1849）〔註26〕的再傳弟子。〔註27〕

〔註24〕 如吳雁南、秦學頎、李禹階主編《中國經學史》、趙伯雄《春秋學史》、戴維《春秋學史》、劉汝霖《漢晉學術編年》等。

〔註25〕 黃繼立對「譜系」一詞有過説明：「所謂的『譜系』相當於『譜牒』，意爲記錄氏族世系的文件。考『譜系』一詞出現甚早，遠在《隋書》卷三十三〈志第二十八‧經籍二〉即見『譜系』一詞的使用記錄：『氏姓之書，其所由來遠矣。……及周太祖入關，諸姓子孫有功者，並令爲其宗長，仍撰譜錄，紀其所承。又以關內諸州，爲其本望。其鄧氏官譜及族姓昭穆記，晉亂已亡。自餘亦多遺失。今錄其見存者，以爲譜系篇。』可見『譜系』在最初運用上，即有氏族傳承的記錄之意。又《舊唐書》卷四十六〈志第二十六‧經籍上〉之説，亦值得注意，其云『乙部爲史，其類十有三』而『十二曰譜系，以紀世族繼序』，則簡要地説明了『譜系』的功能，在於記載氏族世代間的繼承關係。一個氏族譜系的形成，完全建立在血緣關係上，因此就血緣上這點來説，凡隸屬同一譜系者，其血緣必有相同之處。」參見黃繼立，《「神韻」詩學譜系研究——以王漁陽爲基點的後設考察》（高雄：國立成功大學中國文學研究所碩士，2002 年）

〔註26〕 阮元，字伯元，號芸台，江蘇儀徵人。

〔註27〕 據《雷塘庵主弟子記》卷八（始於道光十八年，終於道光三十年）爲「小門生柳興恩續編」。可知柳興恩自稱爲阮元之小門生（即再傳弟子）。另據阮元：〈鎮江柳氏柳孝廉春秋穀梁傳學序〉：「興恩爲余門生之門生。」存錄於《揅經室再續集》卷一。且據《雷塘庵主弟子記》卷八「1840 道光二十年　庚子」：「八月，公自訂《揅經室再續集》，以〈穀梁傳學序〉冠其首。（謹案：丁未（1847）歲，公延興恩館于家，爲諸孫及外孫授經。興恩中式壬辰（1832）

柳氏初治毛詩，著《毛詩注疏糾補》三十卷，嗣以毛公師荀卿，荀卿師穀梁，而《穀梁春秋》千古絕學，唐以後無治之者。以阮元刻《皇清經解》（又名《學海堂經解》）〔註28〕，其中，《公羊》、《左氏》俱有專家，而《穀梁》缺焉。柳興恩乃發憤沉思，纂《穀梁春秋大義述》三十卷。以鄭玄〈六藝論〉云：「穀梁子善於經」，遂專於善經入手，而善經則以屬辭比事爲據。事與辭則以春秋日月等名例定之。倡明魯學，成一家言。書甫成，就正於阮元，阮元見之，許以爲扶翼孤經，並爲之作序。〔註29〕番禺陳澧（嘉慶十五年庚午1810～光緒七年辛巳1881）嘗撰《穀梁箋》及《條例》，久而未成，後見柳書，歎其精博，以其能備采其說，則不復作。後與柳氏訂交京師。

除《毛詩注疏糾補》、《穀梁大義述》外，柳氏尚有《周易卦氣輔》四卷、《虞氏易象考》二卷、《尚書篇目考》二卷、《續王應麟詩地理考》二卷、《羣經異義》四卷、《劉向年譜》、《儀禮釋宮考辨》二卷、《史記漢書南齊書校勘記》、《宿壹齋詩文集》。

（二）相約各治一經

據《清史稿》劉寶楠本傳：

> 寶楠於經初治毛氏《詩》、鄭氏《禮》，後與劉文淇、江都梅植之、
> 涇包慎言、丹徒柳興恩、句容陳立，約各治一經。〔註30〕

及劉恭冕〔註31〕〈論語正義後敘〉：

> 及道光戊子，先君子應省試，與儀徵劉先生文淇、江都梅先生植之、

江南鄉試第七名，座師爲蕭山湯相國公典，己未（1859）會試之門生也。）」可證柳興恩確爲阮元之再傳弟子。參見清・張鑑等編：《雷塘庵主弟子記》，清咸豐間刻本（《乾嘉年譜》冊11，北京圖書館出版社）

〔註28〕《皇清經解》，收七十三家，記書一百八十八種，凡一千四百卷。此書是匯集儒家經學經解之大成，是對乾嘉學術的一次全面總結。後由夏修恕、阮福等編輯、校勘、監刻、出版，道光九年九月，全書輯刻完畢。

〔註29〕參見阮元：〈鎮江柳氏柳孝廉春秋穀梁傳學序〉：「道光十六年，始聞有鎮江柳氏學《穀梁》之事。二十年夏，柳氏（興恩）挾其書渡江來，始得讀之。」存錄於《揅經室再續集》卷一。

〔註30〕參見《清史・列傳二百六十七・儒林三・劉寶楠》：收自於二十五史編刊館；國防研究院：《仁壽本二十六史：清史》（台北市：成文出版社有限公司，民國60年10月初版，據國防研究院清史編纂委員會民國五十年鉛印本校定影印），頁5213。

〔註31〕劉恭冕（道光四年甲申1824～光緒九年癸未1883），字公冕，號叔俛、叔甫，江蘇寶應人。

涇包先生慎言、丹徒柳先生興恩、句容陳丈立，始爲約各治一經，
加以疏證。〔註32〕

可知於道光八年戊子（1828），劉文淇〔註33〕、劉寶楠〔註34〕、梅植之〔註35〕、
包慎言〔註36〕、柳興恩、陳立〔註37〕等赴金陵應試時，相約同撰十三經新疏。

據陳立〈論語正義敘〉：

道光戊子秋，立隨劉孟瞻、梅蘊生兩師，劉楚楨、包孟開兩先生赴
鄉闈。孟瞻師、楚楨先生病十三經舊疏多踳駁，欲仿江氏、孫氏《尚
書》，邵氏、郝氏《爾雅》，焦氏《孟子》別作疏義。孟瞻師任《左
氏傳》、楚楨先生任《論語》，而以《公羊》屬立。〔註38〕

可知劉文淇、劉寶楠、柳興恩等人之所以相約各治一經，是因爲他們認爲十
三經舊疏乖舛錯雜，所以相約仿江聲《古文尚書集注音疏》、孫星衍《尚書今
古文注疏》、邵晉涵《爾雅正義》、郝懿行《爾雅注疏》、焦循《孟子正義》等
人爲群經作新注疏之意，共同撰寫十三經新疏。

據劉文淇爲陳立《句溪雜著》所寫的序文，可以見到劉文淇對十三經舊
疏之評價：

余維漢儒之學，經唐人作疏而其義益晦。徐彥疏《公羊》，空言無當，
賈、孔《禮》疏，亦少發明。近人如曲阜孔氏、武進劉氏，謹守何
氏之說，詳義例而略典禮訓詁。歙金氏、程氏習鄭氏《禮》，顧其所

〔註32〕 參見清・劉恭冕：〈論語正義後敘〉收於清・劉寶楠：《論語正義》（台北：文
史哲出版社，民79年11月）頁797～798。

〔註33〕 劉文淇（乾隆五十四年己酉1789～咸豐四年甲寅1854）字孟瞻，江蘇儀徵人。
梁啓超於《中國近三百年學術史》稱「這部書（《左傳舊注疏證》）始終未成，
真是學界一件憾事。」

〔註34〕 劉寶楠（乾隆五十六年辛亥1791～咸豐五年乙卯1855）字楚楨，號念樓，江
蘇寶應人。

〔註35〕 梅植之（乾隆五十九年甲寅1794～道光二十二年癸卯1843）字蘊生，號稽菴，
江蘇江都人。

〔註36〕 包慎言（生卒年不詳），字孟開，安徽涇縣人。爲包世臣（乾隆四十年乙未1775
——咸豐五年乙卯1855）、包世榮（乾隆四十九年甲辰1784～道光六年丙戌
1826）之從子。

〔註37〕 陳立（嘉慶十四年己巳1809～同治八年己巳1869）字卓人，號默齋、句溪，
江蘇句容人。梁啓超於《中國近三百年學術史》稱「實爲董（仲舒）、何（休）
以後本傳第一功臣。」

〔註38〕 參見清・陳立：〈劉楚楨先生論語正義序〉《句溪雜著》卷六，《叢書集成續編》
（臺北市：新文豐出版公司，民國74～75年）頁715～716。

著書，往往自立新義，顯違鄭説。〔註39〕

劉文淇所著十三經新疏爲《左傳舊注疏證》。劉文淇未及寫定而卒，其子劉毓崧續之，卒而未成，其孫劉壽曾續之，未成而卒，其曾孫劉師培復續之，歷經四世，終未能成，至襄公而絕。劉寶楠所著十三經新疏爲《論語正義》。然劉寶楠書未成而卒，其子劉恭冕續之，至同治四年乙卯（1865）寫定。歷經二世。梅植之本欲擬著《穀梁集解正義》，未成而卒。其子梅毓繼其父業，著《穀梁正義長編》。包慎言所著十三經新疏爲《春秋公羊傳曆譜》。陳立所著十三經新疏爲《公羊義疏》。而柳興恩《穀梁大義述》，重續《穀梁》之學統，在新疏之中，尤有「續絕學」之大志在焉。

第四節　《穀梁大義述》著述動機與體例

（一）著述動機

對於《春秋》經終於獲麟，柳興恩稱「杜預曰：因獲麟而作，作起獲麟，則文止於所起。此說允矣。」據杜預〈春秋序〉：「或曰：《春秋》之作，《左氏》及《穀梁》無明文。說者以爲仲尼自衛反魯，脩《春秋》，立素王，丘明爲素臣。言《公羊》者，亦云黜周而王魯，危行言孫，以辟當時之害，故微其文、隱其義。《公羊》經止獲麟，而《左氏》經終孔丘卒。敢問所安？答曰：異乎余所聞。仲尼曰：「文王既没，文不在茲乎？」此制作之本意也。「歎曰：鳳鳥不至，河不出圖，吾已矣夫。」蓋傷時王之政也。麟鳳五靈，王者之嘉瑞也。今麟出非其時，虛其應而失其歸，此聖人所以爲感也。絕筆於獲麟之一句者，所感而起，固所以爲終也。」〔註40〕麟爲聖王之象徵。孔子感於麟現於非聖王之時，而作《春秋》。

柳興恩謂自十歲讀《左氏傳》時，即懷疑《春秋》經何以託始於隱公之元年。見杜預〈春秋序〉：「曰：然則《春秋》何始於魯隱公？答曰：周平王，東周之始王也。隱公，讓國之賢君也。考乎其時則相接，言乎其位則列國，本乎其始則周公之祚胤也。若平王能祈天永命，紹開中興，隱公能弘宣祖業，光啓王室。則西周之美，可尋文武之迹不隊。是故因其曆數，附其行事，采

〔註39〕　參見劉文淇〈句溪雜著序〉，引自清・劉文淇撰；曾聖益點校：《劉文淇集》（台北：中央研究院中國文哲研究所，民96年12月），頁132～135。

〔註40〕　晉・杜預，《春秋經傳集解》（台北：七略出版社，2005年二版，相臺岳氏本），頁40。

周之舊，以會成王義，垂法將來。」〔註41〕柳興恩以爲其詞支蔓蕪雜，遍訪博通經學之士，皆未有能切實論述之人。又見范寧〈春秋序〉：「孔子觀滄海之橫流，迺喟然而歎曰：文王既沒，文不在茲乎。言文王之道喪，興之者在己。於是就大師而正雅頌，因魯史而脩春秋，列黍離於國風，齊王德於邦君。所以明其不能復雅，政化不足以被羣后也。於時則接乎隱公，故因茲以託始。」〔註42〕謂孔子感嘆於東周時代變動爲隱公之時，所以託始於隱公之元年。柳興恩以爲范寧僅沿襲杜預說法而略作改變，不知《穀梁傳》大義之所在。

柳興恩四十四歲治《毛詩》，知毛公師荀卿，荀卿師穀梁，《毛傳》中多《穀梁》說。而專精治《穀梁》，久而不覺。對於《春秋》經託始於隱公之元年，柳興恩疑之久矣。至治《穀梁》，方知《春秋》託始於隱之旨，盡在《穀梁》。數十年來之疑頓釋。「《穀梁》之學之微也久矣，乃今而知《春秋》託於隱之旨，獨在此矣。」〔註43〕

柳興恩以爲，三傳之中，《穀梁傳》開宗明義，發的第一條傳即闡發《春秋》之微言大義。首先，提出桓公宜立與否。宜立則罪在桓（如同《左傳》、《公羊傳》）；不宜立則罪在隱（即《穀梁傳》）。《穀梁傳》以爲桓公本不宜立，惠公因寵愛幼子，而欲傳位予桓公，然最後仍反諸正，傳位予隱公。而隱公欲成父親之志，欲讓位予桓公。而桓公在惠公爲賊子，於周室爲亂臣。除卻以桓公宜立與否外，若以三傳側重，則《左傳》所重者在「讓」，《公羊傳》所重者在「禮」，《穀梁傳》所重者在「正」。《左傳》：「不書即位，攝也。」立論於隱公年長而桓公位正，惠公逝世之時，桓公年紀尚幼，隱公即位，欲待桓公長而讓其位。《左傳》所重者於「讓」，故稱揚隱公而貶抑桓公。《公羊傳》：「春秋何以始乎隱？祖之所逮聞也。」〔註44〕此言立論於三世義：所見世、所聞世、所傳聞世。〔註45〕其次，引孟子言，直指「成父之惡」、「廢倫

〔註41〕 晉・杜預，《春秋經傳集解》（台北：七略出版社，2005 年二版，相臺岳氏本），頁 40。

〔註42〕 清・阮元校，《十三經注疏・穀梁傳》（台北：藝文印書館，1981 年，重刊宋本）頁 4、5。

〔註43〕 參見清・柳興恩：《穀梁大義述・敍例》（臺北市：藝文印書館，民國 54 年）《皇清經解續編》南菁書院本，頁 11012。

〔註44〕 哀十四年傳文。參見清・阮元校，《十三經注疏・公羊傳》（台北：藝文印書館，1981 年，重刊宋本）頁 357。

〔註45〕 三世義：何休、董仲舒所治之三世義：所見世：哀公、定公、昭公；所聞世：襄公、成公、宣公、文公；所傳聞世：僖公、閔公、莊公、桓公、隱公。參

忘君」之隱公爲亂臣賊子。說出「以輕千乘之國者，而卒不能逃亂賊之誅，則千秋萬世臣子之懼心，必自隱公始矣。」接著說明何以《春秋》不託始於惠公、桓公，獨託始於隱公。惠公本因私心，欲傳位予桓公，是自邪返諸正。桓公雖爲弒君篡逆之人，然其舉措乃爲隱公所啓。故隱公之元年正當「正邪絕續之交」，春秋之託始於此，即於不書「公即位」見之。柳興恩以爲，此即「《春秋》之微言，即《春秋》之大義也。」

《穀梁大義述・敘例》：「自漢以來，《穀梁》師授既不敵二傳之多，至嘵嘵於〈廢疾〉、〈起廢疾〉之辨，抑末也。近阮相國刻　《皇清經解》，凡千四百卷，爲書百八十餘種。其中經師七十餘人，《公羊》、《左氏》俱有專家，而《穀梁》缺焉。其著述中兼及之者，如齊侍郎《經傳考證》，王尚書《經義述聞》，又多沿其支流，鮮克舉，斯大義蒙。故發憤卒業於此，竝思爲《穀梁》集其大成。」可知柳氏作《穀梁大義述》的著述動機，一爲闡發《穀梁》大義，二爲承續《穀梁》絕學，不忍其衰微如斯。

（二）《穀梁大義述》體例

《穀梁大義述》共三十卷，分爲七個部分：述日月例、述禮、述異文、述古訓、述師說、述經師、述長編。先依次論述各篇體例，後敘明全書。

1、《穀梁大義述》各篇體例

（1）述日月例——藉魯史以尊王，奉天子以致諸侯。

《穀梁大義述》卷一至卷五屬之。共有「元年」、「春王正月」、「內盟」、「來歸」、「內大夫卒」、「公會（內大夫會附）」、「入」、「外盟」、「內女」、「夫人薨葬」、「諸侯相伐」、「日食」、「天王崩葬（山崩附）」、「王臣卒葬」、「來求」、

見董仲舒《春秋繁錄・楚莊王》：「春秋分十二世以爲三等：有見，有聞，有傳聞。有見三世，有聞四世，有傳聞五世。哀、定、昭，君子之所見也；襄、成、文、宣，君子之所聞也；僖、閔、莊、桓、隱，君子之所傳聞也。所見六十一年，所聞八十五年，所傳聞九十六年。於所見微其辭，於所聞痛其禍，與情俱也。」引自清・蘇輿《春秋繁錄義證》，（北京：中華書局，1992 年 12月第一版），頁 10。孔廣森所治之三世義：所見世：哀公、定公、昭公、襄公；所聞世：成公、宣公、文公、僖公；所傳聞世：閔公、莊公、桓公、隱公。參見孔廣森於隱公元年傳「所見異辭，所聞異辭，所傳聞異辭。」下曰：「所以三世異辭者，見恩有深淺，義有隆殺。所見之世，據襄爲限，成宣文僖，四廟之所逮也；所聞之世，宜據僖爲限，閔莊桓隱，亦四廟之所逮也。親疏之節，蓋取諸此。」引自清・孔廣森：《公羊春秋經傳通義》（續修四庫全書）。頁 7。

「諸侯卒葬」、「取」、「弒」、「遇」、「內伐」、「外殺」、「立」、「公觀」、「宮廟」、「蟲災」、「圍」、「平」、「城」、「諸侯聘」、「周聘」、「內災異」、「內敗外」、「公薨葬」、「及大夫」、「諸侯會」、「公至」、「內大夫如」、「夫人至及如」、「有年」、「狩閱」、「外如」、「雩」、「王后」、「廟祭」、「內戰」、「外大夫見執」、「諸侯及大夫復歸」、「諸侯出奔」、「來盟涖盟」、「公如」、「王姬」、「來錫」、「遷」、「次」、「救」、「降」、「納」、「侵」、「以歸」、「外敗」、「滅」、「外大夫奔」、「桓盟」、「逃」、「追」、「外災異」、「伐我」、「內大夫出奔」、「外戰」、「築」、「新作（作附）」、「獻捷」、「子卒」、「獲」、「潰」、「諸侯見執」、「乞」、「晦朔」、「戌」、「刺」、「天王出居」、「朝周」、「聘周」、「郊」、「歸諸京師」、「閏月」、「外大夫來奔」、「諸侯來奔」、「內大夫見執」、「雜例」等九十一條。其中，「子卒」、「晦朔」、「朝周」、「放」四條注闕文。

柳興恩謂：「此目錄悉順經文，不敢妄分條目。」以前三條所舉第一例為證：

「元年」：「隱公　元年春王正月　傳：雖無事必舉正月，謹始也。……」〔註46〕

「春王正月」：「隱公　元年春王正月　夏五月　秋七月　冬十有二月……」〔註47〕

「內盟」：「隱公元年　三月，公及邾儀父盟于昧　傳：不日，其盟渝也。……」〔註48〕

可知「元年」與「春王正月」的第一例，皆在隱公元年春王正月，然「元年」在先，「春王正月」在後，故「元年」為第一條，「春王正月」為第二條。而「內盟」的第一例在隱公元年三月，故為第三條。九十二條，除「雜例」外，皆如是。

非但目錄依經文順序，每條所舉之例亦依時間次第先後為序。於「元年」下即以魯國十二公依序條列經文傳文。於「春王正月」下即舉自然四時的月份。

〔註46〕清・柳興恩：《穀梁大義述》（臺北市：藝文印書館，民國54年）《皇清經解續編》南菁書院本，頁1。

〔註47〕清・柳興恩：《穀梁大義述》（臺北市：藝文印書館，民國54年）《皇清經解續編》南菁書院本，頁2。

〔註48〕清・柳興恩：《穀梁大義述》（臺北市：藝文印書館，民國54年）《皇清經解續編》南菁書院本，頁3。

柳興恩於「元年」條下述曰：

> 比而屬之，即知日月之例所關於《春秋》之義者大矣。……書元年，
> 《魯史》也。書春王正月，藉《魯史》以尊王也。貫乎二百四十二年
> 期間，有不書王者，有不書正月者，有不書春者……皆孔子即《魯史》
> 以示義，《穀梁春秋》日月之例，即從此起。何莫非奉天子以治諸侯
> 哉。此《春秋》所以爲天子之事也。《穀梁春秋》之例莫詳而備於諸
> 侯之卒葬。二百四十二年日月例，各事之予奪，又皆自諸侯卒葬例來。
> 治諸侯即所以尊天子，此《穀梁》所以爲善於經。自漢唐諸儒正例、
> 變例之紛糾，非余亦莫能爲之觀其會通，就其終始也。〔註49〕

透過屬辭比事，可以得知《春秋》之大義與日月例的關係極爲密切。日月例
貫通《春秋》二百四十二年之間，有不書「王」者，有不書「正月」者，有
不書「春」者，皆爲孔子藉由《魯史》示義，所示的，便是「尊王」之大義。
而《穀梁》的日月之例亦是爲了示義，所示者，即「奉天子以治諸侯」的大
義。《穀梁》之例，以「諸侯卒葬」最爲完備而詳細，且《春秋》二百四十二
年之日月例，所有予奪褒貶，又皆由「諸侯卒葬」例來。柳興恩認爲，治諸
侯即所以尊天子，此亦即《穀梁》所以爲「善爲經」。

「諸侯卒葬」述曰：

> 《春秋》所以治諸侯，故書其卒葬特詳，而日月褒貶之例亦特備。……
> 通傳之以書日而褒者，皆自『日卒，正也』之例推之；以書日爲貶
> 者，皆自『日葬，故也』之例推之。此更一以貫之。後儒未窺此祕，
> 但見同一書日，此既爲褒，彼又爲貶；同一不書日，而此既爲貶，
> 彼又爲褒；且同一事也，而前以不日爲信，後又以書日爲美。遂紛
> 紛議之，故無怪其一唱而百和矣。自此說出而《穀梁》日月之例，
> 乃懸諸日月而不刊云。〔註50〕

《穀梁傳》中以書「日」表示「褒」義者，乃自「諸侯卒葬」例「日卒，正
也」來；以書「日」表示「貶」義者，乃自「諸侯卒葬」例「日葬，故也」
來。後世儒者，不知日月例之深意，但見同樣書「日」，此處既爲表示「褒」

〔註49〕清・柳興恩：《穀梁大義述》（臺北市：藝文印書館，民國 54 年）《皇清經解
　　　　續編》南菁書院本，頁1、2。
〔註50〕清・柳興恩：《穀梁大義述》（臺北市：藝文印書館，民國 54 年）《皇清經解
　　　　續編》南菁書院本，頁17～22。

義，彼處又為表示「貶」義；同樣不書「日」，此處既為表示「貶」義，彼處又為表示「褒」義；同一件事，前以不書「日」為信，後有以書「日」為美。於是紛紛議論。不知者多矣，也無怪乎一唱百和。

於「夫人薨葬」條下述曰：

> 自唐以來，駁日月例者僉曰『日久文脫』，問此夫人卒葬，由隱至哀，日月全具，何竟無一條脫落者乎？則知聖經褒貶所不及，顧全備而不削也。由是推之，則知凡不備者，皆聖經削之以示義矣。烏乎！
> 屬辭比事之教，自宋以來，其弗講者久矣乎。〔註51〕

歷來反駁日月例者，皆以「日久文脫」為由，然「夫人卒葬」由隱公至哀公，日月全具，沒有一條脫落。柳興恩據此以為，但凡經文不完備、其有不書者，皆是孔子作《春秋》時，筆削以示義。

（2）述禮

《穀梁大義述》卷六屬之，共有六十五條，注闕者二十八。

柳興恩先條列《穀梁》經文之禮，依魯國十二公為目，以經文次第為序。隱公十條、桓公五條、莊公十三條、閔公一條、僖公六條、文公八條、宣公三條、成公四條、襄公八條、昭公四條、定公一條、哀公兩條。

又有引他書事義之類同《穀梁》者以證傳，計兩條；又有引他書之足釋《穀梁》禮說者，計二十一條；又有引後世依《穀梁》禮說以行事者，計四條。所引之書以《白虎通》為多，三《禮》及劉向《說苑》、《列女傳》次之。引《白虎通》計十九條；引三《禮》計九條；引《說苑》四條；引《列女傳》六條。

蔣元慶有〈柳興恩穀梁述禮補缺〉一文：

> 道光中葉，始有丹徒柳賓叔興恩撰《穀梁大義述》。……其書缺處甚多，〈古訓〉原缺，僅標其目，即如〈述禮〉一篇，條列經文，而下無述語者，共有二十六條。……爰將柳書元缺廿六條，一一補述，就禮證禮，以經解經。

將柳興恩〈述禮〉與蔣元慶〈柳興恩穀梁述禮補缺〉相參，可知柳興恩〈述禮〉注闕者為二十八條，非蔣元慶所言二十六條。非如其所言「一一補述」。現將柳興恩〈述禮〉條目、注闕者與蔣元慶〈柳興恩穀梁述禮補缺〉所補述

〔註51〕 清·柳興恩：《穀梁大義述》（臺北市：藝文印書館，民國 54 年）《皇清經解續編》南菁書院本，頁 11、12。

條目列表。（見附表一）〔註52〕

（3）述異文

於《穀梁大義述》卷七、八。共三百零六條。柳氏稱〈述異文〉據趙坦《春秋異文箋》引伸而成。據《穀梁大義述‧敘例》，柳興恩以爲三《傳》文字不同，非爲所傳經旨不同，多因齊、魯異讀，讀音不同，而文字亦跟著不同。故作〈述異文〉。

柳興恩先條列《穀梁》經文，其次第亦依據魯國十二公先後次第，於「述」中敘述《公羊》、《左氏》與《穀梁》經文的異同。有但舉異同者，有討論三《傳》經文相異之緣由者。

柳興恩討論三《傳》相異之緣由，有舉《說文解字》、《經典釋文》之字形、字音、字義討論者，計三十五條；又有據孔穎達《左傳正義》、范甯《春秋穀梁集解》、徐彥《公羊疏》用字不同討論者，計十五條。又有據古籍（《墨子》、《史記》、《論衡》、《文選》等）用字不同討論者，計五條。又有直依趙坦《春秋異文箋》說解者，計六十六條。又有互見於《穀梁大義述》他處者，計三條。又有柳興恩謂《公羊》、《左氏》脫文、衍文、訛誤、改字者，脫文十三條、衍文五條、訛誤七條、改字兩條。

（4）述古訓

全文缺。

據柳詒徵〈穀梁大義述補闕跋〉：「族祖賓叔公著《穀梁大義述》，分述七類。今行於世者，有木犀軒本最略，南菁書院本較詳，兩者皆抵六類。其述古訓一類，僅凡例舉《論》、《孟》兩則。廣經解注曰：『原闕』。」〔註53〕可知於柳詒徵其時，柳興恩《穀梁大義述‧述古訓》已闕，可惜今日不可得見。僅於凡例各舉《論語》、《孟子》各一則：

《穀梁大義述‧敘例》：

穀梁親受子夏，故《傳》中用孔子、孟子說者，如隱元年『成人之

〔註52〕現將柳興恩〈述禮〉條目、注闕者與蔣元慶〈柳興恩穀梁述禮補缺〉所補述條目列表。參見附錄：附表一〈蔣元慶〈柳興恩穀梁述禮補缺〉所補〈述禮〉條目列表〉。

〔註53〕參見張慰祖《穀梁大義述補闕》；收入林慶彰主編《民國時期經學叢書》第四輯（台中市：文听閣圖書有限公司，2009年9月，陶風樓景印本）頁401～403。

美，不成人之惡』（《論語・顏淵篇》文）；僖二十有二年，禮，人而
不答則反其敬，愛人不親則反其仁，治人而不治則反其智。（《孟子・
離婁篇》文）。其他暗相脗合者更多。《毛詩・大雅》云：古訓是式，
竊有志焉。述古訓第四。（原闕）〔註54〕

　　柳興恩以爲穀梁子既親受經於子夏，則《穀梁傳》中多用孔子、孟子說
者。如隱公元年「成人之美，不成人之惡」同於《論語・顏淵》；又僖公二十
二年「禮，人而不答則反其敬，愛人不親則反其仁，治人而不治則反其智。」
同於《孟子・離婁》。以《毛詩・大雅》「古訓是式，竊有志焉。」故此篇題
名爲「述古訓」。

　　（5）述師說

　　於《穀梁大義述》卷九至卷十四。據《穀梁大義述・敘例》，柳興恩謂自
唐以降，研習經書者，皆治《春秋經》，於《穀梁》或采用、或批駁，無專門
治《穀梁》者。

　　〈述師說〉依時代先後爲次，共收九位治學有兼及《穀梁》者：

　　一爲唐代陳岳，其《春秋折衷論》，引自朱彝尊《經義考》及程端學《春
秋本義》。依魯國十二公之順序條列，計二十八條，注闕者十五條。二爲宋代
王應麟，其《困學紀聞・穀梁》計十三條，注闕者十三條。三爲清代顧炎武
《日知錄》計十一條，注闕者三條。四爲齊召南《春秋穀梁傳注疏考證》計
九十一條，無闕。五爲惠棟《九經古義・穀梁》計二十五條，無闕。六爲王
引之《經義述聞・春秋穀梁傳》計六十一條，無闕。七爲劉逢祿《穀梁廢疾
申何》計一百九十八條，無闕。八爲阮元《春秋穀梁傳注疏校勘記》。九爲邵
晉涵《南江札記》計十四條，注闕者十三條。

　　（6）述經師

　　於《穀梁大義述》卷十五至卷十九。依時代先後順序，羅列歷代《穀梁》
經師：周至西漢三十人、東漢三十五人、三國五人、晉至隋八十人、唐三十
六人、宋六十九人、元二十一人、明四十一人、清四十八人。始周卜子夏，
終清王闓運，凡三百六十五人。

　　其收羅選錄之依據有先師之載錄、史傳、史志、歷代圖書敘錄、《經義考》

〔註54〕參見清・柳興恩：《穀梁大義述・敘例》（臺北市：藝文印書館，民國 54 年）
　　　　《皇清經解續編》南菁書院本，頁 3。

《四庫全書總目》《存目》《漢學師承記》及其同代所聞見者，其成一言語及《春秋》《穀梁》、三傳，甚或僅一「傳」字。

（7）述長編

於《穀梁大義述》卷二十至三十。〈述長編〉由文獻中原始資料之羅列，其與前面六個部分的編排體例不同。各書以經、史、子、集爲目。四部之下，依書籍時代先後爲次。

經部共有十五種書：

《尙書疏》計六條；《毛詩疏》計二十五條，注闕者二十四條；《周禮注疏》計十二條，注闕者九條；《儀禮疏》計七條，注闕者七條；《禮記注疏》計三十二條，注闕者三十條；《左傳注疏》計一百零九條，注闕者九十一條；《公羊注疏》計三十三條，注闕者二十六條；《論語疏》計三條，注闕者三條；《孝經疏》計三條，注闕者二條；《孟子疏》計兩條，注闕者一條；《爾雅注疏》計十二條，注闕者十一條；《大戴禮》計兩條，注闕者一條；《經典釋文》計四十六條，注闕者四十四條；宋朱子《儀禮經傳通解》計一條；黃榦《通解續》計三十一條，注闕者二十三條。

史部共有十三種書：

《史記》計十四條，注闕者一條；《漢書》計三十條，注闕者二十二條；《後漢書》計二十二條，注闕者十五條；《三國志》計六條，注闕者六條；《晉書》計十二條，注闕者十條；《宋書》計十五條，注闕者十四條；《南齊書》計八條，注闕者七條；《梁書》計四條，注闕者四條；《陳書》計兩條，注闕者兩條；《隋書》計八條，注闕者七條；《舊唐書》計七條，注闕者四條；《新唐書》計十四條，注闕者九條；《新五代史》計七條，注闕者四條。

子部共有十一種書：

劉向《列女傳》計四條，注闕者四條；王充《論衡》計八條，注闕者四條；《白虎通》計四條，注闕者四條；盧校闕文，計一條，注闕者一條；徐堅《初學記》計九條，注闕者六條；歐陽詢《藝文類聚》計八條，注闕者八條；杜佑《通典》計二十五條，注闕者二十三條；《文苑英華》計八條，注闕者八條；《太平御覽》計八十九條，注闕者八十三條；《玉海》計十七條，注闕者十五條；《唐類函》計四十一條，注闕者三十八條。

集部共有兩種書：

《文選》計二十六條，注闕者二十四條；《金廷棟文集》計一條，注闕者一條。

2、《穀梁大義述》全書體例

《穀梁大義述》共三十卷，分爲〈述日月例〉、〈述禮〉、〈述異文〉、〈述古訓〉、〈述師說〉、〈述經師〉、〈述長編〉七個部分。條目共有一千三百一十條，闕文六百七十二條。

〈述日月例〉於全書卷一至卷五，條目共有九十一條，闕文四條，條目以出現於經文的先後爲序，以魯國十二公爲目，依時間次第排列。〈述禮〉於全書卷六，條目共有六十五條，闕文二十八條，以魯國十二公爲次，依經文次第爲序。〈述異文〉於全書卷七、卷八，條目共有三百零六條，據魯國十二公爲先後次第。〈述古訓〉全文闕。〈述師說〉於全書卷九至卷十四，列舉九位學者，條目共有四百零四條，闕文四十四條，所舉學者以時代先後爲次。〈述經師〉於全書卷十五至卷十九，列舉經師三百六十五人，所列經師以時代先後爲序。〈述長編〉於全書卷二十至卷三十，條目共有七百一十四條，闕文五百九十六條，各書以經史子集爲目，四部之下，依書籍時代先後爲次。（見附表二）〔註55〕

《穀梁大義述》全書皆有雙行夾注的小注，於〈述日月例〉中，內容可分爲：**標識年份**，如「入」例：「（二年）　夏五月　莒人入向　傳：入者，內弗受也。向，我邑也。」〔註56〕其中「二年」即爲小注；**柳興恩案語**，有標識「謹案」、「興恩案」者，亦有直書者，如「元年」例下「定公」條注曰：「（謹案桓無王、文無天、定無正，《穀梁》之釋經旨，大義凜然。）」〔註57〕；**注「闕」**者，如「晦朔」例下僅有一「（闕）」字。〔註58〕

於〈述禮〉中，除標識年份、柳興恩案語、注「闕」，引錄《穀梁》原文相參外，尚有**於引錄書籍下標註其篇目、卷次**等，如「禮，婦人謂嫁曰歸，反曰來。歸，從人者也。婦人在家制於父，既嫁制於夫，夫死從長子」下「述曰」引劉向《列女傳》注曰：「（卷一母儀）」〔註59〕。

〔註55〕參見附錄：附表二：〈《穀梁大義述》各篇體例分析表〉。

〔註56〕參見清・柳興恩：《穀梁大義述・述日月例》（臺北市：藝文印書館，民國54年）《皇清經解續編》南菁書院本，頁11021。

〔註57〕參見清・柳興恩：《穀梁大義述・述日月例》（臺北市：藝文印書館，民國54年）《皇清經解續編》南菁書院本，頁11014。

〔註58〕參見清・柳興恩：《穀梁大義述・述日月例》（臺北市：藝文印書館，民國54年）《皇清經解續編》南菁書院本，頁11067。

〔註59〕參見清・柳興恩：《穀梁大義述・述禮》（臺北市：藝文印書館，民國54年）《皇清經解續編》南菁書院本，頁11072。

　　於〈述異文〉中，有標識年份、柳興恩案語，還有**對字形、字音、字義作訓詁**，如隱公二年「無侅帥師入極」條下「述曰」「《左氏》、《公羊》作無駭」注曰：「（《商頌・長發》爲下國駿龐。《箋》云：『駿之言俊也。』《爾雅・釋詁》：『駿，長也。』《釋文》：『駿本作俊。』是从人从馬，偏旁可互用也。）」〔註60〕；**引述歷來注、疏文字**，如隱公九年「俠卒」條下「述曰」：「《公羊》同，《左氏》作『挾卒』。《箋》曰：『《詩・大雅・大明》：「使不挾四方」，《韓詩外傳》卷五：「使不俠四方」』」注曰：「（《漢書・叔孫通傳》：『殿下郎中俠陛』，〈季布傳〉：『任俠有名』，顏師古注：「俠之言挾，以權力俠輔人也」，則俠、挾不異也）」〔註61〕；**對文字的校勘**，如桓公十七年「二月，丙午，公及邾儀父盟于趡」注曰：「（汲古閣注疏本脱『公』字，據唐石經增）」〔註62〕；**引他人說法相參**，如宋代王應麟《困學紀聞・穀梁》「桓五年《傳》：『鄭，同姓之國也，在乎冀州。』注：『冀州則近京師。』按鄭之始封，在今京兆，其地屬雍州。東遷之後，徙新鄭，在今河南，其地屬豫州。謂『近京師』則可，謂在冀州則非。或曰：冀州，中州也。《淮南子》：『正中冀州曰中土。』」注曰：「（閻若璩按：〈墬形訓〉：『少室、大室在冀州』；〈泰族訓〉：『周既失道，則以天下之大，畏於冀州。』又『中土』，高誘注曰：『冀州。』皆足爲證。）」〔註63〕

　　於〈述師說〉中，除柳興恩案語、注「闕」者、於引錄書籍下標註其篇目、卷次、歷來注、疏文字外，尚有**註記條目**，全書僅此處有此用法，於唐代陳岳《春秋折衷論》一至二十六條下註記〔註64〕；**引錄《穀梁》原文相參**，如齊召南《春秋穀梁傳注疏考證》「俠卒」條下「述曰」：「隱元年，公子益師

〔註60〕　參見清・柳興恩：《穀梁大義述》（臺北市：藝文印書館，民國 54 年）《皇清經解續編》南菁書院本，頁 69。

〔註61〕　參見清・柳興恩：《穀梁大義述》（臺北市：藝文印書館，民國 54 年）《皇清經解續編》南菁書院本，頁 70。

〔註62〕　參見清・柳興恩：《穀梁大義述》（臺北市：藝文印書館，民國 54 年）《皇清經解續編》南菁書院本，頁 71。

〔註63〕　參見清・柳興恩：《穀梁大義述》（臺北市：藝文印書館，民國 54 年）《皇清經解續編》南菁書院本，頁 97。閻氏所言「**周既失道**」當自《淮南子・泰族訓》：「周之衰也，戎伐凡伯于楚邱以歸。故得道則以百里之地，令於諸侯；失道則以天下之大，畏於冀州。」引自何寧撰《淮南子集釋》（北京：中華書局 1998 年 10 月第 1 版），頁 1418。

〔註64〕　參見清・柳興恩：《穀梁大義述》（臺北市：藝文印書館，民國 54 年）《皇清經解續編》南菁書院本，頁 89～96。

卒。不去公子，但以不日即見其貶。」下注曰：「(《傳》曰：不日卒，惡也)」。〔註65〕

於〈述經師〉中，有柳興恩案語、注「闕」、於引錄書籍下標註其篇目、卷次等、對字形、字音、字義作訓詁、歷來注、疏文字、引錄《穀梁》原文相參，還有**引他書相參**，如「穀梁子」條下述曰：「《釋文序錄》云：及末世，口說流行，故有公羊、穀梁、鄒氏、夾氏之傳。鄒氏無師，夾氏有錄無書，故不顯於世」注曰：「(桓譚《新論》云：《左氏傳》遭戰國寢藏，後百餘年，魯人穀梁赤作《春秋》，殘略多有遺失。又有齊人公羊高緣經文作傳，彌失本事)」〔註66〕

於〈述長編〉中，有柳興恩案語、注「闕」、於引錄書籍下標註其篇目、卷次等、對字形、字音、字義作訓詁、歷來注、疏文字、引錄《穀梁》原文相參。（見附表三）〔註67〕

〔註65〕參見清·柳興恩：《穀梁大義述》（臺北市：藝文印書館，民國 54 年）《皇清經解續編》南菁書院本，頁 102。
〔註66〕參見清·柳興恩：《穀梁大義述》（臺北市：藝文印書館，民國 54 年）《皇清經解續編》南菁書院本，頁 183。
〔註67〕參見附錄：附表三：〈《穀梁大義述》全書雙行夾注內容列表〉。

第貳章 《穀梁》之傳授源流
──周代至隋代

第一節 周代至西漢《穀梁》學者及《穀梁》學傳授

周代至西漢《穀梁》經師列於《穀梁大義述》卷十五，依《穀梁大義述·述經師》目次〔註1〕，共錄有卜子夏、穀梁子等三十位經師。

柳興恩輯錄的依據有史傳（《史記》、《漢書》、《魏書傳》）、史志（《漢書·藝文志》、《隋書·經籍志》）、歷代圖書敘錄（《經典釋文敘錄》、《直齋書錄解題》、《崇文總目》、《欽定全書四庫總目》、《經義考》）、《說苑·復恩篇》、楊士勛《穀梁序疏》、《論衡》、《荀子》、《毛詩》、《西漢會要》、《華陽國志》等文獻中涉及之資料。

現依《穀梁大義述·述經師》目次，一一敘明此三十位《穀梁》經師。

（一）卜子夏（B.C.507～？）。

1、《說苑·復恩篇》：「子夏曰：『《春秋》者，記君不君，臣不臣，父不父，子不子者也；此非一日之事也，有漸以至焉。』」〔註2〕

2、《孝經》說曰：『《春秋》屬商。』（《穀梁序疏》）。今案：「《孝經》說者，鈎命決文。孔子曰：『吾志在《春秋》，行在《孝經》。《春秋》屬之商，《孝經》

〔註1〕 柳氏於「卜子夏」下注曰：「**以下周至前漢**」。本文爲敘述方便，以「西漢」稱之。

〔註2〕 參見漢·劉向著《說苑·卷六·復恩》，引自趙善詒疏證：《說苑疏證》（台北市：文史哲出版社，民國75年10月台一版），頁187。

屬之參。」）〔註3〕楊士勛《穀梁序疏》：「穀梁子受經於子夏，爲經作傳，故曰《穀梁傳》。」〔註4〕

巧儀案：柳氏據《說苑‧復恩篇》、楊士勛《穀梁序疏》以穀梁子受《春秋》於子夏，將其列爲《穀梁》先師。

子夏傳孔子《春秋》於穀梁子，穀梁子爲《春秋經》作《穀梁傳》。未有子夏傳經，則無有穀梁作傳。子夏實可視爲《穀梁》先師。

（二）穀梁子（生卒年不詳）。

甲、引〈述經師〉

1、《釋文‧敘錄》：「及末世，口說流行，故有公羊（名高，齊人，子夏弟子，受經於子夏。）、穀梁（名赤，魯人。糜信云：『與秦孝公同時』《七錄》云：『（穀梁子）名淑，字元始』《風俗通》云：『子夏門人』）、鄒氏（王吉善《鄒氏春秋》）、夾氏之傳，鄒氏無師，夾氏有錄無書，故不顯於世。（桓譚《新論》云：『《左氏傳》遭戰國寢藏，後百餘年，魯人穀梁赤作《春秋》，殘略多有遺失。又有齊人公羊高緣經文作傳，彌失本事。』）」

2、〈漢書藝文志〉：「《春秋古經》十二篇，（案：此《左氏》經。）《經》十一卷，（原注：公羊、穀梁二家。）《穀梁傳》十一篇，（原注：穀梁子魯人。師古曰：『名喜。』《穀梁外傳》二十篇。）」〔註5〕

3、宋‧陳振孫《直齋書錄解題》：「《春秋穀梁傳》十二卷，魯人穀梁赤，一名俶，字元始，子夏弟子。自荀卿、申公至蔡千秋、江翁，凡五傳，宣帝好之，遂盛行於世。」

巧儀案：柳氏引《釋文‧敘錄》、〈漢書藝文志〉、《直齋書錄解題》、《欽定四庫全書總目》稱穀梁子作《春秋穀梁傳》。其既爲作傳者，則列爲經師，可謂至當矣。

關於穀梁子，可分作穀梁子之名與《四庫全書》所討論將《穀梁傳》著

〔註3〕 參見《孝經緯鉤命訣》：「孔子曰：『志在《春秋》，行在《孝經》。欲觀我褒諸侯之志在《春秋》，崇人倫之行在《孝經》。』」又「以《春秋》屬商，以《孝經》屬參。」引自馬國翰輯《玉函山房輯佚書》，《續修四庫全書》（上海：上海古籍出版社，2003 年 5 月第 1 版），頁 523。

〔註4〕 參見清‧阮元校：《十三經注疏‧穀梁傳》（台北：藝文印書館，1981 年，重刊宋本），頁 3。

〔註5〕 參見《漢書‧藝文志》，引自漢‧班固撰；唐‧顏師古注；楊家駱主編：《新校本漢書集注并附編二種》（臺北市：鼎文書局，民國 75 年），頁 1712、1713。

於竹帛者、《穀梁》併傳於經、「元年春王正月」之斷句、《穀梁傳》「傳曰」等數個論題，以下分別論述之。

關於穀梁子之名，柳氏目錄題為「穀梁子」，未明言其名為何。僅將其異名分別列出：赤、俶、喜、寘。穀梁子之名，自漢以降，異名紛歧，綜括各書所云，以為作「赤」者，桓譚《新論》、應劭《風俗通》、蔡邕《正交論》、陸德明《經典釋文・敘錄》、陳振孫《直齋書錄解題》（一名俶）；以為作「淑」者，阮孝緒《七錄》；以為作「俶」者，楊士勛《穀梁傳》疏（一名赤）；以為作「喜」者，顏師古《漢書》注；以為作「嘉」者，錢大昭《漢書辨疑》；以為作「寘」者，王充《論衡》。凡六名之多。李曰剛於〈穀梁傳之著於竹帛及傳授源流考〉以為「淑」之於「俶」、「喜」之於「嘉」，當屬形誤，〔註6〕然至少有四名之異。

皮錫瑞《春秋通論・春秋》以為：「桓譚《新論》云：『《左氏傳》傳世後百餘年，魯人穀梁赤作《春秋》，殘亡多所遺失。應劭《風俗通》云：『穀梁子名赤，子夏弟子。』麋信以為『秦孝公同時人』，阮孝緒則以為『名俶，字元始』，《漢書・藝文志》顏注云『名喜』，而《論衡・案書篇》又云『穀梁寘』。豈一人有四名乎？抑如公羊之祖孫父子相傳，非一人乎！名赤見新論為最先，故後人多從之。」〔註7〕然此四人孰先孰後，則已不可深考矣。〔註8〕據李曰剛〈穀梁學之傳授世系〉，穀梁子、荀卿之間作「穀梁俶─（穀梁赤─穀梁寘─穀梁嘉）─荀卿」。而王熙元〈穀梁傳授統緒表〉於穀梁子、荀卿之間作「此間當有數世」。

4、《欽定全書四庫總目》：「楊士勛疏。稱穀梁子名俶，字元始，一名赤。受經於子夏，為經作傳，則當為穀梁子所自作。徐彥《公羊傳疏》又稱公羊高五世相授，至胡母生乃著竹帛，題其親師故曰《公羊傳》。《穀梁》亦是著竹帛者題其親師，故曰《穀梁傳》，則當為傳其學者所作。案《公羊傳》「定公即位」一條引「子沈子曰」何休《解詁》以為後師。案此注在隱公十一年所引子沈子條下。此傳「定公即位」一條亦稱「沈子曰」。《公羊》、《穀梁》既同師子夏，不應及見後師。又「初獻六羽」一條，稱「穀梁子曰」。傳既穀

〔註6〕　王熙元〈穀梁傳授源流考〉作「形近而誤分」。

〔註7〕　參見皮錫瑞：〈論《公羊》、《穀梁》二傳當為傳其學者所作，《左氏傳》亦當以此解之〉《經學通論》（台北市：河洛圖書出版社，民國63年12月景印出版），頁16、17。

〔註8〕　王熙元亦言「穀梁子、荀卿之間，數世相傳，不可考。」

梁自作，不應自引己説。且此條又引「尸子曰」，尸佼爲商鞅之師，鞅既誅，佼逃於蜀。其人亦在穀梁後，不應預爲引據，疑徐彥之言爲得其實。但誰著於竹帛，則不可考耳。《漢書‧藝文志》載《公羊》、《穀梁》二家，經十一卷，傳亦各十一卷，則經傳初亦別編。范《集解》乃併經注之，疑即甯之所合。定公元年「春王三月」一條，發傳於「春王」二字之下，以「三月」別屬下文，頗疑其割裂。然考劉向《説苑》稱「文王似元年，武王似春王，周公似正月。」向受《穀梁春秋》，知《穀梁》經文，以「春王」二字別爲一節，故向有此讀。至「公觀魚于棠」一條、「葬桓王」一條、「伯姬逆叔姬之喪以歸」一條、「曹伯盧卒于師」一條、「天王殺其弟佞夫」一條，皆冠以「傳曰」字，惟「桓王」一條與《左傳》合，餘皆不知所引何傳，疑甯以傳附經之時。每條皆冠以「傳曰」字，如鄭玄、王弼之《易》，有「象曰」、「象曰」之例，後傳寫者刪之，此五條其削除未盡者也。〔註9〕（柳氏案：「齊召南《考證》引『傳曰』者，凡八見。詳見〈師説〉。不只五條，又文有十二年引『傳曰』者，在傳文中間。竝不盡冠其首也。」）」

5、興恩案：「穀梁子名赤、名俶、名喜之外，王充《論衡》又云『名寘』。」柳氏謂：「詳見〈長編‧子部〉。」

乙、引〈述長編〉

1、王充《論衡‧案書篇》：「公羊高、穀梁寘、胡母氏皆傳《春秋》，各門異户，獨《左氏傳》爲近得實。何以驗之？《禮記》造於孔子之堂，太史公漢之通人也。《左氏》之言與二書合，公羊高、穀梁寘、胡母氏不相合。又諸家去孔子遠，遠不如近，聞不如見。」〔註10〕

巧儀案：柳氏所引《欽定四庫全書總目》一節可劃分爲：將《穀梁傳》著於竹帛者、《穀梁》併傳於經、「元年春王正月」之斷句、《穀梁傳》「傳曰」等四個論題論述。《欽定全書四庫總目》：

> 楊士勛《疏》稱穀梁子名俶，字元始，一名赤。受經於子夏，爲經作傳，則當爲穀梁子所自作。徐彥《公羊傳疏》又稱公羊高五世相授，至胡母生乃著竹帛，題其親師故曰《公羊傳》。《穀梁》亦是著

〔註9〕 參見《四庫全書總目提要‧春秋穀梁傳注疏二十卷》，引自清‧永瑢等編撰：《四庫全書總目提要》（上海市：商務印書館，民國22年），頁518、519。

〔註10〕 參見王充著，張宗祥校注《論衡校注》（上海：上海古籍出版社，2010年3月第一版），頁562。

竹帛者題其親師，故曰《穀梁傳》，則當爲傳其學者所作。案《公羊傳》「定公即位」一條引「子沈子曰」何休《解詁》以爲後師。案此注在隱公十一年所引子沈子條下。此傳「定公即位」一條亦稱「沈子曰」。《公羊》、《穀梁》既同師子夏，不應及見後師。又「初獻六羽」一條，稱「穀梁子曰」。傳既穀梁自作，不應自引己說。且此條又引「尸子曰」，尸佼爲商鞅之師，鞅既誅，佼逃於蜀。其人亦在穀梁後，不應預爲引據，疑徐彥之言爲得其實。但誰著於竹帛，則不可考耳。

先引楊士勛《穀梁傳疏》以爲《穀梁傳》當爲穀梁子自作，次引徐彥《公羊傳疏》以爲《穀梁傳》同於《公羊傳》，由其著於竹帛者題其親師，故曰《穀梁傳》。視《穀梁傳》當爲傳其學者所作，非由穀梁子自作。爲此，考《公羊》、《穀梁》「定公即位」條引「沈子曰」〔註11〕，謂「《公羊》、《穀梁》既同師子夏，不應及見後師。」又考「初獻六羽」引「穀梁子」，以爲「傳既穀梁自作，不應自引己說。」此條又引「尸子曰」，「其人（尸佼）亦在穀梁後，不應預爲引據。」〔註12〕即以徐彥之言爲然，但著於竹帛者不可考。〔註13〕

《欽定全書四庫總目》：

> 《漢書・藝文志》載《公羊》、《穀梁》二家，經十一卷，傳亦各十
> 一卷，則經傳初亦別編。范《集解》乃併經注之，疑即甯之所合。

據《漢書・藝文志》所列，《穀梁》的經文、傳文，最初的時候當是分別成書，而范甯《春秋穀梁傳集解》將經傳合併注解，懷疑是范甯將經傳合編。

《欽定全書四庫總目》：

> 定公元年「春王三月」一條，發傳於「春王」二字之下，以「三月」

〔註11〕 參見《隱公十一年・春秋經》「冬，十有一月，公薨。」《公羊傳》：「子沈子曰：『君弒，臣不討賊，非臣也；子不復讎，非子也。葬，生者之事也。《春秋》君弒，賊不討不書葬，以爲不繫乎臣子也。』」何休《解詁》「子沈子，後師，名說此意者，明臣子不討賊當絕，君喪無所繫也。沈子稱子冠氏上者，當其爲師也。」清・阮元校：《十三經注疏・公羊傳》（台北：藝文印書館，1981年，重刊宋本），頁41、42。《定公元年・春秋經》「戊辰，公即位。」《穀梁傳》：「沈子曰」。清・阮元校：《十三經注疏・穀梁傳》（台北：藝文印書館，1981年，重刊宋本），頁186、187。

〔註12〕 參見《隱公五年・春秋經》「初獻六羽」《穀梁傳》：「初，始也。穀梁子曰：『舞夏，天子八佾、諸公六佾、諸侯四佾，初獻六羽，始僭樂矣。』尸子曰：『舞夏，自天子至諸侯皆用八佾，初獻六羽，始厲樂矣。』」《穀梁傳》頁21。

〔註13〕 李曰剛以爲乃浮丘伯著於竹帛。

別屬下文，頗疑其割裂。然考劉向《說苑》稱「文王似元年，武王似春王，周公似正月。」向受《穀梁春秋》，知《穀梁》經文，以「春王」二字別爲一節，故向有此讀。

定公元年「春王三月」，發傳於「春王」下，以「三月」別屬下文。考劉向《說苑》，知「《穀梁春秋》以『春王』二字別爲一節。」

《欽定全書四庫總目》：

> 至「公觀魚于棠」一條、「葬桓王」一條、「伯來逆叔姬之喪以歸」一條、「曹伯盧卒于師」一條、「天王殺其弟佞夫」一條，皆冠以「傳曰」字，惟「桓王」一條與《左傳》合，餘皆不知所引何傳，疑甯以傳附經之時。每條皆冠以「傳曰」字，如鄭玄、王弼之《易》，有「象曰」、「象曰」之例，後傳寫者刪之，此五條其削除未盡者也。

「公觀魚于棠」、「葬桓王」、「伯來逆叔姬之喪以歸」、「曹伯盧卒于師」、「天王殺其弟佞夫」，五條皆冠以「傳曰」二字。懷疑范甯以傳附經之時，效仿《易》之「象曰」、「象曰」，將每條傳文皆冠以「傳曰」二字。後來的傳寫者刪之，而此五條，爲刪除未盡者。

為此，柳氏引齊召南《春秋穀梁傳注疏考證》引「傳曰」者，凡八見。〔註14〕另，文公十二年引「傳曰」者，在傳文中間，不盡將「傳曰」冠其首也。

今檢《穀梁傳》文，「傳曰」共十條，依「傳曰」位置可分爲二類：

1、以《傳曰》冠其首者，共六條：

（1）《隱公四年經》：「四年，春，王二月，莒人伐杞，取牟婁。」《穀梁傳》：「《傳》曰：言伐言取，所惡也。諸侯相伐取地於是始，故謹而志之也。」〔註15〕此條同見於齊召南《春秋穀梁傳注疏考證》。

（2）《隱公五年經》：「五年，春，公觀魚于棠。」《穀梁傳》：「《傳》曰：

〔註14〕參見齊召南《春秋穀梁傳注疏考證》卷二：「傳曰：『言伐、言取，所惡也。』注：『稱「傳曰」者，穀梁子不親受於師而聞知於傳者。』 按傳中稱傳曰者凡八見。一此年（隱四年），一爲五年觀魚於棠（隱五年），一爲莊三年葬桓王，一爲成九年杞伯迎叔姬之喪，一爲成十三年曹伯盧卒，一爲成十六年雨木冰，一爲襄三十年天王殺弟佞夫，一爲昭元年荀吳敗狄。皆所謂傳聞之說也。又有稱其一「傳曰」者，文十二年子叔姬卒，此所謂傳聞之傳聞也。』」

〔註15〕參見清‧阮元校：《十三經注疏‧穀梁傳》（台北：藝文印書館，1981年，重刊宋本），頁20。

常事曰視，非常曰觀。禮，尊不親小事，卑不屍大功。魚，卑者之事也，公觀之，非正也。」〔註16〕此條同見於《欽定全書四庫總目》、齊召南《春秋穀梁傳注疏考證》。

（3）《莊公三年經》：「五月，葬桓王。」《穀梁傳》：「《傳》曰：改葬也。改葬之禮緦，舉下緬也。或曰郤屍以求諸侯。天子志崩不志葬，必其時也，何必焉？舉天下而葬一人，其義不疑也。志葬，故也，危不得葬也。日近不失崩。不志崩，失天下也。獨陰不生，獨陽不生，獨天不生，三合然後生。故曰母之子也可，天之子也可。尊者取尊稱焉，卑者取卑稱焉。其曰王者，民之所歸往也。」〔註17〕此條同見於《欽定全書四庫總目》、齊召南《春秋穀梁傳注疏考證》。

（4）《成公九年經》：「九年，春，王正月，伯來逆叔姬之喪以歸。」《穀梁傳》：「《傳》曰：夫無逆出妻之喪，而為之也。」〔註18〕此條同見於《欽定全書四庫總目》、齊召南《春秋穀梁傳注疏考證》。

（5）《成公十三年經》：「曹伯廬卒于師。」《穀梁傳》：「《傳》曰：閔之也。公、大夫，在師曰師，在會曰會。」〔註19〕此條同見於《欽定全書四庫總目》、齊召南《春秋穀梁傳注疏考證》。

（6）《襄公三十年經》：「天王殺其弟佞夫。」《穀梁傳》：「《傳》曰：諸侯且不首惡，況於天子乎？君無忍親之義。天子、諸侯所親者，唯長子、母弟耳。天王殺其弟佞夫，甚之也。」〔註20〕此條同見於《欽定全書四庫總目》、齊召南《春秋穀梁傳注疏考證》。

2、以「傳曰」於傳文之中者，共四條。

（1）《文公十一年經》：「冬，十月，甲午，叔孫得臣敗狄于鹹。」《穀梁傳》：「不言帥師而言敗，何也？直敗一人之辭也。一人而曰敗，何也？以眾

〔註16〕參見清・阮元校：《十三經注疏・穀梁傳》（台北：藝文印書館，1981年，重刊宋本），頁21～22。
〔註17〕參見清・阮元校：《十三經注疏・穀梁傳》（台北：藝文印書館，1981年，重刊宋本），頁46。
〔註18〕參見清・阮元校：《十三經注疏・穀梁傳》（台北：藝文印書館，1981年，重刊宋本），頁137～138。
〔註19〕參見清・阮元校：《十三經注疏・穀梁傳》（台北：藝文印書館，1981年，重刊宋本），頁139。
〔註20〕參見清・阮元校：《十三經注疏・穀梁傳》（台北：藝文印書館，1981年，重刊宋本），頁161～162。

焉言之也。《傳》曰：長狄也，弟兄三人，佚宕中國，瓦石不能害。叔孫得臣，最善射者也，射其目，身橫九畝，斷其首而載之，眉見於軾。然則何為不言獲也？曰古者不重創，不禽二毛，故不言獲，為內諱也。其之齊者，王子成父殺之則未知其之晉者也。」〔註21〕此則未見於兩書。

（2）《文公十二年經》：「二月庚子，子叔姬卒。」《穀梁傳》：「其曰子叔姬，貴也，公之母姊妹也。其一《傳》曰：許嫁以卒之也。男子二十而冠，冠而列丈夫，三十而娶。女子十五而許嫁，二十而嫁。」〔註22〕此條同見於齊召南《春秋穀梁傳注疏考證》。

（3）《成公十六年經》：「十有六年春，王正月，雨，木冰。」《穀梁傳》：「雨而木冰也。志異也。《傳》曰：根枝折。」〔註23〕此條同見於齊召南《春秋穀梁傳注疏考證》。

（4）《昭公元年經》：「晉荀吳帥師敗狄於大原。」《穀梁傳》：「《傳》曰：中國曰大原，夷狄曰大鹵。號從中國，名從主人。」〔註24〕此條同見於齊召南《春秋穀梁傳注疏考證》。

（三）荀卿（B.C313.～B.C.236）、毛亨（生卒年不詳）〔註25〕

甲、荀卿

1、《穀梁序疏》：「穀梁子名淑，字元始，魯人，一名赤。受經于子夏，為經作傳，故曰《穀梁傳》。傳孫卿。」〔註26〕（案：荀卿，孫卿通稱。）。

2、《荀子·大略篇》：「貨財曰賻，輿馬曰賵，衣服曰禭，玩好曰贈，玉

〔註21〕 參見清·阮元校：《十三經注疏·穀梁傳》（台北：藝文印書館，1981年，重刊宋本），頁108。
〔註22〕 參見清·阮元校：《十三經注疏·穀梁傳》（台北：藝文印書館，1981年，重刊宋本），頁108。
〔註23〕 參見清·阮元校：《十三經注疏·穀梁傳》（台北：藝文印書館，1981年，重刊宋本），頁141～142。
〔註24〕 參見清·阮元校：《十三經注疏·穀梁傳》（台北：藝文印書館，1981年，重刊宋本），頁165。
〔註25〕 《漢書·儒林傳》：「毛公，趙人也。治《詩》，為河間獻王博士，授同國貫長卿。長卿授解延年。延年為阿武令，授徐敖。敖授九江陳俠，為王莽講學大夫。由是言《毛詩》者，本之徐敖。」引自漢·班固撰；唐·顏師古注；楊家駱主編：《新校本漢書集注并附編二種》（臺北市：鼎文書局，民國75年），頁。
〔註26〕 參見清·阮元校：《十三經注疏·穀梁傳》（台北：藝文印書館，1981年，重刊宋本），頁3。

貝曰唅。」〔註27〕（楊倞注：此與《穀梁》之說同。）、「春秋善胥命」〔註28〕、「詛誓不及五帝，盟詛不及三王，交質子不及五伯。」〔註29〕（楊倞注：《穀梁傳》亦有此語。）。

　　3、〈堯問篇〉：「繒丘之封人」〔註30〕（楊倞注：繒與鄫同。今案：此亦《穀梁》字。）〔註31〕

巧儀案：柳氏據《荀子》以其文字與《穀梁傳》相同，並據《陳風・東門疏》以毛公以荀卿為師，將二人為《穀梁》經師。

　　《荀子・大略篇》：「貨財曰賻，輿馬曰賵，衣服曰襚，玩好曰贈，玉貝曰唅。」楊倞注：「此與《穀梁》之說同。」〔註32〕此處與《穀梁傳》文字或有出入，然則大略相同。

　　《荀子・大略篇》：「《春秋》善胥命」〔註33〕、

　　《桓公三年・春秋經》：夏，齊侯、衛侯胥命于蒲。

　　《穀梁傳》：胥之為言猶相也。相命而信諭，謹言而退，以是為近古也。是必一人先，其以相言之何也？不以齊侯命衛侯也。〔註34〕

〔註27〕參見王先謙《荀子集解》，（臺北市：華正書局有限公司，1993 年 9 月初版），頁 325。

〔註28〕參見王先謙《荀子集解》，（臺北市：華正書局有限公司，1993 年 9 月初版），頁 333。

〔註29〕參見王先謙《荀子集解》，（臺北市：華正書局有限公司，1993 年 9 月初版），頁 340。

〔註30〕參見王先謙《荀子集解》，（臺北市：華正書局有限公司，1993 年 9 月初版），頁 362。

〔註31〕參見《僖公十四年・春秋經》：「夏六月，季姬及繒子遇於防，使繒子來朝。」《穀梁傳》：「遇者，同謀也。來朝者，來請己也。朝不言使。言使非正也，以病繒子也。」參見清・阮元校：《十三經注疏・穀梁傳》（台北：藝文印書館，1981 年，重刊宋本），頁 82、83。《公羊傳》：「鄫子曷為使乎季姬來朝？內辭也。非使來朝，使來請己也。」參見清・阮元校：《十三經注疏・公羊傳》（台北：藝文印書館，1981 年，重刊宋本），頁 137。

〔註32〕參見《隱公元年・春秋經》：「秋七月，天王使宰咺來歸惠公、仲子之賵。」《穀梁傳》：「母以子氏。仲子者何？惠公之母、孝公之妾也。禮：賵人之母則可，賵人之妾則不可。君子以其可辭受之，其志不及事也。賵者何也？乘馬曰賵，衣衾曰襚，貝玉曰含，錢財曰賻。」參見清・阮元校：《十三經注疏・穀梁傳》（台北：藝文印書館，1981 年，重刊宋本），頁 11。

〔註33〕參見王先謙《荀子集解》，（臺北市：華正書局有限公司，1993 年 9 月初版），頁 333。

〔註34〕參見清・阮元校：《十三經注疏・穀梁傳》（台北：藝文印書館，1981 年，重刊宋本），頁 30、31。

《公羊傳》：胥命者何？相命也。何言乎相命？近正也。此其為近正奈何？古者不盟，結言而退。〔註35〕

荀子謂《春秋》以胥命為善，則《公羊》、《穀梁》皆以胥命為相命，相命則近古，近古則正也。非有盟誓，但口頭相約即信。此非獨《穀梁》傳義，《公羊》亦同。

《荀子·大略篇》：「誥誓不及五帝，盟詛不及三王，交質子不及五伯。」〔註36〕楊倞注：「《穀梁傳》亦有此語。」〔註37〕此處與《穀梁傳》文字大略相同，唯《荀子》作「五伯」，《穀梁傳》作「二伯」。

〈堯問篇〉：「繒丘之封人」〔註38〕楊倞注：「繒與鄫同。」柳氏案：「此亦《穀梁》字。」《荀子》用《穀梁傳》之「繒」，不用《公羊傳》、《左傳》之「鄫」。

乙、毛公

1、《陳風·東門》之楊《疏》云：「毛公親事荀卿。」〔註39〕

2、今案：《毛詩·車攻傳》：「田者，大芟草以為防。或舍其中褐纏旍以為門，裘纏質以為槷，間容握驅而入，擊則不得入。」又「田不出，防不逐，奔走古之道也。」又「面傷不獻，踐毛不獻，不成禽不獻，禽雖多，擇取三十焉。其餘以與大夫士以習射於澤宮，田雖得禽，射不中，不得取禽；田雖不得禽，射中則得取禽。古者以辭讓取，不以勇力取。」（此本昭七年《穀梁》傳文。）〔註40〕又「一曰乾豆，二曰賓客，三曰充君之庖。故自左膘而射之，

〔註35〕 參見清·阮元校：《十三經注疏·公羊傳》（台北：藝文印書館，1981年，重刊宋本），頁50。
〔註36〕 參見王先謙《荀子集解》，（臺北市：華正書局有限公司，1993年9月初版），頁340。
〔註37〕 參見《隱公八年·春秋經》：「秋七月，庚午，宋公、齊侯、衛侯盟于瓦屋。」《穀梁傳》：「外盟不日。此其日何也？諸侯之參盟於是始，故謹而日之也。誥誓不及五帝，盟詛不及三王，交質子不及二伯。」參見清·阮元校：《十三經注疏·穀梁傳》（台北：藝文印書館，1981年，重刊宋本），頁23、24。
〔註38〕 參見王先謙《荀子集解》，（臺北市：華正書局有限公司，1993年9月初版），頁362。
〔註39〕 參見清·阮元校：《十三經注疏·詩經》（台北：藝文印書館，1981年，重刊宋本），頁253。另，柳氏此處作「楊《疏》」，然則《毛詩》為孔穎達作《疏》。此當作「孔《疏》」，柳氏誤。
〔註40〕 柳氏於此曰「七年」，然據《穀梁傳》，當為昭八年《穀梁》傳文。許是七年與八年相近而訛，抑或柳氏後人傳抄訛誤所致，又或許是刻印時有誤。參見《昭公八年·春秋經》「秋，蒐於紅」《穀梁傳》：「正也，因蒐狩以習用武事，

達于右腢，爲上殺；射右耳本次之；射左髀達于右，爲下殺。」〔註41〕（此本桓四年傳文。）〔註42〕《雲漢傳》：「歲凶年，穀不登，則趣馬不秣，師氏弛其兵。馳道不除，祭事不縣，膳夫徹膳，左右布而不脩。」〔註43〕（此本襄二十四年傳文。）〔註44〕然則荀卿、毛公雖傳《詩》（《釋文・毛詩・敘錄》云：孫卿子傳魯人大毛公。）〔註45〕，未嘗不傳《穀梁春秋》；猶之瑕丘江公既傳《穀梁春秋》，亦未嘗不傳《魯詩》也。故附大毛公於《穀梁》經師之列。」巧儀案：柳氏引《毛詩・車攻傳》（與《穀梁傳・昭公八年》、《穀梁傳・桓公四年》傳文相合。）、《雲漢傳》（穀梁傳・襄公二十四年）原文，以爲荀卿、毛亨雖然傳詩，然未嘗不傳《穀梁春秋》；就如同瑕丘江公既傳《穀梁春秋》，然亦未嘗不傳《魯詩》。因此，柳氏列毛亨爲《穀梁》經師。

　　據王應麟《困學紀聞》云：「《穀梁》言大侵之禮，與《毛詩・雲漢傳》略同；言蒐狩之禮，與《毛詩・車攻傳》相合；此古禮之存者。」王氏稱《穀梁》所載「大侵」之禮，與《毛詩・雲漢傳》同；而其所載「蒐狩」之禮，與《毛詩・車攻傳》同。且鍾文烝《穀梁補注》卷首論傳云：

> 《穀梁》又有與《毛詩傳》合者者，王應麟所舉大侵、蒐狩二禮，其最著者也。毛公之學，出於荀卿而傳於子夏，益知穀梁子之果爲荀卿師，而源出子夏也。

禮之大者也。艾蘭以爲防，置旃以爲轅門，以葛覆質以爲槷，流旁握，御鼞者不得入。車軌塵，馬候蹄，揜禽旅。御者不失其馳，然後射者能中，過防弗逐不從，奔之道也。面傷不獻，不成禽不獻，禽雖多，天子取三十焉。其餘與士眾以習社於射宮，射而中，田不得禽則得禽；田得禽而射不中，則不得禽。是以知古之貴仁義而賤勇力也。」清・阮元校：《十三經注疏・穀梁傳》（台北：藝文印書館，1981年，重刊宋本），頁168。
〔註41〕參見清・阮元校：《十三經注疏・詩經・小雅・車攻》（台北：藝文印書館，1981年，重刊宋本），頁366～369。
〔註42〕參見《桓公四年・春秋經》：「四年春，正月，公狩於郎。」《穀梁傳》：「四時之田皆爲宗廟之事也。春曰田、夏曰苗、秋曰蒐、冬曰狩。四時之田用三焉，爲其所先得。一爲乾豆，二爲賓客，三爲充君之庖。」清・阮元校：《十三經注疏・穀梁傳》（台北：藝文印書館，1981年，重刊宋本），頁31、32。
〔註43〕參見清・阮元校：《十三經注疏・詩經・大雅・雲漢》（台北：藝文印書館，1981年，重刊宋本），頁658～664。
〔註44〕參見《襄公二十四年・春秋經》：「大饑。」《穀梁傳》：「大侵之禮，君食不兼味，臺榭不塗，弛侯廷道不除，百官布而不制，鬼神禱而不祀，此大侵之禮也。」清・阮元校：《十三經注疏・穀梁傳》（台北：藝文印書館，1981年，重刊宋本），頁158、159。
〔註45〕參見唐・陸德明：《經典釋文・敘錄》，《叢書集成續編》本，頁463。

鍾氏以王氏所舉「大侵」、「蒐狩」二禮，爲《穀梁》與《毛詩》相合之最顯著者。據此言毛公之學出於荀卿而於子夏傳焉，更可得穀梁子確爲荀卿師，而其學源出於子夏。王氏、鍾氏之說可爲柳氏以荀卿、毛亨爲《穀梁》經師之佐證。

　　荀卿從穀梁子受《穀梁傳》，後傳於毛亨。可知其傳授世系爲：「穀梁子—荀卿—毛亨」。則荀卿、毛亨俱爲傳授《穀梁》的經師。

　　（五）申公（約 B.C.219～B.C.135）。

　　1、《穀梁序疏》：「孫卿傳魯人申公。」〔註46〕

　　2、今案：申公，《魯詩》之師也，（《釋文・敍錄》亦謂申培公，楚王太傅。武帝以安車蒲輪徵之，時申公年八十餘，以爲大中大夫。）亦授《穀梁春秋》。（《敍錄》：申公本以《詩》、《春秋》授瑕丘江公，盡能傳之，徒眾最盛。）然則《穀梁》不爲《毛詩》家傳之，《魯詩》家亦傳之矣。〔註47〕

巧儀案：柳氏據《穀梁序疏》稱荀卿傳《穀梁》與申公，將其列爲《穀梁》經師。柳氏謂申公雖爲《魯詩》經師，其亦授《穀梁春秋》。進而言《穀梁》不獨《毛詩》家傳之，《魯詩》家亦傳之。

　　楊士勛稱荀卿傳於申公，然則據《漢書・楚元王傳》可知，荀卿與申公之間，尚有一浮丘伯。其傳授世系爲：「荀卿—浮丘伯—申公—瑕丘江公」。則申公爲傳授《穀梁》的經師。

　　（六）張蒼（B.C.235～B.C.152）、賈誼（B.C.200～B.C.168）。

　　柳氏引《崇文總目》：「漢張蒼、賈誼、尹咸、鄭眾、賈逵皆爲《左氏》訓詁，然參用《公》、《穀》二家。」（引見朱彝尊《經義考》百七十六。）〔註48〕

巧儀案：柳氏據《經義考》引《崇文總目》稱張蒼、賈誼爲《左氏》作訓詁，然亦參用《穀梁》，將二人列爲《穀梁》經師，

　　（八）江公、子江博士、孫江博士（生卒年俱不詳）。

　　甲、引〈述經師〉

〔註46〕參見清・阮元校：《十三經注疏・穀梁傳》（台北：藝文印書館，1981年，重刊宋本），頁3。

〔註47〕另可參見唐・陸德明：《經典釋文・敍錄》，《叢書集成續編》本，頁466。

〔註48〕參見清・朱彝尊：《經義考・春秋九》卷一百七十六（臺北市：中央研究院中國文哲研究所，民國88年4月初版），頁679、680。

1、《穀梁序疏》：「申公傳博士江翁。」〔註49〕

2、《釋文・敘錄》：「瑕丘江公受《穀梁春秋》於魯申公，武帝時爲博士，傳子至孫皆爲博士。」柳氏謂：「餘詳長編史部。」

乙、引〈述長編〉

1、《史記・儒林傳》：「瑕丘江生爲《穀梁春秋》。自公孫弘得用，嘗集比其義，卒用董仲舒。」

2、《漢書・儒林傳》：「（宣帝即位）……會千秋病死，徵江公孫爲博士。」

巧儀案：柳氏據《穀梁序疏》、《釋文・敘錄》以武帝時，瑕丘江公受《穀梁春秋》於申公，傳其子，又傳其孫。另據《史記・儒林傳》知瑕丘江生治《穀梁春秋》。又《漢書・儒林傳》知瑕丘江公受《穀梁春秋》於申公，傳其子，又傳其孫。祖孫三人皆爲博士。將三人列爲《穀梁》經師。可知其傳授世系爲：「申公─瑕丘江公─江公子─江公孫」。

（十一）衛太子劉據（B.C.128～B.C.91）、漢宣帝（B.C.91～B.C.48）。

甲、引〈述經師〉

柳氏謂：「詳長編。」

乙、引〈述長編〉

1、《漢書・戾太子傳》：「少壯，詔受《公羊春秋》，又從瑕丘江公受《穀梁》。」

2、《漢書・儒林傳》：「上（漢武帝）因尊公羊家，詔太子受《公羊春秋》，由是《公羊》大興。太子既通，復私問《穀梁》而善之。」

3、《漢書・儒林傳》：「宣帝即位，聞衛太子好《穀梁春秋》，以問丞相韋賢、長信少府夏侯勝及侍中樂陵侯史高，皆魯人也，言穀梁子本魯學，公羊氏乃齊學也，宜興《穀梁》。時千秋爲郎，召見，與《公羊》家並說，上善《穀梁》說，擢千秋爲諫大夫給事中，後有過，左遷平陵令。復求能爲《穀梁》者，莫及千秋。上愍其學且絕，乃以千秋爲郎中戶將，選郎十人從受。汝南尹更始翁君本自事千秋，能說矣，會千秋病死，徵江公孫爲博士。劉向以故諫大夫通達待詔，受《穀梁》，欲令助之。江博士復死，乃徵周慶、丁姓待詔保宮，使卒授十人。自元康（B.C.65-61）中始講，至甘露元年（B.C.53），積

〔註49〕參見清・阮元校：《十三經注疏・穀梁傳》（台北：藝文印書館，1981年，重刊宋本），頁3。

十餘歲，皆明習。乃召五經名儒太子太傅蕭望之等大議殿中，平《公羊》、《穀梁》同異，各以經處是非。時《公羊》博士嚴彭祖、侍郎申輓、伊推、宋顯，《穀梁》議郎尹更始、待詔劉向、周慶、丁姓並論。《公羊》家多不見從，願請內侍郎許廣，使者亦並內《穀梁》家中郎王亥，各五人，議三十餘事。望之等十一人各以經誼對，多從《穀梁》。由是《穀梁》之學大盛。」

4、《漢書‧宣帝紀》：「（三年）詔諸儒講五經同異，太子太傅蕭望之等平奏其議，上親稱制臨決焉。乃立梁丘《易》、大、小夏侯《尚書》、《穀梁春秋》博士。」

巧儀案：柳氏據《漢書‧戾太子傳》、《漢書‧儒林傳》瑕丘江公與董仲舒於廷前爭論，結果使得《公羊》大為興盛。可知衛太子因受武帝詔命受《公羊春秋》，只能私下從瑕丘江公受《穀梁》。

在漢代經學史上，石渠閣會議可說是十分重要的一場會議。〔註50〕石渠閣會議以後新立數家博士，促成了經學的繁榮。在新立的《梁丘易》、《大夏侯尚書》、《小夏侯尚書》、《穀梁春秋》四家博士中，最重要的是《穀梁春秋》。從石渠閣會議興起的原因和過程來看，漢宣帝為立《穀梁》進行了十多年（最少十年，至多十二年）的準備工作，然後在御前公開辯論《公羊》、《穀梁》的異同，並由此而發展到講五經同異。

而漢宣帝之所以善穀梁春秋，其因有三：一、聞衛太子好《穀梁春秋》：漢宣帝為衛太子之孫。〔註51〕二、宣帝問於丞相韋賢、長信少府夏侯勝及侍中樂陵侯史高，皆言宜興《穀梁》。三、宣帝召蔡千秋與《公羊》家並說，漢宣帝因而善《穀梁》。

據柳氏將衛太子及漢宣帝列為《穀梁》經師，可知其〈敘例〉中所謂「其說已亡而名僅存者」、「自漢以後併治三傳者」，並不為〈述經師〉的全貌。雖然不同於《穀梁》學的傳授上瑕丘江公、蔡千秋等經師，然但凡於《穀梁》

〔註50〕 吳雁南、秦學頎、李禹階，《中國經學史》：「石渠閣會議是歷史上第一次由皇帝親臨裁決，對五經義理進行公開評論，其意義非常重大。首先，他進一步鞏固經學在官學的壟斷地位，擴大了經學思想的傳播；其次，他表明漢朝統治者企圖統一經學的願望，但由於經學統一的條件並不成熟，因此在此次會議中還形成了新的分歧；第三，宣帝親臨裁決，作為經學裁判的最高權威，標誌著皇權對學術和思想統治的確立。」（台北市：五南圖書出版社，2005年8月），頁72～75。

〔註51〕 參見《漢書‧武帝紀》、《漢書‧衛太子傳》、《漢書‧魏相丙吉傳》、《漢書‧衛皇后傳》。

流傳中佔有一席之地者，柳興恩亦將其列為《穀梁》經師。

（十三）榮廣、皓星公（浩星公）〔註52〕（生卒年俱不詳）。

甲、引〈述經師〉

1、柳氏謂：「詳長編。」

2、《釋文‧敘錄》作：「浩星公。」〔註53〕（興恩案：《漢書‧趙充國傳》：「充國振旅而還所善，浩星賜迎說充國。」鄧展注：「浩星，姓；賜，名也。」然則《漢書》又作「浩星」，則《釋文》之說是也。）〔註54〕

乙、引〈述長編〉

柳氏引《漢書‧儒林傳》：「瑕丘江公受《穀梁春秋》及《詩》於魯申公，傳子至孫為博士。武帝時，江公與董仲舒並。……於是上因尊《公羊》家……其後浸微，唯魯榮廣王孫、皓星公二人受焉。廣盡能傳其《詩》、《春秋》，高材捷敏，與《公羊》大師眭孟等論，數困之，故好學者頗復受《穀梁》。」〔註55〕巧儀案：柳氏據《漢書‧儒林傳》稱榮廣與皓星公受《穀梁春秋》於瑕丘江公。且榮廣與《公羊》大師眭孟論，數度以經義困之，致使好學之人又再興起研修《穀梁》之意。將二人列為《穀梁》經師。可知其傳授世系為：「瑕丘江公—榮廣」「瑕丘江公—皓星公」。

（十五）蔡千秋（生卒年不詳）。

甲、引〈述經師〉

柳氏謂：「詳長編。」

乙、引〈述長編〉

柳氏引《漢書‧儒林傳》：「沛蔡千秋少君、梁周慶幼君、丁姓子孫〔註56〕皆從廣受。千秋又事皓星公，為學最篤。宣帝即位，聞衛太子好《穀梁春秋》，以問丞相韋賢、長信少府夏侯勝及侍中樂陵侯史高，皆魯人也，言穀梁子本

〔註52〕關於皓星公之名，柳氏據《漢書》題為「皓星公」，然《釋文‧敘錄》、《漢書‧趙充國傳》俱作「浩星公」。

〔註53〕參見唐‧陸德明：《經典釋文‧敘錄》，《叢書集成續編》本，頁466。

〔註54〕參見《漢書‧趙充國傳》，引自漢‧班固撰；唐‧顏師古注；楊家駱主編：《新校本漢書集注并附編二種》（臺北市：鼎文書局，民國75年），頁2971～2995。

〔註55〕參見《漢書‧儒林傳》，引自漢‧班固撰；唐‧顏師古注；楊家駱主編：《新校本漢書集注并附編二種》（臺北市：鼎文書局，民國75年），頁3617～3621。

〔註56〕姓丁，名姓，字子孫。

魯學，公羊氏乃齊學也，宜興《穀梁》。時千秋爲郎，召見，與《公羊》家並說，上善《穀梁》說，擢千秋爲諫大夫給事中，後有過，左遷平陵令。復求能爲《穀梁》者，莫及千秋。上愍其學且絕，乃以千秋爲郎中戶將，選郎十人從受。」〔註57〕

巧儀案：柳氏據《漢書·儒林傳》稱蔡千秋受《穀梁》於榮廣，又授於皓星公。且蒙宣帝召，與《公羊》家並說，使宣帝善《穀梁》。爲《穀梁》經師，將其列爲《穀梁》經師。

　　蔡千秋於西漢《穀梁》學的地位甚爲重要，若非宣帝善其《穀梁》說解，其後江公孫未必能徵爲博士，更遑論召開石渠閣會議。其於《穀梁》的流傳、授受之功甚大。其傳授世系爲：「榮廣—蔡千秋」、「皓星公—蔡千秋」。

（十六）周慶、丁姓、王亥（王彥）（生卒年俱不詳）。

甲、引〈述經師〉

　　柳氏謂：「詳長編。」（案：師古注：「丁姓，字子孫。」王亥，《後漢書賈逵傳》注作：「王彥」《經義考》引鄭元（玄）云：「顏安樂弟子有冷豐、劉向、王彥。」）〔註58〕

乙、引〈述長編〉

　　柳氏引《漢書·儒林傳》：「沛蔡千秋少君、梁周慶幼君、丁姓子孫皆從（榮）廣受。……江博士復死，乃徵周慶、丁姓待詔保宮，使卒授十人。自元康中始講，至甘露元年，積十餘歲，皆明習。乃召五經名儒太子太傅蕭望之等大議殿中，平《公羊》、《穀梁》同異，各以經處是非。時《公羊》博士嚴彭祖、侍郎申輓、伊推、宋顯，《穀梁》議郎尹更始、待詔劉向、周慶、丁姓並論。《公羊》家多不見從，願請內侍郎許廣，使者亦並內《穀梁》家中郎王亥，各五人，〔註59〕議三十餘事。望之等十一人各以經誼對，多從《穀梁》。由是《穀梁》之學大盛。（周）慶、（丁）姓皆爲博士。」〔註60〕

〔註57〕　參見《漢書·儒林傳》，引自漢·班固撰；唐·顏師古注；楊家駱主編：《新校本漢書集注并附編二種》（臺北市：鼎文書局，民國75年），頁3617～3621。

〔註58〕　參見朱彝尊《經義考·卷一百七十一·春秋四》，引自汪嘉玲、張惠淑、張廣慶、黃智信點校；朱彝尊原著《點校補正經義考》第五冊（台北市：中央研究院中國文哲研究所籌備處，民國86年10月），頁562。

〔註59〕　師古注曰：「使者，謂當時詔遣監議者也。內謂引入議所也。公羊家既請內許廣，而使者因並內王亥也。」

〔註60〕　參見《漢書·儒林傳》，引自漢·班固撰；唐·顏師古注；楊家駱主編：《新

巧儀案：柳氏據《漢書・儒林傳》稱周慶、丁姓從榮廣受《穀梁》。且漢宣帝使諸儒平《公羊》、《穀梁》同異時，有周慶、丁姓俱爲《穀梁》待詔，王亥爲《穀梁》家中郎，將三人列爲《穀梁》經師。顏師古與鄭玄作「王彥」，而柳氏題爲「王亥」，當是從《漢書》原文。可知其傳授世系爲：「榮廣—周慶」、「榮廣—丁姓」。

（十九）劉向（B.C.77～B.C.6）。

甲、引〈述經師〉

1、《釋文・敘錄》：「蔡千秋病死，徵江公孫爲博士。詔劉向受《穀梁》，欲令助之。」〔註61〕

2、《漢書・藝文志》：「議奏三十九篇。石渠論。」〔註62〕柳氏案：「班固之自注如此，茲以三十九篇屬之。劉向者，〈韋賢傳〉云：『玄成受詔與太子太傅蕭望之及五經諸儒，雜論同異於石渠閣，條奏其對。』即〈儒林傳〉所謂『宣帝以衛太子好《穀梁》，詔劉向受《穀梁》，欲令助之。乃召五經名儒、太子太傅蕭望之等大議殿中，平《公羊》、《穀梁》同異。望之等多從《穀梁》，《穀梁》由是大盛也。』然而石渠之議專爲《穀梁》，即可專屬劉向。由是推之，東漢白虎通德係倣石渠故事，遂詔高材生受《穀梁春秋》，亦可謂專爲《穀梁》。故〈禮述〉全引《白虎通》云。」

3、《魏書・高允傳》：「允表曰：『漢成帝時，光祿大夫劉向見漢祚將危，權歸外戚，屢陳妖眚而不見納。遂因《洪範》、《春秋》災異報應者而爲其傳，覬以感悟人主，而終不聽察，卒以危亡。豈不哀哉！』」〔註63〕柳氏謂：「餘詳長編。」

乙、引〈述長編〉

校本漢書集注并附編二種》（臺北市：鼎文書局，民國75年），頁3617～3621。

〔註61〕 參見唐・陸德明：《經典釋文・敘錄》，《叢書集成續編》本，頁466。另可參見《漢書・儒林傳》：「會千秋病死，徵江公孫爲博士。劉向以故諫大夫通達待詔，受《穀梁》，欲令助之。」，引自漢・班固撰；唐・顏師古注；楊家駱主編：《新校本漢書集注并附編二種》（臺北市：鼎文書局，民國75年），頁3617～3621。

〔註62〕 參見《漢書・藝文志》，引自漢・班固撰；唐・顏師古注；楊家駱主編：《新校本漢書集注并附編二種》（臺北市：鼎文書局，民國75年），頁1712～1715。

〔註63〕 參見《魏書・高允傳》，引自北齊・魏收撰；《西魏書》；清・謝啓昆撰；楊家駱主編：《新校本魏書附西魏書》（臺北市：鼎文書局，民國69年），頁1067～1078。

柳氏引《漢書・儒林傳》：「會千秋病死，徵江公孫為博士。劉向以故諫大夫通達待詔，受《穀梁》，欲令助之。……甘露元年，積十餘歲，皆明習。乃召五經名儒太子太傅蕭望之等大議殿中，平《公羊》、《穀梁》同異，各以經處是非。時《公羊》博士嚴彭祖、侍郎申輓、伊推、宋顯，《穀梁》議郎尹更始、待詔劉向、周慶、丁姓並論。」〔註64〕

巧儀案：柳氏據《釋文・敘錄》以劉向從江博士受《穀梁》，另據《漢書・藝文志》著錄其撰有石渠閣會議之〈奏議〉，並以《魏書》高允上表稱劉向因傳《春秋》災異，將其列為《穀梁》經師。

漢宣帝時，江公孫為《穀梁》博士，劉向為《穀梁》待詔，從江公孫受《穀梁》。甘露元年，與《公羊》博士大議殿中，平《公羊》、《穀梁》異同。可知其傳授世系為：「孫江博士—劉向」。

（二十）蕭望之（？～B.C.46）等十一人

甲、引〈述經師〉

1、柳氏謂：「詳長編。」

2、徐天麟《西漢會要》卷廿六：「彙載雜議羣儒姓名，蕭望之、韋玄成、施讎、梁邱臨、歐陽地餘、林尊、周堪、孔霸、張山拊、張生、薛廣德、戴德、戴聖、聞人通漢、劉向」（興恩案：《漢書・儒林傳》言蕭望之等十一人各以經義對，此云五人者，蓋其中有但為監議而不以經義對者。如假倉之為謁者是也，謁者即使者。《儒林傳》使者亦並內《穀梁》家中郎王亥，師古注曰：使者為當時詔遣監議者也。則在十一人外矣。又攷劉向與尹更始、周慶、丁姓、王亥為興《穀梁》發議之人，不在監議之列。）〔註65〕

乙、引〈述長編〉

柳氏引《漢書・儒林傳》：「江博士復死，乃徵周慶、丁姓待詔保宮，使卒授十人。自元康中始講，至甘露元年，積十餘歲，皆明習。乃召五經名儒太子太傅蕭望之等大議殿中，平《公羊》、《穀梁》同異，各以經處是非。時《公羊》博士嚴彭祖、侍郎申輓、伊推、宋顯，《穀梁》議郎尹更始、待詔劉向、周慶、丁姓並論。《公羊》家多不見從，願請內侍郎許廣，使者亦並內《穀

〔註64〕 參見《漢書・儒林傳》，引自漢・班固撰；唐・顏師古注；楊家駱主編：《新校本漢書集注并附編二種》（臺北市：鼎文書局，民國75年），頁3617～3621。

〔註65〕 參見徐天麟《西漢會要》，《叢書集成初編》本（北京：中華書局，1985年），頁231、232。

梁》家中郎王亥,各五人,議三十餘事。望之等十一人各以經誼對,多從《穀梁》。由是《穀梁》之學大盛。」〔註66〕

巧儀案:柳氏據《西漢會要》:「彙載雜議羣儒姓名,蕭望之、韋玄成、施讎、梁邱臨、歐陽地餘、林尊、周堪、孔霸、張山拊、張生、薛廣德、戴德、戴聖、聞人通漢、劉向」凡十有五人。攷徐天麟失載以小夏侯學為碭者論石渠的假倉;另大戴(戴德)亦未聞議於石渠;劉向為興《穀梁》發議之人,亦不列於其中。

據《漢晉學術編年》卷二「詔群儒講五經同異」,列「《易》家博士施讎、《書》家博士歐陽地餘、博士林尊、譯官令周堪、博士張山拊、謁者假倉、《詩》家淮陽中尉韋玄成、博士張長安、博士薛廣德、《禮》家有博士戴聖,太子舍人聞人通漢」共十一人。〔註67〕

將二文相參,可知梁丘臨於其時為黃門侍郎,奉使問諸儒,非為其一,當去之;徐天麟之「張生」為「張長安」,時為《詩》家博士;孔霸亦未議於石渠。綜上所言,可知「蕭望之等十一人」為除「蕭望之」外,尚有「施讎、歐陽地餘、林尊、周堪、張山拊、假倉、韋玄成、張長安、薛廣德、戴聖、聞人通漢」十一人。柳氏列為《穀梁》經師。

(二十一)尹更始、尹咸(生卒年俱不詳)。

1、《穀梁序疏》:「魏晉以來,注家有尹更始。」〔註68〕

2、《釋文‧敘錄》:「尹更始,字翁君,汝南邵陵人。」又云:「尹更始《章句》十五卷。」〔註69〕

3、《漢志》:「《穀梁章句》三十三篇。」〔註70〕(《志》無注,今屬之尹更始者,以更始嘗為《章句》故。)。

4、《隋書‧經籍志》(梁有《春秋穀梁傳》十五卷,漢諫議大夫尹更始撰,

〔註66〕參見《漢書‧儒林傳》,引自漢‧班固撰;唐‧顏師古注;楊家駱主編:《新校本漢書集注并附編二種》(臺北市:鼎文書局,民國75年),頁3617~3621。

〔註67〕參見劉汝霖:《漢晉學術編年》卷二(台北市:長安出版社,民國68年11月),頁132。

〔註68〕參見清‧阮元校:《十三經注疏‧穀梁傳》(台北:藝文印書館,1981年,重刊宋本),頁7。

〔註69〕參見唐‧陸德明:《經典釋文‧敘錄》,《叢書集成續編》本,頁467。

〔註70〕參見《漢書‧藝文志》,引自漢‧班固撰;唐‧顏師古注;楊家駱主編:《新校本漢書集注并附編二種》(臺北市:鼎文書局,民國75年),頁1713。

亡。）、《新唐書・藝文志》：「《春秋穀梁傳》十五卷。」（尹更始注。）〔註71〕

　　5、《經義考》（百七十一）引王應麟曰：「漢儒兼通《穀梁》、《左氏》者，胡常、尹更始也。」〔註72〕

巧儀案：柳氏據《穀梁序疏》、《釋文・敘錄》、《漢志》、《隋書・經籍志》、《新唐書・藝文志》稱尹更始撰有《穀梁章句》，又據《經義考》稱其通曉《穀梁》，將其列為《穀梁》經師。

　　關於尹咸，柳氏於此則不置一字，未見其與《穀梁》之關係，亦未能將其列於《穀梁》經師。然則據《漢書・儒林傳》：

　　　尹更始為諫大夫、長樂戶將，又受《左氏傳》，取其變理合者以為〈章句〉，傳子咸及翟方進、琅邪房鳳。……始江博士授胡常，常授梁蕭秉君房，王莽時為講學大夫。由是《穀梁春秋》有尹、胡、申章、房氏之學。〔註73〕

得見尹更始授《穀梁》於其子尹咸。可知其傳授世系為：「尹更始—尹咸」。

（二十三）申章昌曼君〔註74〕（生卒年不詳）。

甲、引〈述經師〉

柳氏謂：「詳長編。」

乙、引〈述長編〉

　　柳氏引《漢書・儒林傳》：「（丁）姓至中山太傅，授楚申章昌曼君，為博士，至長沙太傅，徒眾尤盛。」〔註75〕

巧儀案：柳氏據《漢書・儒林傳》稱申章昌從丁姓受《穀梁》，將其列為《穀梁》經師。可知其傳授世系為：「丁姓—申章昌」。

〔註71〕　參見《隋書・經籍志》，引自唐・魏徵等撰；楊家駱主編：《新校本隋書附索引》（臺北市：鼎文書局，民國69年），頁931。與《新唐書・藝文志》，引自宋・歐陽修、宋祈撰；楊家駱主編：《新校本新唐書附索引》（臺北市：鼎文書局，民國70年），頁1437。

〔註72〕　參見清・朱彝尊：《經義考・春秋四》卷一百七十一（臺北市：中央研究院中國文哲研究所，民國88年4月初版），頁564、565。

〔註73〕　參見《漢書・儒林傳》，引自漢・班固撰；唐・顏師古注；楊家駱主編：《新校本漢書集注并附編二種》（臺北市：鼎文書局，民國75年），頁3617～3621。

〔註74〕　姓申章，名昌，字曼君。

〔註75〕　參見《漢書・儒林傳》，引自漢・班固撰；唐・顏師古注；楊家駱主編：《新校本漢書集注并附編二種》（臺北市：鼎文書局，民國75年），頁3617～3621。

（二十四）胡常、蕭秉（生卒年不詳）。

甲、引〈述經師〉

柳氏謂：「詳長編。」

乙、引〈述長編〉

柳氏引《漢書・儒林傳》：「始江博士授胡常，常授梁蕭秉君房，王莽時爲講學大夫。由是《穀梁春秋》有尹、胡、申章、房氏之學。」〔註76〕

巧儀案：柳氏據《漢書・儒林傳》以胡常從江博士受《穀梁》，而授與蕭秉，將二人列爲《穀梁》經師。可知其傳授世系爲：「江博士—胡常—蕭秉」。

（二十六）翟方進（？～B.C.7）、翟宣（生卒年不詳）。

甲、引〈述經師〉

1、柳氏謂：「詳長編。」

2、《漢書本傳》：「翟方進字子威，汝南上蔡人也。西至京師。從博士受《春秋》。積十餘年，經學明習，徒眾日廣，諸儒稱之。以射策甲科爲郎。二三歲，舉明經，遷議郎。是時宿儒有清河胡常，與方進同經。常爲先進，名譽出方進下，心害其能，論議不右方進。方進知之，候伺常大都授時，遣門下諸生至常所問大義疑難，因記其說。如是者久之，常知方進之宗讓己，內不自得，其後居士大夫之間未嘗不稱述方進，遂相親友。河平中，方進轉爲博士。」又「方進雖受《穀梁》，然好《左氏傳》。」又「長子宣，字太伯，亦明經，居長安教授諸生滿堂。」〔註77〕

乙、引〈述長編〉

柳氏引《漢書・儒林傳》：「尹更始爲諫大夫、長樂戶將，又受《左氏傳》，取其變理合者以爲〈章句〉，傳子咸及翟方進、琅邪房鳳。……始江博士授胡常，常授梁蕭秉君房，王莽時爲講學大夫。由是《穀梁春秋》有尹、胡、申章、房氏之學。」〔註78〕

〔註76〕 參見《漢書・儒林傳》，引自漢・班固撰；唐・顏師古注；楊家駱主編：《新校本漢書集注并附編二種》（臺北市：鼎文書局，民國75年），頁3617～3621。

〔註77〕 參見《漢書・翟方進列傳》，引自漢・班固撰；唐・顏師古注；楊家駱主編：《新校本漢書集注并附編二種》（臺北市：鼎文書局，民國75年），頁3411～3424。

〔註78〕 參見《漢書・儒林傳》，引自漢・班固撰；唐・顏師古注；楊家駱主編：《新校本漢書集注并附編二種》（臺北市：鼎文書局，民國75年），頁3617～3621。

巧儀案：柳氏據《漢書‧翟方進列傳》以翟方進從博士受《穀梁春秋》，其子翟宣亦通經，於長安教授。據《漢書‧儒林傳》以翟方進從尹更始受《穀梁》，且胡常與翟方進同經，胡常從江博士受《穀梁》，由此可知翟方經所受《春秋》爲《穀梁》，將二人列爲《穀梁》經師。可知其傳授世系爲：「尹更始—翟方進」、「翟方進—翟宣」

（二十八）房鳳（生卒年不詳）。

甲、引〈述經師〉

柳氏謂：「詳長編。」

乙、引〈述長編〉

柳氏引《漢書儒林》：「尹更始爲諫大夫、長樂户將，又受《左氏傳》，取其變理合者以爲《章句》，傳子咸及翟方進、琅邪房鳳。……始江博士授胡常，常授梁蕭秉君房，王莽時爲講學大夫。由是《穀梁春秋》有尹、胡、申章、房氏之學。」〔註79〕

巧儀案：柳氏據《漢書‧儒林傳》以房鳳從尹更始受《穀梁》，且謂《穀梁春秋》有「房氏」之學，此房氏即爲房鳳。將其列爲《穀梁》經師。可知其傳授世系爲：「尹更始—房鳳」。

（二十九）梅福（生卒年不詳）。

甲、引〈述經師〉

《漢書本傳》：「梅福，字子真，九江壽春人也。少學長安，明《尚書》、《穀梁春秋》，爲郡文學，補南昌尉。」〔註80〕柳氏謂：「詳長編。」

乙、引〈述長編〉

柳氏引《漢書本傳》：「成帝久亡繼嗣，福以爲宜建三統，封孔子之世以爲殷後，復上書曰：「《春秋經》曰：『宋殺其大夫。』《穀梁傳》曰：『其不稱名姓，以其在祖位，尊之也。』〔註81〕此言孔子故殷後也」綏和元年，立二

〔註79〕 參見《漢書‧儒林傳》，引自漢‧班固撰；唐‧顏師古注；楊家駱主編：《新校本漢書集注并附編二種》（臺北市：鼎文書局，民國75年），頁3617～3621。
〔註80〕 參見《漢書‧梅福列傳》，引自漢‧班固撰；唐‧顏師古注；楊家駱主編：《新校本漢書集注并附編二種》（臺北市：鼎文書局，民國75年），頁2917～2927。
〔註81〕 顏師古注：「事在僖二十五年。《穀梁》所云『在祖位』者，謂孔子本宋孔父之後，防叔奔魯，遂爲魯人。今宋所殺者亦孔父之後留在宋者，於孔子爲祖列，故尊而不名也。」

王後，推迹古文，以《左氏》、穀梁、《世本》、《禮記》相明，遂下詔封孔子世爲殷紹嘉公。語在〈成紀〉。」〔註82〕

巧儀案：柳氏據《漢書·梅福列傳》以梅福通曉《穀梁春秋》，且引《穀梁傳》文議封孔氏爲殷朝之後。將其列爲《穀梁》經師。

（三十）脣君安（生卒年不詳）。

柳氏引常璩《華陽國志》（十下）：「《春秋穀梁傳序》云：『成帝時議立三傳博士，巴郡脣君安獨駁《左傳》不祖聖人。』」〔註83〕

巧儀案：柳氏據《華陽國志》稱脣君安以《穀梁傳》駁《左傳》立學官事爲《穀梁》經師。

小結

周代至西漢此三十位經師依據其在《穀梁》學中之地位及貢獻，可約劃分爲三類：

一、以其撰有《穀梁傳》專著，列爲《穀梁》經師者：共有穀梁子《穀梁傳》、尹更始《春秋章句》等二人。

二、以史傳（或文獻資料）明言其研讀、授受《春秋》兼及《穀梁傳》者。依史傳（或文獻資料）所載情形，約可分爲二：

（一）史傳（或文獻資料）直言其通曉、授受《穀梁》者：共有卜子夏、荀卿、毛公、申公、江公、子江博士、孫江博士、衛太子、漢宣帝、榮廣、皓星公、蔡千秋、周慶、丁姓、王亥、劉向、尹咸、申章昌、胡常、蕭秉、翟方進、翟宣、房鳳、梅福等二十四人。

（二）治《左傳》，然參用《穀梁》者：共有張蒼、賈誼二人。

三、以《穀梁》傳義議論時事者：則有蕭望之等（參與石渠閣會議，議論《公羊》、《穀梁》異同）、脣君安（駁《左傳》立學官事）等人。

西漢的《穀梁》學當從申公始，其與楚元王交同受於荀卿弟子浮丘伯，

〔註82〕參見《漢書·梅福列傳》，引自漢·班固撰；唐·顏師古注；楊家駱主編：《新校本漢書集注并附編二種》（臺北市：鼎文書局，民國75年），頁2917～2927。另可參見《漢書·成帝本紀》，引自漢·班固撰；唐·顏師古注；楊家駱主編：《新校本漢書集注并附編二種》（臺北市：鼎文書局，民國75年），頁328。

〔註83〕參見常璩撰，劉琳校注《華陽國志校注》，（成都：巴蜀書社，1984年7月第一版），頁923。

傳於瑕丘江公，瑕丘江公於武帝時代表《穀梁》，與代表《公羊》的董仲舒辯論，董仲舒勝而《公羊》大興。瑕丘江公傳於其子（江公子）、榮廣、皓星公，衛太子私淑於江公；榮廣傳於周慶、丁姓、蔡千秋，千秋又事皓星公。

漢宣帝時，召蔡千秋與《公羊》家並說，上善《穀梁》說；後蔡千秋病死，徵江公之孫（江公孫）為博士，以劉向為待詔，受《穀梁》；江公孫又死，復徵周慶、丁姓為待詔，卒授十人。甘露元年（B.C.53），《穀梁》待詔周慶、丁姓、劉向，中郎王亥，議郎尹更始與蕭望之等人大議殿中，此之謂石渠閣會議。

後丁姓傳於申章昌，尹更始傳於其子尹咸、翟方進、房鳳，江公之孫江博士傳於胡常，胡常傳於蕭秉。翟方進傳於其子翟宣。《漢書・儒林傳》：「由是《穀梁春秋》有尹、胡、申章、房氏之學。」〔註84〕「尹」當為尹更始，「胡」當為胡常，「申章」為申章昌，「房」為房鳳。西漢最重家學，故西漢經師的傳授脈絡最為清晰。

第二節　東漢《穀梁》學者及《穀梁》學傳授

東漢《穀梁》經師列於《穀梁大義述》卷十五，依《穀梁大義述・述經師》目次〔註85〕，共錄有漢明帝、劉嘉等三十五位經師。

柳興恩輯錄的依據有史傳（《漢書》、《後漢書》、《三國志》）、史志（《隋書・經籍志》、《舊唐書・經籍志》、《新唐書・藝文志》、）歷代圖書敘錄（《經典釋文・敘錄》）、楊士勛《穀梁序疏》、《隸釋》、《冊府元龜》、《九經古義・穀梁》等文獻中涉及之資料。

現依《穀梁大義述・述經師》目次，一一敘明此三十五位《穀梁》經師。

（一）漢明帝（28～75）

柳氏引《後漢明帝紀》：「十歲能通《春秋》。」〔註86〕

巧儀案：柳氏據《後漢書・明帝紀》稱漢明帝通曉《春秋》，從寬取之，將其

〔註84〕 參見《漢書・儒林傳》，引自漢・班固撰；唐・顏師古注；楊家洛主編：《新校本漢書集注并附編二種》（臺北市：鼎文書局，民國 75 年），頁 3617～3621。

〔註85〕 柳氏於「漢明帝」下注曰：「以下後漢」。本文為敘述方便，以「東漢」稱之。

〔註86〕 參見《後漢書・明帝紀》，引自劉宋・范曄撰；唐・李賢等注；晉・司馬彪補志；楊家駱主編：《新校本後漢書并附編十三種》（臺北市：鼎文書局，民國 70 年），頁 105～118。

列爲《穀梁》經師。

（二）劉嘉（？～39）、劉睦（生卒年不詳）

1、《後漢宗室傳》：「順陽懷侯嘉，光武族兄也。<u>習《尚書》、《春秋》</u>。」〔註87〕

2、《北海靖王興傳》：「（北海靖王興）立，三十九年薨。子敬王睦嗣。睦少好學，博通《書》、《傳》，能屬文，作《春秋旨義終始論》」〔註88〕

巧儀案：柳氏據《後漢書・宗室四王三侯列傳》稱劉嘉研習《春秋》、劉睦通曉《傳》，撰有《春秋旨意終始論》，從寬取之，將二人列爲《穀梁》經師。

（四）侯霸（？～37）

柳氏引《後漢書本傳》：「師事九江太守房元，治《穀梁春秋》，爲元都講。」〔註89〕案：「房元即房鳳，字子元也。專治《穀梁》者，後漢絕少，霸猶沿前漢之風，故爲元都講。」〔註90〕

巧儀案：柳氏據《後漢書・侯霸傳》稱侯霸從九江太守房元，研究《穀梁春秋》，將其列爲《穀梁》經師。依《漢書・儒林傳》：

> 房鳳，字子元，不其人也。以射策乙科爲太史掌故。太常舉方正，爲縣令都尉，失官。大司馬票騎將軍王根奏除補長史，薦鳳明經通達，擢爲光祿大夫，遷五官中郎將。……大司空師丹奏歆非毀先帝所立，上於是出龔等補吏，龔爲弘農，歆河內，鳳九江太守，至青州牧。〔註91〕

房鳳字子元，且房鳳曾任九江太守。可知此「九江太守房元」即爲「房鳳」。

〔註87〕參見《後漢書・宗室四王三侯列傳》，引自劉宋・范曄撰；唐・李賢等注；晉・司馬彪補志；楊家駱主編：《新校本後漢書并附編十三種》（臺北市：鼎文書局，民國 70 年），頁 567。

〔註88〕參見《後漢書・宗室四王三侯列傳》，引自劉宋・范曄撰；唐・李賢等注；晉・司馬彪補志；楊家駱主編：《新校本後漢書并附編十三種》（臺北市：鼎文書局，民國 70 年），頁 555～557。

〔註89〕參見《後漢書・伏侯宋蔡馮趙牟章列傳》，引自劉宋・范曄撰；唐・李賢等注；晉・司馬彪補志；楊家駱主編：《新校本後漢書并附編十三種》（臺北市：鼎文書局，民國 70 年），頁 901。

〔註90〕參見清・柳興恩：《穀梁大義述・述經說・侯霸》（臺北市：藝文印書館，民國 54 年）《皇清經解續編》南菁書院本，頁 11199。

〔註91〕參見《漢書・儒林傳》，引自漢・班固撰；唐・顏師古注；楊家駱主編：《新校本漢書集注并附編二種》（臺北市：鼎文書局，民國 75 年），頁 3617～3621。

〔註92〕可知其傳授世系爲「房鳳—侯霸」。

（五）范升〔註93〕（生卒年不詳）

柳氏引《後漢書本傳》：「時尚書令韓歆上疏，欲爲《費氏易》、《左氏春秋》立博士，升爭之引《傳》曰：『聞疑傳疑，聞信傳信。』」（《穀梁傳曰》：「信以傳信，疑以傳疑。」）。

巧儀案：柳氏據《後漢書‧范升傳》稱范升引《穀梁》傳文駁《左傳》立學官事，將其列爲《穀梁》經師。據《後漢書‧范升傳》：

> 范升，字辯卿。代郡人也。……時尚書令韓歆上疏，欲爲《費氏易》、《左氏春秋》立博士，詔下其議。（建武）四年正月，朝公卿、大夫、博士，見於雲臺。帝曰：「范博士可前平說。」升起對曰：「《左氏》不祖孔子，而出於丘明，師徒相傳，又無其人，且非先帝所存，無因得立。」遂與韓歆及太中大夫許淑等互相辯難，日中乃罷。升退而奏曰：「臣聞主不稽古，無以承天；臣不述舊，無以奉君。陛下愍學微缺，勞心經藝，情存博聞，故異端競進。近有司請置《京氏易》博士，羣下執事，莫能據正。《京氏》既立，《費氏》怨望，《左氏春秋》復以比類，亦希置立。《京》、《費》已行，次復《高氏》，《春秋》之家，又有《騶》、《夾》。如令《左氏》、《費氏》得置博士，《高氏》、《騶》、《夾》，五經奇異，並復求立，各有所執，乖戾分爭，從之則失道，不從則失人，將恐陛下必有猒倦之聽。孔子曰：『博學約之，弗叛矣夫。』夫學而不約，必叛道也。顏淵曰：『博我以文，約我以禮。』孔子可謂知教，顏淵可謂善學矣。老子曰：『學道日損。』損猶約也。又曰：『絕學無憂。』絕末學也。今《費》、《左》二學，無有本師，而多反異，先帝前世，有疑於此，故京氏雖立，輒復見廢。疑道不可由，疑事不可行。詩書之作，其來已久。孔子尚周流遊觀，至于知命，

〔註92〕參見畢沅《傳經表‧穀梁》：「《（漢書）儒林傳》：『鳳字子元，官九江太守。』《後漢書‧侯霸傳》直言『九江太守房元』，是范史疎處。」引自《儒林譜（及其他兩種）》，《叢書集成續編》本（北京：中華書局，1985年），頁92、93。

〔註93〕《後漢書‧范升傳》：「九歲通論語、孝經，及長，習梁丘易、老子，教授後生。」注云：「宣帝時，梁丘賀之易也。」引自劉宋‧范曄撰；唐‧李賢等注；晉‧司馬彪補志；楊家駱主編：《新校本後漢書并附編十三種》（臺北市：鼎文書局，民國70年）

自衛反魯，乃正《雅》、《頌》。今陛下草創天下，紀綱未定，雖設
學官，無有弟子，《詩》《書》不講，《禮》《樂》不修，奏立《左》、
《費》，非政急務。孔子曰：『攻乎異端，斯害也已。』《傳》曰：
『聞疑傳疑，聞信傳信，而堯舜之道存。』〔註94〕願陛下疑先帝
之所疑，信先帝之所信，以示反本，明不專己。天下之事所以異
者，以不一本也。《易》曰：『天下之動，貞夫一也。』又曰：『正
其本，萬事理。』五經之本自孔子始，謹奏《左氏》之失凡十四
事。」〔註95〕

建武四年（28），當時韓歆上疏，想要爲《費氏易》、《左氏春秋》設立博士。
范升以《左氏》不祖述孔子，而是出自左丘明之手；沒有師徒授受的傳承；
而且先帝並未將其設立博士等三個理由，與韓歆、太中大夫許淑相互辯難。
之後又上疏進一步說，若是爲《左氏春秋》設立博士，恐怕《騶》、《夾》二
氏以及五經其他派別都會爭相請設立博士。並引「信以傳信，疑以傳疑」請
求不要爲《左氏春秋》設立博士。

（六）任延（？～68）

柳氏引《後漢書本傳》：「年十二，爲諸生，學於長安，明《詩》、《易》、
《春秋》，顯名太學，學中號爲『任聖童』。」〔註96〕
巧儀案：柳氏據《後漢書・循吏列傳》稱任延通曉《春秋》，從寬取之，將其
列爲《穀梁》經師。

（七）譙玄（生卒年不詳）。

柳氏引《後漢書本傳》：「少好學，能說《易》、《春秋》。」〔註97〕
巧儀案：柳氏據《後漢書・循吏列傳》稱譙玄能講解《春秋》，將其列爲《穀

〔註94〕 注云：「《穀梁傳》曰：「信以傳信，疑以傳疑。」（桓五年傳文）
〔註95〕 參見《後漢書・鄭范陳賈張列傳》，引自劉宋・范曄撰；唐・李賢等注；晉・
司馬彪補志；楊家駱主編：《新校本後漢書并附編十三種》（臺北市：鼎文書
局，民國70年），頁1226～1229。
〔註96〕 參見《後漢書・循吏列傳》，引自劉宋・范曄撰；唐・李賢等注；晉・司馬彪
補志；楊家駱主編：《新校本後漢書并附編十三種》（臺北市：鼎文書局，民
國70年），頁2460。
〔註97〕 參見《後漢書・獨行列傳》，引自劉宋・范曄撰；唐・李賢等注；晉・司馬彪
補志；楊家駱主編：《新校本後漢書并附編十三種》（臺北市：鼎文書局，民
國70年），頁2666～2668。

梁》經師。

（八）卓茂（？～28）

柳氏引《後漢書本傳》：「元帝時學於長安，事博士江生。注：江生，魯人江翁也。昭帝時爲博士。」〔註98〕

巧儀案：柳氏據《後漢書・卓魯魏劉列傳》稱卓茂在元帝時到長安求學，師從博士江生，將其列爲《穀梁》經師。可知其傳授世系爲「博士江生—卓茂」。

（九）尹敏（生卒年不詳）

柳氏引《後漢書本傳》：「少爲諸生。初習歐陽《尚書》，後受古文，兼善《毛詩》、《穀梁》、《左氏春秋》。」〔註99〕

巧儀案：柳氏據《後漢書・儒林列傳上・尹敏》稱尹敏擅長《穀梁傳》，將其列爲《穀梁》經師。

（十）逢萌〔註100〕（生卒年不詳）

柳氏引《後漢書本傳》：「學通《春秋》經。」〔註101〕

巧儀案：柳氏據《後漢書・逸民列傳》稱逢萌通曉《春秋》經，將其列爲《穀梁》經師。

（十一）段肅（生卒年不詳）

甲、引〈述經師〉

1、〈隋志〉：「《春秋穀梁傳》十四卷。（段肅注，疑漢人）」

2、〈舊唐志〉：「《春秋穀梁傳》十三卷。（段氏注）」

3、〈新唐志〉：「《春秋穀梁傳》段肅注，十三卷。」

4、《釋文・敘錄》：「段肅注，十二卷。（不詳何人）」〔註102〕案：「惠棟

〔註98〕 參見《後漢書・卓魯魏劉列傳》，引自劉宋・范曄撰；唐・李賢等注；晉・司馬彪補志；楊家駱主編：《新校本後漢書并附編十三種》（臺北市：鼎文書局，民國70年），頁869。

〔註99〕 參見《後漢書・儒林列傳上・尹敏》，引自劉宋・范曄撰；唐・李賢等注；晉・司馬彪補志；楊家駱主編：《新校本後漢書并附編十三種》（臺北市：鼎文書局，民國70年），頁2558。

〔註100〕「逢萌，字子康」，「逢」作「逢」。案萌北海人，則當是「逢」，非「逢」也。逢，薄江切，姓，出北海，見《廣韻》。

〔註101〕 參見《後漢書・逸民列傳》，引自劉宋・范曄撰；唐・李賢等注；晉・司馬彪補志；楊家駱主編：《新校本後漢書并附編十三種》（臺北市：鼎文書局，民國70年），頁2579。

《穀梁古義》校作『殷肅』。見〈述師說〉。」

　　乙、引〈述長編〉

　　柳氏引惠棟《九經古義‧穀梁》：「《經典‧敘錄》云：《穀梁》有段肅注十二卷，不詳何人。《隋‧經籍志》云：《春秋穀梁傳》十四卷，段肅注，疑漢人。棟案：《後漢‧班固傳》：固〈奏記東平王〉云：『弘農功曹史殷肅，達學洽聞，才能絕倫，誦詩三百，奉使專對。』張懷注云：固集「殷」作「段」。劉氏《史通》言：肅與京兆祭酒晉馮，嘗撰《史記》，以續史遷之書。」柳氏案：「《書‧呂刑》：『維殷于民』，《墨子‧尚賢中》作『維假於民』，是古段、殷通用。　《經典‧敘錄》、《隋‧經籍志》之『肅注』，蓋姓『段』非姓『殷』也。　《史記‧儒林列傳》：『仲舒弟子通者，廣川殷忠』，《集解》徐廣曰：『殷一作段，又作瑕也。』　又〈酷吏列傳〉：『楚有殷中』，《集解》徐廣曰：『殷一作段，人亦必有姓假者也。』《後漢書‧馮異傳》：『段建』，章懷注：《東觀記》及《續漢書》，『段』並作『殷』字。」〔註103〕

巧儀案：柳氏據〈隋志〉、〈新唐志〉、《釋文‧敘錄》稱段肅注有《春秋穀梁傳》，〈舊唐志〉但稱「段氏」，將其列為《穀梁》經師。

　　惠棟《穀梁古義》引〈隋志〉、《經典釋文敘錄》皆作「叚肅」，又以《後漢書‧班固傳》中有「殷肅」，以「殷肅」即「叚肅」也。柳氏案語就四個角度論述。先引《尚書》、《墨子》明古時「叚」、「殷」通用；次引《史記‧儒林列傳》有「殷忠」稱「殷」一作「叚」，又作「瑕」；再引《史記‧酷吏列傳》有「殷中」稱人有姓「假」者；末引《後漢書‧馮異傳》有「段建」，《東觀記》及《續漢書》皆作「殷」。

　　柳氏於〈述長編〉中，似同意惠氏作「叚肅」。然其於〈述經師〉中則題為「段肅」，而不同於他處，凡有疑者，俱題名之，如「劉兆　劉瑤」、「沈宏沈炫」。假若柳氏同意惠氏作「叚肅」之說，則於此當題為「叚肅　殷肅　段肅」。惠氏以《隋書‧經籍志》、《釋文‧敘錄》俱作「叚肅」，然查諸《隋書經籍志》、〈釋文敘錄〉，則二書俱作「段肅」，非如惠氏所言。則惠氏誤「段」為「叚」於前，柳氏誤證「叚、殷通用」於後。

　　據唐晏《兩漢三國學案》列段肅為「《春秋》穀梁派」：「段肅，扶風人，

〔註102〕參見唐‧陸德明：《經典釋文‧敘錄》，《叢書集成續編》本，頁467。
〔註103〕參見清‧柳興恩：《穀梁大義述‧述師說‧惠棟《九經古義‧穀梁》》（臺北市：藝文印書館，民國54年）《皇清經解續編》南菁書院本，頁11131。

博士，作《穀梁傳》。」〔註104〕可證段肅確有其人，並其確撰有《穀梁傳》相關著作，則其當列爲《穀梁》經師。

（十二）楊終（？～100）。

1、柳氏引《後漢書本傳》：「楊終，字中山，蜀郡成都人也。年十三，爲郡小吏，太守奇共才，遣詣京師受業，習《春秋》。（案：終不言《公羊》，則知終所習者《穀梁春秋》）終又言「宣帝博徵群儒，論定五經於石渠閣，方今天下少事，學者得成其業。而章句之徒，破壞大體，宜如石渠故事，永爲後世則。」於是詔諸儒於白虎觀，論考同異焉。會終坐爭繫獄，博士趙博、校書郎班固、賈逵等，以終深曉《春秋》，學多異聞，表請之。終又上書自訟，即日貰出，乃得與於白虎觀焉。……（著《春秋外傳》十二篇，改定章句十五萬言。興恩案：所改定者，尹更始《章句》也。）」〔註105〕

2、柳氏案：「宣帝之論石渠，以《穀梁》故也；楊終之請白虎，亦以習《穀梁》故也。終深曉《春秋》學多異聞，益知所習爲《穀梁》學矣。」

巧儀案：柳氏據《後漢書‧逸民列傳》稱楊終通曉《春秋》，將其列爲《穀梁》經師。

楊終除通曉《春秋》經外，尚撰有《春秋外傳》，並改定《章句》等著作之功。柳氏謂楊終所改定爲尹更始之《穀梁章句》。且楊終除著作之功外，在東漢章帝時，因憂於經義說解愈趨繁複，上書請效仿漢宣帝之石渠閣會議大議群經事，章帝下詔命諸儒議群經，以統一經義，作《白虎議奏》。柳氏謂楊終之所以上書請諸儒議群經，以其所學《春秋》爲《穀梁》故也。

（十三）承宮（生卒年不詳）

柳氏引《後漢書本傳》：「年八歲爲人牧豕。鄉里徐子盛者，以《春秋》經授諸生數百人，宮過息廬下，樂其業，因就聽經」〔註106〕

巧儀案：柳氏據《後漢書‧宣張二王杜郭吳承鄭趙列傳》稱承宮聽徐子盛授

〔註104〕參見清‧唐晏：《兩漢三國學案》（台北：仰哲出版社，民國79年11月）頁402、416。

〔註105〕參見《後漢書‧楊李翟應霍爰徐列傳》，引自劉宋‧范曄撰；唐‧李賢等注；晉‧司馬彪補志；楊家駱主編：《新校本後漢書并附編十三種》（臺北市：鼎文書局，民國70年），頁1597。

〔註106〕參見《後漢書‧宣張二王杜郭吳承鄭趙列傳》，引自劉宋‧范曄撰；唐‧李賢等注；晉‧司馬彪補志；楊家駱主編：《新校本後漢書并附編十三種》（臺北市：鼎文書局，民國70年），頁944。

《春秋》，將其列為《穀梁》經師。

（十四）鍾興（生卒年不詳）

柳氏引《後漢書本傳》：「興從少府丁恭受《嚴氏春秋》。恭薦興學行高明，光武召見，問以經義，應對甚明。詔令定《春秋》章句，去其復重，以授皇太子。」〔註107〕

巧儀案：柳氏據《後漢書‧儒林列傳第六十九下‧鍾興》稱鍾興從小拜少府丁恭為師，學習《嚴氏春秋》，將其列為《穀梁》經師。依《後漢書‧儒林列傳第六十九下‧鍾興》：

> 鍾興，字次文，汝南汝陽人也。少從少府丁恭受《嚴氏春秋》。恭薦興學行高明，光武召見，問以經義，應對甚明。帝善之，拜郎中，稍遷左中郎將。詔令定《春秋》章句，去其復重，以授皇太子。又使宗室諸侯從興受章句。封關內侯。興自以無功，不敢受爵。帝曰：「生教訓太子及諸王侯，非大功邪？」興曰：「臣師丁恭。」於是復封恭，而興遂固辭不受爵，卒於官。〔註108〕

《嚴氏春秋》為嚴彭祖所傳《公羊春秋》，據唐晏《兩漢三國學案》列鍾興為「《公羊》嚴氏（彭祖）派」〔註109〕，可證鍾興非《穀梁》經師，其為《公羊》經師。

（十五）班固（32～92）

柳氏以《漢書‧古今人表》列魯隱公、桓公同在下下第九等。則班固亦《穀梁》家。

巧儀案：柳氏之以班固將魯隱公、桓公同列在下下第九等，而將其列為《穀梁》經師。乃根據三傳對魯隱公、桓公之評價不同耳。

桓公自不待言，為弒君簒位之人；而三傳對隱公的評價則互有不同。《左傳》所重在「讓」，《公羊傳》所重在「禮」，然則立論同為隱公年長而桓公位

〔註107〕參見《後漢書‧儒林列傳第六十九下‧鍾興》，引自劉宋‧范曄撰；唐‧李賢等注；晉‧司馬彪補志；楊家駱主編：《新校本後漢書并附編十三種》（臺北市：鼎文書局，民國70年），頁2579～2580。

〔註108〕參見《後漢書‧儒林列傳第六十九下‧鍾興》，引自劉宋‧范曄撰；唐‧李賢等注；晉‧司馬彪補志；楊家駱主編：《新校本後漢書并附編十三種》（臺北市：鼎文書局，民國70年），頁2579～2580。

〔註109〕參見清‧唐晏：《兩漢三國學案》（台北：仰哲出版社，民國79年11月）頁402、426。

正，稱揚隱公讓位而貶抑桓公篡弒。唯《穀梁傳》以桓公本不宜立，斥隱公為信父之邪志，目無天子之亂臣賊子。

班固既將魯隱公、桓公同列在下下第九等，則其當從《穀梁傳》義貶抑隱、桓二人，故柳氏將其列為《穀梁》經師。

（十六）賈逵（30～101）

甲、引〈述經師〉

柳氏引《後漢賈逵傳》：「弱冠能誦《左氏傳》及五經本文，以大夏侯《尚書》教授，雖為古學，兼通五家《穀梁》之說。」〔註110〕（五家謂尹更始、劉向、周慶、丁姓、王彥等，皆為《穀梁》，見前書也）。

乙、引〈述長編〉

柳氏引《後漢書·鄭范陳賈張列傳》：「（永平）八年，乃詔諸儒各選高才生，受《左氏》、《穀梁春秋》、《古文尚書》、《毛詩》，由是四經遂行於世。皆拜逵所選弟子及門生為千乘王國郎，〔註111〕朝夕受業黃門署，學者皆欣欣羨慕焉。」〔註112〕

巧儀案：柳氏據《後漢書·鄭范陳賈張列傳》稱賈逵兼通尹更始、劉向、周慶、丁姓、王彥五家《穀梁傳》的學說，據《後漢書·鄭范陳賈張列傳》，可知賈逵除兼通五家《穀梁》學外，尚有傳授之功。將其列為《穀梁》經師。

（十七）孔僖（？～88）

柳氏引《後漢書本傳》：「僖與崔篆孫駰復相友善，同遊太學，習《春秋》。因讀吳王夫差時事，熙廢書歎曰：『所謂畫龍不成反為狗者。』」〔註113〕

巧儀案：柳氏據《後漢書·儒林列傳上·孔僖》稱孔僖同崔篆的孫子崔駰相互友善，一同在太學遊學，學習《春秋》，將其列為《穀梁》經師。

〔註110〕參見《後漢書·鄭范陳賈張列傳》，引自劉宋·范曄撰；唐·李賢等注；晉·司馬彪補志；楊家駱主編：《新校本後漢書并附編十三種》（臺北市：鼎文書局，民國70年），頁1234、1235。

〔註111〕千乘王伉，章帝子也。

〔註112〕參見《後漢書·鄭范陳賈張列傳》，引自劉宋·范曄撰；唐·李賢等注；晉·司馬彪補志；楊家駱主編：《新校本後漢書并附編十三種》（臺北市：鼎文書局，民國70年），頁1234、1235。

〔註113〕參見《後漢書·儒林列傳上·孔僖》，引自劉宋·范曄撰；唐·李賢等注；晉·司馬彪補志；楊家駱主編：《新校本後漢書并附編十三種》（臺北市：鼎文書局，民國70年），頁2560、2561。

（十八）馮豹（生卒年不詳）

1、《後漢書本傳》：「豹字仲文，好儒學，以《詩》、《春秋》教麗山下。」
〔註114〕案：「《詩》、《春秋》者，江博士家法也。」

2、《班書》：「廣（榮廣）盡能傳其春秋。」（案：榮廣也。）馮豹之以《詩》、《春秋》教授，不可謂非《穀梁》家也。〔註115〕

巧儀案：柳氏據《後漢書·馮衍傳》稱馮豹在教授《春秋》，以《詩》、《春秋》同爲瑕丘江公所傳之家法，而馮豹既以《詩》、《春秋》教授弟子，其所教授的《春秋》當爲《穀梁》。將其列爲《穀梁》經師。

（十九）丁鴻（？～94）

柳氏引《後漢書本傳》：「（建初四年）肅宗詔鴻與廣平王羨及諸儒樓望、成封、桓郁、賈逵等，論定五經同異於北宮白虎觀」〔註116〕（廣平王羨，明帝子也。《東觀記》曰：『與太常樓望、少府成封、屯騎校尉桓郁、衛士令賈逵等集議也。』）。

巧儀案：柳氏據《後漢書·丁鴻傳》稱建初四年（79）章帝詔令丁鴻與廣平王劉羨及諸儒士樓望、成封、桓郁、賈逵等人在北宮白虎觀編次確定《五經》異同，將其列爲《穀梁》經師。

（二十）崔駰（？～92）

柳氏引《後漢書本傳》：「年十三，能通《詩》、《易》、《春秋》（興恩案：此《春秋》亦謂《穀梁》），作〈達旨〉曰：「今子韞櫝六經、服膺道術。（興恩案：此六經，亦上孝宣論六經於石渠之類。）答曰：『譬猶衡陽之林，岱陰之麓。』（山南曰陽，山北曰陰。《穀梁傳》曰：『林屬於山曰麓。』）『伍員樹功於柏舉。』（伍子胥名員，楚人也。子胥父誅於楚，挾弓矢而干吳王闔閭。闔閭甚勇之，爲興師伐楚，戰於柏舉，楚師敗績。事見《穀梁傳》。）」〔註117〕

〔註114〕參見《後漢書·馮衍傳》，引自劉宋·范曄撰；唐·李賢等注；晉·司馬彪補志；楊家駱主編：《新校本後漢書并附編十三種》（臺北市：鼎文書局，民國70年），頁1004。

〔註115〕參見清·柳興恩：《穀梁大義述·述經師》（臺北市：藝文印書館，民國54年）《皇清經解續編》南菁書院本，頁11200。

〔註116〕參見《後漢書·桓榮丁鴻列傳》，引自劉宋·范曄撰；唐·李賢等注；晉·司馬彪補志；楊家駱主編：《新校本後漢書并附編十三種》（臺北市：鼎文書局，民國70年），頁1262～1264。

〔註117〕參見《後漢書·崔駰列傳》，引自劉宋·范曄撰；唐·李賢等注；晉·司馬彪

巧儀案：柳氏以爲崔駰所通《春秋》亦謂《穀梁》，崔駰所作〈達旨〉所謂「六經」，亦如同漢宣帝論六經於石渠。而〈達旨〉所言「譬猶衡陽之林，岱陰之麓。」、「伍員樹功於柏舉。」等文皆引自《穀梁傳》。〔註118〕將其列爲《穀梁》經師。

（二十一）楊震（52～124）

1、《後漢書本傳》：「延光中，上疏曰：『臣聞古者九年耕，必有三年之儲。』」

又云：「『臣聞師言：上之所取，財盡則怨，力盡則叛，怨叛之人，不可復使。』」

又云：「臣聞師言：『地者陰精，當安靜承陽。』而今動搖者，陰道盛也。其日戊辰，三者皆土，位在中宮。」

2、柳氏案：「震師未詳何人？所言皆《穀梁》義也，震亦《穀梁》家。」〔註119〕

巧儀案：柳氏據楊震兩次上疏所引其師之言，皆是《穀梁》之義，將其列爲《穀梁》經師。據《後漢書・楊震傳》：

> 楊震，字伯起，弘農華陰人也。……上疏曰：『臣聞古者九年耕，必有三年之儲。』又曰：『臣聞師言：上之所取，財盡則怨，力盡則叛，

補志：楊家駱主編：《新校本後漢書并附編十三種》（臺北市：鼎文書局，民國 70 年），頁 1703～1708。

〔註118〕參見李賢注云：「山南曰陽，山北曰陰。《穀梁傳》曰：『林屬於山曰麓。』《僖公十四年・春秋經》：「秋八月辛卯，沙鹿崩。」《穀梁傳》：「林屬於山爲鹿。沙，山名也。無崩道而崩，故志之也。其日，重其變也。」清・阮元校：《十三經注疏・穀梁傳》（台北：藝文印書館，1981 年，重刊宋本），頁 83。又李賢注云：「伍子胥，名員，楚人也。子胥父誅於楚，挾弓矢而干吳王闔閭，闔閭甚勇之，爲興師伐楚，戰於柏舉，楚師敗績，事見《穀梁傳》。」《定公四年・春秋經》：「冬十有一月庚午，蔡侯以吳子及楚人戰於伯舉。楚師敗績。」《穀梁傳》：「吳其稱子，何也？以蔡侯之以之舉其貴者也。蔡侯之以之則舉貴者，何也？吳信中國而攘夷狄，吳進也。其信中國而攘夷狄奈何？子胥父誅於楚也，挾弓持矢而干闔廬。闔廬曰：『大之甚！勇之甚！』爲是欲興兵而伐楚。子胥諫曰：『臣聞之，君不爲匹夫興師，且事君猶事父也。虧君之義，復父之讎，臣弗爲也。』於是止。蔡昭公朝於楚，有美裘。正是日，囊瓦求之，昭公不與，爲是拘昭公於南郢，數年然後得歸。歸乃用事乎漢，曰：『苟諸侯有欲伐楚者，寡人請爲前列焉。』楚人聞之而怒，爲是興師而伐蔡。蔡請救于吳，子胥曰：『蔡非有罪，楚無道也。君若有憂中國之心，則若此時可矣。』爲是興師而伐楚。何以不言救也？救大也。」清・阮元校：《十三經注疏・穀梁傳》（台北：藝文印書館，1981 年，重刊宋本），頁 189、190。

〔註119〕參見清・柳興恩：《穀梁大義述・述經師》（臺北市：藝文印書館，民國 54 年）《皇清經解續編》南菁書院本，頁 11200。

怨叛之人，不可復使。』」〔註120〕

震因地震，復上疏曰：「……臣聞師言：『地者陰精，當安靜承陽。』
而今動搖者，陰道盛也。其日戊辰，三者皆土，位在中宮，此中臣
近官盛於持權用事之象也。……」〔註121〕

柳氏據楊震兩次上疏所引其師之言，皆是《穀梁》之義：「古者九年耕，必有
三年之儲。」引自《穀梁傳・莊公二十八年》；「上之所取，財盡則怨，力盡
則叛，怨叛之人，不可復使。」引自《穀梁傳・莊公三十一年》。雖不知楊震
從何人學，然其師既明《穀梁》義，則楊震當亦列爲《穀梁》家。

（二十二）張浩（生卒年不詳）

柳氏引《三國志蜀書》：「張翼，字伯恭，犍爲武陽人也。高祖父司空浩，
曾祖父廣陵太守綱，皆有名。裴注引《益部耆舊傳》：『浩，字叔明，治《律》、
《春秋》，游學京師。』」〔註122〕

巧儀案：柳氏據《三國志・蜀書・鄧張宗楊傳・張翼注》稱張浩研治《春秋》，
將其列爲《穀梁》經師。

〔註120〕參見《後漢書・楊震列傳》，引自劉宋・范曄撰；唐・李賢等注；晉・司馬彪
補志；楊家駱主編：《新校本後漢書并附編十三種》（臺北市：鼎文書局，民
國70年），頁1759。參見《莊公二十八年・春秋經》：「臧孫辰告糴於齊」《穀
梁傳》：「國無三年之畜，曰國非其國也。一年不升，告糴諸侯。告，請也；
糴，糴也，不正，故舉臧孫辰以爲私行也。國無九年之畜，曰不足；無六年
之畜，曰急；無三年之畜，曰國非其國也。諸侯無粟，諸侯相歸粟，正也。
臧孫辰告糴於齊，告然後與之。言內之無外交也。古者稅什一，豐年補敗，
不外求而上下皆足也。雖累凶年，民弗病也。一年不艾而百姓饑，君子非之。
不言如，爲內諱也。」清・阮元校：《十三經注疏・穀梁傳》（臺北：藝文印
書館，1981年，重刊宋本），頁63。又《穀梁傳・莊公三十一年》「秋，築臺
於秦」傳文「不正。罷民三時，虞山林藪澤之利。且財盡則怨，力盡則懟，
君子危之。故謹而志之也。或曰倚諸桓也，桓外無諸侯之變，內無國事，越
千里之險，北伐山戎，爲燕辟地。魯外無諸侯之變，內無國事，一年罷民三
時，虞山林藪澤之利，惡內也。」清・阮元校：《十三經注疏・穀梁傳》（台
北：藝文印書館，1981年，重刊宋本），頁64、65。

〔註121〕參見《後漢書・楊震列傳》，引自劉宋・范曄撰；唐・李賢等注；晉・司馬彪
補志；楊家駱主編：《新校本後漢書并附編十三種》（臺北市：鼎文書局，民
國70年），頁1763～1766。

〔註122〕參見《三國志・蜀書・鄧張宗楊傳・張翼》，引自晉・陳壽撰，南朝宋・裴松
之注，楊家駱主編：《新校本三國志注附索引》（臺北市：鼎文書局，民國69
年），頁1073、1074。

（二十三）許慎（58～147）。

甲、引〈述經師〉

柳氏引《後漢書本傳》:「慎以五經傳說臧否不同,於是撰爲《五經異義》。」
〔註123〕

乙、〈述師說〉

巧儀案:柳氏據《後漢書・儒林列傳下・許慎》稱許慎撰有《五經異義》。其
有說解《穀梁》義者,將其列爲《穀梁》經師。

（二十四）馬融（79～166）

柳氏引《後漢書本傳》:「著《三傳異同說》。」〔註124〕

巧儀案:柳氏據《後漢書・馬融列傳》稱馬融撰有《三傳異同說》,將其列爲
《穀梁》經師。據《後漢書・馬融列傳》:

> 馬融,字季長,扶風茂陵人也……初,京兆摯恂以儒術教授,隱于
> 南山,不應徵聘,名重關西,融從其遊學,博通經籍。恂奇融才,
> 以女妻之……融才高博洽,爲世通儒,教養諸生,常有千數。涿郡
> 盧植,北海鄭玄,皆其徒也……弟子以次相傳,鮮有入其室者。嘗
> 欲訓《左氏春秋》,及見賈逵、鄭眾注,乃曰:「賈君精而不博,鄭
> 君博而不精。既精既博,吾何加焉!」但著《三傳異同說》。〔註125〕

馬融跟隨京兆人摯恂學習儒家學術,博通經籍。馬融所教授的學生,經常數
以千計。涿郡的盧植、北海的鄭玄都是他的弟子。弟子按次序互相傳授,很
少有人能夠進入馬融的居室。馬融曾經打算訓釋《左氏春秋》,等見到賈逵、
鄭玄的注,說:「賈君精深但不廣博,鄭君廣博但不精深。假若既精深又廣博,
我還能增加什麼呢?」著作《三傳異同說》。可知其傳授世系爲:「摯恂—馬
融—賈逵」、「摯恂—馬融—鄭玄」。

〔註123〕參見《後漢書・儒林列傳下・許慎》,引自劉宋・范曄撰;唐・李賢等注;晉・
司馬彪補志;楊家駱主編:《新校本後漢書并附編十三種》(臺北市:鼎文書
局,民國70年),頁2588。

〔註124〕參見《後漢書・馬融列傳》,引自劉宋・范曄撰;唐・李賢等注;晉・司馬彪
補志;楊家駱主編:《新校本後漢書并附編十三種》(臺北市:鼎文書局,民
國70年),頁1953～1972。

〔註125〕參見《後漢書・馬融列傳》,引自劉宋・范曄撰;唐・李賢等注;晉・司馬彪
補志;楊家駱主編:《新校本後漢書并附編十三種》(臺北市:鼎文書局,民
國70年),頁1953～1972。

（二十五）翟酺（生卒年不詳）

1、柳氏引《後漢書本傳》：「上言：「孝文皇帝始置一經博士，武帝大合天下之書，而孝宣論六經於石渠，學者滋盛。（武帝建武五年，始置五經博士。文帝之時，未遑庠序之事。酺之此言，未知何據。）」〔註126〕

2、案：宣帝甘露三年，詔諸儒講五經於殿中，兼平《公羊》、《穀梁》同異，上親臨決焉。時更崇《穀梁傳》，故此言六經，以《穀梁》配《易》、《尚書》、《詩》、《禮》、《公羊》爲六經。亦一異文也。

巧儀案：柳氏據後漢書・楊李翟應霍爰徐列傳》稱翟酺上書引宣帝、武帝重視經學事建議修繕太學，將其列爲《穀梁》經師。

（二十六）延篤（？～167）

柳氏引《後漢書本傳》：「稍遷侍中，帝數問政事，篤詭辭密對，（《穀梁傳》曰：『故士造辟而言，詭辭而出。』范甯注云：『辟，君也。詭辭而出，不以實告人也。）動依典義。」〔註127〕篤少從潁川唐溪典受《左氏傳》，而所行默合《穀梁》之義也。」

巧儀案：柳興恩以爲《後漢書・延篤傳》雖明言延篤從唐溪典受《左氏傳》，然而「詭辭密對」，則是表露其行止合於《穀梁》，以此將其列爲《穀梁》經師。

（二十七）荀爽（128～190）、荀悅（148～209）

柳氏引《後漢書本傳》：「爽字慈明，一名諝。幼而好學，年十二，能通《春秋》。著《春秋條例》，又作《公羊問》及《辯讖》。悅字仲豫，年十二，能說《春秋》。」〔註128〕

巧儀案：柳氏據《後漢書・荀韓鍾陳列傳》稱荀爽十二歲就能通曉《春秋》，撰有《春秋條例》，荀悅十二歲的時候，能講解《春秋》，將二人列爲《穀梁》

〔註126〕參見《後漢書・楊李翟應霍爰徐列傳》，引自劉宋・范曄撰；唐・李賢等注；晉・司馬彪補志；楊家駱主編：《新校本後漢書并附編十三種》（臺北市：鼎文書局，民國70年），頁1602～1606。

〔註127〕參見《後漢書延篤傳》，引自劉宋・范曄撰；唐・李賢等注；晉・司馬彪補志；楊家駱主編：《新校本後漢書并附編十三種》（臺北市：鼎文書局，民國70年），頁2103～2108。

〔註128〕參見《後漢書・荀韓鍾陳列傳》，引自劉宋・范曄撰；唐・李賢等注；晉・司馬彪補志；楊家駱主編：《新校本後漢書并附編十三種》（臺北市：鼎文書局，民國70年），頁2049～2058。

經師。

（二十九）鄭玄（127～200）

1、《後漢書本傳》：「時任城何休好公羊學，遂著《公羊墨守》、《左氏膏肓》、《穀梁廢疾》；玄乃《發墨守》，《鍼膏肓》，《起廢疾》。休見而歎曰：『康成入吾室，操吾矛，以伐我乎！』」〔註129〕

2、〈隋志〉：「《春秋穀梁廢疾》三卷，何休撰，鄭玄釋，張靖箋。」〔註130〕柳氏謂：「〈新唐志〉同。」

3、《穀梁序疏》引《六藝論》：「《左氏》善於禮，《公羊》善於讖，《穀梁》善於經。」〔註131〕

巧儀案：柳氏據《後漢書‧鄭范陳賈張列傳》稱當時何休喜好《公羊》學，於是著有《公羊墨守》、《左氏膏肓》、《穀梁廢疾》；鄭玄便撰《發墨守》、《鍼膏肓》、《起廢疾》，將其列為《穀梁》經師。

（三十）劉陶（？～185）

柳氏引《後漢書本傳》：「明《尚書》、《春秋》，靈帝詔陶次第《春秋》條例。」〔註132〕

巧儀案：柳氏據《後漢書‧杜欒劉李劉謝列傳‧劉陶》稱劉陶通曉《春秋》，為之作注釋，將其列為《穀梁》經師。

（三十一）孔謙（生卒年不詳）

柳氏引宋洪适《隸釋六‧孔謙碣》：「孔謙，字德讓。宣尼公二十世孫，都尉君之子也。祖述家業，修《春秋》經，升堂講誦，深究聖指。」〔註133〕

〔註129〕參見《後漢書‧鄭范陳賈張列傳》，引自劉宋‧范曄撰；唐‧李賢等注；晉‧司馬彪補志；楊家駱主編：《新校本後漢書并附編十三種》（臺北市：鼎文書局，民國70年），頁1207～1212。

〔註130〕參見《隋書‧經籍志》，引自唐‧魏徵等撰；楊家駱主編：《新校本隋書附索引》（臺北市：鼎文書局，民國69年），頁932。另可參見《新唐書‧藝文志》，引自宋‧歐陽修、宋祈撰；楊家駱主編：《新校本新唐書附索引》（臺北市：鼎文書局，民國70年），頁1438。

〔註131〕參見清‧阮元校：《十三經注疏‧穀梁傳》（台北：藝文印書館，1981年，重刊宋本），頁3。

〔註132〕參見《後漢書‧杜欒劉李劉謝列傳‧劉陶》，引自劉宋‧范曄撰；唐‧李賢等注；晉‧司馬彪補志；楊家駱主編：《新校本後漢書并附編十三種》（臺北市：鼎文書局，民國70年），頁1842～1849。

〔註133〕參見洪适：《隸釋；隸續》（北京：中華書局，1986年），頁76。

巧儀案：柳氏據《隸釋・卷六・孔謙碣》稱孔子二十代孫孔謙研修《春秋》，將其列爲《穀梁》經師。

（三十二）侯成（生卒年不詳）

1、《隸釋八・金鄉長侯成碑》：「君諱成，字伯盛。山東房陽人也。治《春秋》經傳，綜書傳以典籍教授。」又云：「酺封明統侯，光武中興，霸爲臨淮太守、大司徒，公封於陵侯。」又云：「安貧樂道，溫故知新。」〔註134〕

2、柳氏案：「侯霸，傳《穀梁》者。碑用《論語》文，亦與《穀梁傳》體例合。」

巧儀案：柳氏據《隸釋・卷八・金鄉長侯成碑》稱侯成修習《春秋》經傳，其先祖侯霸爲《穀梁》經師，則侯成所治《春秋》經傳當爲《穀梁傳》。另碑中文字用《論語》，與《穀梁傳》體例相合，將其列爲《穀梁》經師。

（三十三）婁壽（97～174）

1、《隸釋九・玄儒先生婁壽碑》：「先生諱壽，字元考，南陽人也。曾祖父攸（古修字）《春秋》以大夫侍講，至五官中郎將。」又云：「先生孩童多奇，岐嶷有志，捖髮傳業，好學不倦，善與人交，久而能敬。榮且溺之耦耕，下學上達，有朋自遠，朝夕講習，樂已忘憂。」〔註135〕

2、柳氏案：「《穀梁傳》中多與《論語》文同，今此碑亦多《論語》文，知婁君世傳之家業，其《春秋》必《穀梁》經也。」

巧儀案：柳氏據《隸釋・卷九・玄儒先生婁壽碑》稱其曾祖父研修《春秋》，以大夫侍講。而碑中文字多與《論語》同，藉以論斷其世傳家業之《春秋》當爲《穀梁》，將其列爲《穀梁》經師。

（三十四）丁魴（生卒年不詳）

柳氏引《隸釋十七・廣漢屬國都尉丁魴碑》：「字叔何。治《易》、《韓詩》，垂意《春秋》。」〔註136〕

巧儀案：柳氏據《隸釋・卷十七・廣漢屬國都尉丁魴碑》稱其「垂意《春秋》」列爲《穀梁》經師。

（三十五）劉善之（生卒年不詳）

〔註134〕參見洪适：《隸釋；隸續》（北京：中華書局，1986年），頁 92、93。
〔註135〕參見洪适：《隸釋；隸續》（北京：中華書局，1986年），頁 103、104。
〔註136〕參見洪适：《隸釋；隸續》（北京：中華書局，1986年），頁 173、174。

柳氏引《冊府元龜》（五百九十七）：「劉善之，饒陽人。善《春秋》、《毛詩》。四子並傳父《詩》。」〔註137〕

巧儀案：柳氏據《冊府元龜‧卷五百九十七‧學較部一‧世業》稱劉善之《春秋》，將其列爲《穀梁》經師。

小結

東漢此三十五位經師依據其在《穀梁》學中之地位及貢獻，可約劃分爲四類：

一、以其撰有著作，列爲《穀梁》經師者。依其著作與《穀梁傳》關係之遠近，又可略分爲三：

（一）撰有《穀梁傳》專著者：共有段肅《春秋穀梁傳》、鄭玄《春秋穀梁廢疾》等二人。

（二）著作爲經學範疇，兼及《穀梁傳》。以《春秋》、三傳爲目，引《穀梁》傳文、傳義說解，雖非《穀梁》專著，柳氏從寬取之，列爲《穀梁》經師：許慎《五經異義》一人；

（三）因故無從歸類者：
史傳（或文獻資料）中明言其注《穀梁傳》或《春秋》，然未見其書者：共有劉睦《春秋旨意終始論》、楊終《春秋外傳》、馬融《三傳異同說》荀爽《春秋條例》等四人。

二、以史傳（或文獻資料）明言其研讀、授受《春秋》兼及《穀梁傳》者。依史傳（或文獻資料）所載情形，約可分爲二：

（一）史傳（或文獻資料）直言其通曉、授受《穀梁》者：共有侯霸、卓茂、賈逵等三人。

（二）史傳（或文獻資料）但言其通《春秋》，不得而知是否確爲《穀梁》者：共有漢明帝、劉嘉、譙玄、逢萌、承宮、孔僖、馮豹、崔駰、張皓、荀悅、劉陶、孔謙、侯成、婁壽、丁鮪、劉善之等十六人。

三、以《穀梁》傳義議論時事者：共有范升（引《穀梁傳》駁《左傳》立學官事）、班固（以〈古今人表〉隱、桓俱在第九等）、丁鴻（論定五經同異於白虎觀）、張震（上疏引《穀梁》義）、翟酺（上言石渠事）、延篤（所

〔註137〕參見《冊府元龜‧卷五百九十七‧學較部一‧世業》，北宋：王欽若等編：《冊府元龜》（北京：中華書局，1994年），頁7172。

行默合《穀梁》之義）等六人。

四、不當目爲《穀梁》經師者：鍾興（當爲《公羊》家）一人。

東漢的《穀梁》經師，最爲明顯的侯霸，其受於西漢房鳳，其次爲賈逵，其兼通五家《穀梁》之學。

經學因西漢末的今文經學學派本身務求別異，愈分愈多，致使經義的說解日漸歧異，令學者無所適從。致使古文經的興盛。武帝建武四年（28），韓歆上疏，欲爲《費氏易》、《左氏春秋》立博士，時爲博士的范升大爲反對，因爲立於學官的派別愈多，經義便愈難統一。章帝建初四年（79），在楊終的建議之下，決定仿西漢石渠閣會議，召集諸儒於白虎觀，討論五經經義。此之謂白虎觀會議。白虎觀會議的召開，就是爲了統一當時愈來愈繁雜瑣碎的經義說解。後由班固整理這些已被討論過的經義，撰成《白虎通義》。

東漢經學雖呈現今、古文壁壘分明的樣貌，然則學者治學實多兼通諸經。如馬融博通經籍，兼習古今，著《三傳異同說》。賈逵雖爲古學，然兼通五家《穀梁》之說。東漢末的鄭玄更是打破今、古文的藩籬，專主《左傳》，兼采《公羊傳》、《穀梁傳》，初步統一了東漢經學。

第三節　三國《穀梁》學者及《穀梁》學傳授

三國《穀梁》經師列於《穀梁大義述》卷十六，依《穀梁大義述・述經師》目次，共錄有糜信、韓益等五位經師。

柳興恩輯錄的依據有史傳（《三國志》）、史志（《隋書・經籍志》、《舊唐書・經籍志》、《新唐書・藝文志》）、歷代圖書敘錄（《經典釋文・敘錄》、《通志・藝文略》、《經義考》）、楊士勛《穀梁序疏》、《冊府元龜》等文獻中涉及之資料。

現依《穀梁大義述・述經師》目次，一一敘明此五位《穀梁》經師。

（一）糜信（生卒年不詳）

1、《穀梁序疏》：「魏晉已來，注《穀梁》者，有糜信。」〔註138〕

2、《釋文・敘錄》：「糜信注，十二卷。（字南山，東海人，魏樂平太守）」〔註139〕

〔註138〕參見清・阮元校：《十三經注疏・穀梁傳》（台北：藝文印書館，1981年，重刊宋本），頁7。

〔註139〕參見唐・陸德明：《經典釋文・敘錄》，《叢書集成續編》本，頁467。

3、〈隋志〉：「《春秋穀梁注》十二卷。（魏樂平太守麋信注）」〔註140〕

4、〈舊唐志〉：「《春秋穀梁傳》又十二卷，麋信注。」〔註141〕

5、〈新唐志〉：「麋信注《穀梁》十二卷。」〔註142〕

6、《冊府》（六百七）：「麋信，字南山，爲樂平太守。注《穀梁》十二卷。」
〔註143〕

7、鄭樵《通志・藝文略》：「《春秋穀梁傳》十二卷。魏平樂太守麋信。」
〔註144〕

8、〈隋志〉：「《春秋說要》十卷。《理何氏漢議》三卷。」〔註145〕

9、《經義考》云：「佚。」〔註146〕

巧儀案：柳氏據楊士勛《春秋穀梁傳集解序疏》、陸德明《經典釋文・敘錄》、
《隋書・經籍志》、《舊唐書・經籍志》、《新唐書・藝文志》、《冊府元龜》、《通
志・藝文略》、《經義考》稱麋信注《春秋穀梁傳》十二卷。將其列爲《穀梁》
經師。

（二）韓益（生卒年不詳）

柳氏引〈隋志〉：「《春秋三傳論》十卷。（魏大長秋韓益撰）」〔註147〕柳
氏謂：「又見兩〈唐志〉、《冊府》、《經義考》。」〔註148〕

〔註140〕參見《隋書・經籍志》，引自唐・魏徵等撰；楊家駱主編：《新校本隋書附索引》（臺北市：鼎文書局，民國69年），頁931。

〔註141〕參見《舊唐書・藝文志》，引自後晉・劉昫撰；楊家駱主編：《新校本舊唐書附索引》（臺北市：鼎文書局，民國70年），頁1979。

〔註142〕參見《新唐書・藝文志》，引自宋・歐陽修、宋祈撰；楊家駱主編：《新校本新唐書附索引》（臺北市：鼎文書局，民國70年），頁1439。

〔註143〕參見《冊府元龜・卷六百五・學較部九・注釋一》，北宋：王欽若等編：《冊府元龜》（北京：中華書局，1994年），頁7263。巧儀案：柳氏於此處言「六百七」，誤，當作「六百五」。

〔註144〕參見鄭樵《通志・藝文略》，引自宋・鄭樵撰，《通志》（臺北市：臺灣商務印書館，民國76年），頁759。

〔註145〕參見《隋書・經籍志》，引自唐・魏徵等撰；楊家駱主編：《新校本隋書附索引》（臺北市：鼎文書局，民國69年），頁929、931。巧儀案：柳氏引麋信撰《理何氏漢議》三卷。經查考《隋書・經籍志》，當作「二卷」。

〔註146〕參見清・朱彝尊：《經義考・春秋六》卷一百七十三（臺北市：中央研究院中國文哲研究所，民國88年4月初版），頁602。

〔註147〕參見《隋書・經籍志》，引自唐・魏徵等撰；楊家駱主編：《新校本隋書附索引》（臺北市：鼎文書局，民國69年），頁932。

〔註148〕參見《舊唐書・藝文志》，引自後晉・劉昫撰；楊家駱主編：《新校本舊唐書附索引》（臺北市：鼎文書局，民國70年），頁1979。《新唐書・藝文志》，

巧儀案：柳氏據《隋書・經籍志》、《舊唐書・經籍志》、《新唐書・藝文志》、《冊府元龜》、《經義考》稱韓益撰有《春秋三傳論》，將其列爲《穀梁》經師。

（三）王朗（？～288）

柳氏引《魏志・王朗傳》：「朗著《易》、《春秋》、《孝經》、《周官》傳。」〔註149〕

巧儀案：柳氏據《三國志・魏書・鍾繇華歆王朗傳》稱王朗著有《春秋》傳，將其列爲《穀梁》經師。

（四）孫炎（生卒年不詳）

柳氏引《魏志・王肅傳》：「時樂安孫叔然（叔然與晉武帝同名，故稱其字），受學鄭玄之門，人稱東州大儒。徵爲祕書監，不就。肅集聖證論以譏短玄，叔然駁而釋之，及作《周易》、《春秋例》、《毛詩》、《禮記》、《春秋》三傳、《國語》、《爾雅》諸注，又注書十餘篇。」〔註150〕

巧儀案：柳氏據《三國志・魏書・鍾繇華歆王朗傳》稱孫炎爲鄭玄門人，爲辯駁王肅《聖證論》，並加以解釋鄭玄之學，撰有《周易》、《春秋例》、《毛詩》、《禮記》、《春秋》三《傳》、《國語》、《爾雅》各注，將其列爲《穀梁》經師。

（五）唐固（約155～225）

1、《穀梁序疏》：「魏晉以來，注者有唐固。」〔註151〕

2、《釋文・敘錄》：「唐固注十二卷。（字子正，丹陽人，吳尚書僕射）」〔註152〕

引自宋・歐陽修、宋祈撰；楊家駱主編：《新校本新唐書附索引》（臺北市：鼎文書局，民國70年），頁1440。《冊府元龜・卷六百五・學較部九・注釋一》，北宋：王欽若等編：《冊府元龜》（北京：中華書局，1994年），頁7263。清・朱彝尊：《經義考・春秋六》卷一百七十三（臺北市：中央研究院中國文哲研究所，民國88年4月初版），頁602。

〔註149〕參見《三國志・魏書・鍾繇華歆王朗傳》，引自晉・陳壽撰，南朝宋：裴松之注，楊家駱主編：《新校本三國志注附索引》（臺北市：鼎文書局，民國69年），頁406～414。

〔註150〕參見《三國志・魏書・鍾繇華歆王朗傳》，引自晉・陳壽撰，南朝宋：裴松之注，楊家駱主編：《新校本三國志注附索引》（臺北市：鼎文書局，民國69年），頁420。

〔註151〕參見清・阮元校：《十三經注疏・穀梁傳》（台北：藝文印書館，1981年，重刊宋本），頁7。

〔註152〕參見唐・陸德明：《經典釋文・敘錄》，《叢書集成續編》本，頁467。

3、《吳志闞澤傳》：「丹楊唐固亦修身積學，稱爲儒者，著《國語》、《公羊》、《穀梁傳》注，講授常數十人。權爲吳王，拜固議郎。黃武四年，爲尚書僕射。（裴松之注：吳錄固字子正，卒年七十餘矣。）」〔註153〕

4、〈隋志〉：「《春秋穀梁傳》十三卷。（吳僕射唐固注）」〔註154〕

5、〈舊唐志〉：「《春秋穀梁傳》十二卷。（唐固注）」〔註155〕

6、〈新唐志〉：「唐固注《穀梁》十二卷。」〔註156〕

7、《冊府》（六百七）：「唐固注《春秋穀梁傳》十三卷。」〔註157〕

8、《經義考》云：「佚。」〔註158〕

巧儀案：柳氏據《穀梁序疏》、《釋文‧敘錄》、《吳志‧闞澤傳》、《隋書‧經籍志》、《舊唐書‧經籍志》、《新唐書‧藝文志》、《冊府元龜》、《通志‧藝文略》、《經義考》稱唐固注有《穀梁傳》，將其列爲《穀梁》經師。

小結

三國此五位經師依據所撰著作，列爲《穀梁》經師者。依其著作與《穀梁傳》關係之遠近，又可略分爲三：

一、撰有《穀梁傳》專著者：共有糜信《春秋穀梁注》、唐固注《穀梁春秋傳》等二人。

二、著作爲經學範疇，兼及《穀梁傳》。依其內容與《穀梁傳》關係之遠近，可約分爲二：

（一）其書雖佚，尚有資可考者：韓益《春秋三傳論》一人；

〔註153〕參見《三國志‧吳書‧張嚴程闞薛傳》，引自晉‧陳壽撰，南朝宋：裴松之注，楊家駱主編：《新校本三國志注附索引》（臺北市：鼎文書局，民國 69 年），頁 1249。

〔註154〕參見《隋書‧經籍志》，引自唐‧魏徵等撰；楊家駱主編：《新校本隋書附索引》（臺北市：鼎文書局，民國 69 年），頁 931。

〔註155〕參見《舊唐書‧藝文志》，引自後晉‧劉昫撰；楊家駱主編：《新校本舊唐書附索引》（臺北市：鼎文書局，民國 70 年），頁 1979。

〔註156〕參見《新唐書‧藝文志》，引自宋‧歐陽修、宋祈撰；楊家駱主編：《新校本新唐書附索引》（臺北市：鼎文書局，民國 70 年），頁 1439。

〔註157〕參見《冊府元龜‧卷六百五‧學較部九‧注釋一》，北宋：王欽若等編：《冊府元龜》（北京：中華書局，1994 年），頁 7263。柳氏於此處言「六百七」，誤。

〔註158〕參見清‧朱彝尊：《經義考‧春秋六》卷一百七十三（臺北市：中央研究院中國文哲研究所，民國 88 年 4 月初版），頁 603。

（二）其書未見，但存其目，無可考者：王朗《春秋傳》一人。

三、史傳（或文獻資料）中明言其注《穀梁傳》或《春秋》，然未見其書者：孫炎《春秋三傳注》一人。

第四節　晉代至隋代《穀梁》學者及《穀梁》學傳授

晉代至隋代《穀梁》經師列於《穀梁大義述》卷十六，依《穀梁大義述‧述經師》目次共有八十四位經師。經細察全文，有四個名目為重複，故共錄有賀循、楊方等八十位經師。

柳興恩收錄的依據有史傳（《晉書》、《宋書》、《隋書》、《南史》、《陳書》、《魏書》、《北史》、《北齊書》、《北周書》、《南齊書》、《梁書》）、史志（《隋書‧經籍志》、《舊唐書‧經籍志》、《新唐書‧藝文志》、《宋史‧藝文志》）、歷代圖書敘錄（《郡齋讀書志》、《風俗通》、《通志藝文略》、《華陽國志》、《經典釋文敘錄》）、《四庫全書總目》、《經義考》、《太平御覽》、《冊府元龜》。

現依《穀梁大義述‧述經師》目次，一一敘明此八十位《穀梁》經師。

（一）賀循（260～319）

柳氏引《晉書本傳》：「循少玩篇籍，善屬文，博覽眾書，尤精《禮》、《傳》。」〔註159〕

巧儀案：柳氏據《晉書‧賀循列傳》稱賀循特別精通《禮》、《傳》，將其列為《穀梁》經師。

（二）楊方（生卒年不詳）

柳氏引《晉書本傳》：「少好學求補遠郡，欲閑居著述。導從之，上補高梁太守。在郡積年，著《五經鉤沈》。」〔註160〕

巧儀案：柳氏據《晉書‧楊方列傳》稱，將其列為《穀梁》經師。

（三）范汪（301～365）、蔡謨（312～387）、范甯（339～401）、范邵（生卒年不詳）、范泰（生卒年不詳）、范雍（生卒年不詳）、范凱（生卒年不詳）。

〔註159〕參見《晉書‧賀循楊方列傳》，引自唐‧房玄齡等撰；楊家駱主編：《新校本晉書並附編六種》（臺北市：鼎文書局，民國69年），頁1824～1831。

〔註160〕參見《晉書‧賀循楊方列傳》，引自唐‧房玄齡等撰；楊家駱主編：《新校本晉書並附編六種》（臺北市：鼎文書局，民國69年），頁1824～1831。

1、《晉書・范汪傳》：「甯字武子。少篤學，多所通覽。既免官，家於丹楊，猶勤經學，終年不輟。年六十三，卒于家。初，甯以《春秋穀梁氏》未有善釋，遂沈思積年，爲之集解。其義精審，爲世所重。既而徐邈復爲之注，世亦稱之。」〔註161〕

2、〈隋志〉：「《春秋穀梁傳》十二卷（范甯集解。梁有《穀梁音》一卷，亡）、《春秋穀梁傳例》一卷。（范寧撰）」〔註162〕

3、〈新唐志〉：「范寧《集注》十二卷。」〔註163〕

4、范甯《穀梁・序》：「升平之末，歲次大梁，先君北蕃迴軫，頓駕于吳。乃帥門生故吏、我兄弟子姪，研講六籍，次及三《傳》。」（楊疏：先君謂甯之父汪也。門生、同門、後生、故吏，謂昔日君臣江徐之屬是也。兄弟、子姪即邵凱雍泰之等是也。）」〔註164〕

5、《穀梁傳》：「莊三年傳：改葬之禮緦。注云：甯之先君與蔡司徒論之詳矣。」（楊《疏》：「蔡司徒者，爲蔡謨也。」今案：「《晉書》作蔡謨。攷盧憲《嘉定鎮江志》云：蔡謨以晉成帝咸康五年領徐州刺史；范汪以穆帝升平五年領徐、兗二州刺史。俱假節鎮京口。」）〔註165〕

6、《郡齋讀書志》：「《春秋穀梁傳》十二卷，右范甯注。應劭《風俗通》稱穀梁，名赤，子夏弟子。糜信則以爲秦孝公同時人。阮孝緒則以爲名俶，字元始。皆未詳也。自孫卿五傳至蔡千秋，漢宣帝好之，遂盛行於世。自漢魏以來爲之注解者，尹更始、唐固、糜信、孔演、江熙等十數家，而范甯皆以爲膚淺，於是帥其長子泰、中子雍、小子凱、從弟邵及門生、故吏，商略

〔註161〕參見《晉書・范汪列傳》，引自唐・房玄齡等撰；楊家駱主編：《新校本晉書並附編六種》（臺北市：鼎文書局，民國69年），頁1982～1990。

〔註162〕參見《隋書・經籍志》，引自唐・魏徵等撰；楊家駱主編：《新校本隋書附索引》（臺北市：鼎文書局，民國69年），頁931。

〔註163〕參見《新唐書・藝文志》，引自宋・歐陽修、宋祈撰；楊家駱主編：《新校本新唐書附索引》（臺北市：鼎文書局，民國70年），頁1439。

〔註164〕參見清・阮元校：《十三經注疏・穀梁傳》（台北：藝文印書館，1981年，重刊宋本），頁7。

〔註165〕參見柳興恩《穀梁大義述・述經師》頁11202、11203。另可參見《莊公三年・春秋經》：「五月，葬桓王。」《穀梁傳》：「改葬之禮緦，舉下緬也。」范甯注曰：「緦者，五服最下。言舉下緬，上從緦，皆反其故服。因葬桓王記改葬之禮，不謂改葬桓王當服緦也；猶晦震夷伯之廟，因明天子諸侯之制，不謂夷伯非魯之大夫也。甯之先君與蔡司徒論之詳矣。」楊《疏》：「蔡司徒者，爲蔡謨也。」（台北：藝文印書館，1981年，重刊宋本），頁46。

名例，博採諸儒同異之說，成其父汪之志。嘗謂三傳之學，《穀梁》所得最多；諸家之解，范甯之論最善。」〔註166〕

7、《書錄解題》：「《春秋穀梁傳集解》十二卷，晉豫章太守順陽范甯武子撰。甯嘗疾王何之罪，深於桀紂，著論以排之。仕爲中書侍郎，其甥王國寶憚之，乃相驅扇。因外求補抵罪，會赦免。甯以爲《春秋》惟穀梁氏無善釋，故爲之注解。其序云：升平之末，先君稅駕于吳。帥門生故吏、兄弟子姪，研講六籍三《傳》。蓋甯父爲徐、兗二州北伐失利，屏居吳郡時也。汪歿之後始成。此書所集諸家之說，皆記姓名，其稱何休曰及鄭君釋之者，即所謂〈發墨守〉、〈起廢疾〉也；稱邵曰者，甯從弟也；稱泰曰、雍曰、凱曰者，其諸子也。汪，范晷之孫，晷在良吏傳。自晷而泰，五世皆顯於時。甯父子祖孫同訓釋經傳，行於後世，可謂盛矣。泰之子蔚宗，亦著《後漢書》，以不軌死，其家始凶。」〔註167〕

8、《四庫全書總目》：「甯注本十二卷。以兼載門生故吏子弟之說，各列其名，故曰《集解》。《晉書本傳》稱甯此書爲世所重，既而徐邈復爲之注，世亦稱之。今考書中，乃多引邈注，未詳其故。又〈自序〉有商略名例之句，《疏》稱別有略例十餘條，此本不載。然注中時有「傳例曰」字，或士勛割裂其文，散入注疏中歟。」〔註168〕

巧儀案：柳氏據《晉書·范汪列傳》、《隋書·經籍志》、范甯《春秋穀梁傳集解》、《郡齋讀書志》、應劭《風俗通》、《書錄解題》、《四庫全書總目》列范汪、蔡謨、范甯、范邵、范泰、范雍、范凱爲《穀梁》經師。「甯之先君」爲「范汪」〔註169〕，「蔡司徒」楊疏作「蔡謀」，《晉書》作「蔡謨」〔註170〕。范甯

〔註166〕 參見宋·晁公武：《郡齋讀書志》，《叢書集成續編》本，頁21。
〔註167〕 參見宋·陳振孫：《直齋書錄解題》，《叢書集成續編》本，頁384。
〔註168〕 參見《四庫全書總目提要·春秋穀梁傳注疏二十卷》，引自清·永瑢等編撰：《四庫全書總目提要》（上海市：商務印書館，民國22年），頁518、519。
〔註169〕 參見《晉書·范汪列傳》：「范汪，字玄平，雍州刺史晷之孫也。父稚，蚤卒。汪少孤貧，六歲過江，依外家新野庾氏。荊州刺史王澄見而奇之，曰：『興范族者，必是子也。』年十三，喪母，居喪盡禮，親鄰哀之。及長，好學。外氏家貧，無以資給，汪乃廬於園中，布衣蔬食，然薪寫書，寫畢，誦讀亦遍，遂博學多通，善談名理。」，引自唐·房玄齡等撰；楊家駱主編：《新校本晉書並附編六種》（臺北市：鼎文書局，民國69年），頁1982～1990。
〔註170〕 參見《晉書·蔡謨列傳》：「蔡謨，字道明，陳留考城人也。世爲著姓。曾祖睦，魏尚書。祖德，樂平太守。」，引自唐·房玄齡等撰；楊家駱主編：《新校本晉書並附編六種》（臺北市：鼎文書局，民國69年），頁2033～2041。

於注解中明言范汪與蔡謨「論之甚詳」，可知范汪與蔡謨於《穀梁傳》亦有其造詣。且陳振孫《直齋書錄解題》：「自曓而泰，五世皆顯於時。甯父子祖孫同訓釋經傳，行於後世，可謂盛矣。」可知自范曓以降，至范泰一世，范氏五世皆有名於當時，故范汪、范甯、范邵、范泰、范雍、范凱父子祖孫共同訓釋《穀梁傳》，撰成《春秋穀梁傳集解》，行之於後世。范氏於《穀梁》學的地位不可謂不高。

柳氏列范汪、蔡謨、范甯、范邵、范泰、范雍、范凱為《穀梁》經師，確有其根據。

（十）秦秀（生卒年不詳）

甲、引〈述經師〉

柳氏謂：「詳長編。」

乙、引〈述長編〉

柳氏引《秦秀傳》：「咸甯中為博士。賈充薨，秀議曰：「充舍宗族弗授，而以異姓為後，悖禮溺情，以亂大倫。昔鄾養外孫莒公子為後，春秋書『莒人滅鄾』〔註171〕。聖人豈不知外孫親邪！但以義推之，則無父子耳。」〔註172〕巧儀案：柳氏據《晉書‧秦秀列傳》稱其以《春秋》義議賈充事，將其列為《穀梁》經師。

秦秀於晉武帝咸甯（275～279）中為博士。賈充薨（於晉武帝咸甯四年戊戌278年），秦秀以《春秋》義議賈充事，認為賈充捨棄宗族的人不立，而立異姓的人為後嗣，違背禮法失去人性，亂了人倫。過去鄾以外孫莒公子為後嗣，《春秋》書『莒人滅鄾』。聖人莫不知外孫親近！但以義理推論，則沒有父子之義了。

〔註171〕參見《襄公六年‧春秋經》：莒人滅繒。《穀梁傳》：非滅也。中國日、卑國月、夷狄時。繒，中國也。而時，非滅也。家有既王，國有既滅，滅而不自知，由別之而不別也。莒人滅繒，非滅也。立異姓以蒞祭祀，滅亡之道也。清‧阮元校：《十三經注疏‧穀梁傳》（台北：藝文印書館，1981年，重刊宋本），頁149。

〔註172〕參見《晉書‧秦秀列傳》，引自唐‧房玄齡等撰；楊家駱主編：《新校本晉書並附編六種》（臺北市：鼎文書局，民國69年），頁1404～1407。另可參見《晉書‧賈充列傳》，引自唐‧房玄齡等撰；楊家駱主編：《新校本晉書並附編六種》（臺北市：鼎文書局，民國69年），頁1165～1172。

（十一）薄叔玄（生卒年不詳）

柳氏引《隋志藝文志》、《經義考》：「著《問穀梁義》二卷。」〔註173〕

巧儀案：柳氏據《隋書・經籍志》、《經義考》以薄叔玄撰有《問穀梁義》，列爲《穀梁》經師。

（十二）干寶（286～336）

柳氏引《藝文略》：「著《春秋義函傳》十六卷。」〔註174〕

巧儀案：柳氏據鄭樵《通志・藝文略》錄干寶撰有《春秋義函傳》，列之爲《穀梁》經師。

據《舊唐書・經籍志》、《新唐書・藝文志》，皆有干寶著有《春秋義函傳》之著錄。然據《隋書・經籍志》錄之爲《春秋左氏函傳義》，則此書當以左傳爲主。依《晉書・干寶列傳》：

> 干寶，字令升，新蔡人也。祖統，吳奮武將軍、都亭侯。父瑩，丹楊丞。寶少勤學，博覽書記，以才器召爲著作郎。……寶又爲《春秋左氏義外傳》，注《周易》、《周官》凡數十篇，及雜文集皆行於世。〔註175〕

稱之《春秋左氏義外傳》，又《經義考》著錄爲《春秋左氏函傳義》。足見不當目干寶爲《穀梁》經師。

（十三）李堯俞、高重（生卒年不詳）

柳氏引《藝文略》：「堯俞著《三傳集義》三十卷。重著《春秋纂要》四十卷、《三傳旨要》十五卷。」〔註176〕

巧儀案：柳氏據《通志・藝文略》以李堯俞撰有《三傳集義》，高重撰有《春秋纂要》、《三傳旨要》，將二人列爲《穀梁》經師。

〔註173〕參見《隋書・經籍志》，引自唐・魏徵等撰：楊家駱主編：《新校本隋書附索引》（臺北市：鼎文書局，民國 69 年），頁 931。清・朱彝尊：《經義考・春秋七》卷一百七十四（臺北市：中央研究院中國文哲研究所，民國 88 年 4月初版），頁 649。

〔註174〕參見鄭樵《通志・藝文略》，引自宋・鄭樵撰，《通志》（臺北市：臺灣商務印書館，民國 76 年），頁 759。

〔註175〕參見《晉書・干寶列傳》，引自唐・房玄齡等撰：楊家駱主編：《新校本晉書並附編六種》（臺北市：鼎文書局，民國 69 年），頁 2149～2151。

〔註176〕參見鄭樵《通志・藝文略》，引自宋・鄭樵撰，《通志》（臺北市：臺灣商務印書館，民國 76 年），頁 759。

　　經查考鄭樵《通志・藝文略》，高重並無撰作《三傳旨要》，於《通志・藝文略》中，「《春秋纂要》四十卷，高重」後即為「《三傳旨要》十五卷，劉軻」，可能是柳氏誤將劉軻的《三傳旨要》以為是高重所著。

　　據《新唐書・藝文志》、《通志・藝文略》可知高重撰有《春秋纂要》四十卷及《經傳要略》十卷。若從寬取之，以高重為《穀梁》經師，並無不妥。

（十五）劉兆（劉瑤）（生卒年不詳）

1、《穀梁序疏》：「魏晉已來，注《穀梁》者，有劉瑤。」〔註177〕

2、《晉書・儒林傳》：「劉兆，字延世，濟南東平人。博學洽聞，溫篤善誘，從受業者數千人。以《春秋》一經而三家殊塗，諸儒是非之議紛然，互為讎敵，乃思三家之異，合而通之。《周禮》有調人之官，作《春秋調人》七萬餘言，皆論其首尾，使大義無乖，時有不合者，舉其長短以通之。又為春秋左氏解，名曰《全綜》，《公羊穀梁解詁》皆納經傳中，朱書以別之。」〔註178〕

3、〈隋志〉：「《春秋公羊穀梁傳》十二卷，晉博士劉兆撰。又《春秋公羊穀梁二傳評》三卷，劉兆撰。」〔註179〕

4、〈舊唐志〉：「《春秋公羊穀梁左氏集解》十一卷，劉兆撰。」〔註180〕

5、〈新唐志〉：「劉兆《三家集解》，十一卷。」〔註181〕

6、《藝文略》：「《春秋公羊穀梁集傳》十二卷、《春秋公羊穀梁二賺評》三卷，俱晉博士劉兆。《三家集解》十一卷，劉兆」〔註182〕

7、《經義考》：「劉兆《春秋公羊穀梁傳解詁》、《春秋三家集解》、《春秋左氏全綜》、《春秋調人》四書均佚。」〔註183〕

〔註177〕參見清・阮元校：《十三經注疏・穀梁傳》（台北：藝文印書館，1981年，重刊宋本），頁7。

〔註178〕參見《晉書・儒林列傳・劉兆》，引自唐・房玄齡等撰；楊家駱主編：《新校本晉書並附編六種》（臺北市：鼎文書局，民國69年），頁2349、2350。

〔註179〕參見《隋書・經籍志》，引自唐・魏徵等撰；楊家駱主編：《新校本隋書附索引》（臺北市：鼎文書局，民國69年），頁931。

〔註180〕參見《舊唐書・藝文志》，引自後晉・劉昫撰；楊家駱主編：《新校本舊唐書附索引》（臺北市：鼎文書局，民國70年），頁1979。

〔註181〕參見《新唐書・藝文志》，引自宋・歐陽修、宋祈撰；楊家駱主編：《新校本新唐書附索引》（臺北市：鼎文書局，民國70年），頁1440。

〔註182〕參見鄭樵《通志・藝文略》，引自宋・鄭樵撰，《通志》（臺北市：臺灣商務印書館，民國76年），頁759。

〔註183〕參見清・朱彝尊：《經義考・春秋七》卷一百七十四（臺北市：中央研究院中國文哲研究所，民國88年4月初版），頁629～631。

巧儀案：柳氏據《穀梁注疏》稱劉兆注《穀梁傳》又據《晉書·儒林列傳·劉兆》、《隋書·經籍志》、《舊唐書·經籍志》、《新唐書·藝文志》、《通志·藝文略》、《經義考》稱其共撰《春秋公羊穀梁傳解詁》、《春秋三家集解》、《春秋左氏全綜》、《春秋調人》四書，將其列爲《穀梁》經師。

　　《春秋穀梁傳集解序》：「釋《穀梁傳》者，雖近十家。」楊疏：「魏晉已來，注《穀梁》者，有尹更始、唐固、糜信、孔演、江熙、程闡、徐仙民、徐乾、劉瑤、胡訥之等。」〔註184〕

楊士勛《春秋穀梁傳集解序疏》提及魏晉以來注《穀梁》者，有一「劉瑤」，柳興恩以爲此「劉瑤」即「劉兆」。

　　劉兆因爲《春秋》一經有三家不同的傳注，諸儒爲此產生許多爭執，故其思考三傳的不同之處，融會貫通。《春秋調人》以《周禮》有「調人」這個官職，有七萬多字，都是論述其來龍去脈，使得大義不相背離，碰到不相符的，就多方面來貫通。

（十六）氾毓（生卒年不詳）

　　柳氏引《晉書本傳》：「合三傳爲之解注，撰《春秋釋疑》」〔註185〕

巧儀案：柳氏據《晉書·儒林列傳·氾毓》稱氾毓撰有《春秋釋疑》，將其列爲《穀梁》經師。

（十七）劉寔（220～310）

　　1、《晉書本傳》：「《春秋條例》二十卷。」〔註186〕

　　2、〈隋志〉：「《集解春秋序》一卷。」〔註187〕

巧儀案：柳氏據《晉書·劉寔列傳》稱劉寔撰有《春秋條例》；〈隋志〉稱其撰有《集解春秋序》，將其列爲《穀梁》經師。依《晉書·劉寔列傳》：

　　　　劉寔，字子眞，平原高唐人也。……尤精三《傳》，辨正《公羊》，以爲衛輒不應辭以王父命，祭仲失爲臣之節，舉此二端以明臣子之

〔註184〕參見清·阮元校：《十三經注疏·穀梁傳》（台北：藝文印書館，1981年，重刊宋本），頁7。

〔註185〕參見《晉書·儒林列傳·氾毓》，引自唐·房玄齡等撰；楊家駱主編：《新校本晉書並附編六種》（臺北市：鼎文書局，民國69年），頁2350、2351。

〔註186〕參見《晉書·劉寔列傳》，引自唐·房玄齡等撰；楊家駱主編：《新校本晉書並附編六種》（臺北市：鼎文書局，民國69年），頁1190～1198。

〔註187〕參見《隋書·經籍志》，引自唐·魏徵等撰；楊家駱主編：《新校本隋書附索引》（臺北市：鼎文書局，民國69年），頁929、930。

體，遂行於世。又撰《春秋條例》二十卷。〔註188〕

劉寔特別精通三傳，辨正《公羊傳》，認為衛輒不應因祖父之命而不服從，祭仲有失做臣的節操，舉這兩件事來說明為臣之禮。

（十八）范隆（生卒年不詳）

柳氏引《晉書本傳》：「著《春秋三傳》，撰《三禮吉凶宗紀》，甚有條義。」〔註189〕

巧儀案：柳氏據《晉書・儒林列傳・范隆》撰有《春秋三傳》，將其列為《穀梁》經師。

（十九）王接（263～304）

柳氏引《晉書本傳》：「學雖博通，特精《禮》、《傳》。」〔註190〕

巧儀案：柳氏據《晉書・王接列傳》稱王接特別精通《禮》、《傳》，將其列於《穀梁》經師。依《晉書・王接列傳》：

> 王接，字祖游，河東猗氏人，……接學雖博通，特精《禮》、《傳》。常謂《左氏》辭義贍富，自是一家書，不主為經發。《公羊》附經立傳，經所不書，傳不妄起，於文為儉，通經為長。任城何休訓釋甚詳，而黜周王魯，大體乖硋，且志通《公羊》而往往還為《公羊》疾病。接乃更注《公羊春秋》，多有新義。〔註191〕

王接以為《左傳》文辭豐麗意義宏富，不全是為詮釋《春秋》經所發傳。而《公羊》依經立傳，《春秋》經所不言，《公羊》亦不妄起〔註192〕。何休所註釋《公羊》甚為詳細，其雖有志於《公羊》，卻還成為《公羊》毛病之所在。於是王接重新註釋《公羊》。未有提及《穀梁》之語。

（二十）董景道（生卒年不詳）

〔註188〕參見《晉書・劉寔列傳》，引自唐・房玄齡等撰；楊家駱主編：《新校本晉書並附編六種》（臺北市：鼎文書局，民國69年），頁1190～1198。

〔註189〕參見《晉書・儒林列傳・范隆》，引自唐・房玄齡等撰；楊家駱主編：《新校本晉書並附編六種》（臺北市：鼎文書局，民國69年），頁2352。

〔註190〕參見《晉書・王接列傳》，引自唐・房玄齡等撰；楊家駱主編：《新校本晉書並附編六種》（臺北市：鼎文書局，民國69年），頁1434～1436。

〔註191〕參見《晉書・王接列傳》，引自唐・房玄齡等撰；楊家駱主編：《新校本晉書並附編六種》（臺北市：鼎文書局，民國69年），頁1434～1436。

〔註192〕然《公羊》傳中亦有無經之傳，據此觀之，王接以為《公羊》傳中之無經之傳皆有所起。

柳氏引《晉書本傳》：「明《春秋》三《傳》。」〔註193〕

巧儀案：柳氏據《晉書・儒林列傳・董景道》稱董景道明曉《春秋三傳》，且精通其大義。將其列爲《穀梁》經師。

（二十一）李軌（？～619）

1、《穀梁傳》：「《文公十四年》：『秋七月，有星孛入于北斗。』《傳》：『孛之爲言猶茀也，其曰入北斗，斗有環域也。』陸德明：『茀，李軌扶憤反，徐邈扶勿反。』」

2、《序錄》於「左傳」下：「李軌《音》三卷、徐邈《音》三卷。」於「易」下云：「李軌，字弘範，江夏人。東晉祠部郎中都亭侯。」

巧儀案：柳氏據陸德明《經典釋文・序錄》以李軌撰有《音》，列爲《穀梁》經師。又據《新唐書・藝文志》著錄李軌著有《穀梁音》。

（二十二）徐邈（344～397）

1、《晉書・儒林傳》：「徐邈，東莞姑幕人也。南渡江，家于京口。勤行勵學，博涉多聞。孝武帝始覽典籍，招延儒學之士，使授太子經。謂曰：『雖未敕以師禮相待，然不以博士相遇也。』古之帝王，受經必敬，自魏晉以來，多使微人教授，號爲博士，不復尊以爲師，故帝有云。所注《穀梁傳》，見重於時。」〔註194〕

2、〈隋志〉：「《春秋穀梁傳》十二卷（徐邈撰）、《春秋穀梁傳義》十卷（徐邈撰）、徐邈《答春秋穀梁義》，三卷。」〔註195〕（案：邈所答，即何休《春秋議》十卷中出《穀梁》三卷而答之也。）。

3、〈舊唐志〉：「《春秋穀梁》十二卷（徐邈注）、《春秋穀梁傳義》十二卷（徐邈注）、《春秋穀梁音》一卷（徐邈撰）。」〔註196〕

4、〈新唐志〉：「（《穀梁傳》）徐邈注，十二卷。又《傳議》十卷。《音》一卷。」〔註197〕

〔註193〕參見《晉書・儒林列傳・董景道》，引自唐・房玄齡等撰；楊家駱主編：《新校本晉書並附編六種》（臺北市：鼎文書局，民國69年），頁2355。

〔註194〕參見《晉書・儒林列傳・徐邈》，引自唐・房玄齡等撰；楊家駱主編：《新校本晉書並附編六種》（臺北市：鼎文書局，民國69年），頁2356～2358。

〔註195〕參見《隋書・經籍志》，引自唐・魏徵等撰；楊家駱主編：《新校本隋書附索引》（臺北市：鼎文書局，民國69年），頁931。

〔註196〕參見《舊唐書・藝文志》，引自後晉・劉昫撰；楊家駱主編：《新校本舊唐書附索引》（臺北市：鼎文書局，民國70年），頁1979。

〔註197〕參見《新唐書・藝文志》，引自宋・歐陽修、宋祈撰；楊家駱主編：《新校本

5、今案《晉書本傳》不載邈字，而楊士勛《穀梁序疏》：「魏晉已來，注《穀梁》者，有徐仙民。」〔註198〕即邈之字。

6、陸德明《經典敘錄》「易」下云：「徐邈，字仙民，東莞人。東晉中書侍郎太子前衛。」

7、《冊府》（六百五）：「徐邈爲驍騎將軍，所注《穀梁傳》，見重於時。」〔註199〕

8、《藝文略》：「《春秋穀傳》十二卷（徐邈）、《春秋穀梁傳義》十卷（徐邈義疏）、徐邈《答春秋穀梁義》三卷。《穀梁音》一卷（徐邈）。」〔註200〕

巧儀案：柳氏據《晉書·儒林列傳·徐邈》、楊《疏》、《冊府元龜》稱其所注釋的《穀梁傳》，也備受當時學者推崇。又據《隋書·經籍志》、《舊唐書·經籍志》、《新唐書·藝文志》、《通志·藝文略》著錄其除注《穀梁傳》外，另撰有《春秋穀梁傳義》、《答春秋穀梁義》、《穀梁音》。

柳氏以《答春秋穀梁義》爲答何休《春秋議》中三卷議《穀梁傳》者。

（二十三）張靖（生卒年不詳）

1、《莊公十八年·春秋經》：「十有八年，春，王三月，日有食之。」《穀梁傳》：「不言日不言朔，夜食也。」楊《疏》引張靖策（今案：策當作箋，阮《校勘記》失校）《廢疾》云：「立八尺之木，不見其影。」〔註201〕

2、〈隋志〉：「《穀梁傳》十卷（晉堂邑太守張靖注）。又《春秋穀梁廢疾》三卷（何休撰，鄭玄釋，張靖箋）。」〔註202〕

3、〈舊唐志〉：「《穀梁傳》又十一卷（張靖集解）、《春秋穀梁廢疾》三卷（何休作，鄭玄釋，張靖成箋）。」柳氏案：「成箋二字皆箋字之譌。」〔註203〕

新唐書附索引》（臺北市：鼎文書局，民國70年），頁1439。

〔註198〕參見清·阮元校：《十三經注疏·穀梁傳》（台北：藝文印書館，1981年，重刊宋本），頁7。

〔註199〕參見《冊府元龜·卷六百五·學較部九·注釋一》，北宋：王欽若等編：《冊府元龜》（北京：中華書局，1994年），頁7266。

〔註200〕參見鄭樵《通志·藝文略》，引自宋·鄭樵撰，《通志》（臺北市：臺灣商務印書館，民國76年），頁759。

〔註201〕此處「策」當作「箋」。

〔註202〕參見《隋書·經籍志》，引自唐·魏徵等撰：楊家駱主編：《新校本隋書附索引》（臺北市：鼎文書局，民國69年），頁931、932。

〔註203〕參見《舊唐書·藝文志》，引自後晉·劉昫撰：楊家駱主編：《新校本舊唐書附索引》（臺北市：鼎文書局，民國70年），頁1979。

4、〈新唐志〉：「張靖《集解》十一卷。《穀梁廢疾》三卷（鄭玄釋，張靖箋）。」〔註204〕

5、《冊府》（六百五）：「張靖爲堂邑太守，注《春秋穀梁傳》十卷，又箋《穀梁廢疾》。」〔註205〕

6、《藝文略》：「《穀梁傳》十卷（晉堂邑太守張靖）、《春秋穀梁傳》四卷（殘缺，張、程、孫、劉四家集解）。」〔註206〕

巧儀案：柳氏據楊《疏》引張靖解《穀梁》之語，又依《冊府元龜》、《隋書·經籍志》、《舊唐書·經籍志》、《新唐書·藝文志》、《通志·藝文略》以張靖注《春秋穀梁傳》，又箋《穀梁廢疾》，將其列爲《穀梁》經師。

（二十四）王長文（238～301）

柳氏引《華陽國志》：「王長文，字德叡，廣漢郪人。察孝廉，不就。後拜蜀郡太守。以爲《春秋》三《傳》傳經不同，每生訟議，乃據經摭傳，著《春秋三傳》十二篇。」〔註207〕

巧儀案：柳氏據《華陽國志》稱王長文撰有《春秋三傳》十二篇。將其列爲《穀梁》經師。

《春秋三傳》十二篇是因王長文以《春秋》三傳所闡釋的經義不同，每每產生爭議，於是依據經傳所著。

（二十五）徐乾（生卒年不詳）

1、柳氏引《穀梁序疏》：「魏晉已來，注《穀梁》者，有徐乾。」〔註208〕

2、又引〈釋文敘錄〉：「徐乾注，十三卷（字文祚，東莞人，東晉給事中）。」〔註209〕

〔註204〕參見《新唐書·藝文志》，引自宋·歐陽修、宋祈撰；楊家駱主編：《新校本新唐書附索引》（臺北市：鼎文書局，民國70年），頁1438、1439。

〔註205〕參見《冊府元龜·學較部·卷六百五·注釋一》，北宋：王欽若等編：《冊府元龜》（北京：中華書局，1994年），頁7258。

〔註206〕參見鄭樵《通志·藝文略》，引自宋·鄭樵撰，《通志》（臺北市：臺灣商務印書館，民國76年），頁759。

〔註207〕參見晉·常璩撰，劉琳校注《華陽國志校注》，（成都：巴蜀書社，一九八四年），頁865。另可參見《晉書·王長文列傳》：「王長文，字德叡，廣漢郪人也。」，引自唐·房玄齡等撰；楊家駱主編：《新校本晉書並附編六種》（臺北市：鼎文書局，民國69年），頁2138、2139。

〔註208〕參見清·阮元校：《十三經注疏·穀梁傳》（台北：藝文印書館，1981年，重刊宋本），頁7。

〔註209〕參見唐·陸德明：《經典釋文·敘錄》，《叢書集成續編》本，頁467。

3、又引〈隋志〉:「梁有《春秋穀梁傳》十三卷,晉給事郎徐乾注,亡(夾注云)。」〔註210〕

4、又引〈舊唐志〉:「《春秋穀梁傳》又十三卷,徐乾注。」〔註211〕

5、又引〈新唐志〉:「《穀梁傳》徐乾注,十三卷。」〔註212〕

6、又引《冊府》(六百五):「徐乾,字文祚,為給事中。注《春秋穀梁傳》十三卷。」〔註213〕

7、又引《藝文略》:「《春秋穀梁傳》十二卷(晉給事郎徐乾)。」〔註214〕

8、又引《御覽》(六百九十七):「履部引徐乾《古履儀》中有蔡謨答臺府分別履舃之名。又摯虞決疑言劍履舃之名。」〔註215〕

9、又引《經義考》(百七十四)云:「佚。」〔註216〕

巧儀案:柳氏據楊《疏》、《經典釋文序錄》、《冊府元龜》、《隋書‧經籍志》、《舊唐書‧經籍志》、《新唐書‧藝文志》、《冊府元龜》、《通志‧藝文略》、《太平御覽》、《經義考》以徐乾注《穀梁傳》,將其列為《穀梁》經師。

(二十六)鄭嗣(生卒年不詳)

柳氏引《御覽》:「《桓公十四年》:『秋八月壬申,御廩災。乙亥,嘗。』《傳》云:『御廩之災不志。此其志,何也?以為唯未易災之餘而嘗可也,志不敬也。』范甯注引鄭嗣曰:『唯未易災之餘而嘗,然後可志也。用火焚之餘以祭宗廟,非人子所以盡其心力,不敬之大也。』又《傳云》:『壬申,御廩災。乙亥,嘗。以為未易災之餘而嘗也。』范甯亦引鄭嗣曰:『壬申、乙亥相去四日,言用日至少而功多,明未足及易而嘗。』」〔註217〕

〔註210〕參見《隋書‧經籍志》,引自唐‧魏徵等撰;楊家駱主編:《新校本隋書附索引》(臺北市:鼎文書局,民國69年),頁931。

〔註211〕參見《舊唐書‧藝文志》,引自後晉‧劉昫撰;楊家駱主編:《新校本舊唐書附索引》(臺北市:鼎文書局,民國70年),頁1979。

〔註212〕參見《新唐書‧藝文志》,引自宋‧歐陽修、宋祈撰;楊家駱主編:《新校本新唐書附索引》(臺北市:鼎文書局,民國70年),頁1439。

〔註213〕參見《冊府元龜‧卷六百五‧學較部九‧注釋一》,北宋:王欽若等編:《冊府元龜》(北京:中華書局,1994年),頁7267。

〔註214〕參見鄭樵《通志‧藝文略》,引自宋‧鄭樵撰,《通志》(臺北市:臺灣商務印書館,民國76年),頁759。

〔註215〕參見《太平御覽‧卷六百九十七‧服章部十四‧履》,宋‧李昉等奉敕編:《太平御覽》(臺北市:臺灣商務印書館,民國64年),頁3239~3241。

〔註216〕參見清‧朱彝尊:《經義考‧春秋七》卷一百七十四(臺北市:中央研究院中國文哲研究所,民國88年4月初版),頁633。

〔註217〕參見清‧阮元校:《十三經注疏‧穀梁傳》(台北:藝文印書館,1981年,重

巧儀案：柳氏據《太平御覽》證鄭嗣有論《穀梁傳》之文字，將其列爲《穀梁》經師。

　　經查閱，《太平御覽》未有此文，但見於《春秋穀梁傳疏》。鄭嗣雖未有治《穀梁》之明確證據，亦無相關著作流傳，然柳興恩據范甯《春秋穀梁傳集解》的注文引鄭嗣之言佐證，將其列爲《穀梁》經師。

（二十七）虞溥（生卒年不詳）

　　柳氏引《晉書本傳》：「專心墳籍，注《春秋》經傳。」〔註218〕

巧儀案：柳氏據《晉書・虞溥列傳》稱虞溥注解《春秋經傳》，將其列於《穀梁》經師。

（二十八）胡訥（生卒年不詳）

　　1、《穀梁注疏》：「魏晉已來，注《穀梁》者，有胡訥之等。」〔註219〕

　　2、〈釋文敘錄〉：「胡訥《集解》十卷。」〔註220〕

　　3、〈隋志〉：「《春秋三傳評》十卷（胡訥撰。梁有《春秋集三師難》三卷。《春秋集三傳經解》十卷，胡訥撰。今凶）。」〔註221〕

　　4、〈舊唐志〉：「《春秋三傳經解》十一卷（胡訥集撰）、《春秋三傳評》十卷（胡訥撰）。」〔註222〕

　　5、〈新唐志〉：「胡訥集撰《三傳經解》十一卷。又《三傳評》十卷。」〔註223〕

　　6、《冊府》（六百五）：「荀訥（荀當作胡），字子言，爲尚書左侍郎。《集解穀梁》十卷。」〔註224〕

　　　　刊宋本），頁 39、40。

〔註218〕參見《晉書・虞溥列傳》，引自唐・房玄齡等撰；楊家駱主編：《新校本晉書並附編六種》（臺北市：鼎文書局，民國 69 年），頁 2139～2141。

〔註219〕參見清・阮元校：《十三經注疏・穀梁傳》（台北：藝文印書館，1981 年，重刊宋本），頁 7。

〔註220〕參見唐・陸德明：《經典釋文・敘錄》，《叢書集成續編》本，頁 467。

〔註221〕參見《隋書・經籍志》，引自唐・魏徵等撰；楊家駱主編：《新校本隋書附索引》（臺北市：鼎文書局，民國 69 年），頁 931、932。

〔註222〕參見《舊唐書・藝文志》，引自後晉・劉昫撰；楊家駱主編：《新校本舊唐書附索引》（臺北市：鼎文書局，民國 70 年），頁 1979。

〔註223〕參見《新唐書・藝文志》，引自宋・歐陽修、宋祁撰；楊家駱主編：《新校本新唐書附索引》（臺北市：鼎文書局，民國 70 年），頁 1440。鄭樵《通志・藝文略》，引自宋・鄭樵撰，《通志》（臺北市：臺灣商務印書館，民國 76 年），頁 759。

〔註224〕參見《冊府元龜・卷六百五・學較部九・注釋一》，北宋：王欽若等編：《冊

巧儀案：柳氏據楊《疏》、〈釋文敘錄〉、《隋書・經籍志》、《舊唐書・經籍志》、《新唐書・藝文志》、《冊府元龜》，以徐乾注《穀梁傳》，著有《春秋三傳評》、《春秋集三傳經解》，將其列爲《穀梁》經師。

另據《通志・藝文略》、《經義考》著錄其撰有《春秋三傳評》。

（二十九）聶熊（生卒年不詳）

柳氏引《晉書・載記・石季龍上》：「國子祭酒聶熊注《穀梁春秋》，列于學官。」〔註225〕

巧儀案：柳氏據《晉書・載記・石季龍上》稱聶熊注釋《穀梁春秋》，列於學官，將其列爲《穀梁》經師。

（三十）程闡（生卒年不詳）

1、《穀梁序疏》：「魏晉已來，注《穀梁》者，有程闡。」〔註226〕

2、〈隋志〉：「《春秋穀梁傳》十六卷（程闡撰）。」〔註227〕

3、〈新唐志〉：「程闡《經傳集注》十六卷。」〔註228〕

巧儀案：柳氏據楊《疏》、〈隋志〉、〈新唐志〉以程闡注《穀梁傳》，將其列爲《穀梁》經師。

另據《舊唐書・經籍志》、《通志・藝文略》著錄其撰有《春秋穀梁經傳》；《經義考》作《春秋經傳集注》。

（三十一）孔衍（268～320）、孔演〔註229〕、孔晁

1、《穀梁序疏》：「魏晉已來，注《穀梁》者，有孔演（疑即衍也）。」〔註230〕

府元龜》（北京：中華書局，1994 年），頁 7269。

〔註225〕參見《晉書・載記・石季龍上》，引自唐・房玄齡等撰；楊家駱主編：《新校本晉書並附編六種》（臺北市：鼎文書局，民國 69 年），頁 2761～2778。

〔註226〕參見清・阮元校：《十三經注疏・穀梁傳》（台北：藝文印書館，1981 年，重刊宋本），頁 7。

〔註227〕參見《隋書・經籍志》，引自唐・魏徵等撰；楊家駱主編：《新校本隋書附索引》（臺北市：鼎文書局，民國 69 年），頁 931。

〔註228〕參見《新唐書・藝文志》，引自宋・歐陽修、宋祈撰；楊家駱主編：《新校本新唐書附索引》（臺北市：鼎文書局，民國 70 年），頁 1439。

〔註229〕「孔衍」，《晉書》作「孔衍」，《太平御覽》作「孔演」。《隋書・經籍志》、《兩唐書・藝文志》俱作「孔衍」。

〔註230〕參見清・阮元校：《十三經注疏・穀梁傳》（台北：藝文印書館，1981 年，重刊宋本），頁 7。

2、《釋文序錄》有「公羊」下云：「衍字舒元，魯人，東晉廣陵相。」又云：「孔衍《集解》十四卷。」〔註231〕

3、《晉書·儒林傳》：「孔衍，字舒元，魯國人，孔子二十二世孫也。少好學，凡所撰述，百餘萬言（不言注《穀梁》者，遺脫）。中興初，補中書郎，領太子中庶子，出爲廣陵相。」〔註232〕

4、〈隋志〉：「《春秋穀梁傳》十四卷（孔衍撰）。又《春秋穀梁傳》五卷（孔君《指訓》，殘缺。梁十四卷。今案：孔君亦疑即孔衍。）」〔註233〕

5、〈舊唐志〉：「《春秋穀梁傳》十三卷（孔衍訓注）。」〔註234〕

6、〈新唐志〉：「孔衍《訓注》十三卷。」〔註235〕

7、《冊府》（六百五）：「孔衍，字舒元，爲廣陵相。撰《春秋穀梁傳集解》十四卷。」〔註236〕

8、《藝文略》：「《春秋穀梁傳》十四卷（孔衍）、《春秋穀梁傳》五卷（孔君《指訓》）。」〔註237〕

9、余蕭客《經解鉤沈》二十三引孔晁《指訓》云：「陽氣伏於陰下，見迫於陰，故不能升，以致地動（文九年經：地震）。」出《春秋本義》。疑孔君又即孔晁也。〔註238〕

巧儀案：柳氏以楊《疏》中稱魏晉以來注《穀梁傳》之「孔演」爲「孔衍」。又據《隋書·經籍志》、《舊唐書·經籍志》、《新唐書·藝文志》、鄭樵《通志·藝文略》所錄觀之，共有兩本著作：一爲十四卷的《春秋穀梁傳》，此書確爲

〔註231〕參見唐·陸德明：《經典釋文·敍錄》，《叢書集成續編》本，頁467。

〔註232〕參見《晉書·儒林列傳·孔衍》，引自唐·房玄齡等撰：楊家駱主編：《新校本晉書並附編六種》（臺北市：鼎文書局，民國69年），頁2359。

〔註233〕參見《隋書·經籍志》，引自唐·魏徵等撰：楊家駱主編：《新校本隋書附索引》（臺北市：鼎文書局，民國69年），頁931。

〔註234〕參見《舊唐書·藝文志》，引自後晉·劉昫撰：楊家駱主編：《新校本舊唐書附索引》（臺北市：鼎文書局，民國70年），頁1979。

〔註235〕參見《新唐書·藝文志》，引自宋·歐陽修、宋祈撰：楊家駱主編：《新校本新唐書附索引》（臺北市：鼎文書局，民國70年），頁1439。

〔註236〕參見《冊府元龜·卷六百五·學較部九·注釋一》，北宋：王欽若等編：《冊府元龜》（北京：中華書局，1994年），頁7269。

〔註237〕參見鄭樵《通志·藝文略》，引自宋·鄭樵撰，《通志》（臺北市：臺灣商務印書館，民國76年），頁759。

〔註238〕參見余蕭客《古經解鉤沉·穀梁》卷二十三《景印文淵閣四庫全書》，冊194（台北市：臺灣商務印書館，1986），頁703。

孔衍所作；一為五卷，殘缺的孔君《指訓》。以余蕭客《古經解鉤沈》解《文公十九年》：「九月癸酉，地震。」〔註239〕引孔晁《指訓》：「陽氣伏於陰下，見迫於陰，故不能升，以致地動。」柳興恩以此「孔晁」即上文之「孔君」。如此，則孔衍、孔演、孔晁同指一人。

（三十二）沈仲義（生卒年不詳）

柳氏引《兩唐志》：「著《春秋穀梁傳集解》，十卷。」〔註240〕

巧儀案：柳氏據兩《唐志》，以沈仲義撰有《春秋穀梁經集解》，以沈仲義為《穀梁》經師。

經查閱《舊唐書・經籍志》、《新唐書・藝文志》之著錄，沈仲義確實著有《春秋穀梁經集解》。

（三十三）蕭邕（生卒年不詳）

1、〈舊唐志〉：「《穀梁傳義》三卷，蕭邕注。」〔註241〕

2、〈新唐志〉：「蕭邕《問傳義》三卷（案此及沈仲義不見〈隋志〉，而《唐志》列之徐乾下、劉兆上，亦俱晉人也）。」〔註242〕

巧儀案：柳氏據《舊唐書・經籍志》、《新唐書・藝文志》，以蕭邕注有《穀梁傳義》，以蕭邕為《穀梁》經師。

又以沈仲義及蕭邕著作俱不見於《隋書・經籍志》，而兩《唐志》列於徐乾之下、劉兆之上，而判定二人為晉人。另據《通志・藝文略》著錄有蕭邕著有《問傳義》

（三十四）潘叔度（生卒年不詳）

1、《北史》：「河北諸儒能通《春秋》者，又有衛凱、陳達、潘叔度亦為

〔註239〕參見清・阮元校：《十三經注疏・穀梁傳》（台北：藝文印書館，1981年，重刊宋本），頁107。

〔註240〕參見《舊唐書・藝文志》，引自後晉・劉昫撰；楊家駱主編：《新校本舊唐書附索引》（臺北市：鼎文書局，民國70年），頁1979。《新唐書・藝文志》，引自宋・歐陽修、宋祁撰；楊家駱主編：《新校本新唐書附索引》（臺北市：鼎文書局，民國70年），頁1440。

〔註241〕參見《舊唐書・藝文志》，引自後晉・劉昫撰；楊家駱主編：《新校本舊唐書附索引》（臺北市：鼎文書局，民國70年），頁1979。

〔註242〕參見《新唐書・藝文志》，引自宋・歐陽修、宋祁撰；楊家駱主編：《新校本新唐書附索引》（臺北市：鼎文書局，民國70年），頁1440。鄭樵《通志・藝文略》，引自宋・鄭樵撰，《通志》（臺北市：臺灣商務印書館，民國76年），頁759。

通解。」〔註243〕

2、〈隋志〉:「《春秋經合三傳》十卷(潘叔度撰)、《春秋成奪》十卷(潘叔度撰)。」〔註244〕

3、〈舊唐志〉:「《春秋合三傳通論》十卷(潘叔度撰)、《春秋成集》十卷(潘叔度撰)。」〔註245〕柳氏謂:「〈新唐志〉同。」

4、柳氏案:「〈隋志〉作成奪,恐誤。《藝文略》仍作奪。」

巧儀案:柳氏據《北史》稱潘叔度「能通《春秋》。」又以《隋書·經籍志》、《舊唐書·經籍志》、《新唐書·藝文志》、《通志·藝文略》、《經義考》著錄其著有《春秋合三傳通論》、《春秋成集》,將其列爲《穀梁》經師。

(三十五)江熙(生卒年不詳)

1、《穀梁序疏》:「魏晉已來,注《穀梁》者,有江熙。」〔註246〕

2、〈釋文敘錄〉「毛詩」下云:「江熙,字太和,濟陽人。東晉兗州別駕。」〔註247〕

3、〈隋志〉:「《春秋公羊穀梁二傳評》三卷撰(案:此脫夾注人名,據《唐志》即江熙)。」〔註248〕

4、〈舊唐志〉:「《春秋公羊穀梁二傳評》三卷(江熙撰)。」〔註249〕柳氏謂:「《新唐書》、《藝文略》同。」

〔註243〕 參見《北史·儒林列傳上》,引自唐·李延壽撰;楊家駱主編:《新校本北史并附編三種》(臺北市:鼎文書局,民國 69 年),頁 2703～2709。

〔註244〕 參見《隋書·經籍志》,引自唐·魏徵等撰;楊家駱主編:《新校本隋書附索引》(臺北市:鼎文書局,民國 69 年),頁 932。

〔註245〕 參見《舊唐書·藝文志》,引自後晉·劉昫撰;楊家駱主編:《新校本舊唐書附索引》(臺北市:鼎文書局,民國 70 年),頁 1979。《新唐書·藝文志》,引自宋·歐陽修、宋祈撰;楊家駱主編:《新校本新唐書附索引》(臺北市:鼎文書局,民國 70 年),頁 1440。

〔註246〕 參見清·阮元校:《十三經注疏·穀梁傳》(台北:藝文印書館,1981 年,重刊宋本),頁 7。

〔註247〕 參見唐·陸德明:《經典釋文·敘錄》,《叢書集成續編》本,頁 463。

〔註248〕 參見《隋書·經籍志》,引自唐·魏徵等撰;楊家駱主編:《新校本隋書附索引》(臺北市:鼎文書局,民國 69 年),頁 932。

〔註249〕 參見《舊唐書·藝文志》,引自後晉·劉昫撰;楊家駱主編:《新校本舊唐書附索引》(臺北市:鼎文書局,民國 70 年),頁 1979。《新唐書·藝文志》,引自宋·歐陽修、宋祈撰;楊家駱主編:《新校本新唐書附索引》(臺北市:鼎文書局,民國 70 年),頁 1440。鄭樵《通志·藝文略》,引自宋·鄭樵撰,《通志》(臺北市:臺灣商務印書館,民國 76 年),頁 759。

5、《經義考》云:「佚」。〔註250〕

巧儀案:柳氏據楊《疏》稱江熙注《穀梁傳》。又據《舊唐書‧經籍志》、《新唐書‧藝文志》、鄭樵《通志‧藝文略》、《經義考》稱其撰有《春秋公羊穀梁二傳評》,將其列為《穀梁》經師。

(三十六) 孫氏

1、柳氏引《隋書‧經籍志》:「《春秋穀梁傳》四卷(殘缺,張、程、孫、劉四家集解)。」

2、柳氏案:「張者張靖、程者程闡、劉者劉兆,惟孫氏一家不詳何人。疑孫為孔之譌,或即孔衍。」

3、《經義考》云:「當是張靖、程闡、孫毓、劉瑤(孫毓著著《毛詩異同評》〔註251〕,未聞治《穀梁春秋》。前有孫叔然,本名炎,因與晉武帝同名,改稱其字,注《春秋》三《傳》。則孫氏一家,或即孫炎歟?)。」〔註252〕

巧儀案:《隋書‧經籍志》中錄有《春秋穀梁傳》四卷。為張、程、孫、劉四家集解。「張」確為張靖,「程」確為程闡。「劉」柳興恩以為「劉兆」,《經義考》作「劉瑤」,劉兆與劉瑤為同一人。唯「孫」者意見紛歧,柳興恩以為「孫」為「孔」的譌誤,或為孔衍,則張靖、程闡、劉瑤、孔衍皆為晉人。若「孫」非為「孔」的譌誤,朱彝尊以為「孫」為「孫毓」,然孫毓所著為《毛詩異同評》,未聞其治《穀梁春秋》。柳興恩據此以前孫氏且注釋《穀梁傳》者為「孫炎」。

(三十七) 郭琦 (生卒年不詳)

柳氏引《晉書‧隱逸傳》:「琦,字公偉,太原晉陽人也。少方直,有雅量,博學,善五行,作天文志、五行傳,注《穀梁》、《京氏易》百卷。」〔註253〕

巧儀案:柳氏據《晉書‧隱逸列傳‧郭琦》稱郭琦注釋《穀梁傳》,將其列為《穀梁》經師。

〔註250〕參見清‧朱彝尊:《經義考‧春秋七》卷一百七十四(臺北市:中央研究院中國文哲研究所,民國88年4月初版),頁633。

〔註251〕《穀梁大義述》原書於此處即有二「著」字,當刪其一。

〔註252〕參見清‧柳興恩:《穀梁大義述‧述經師》(影印《皇清經解續編卷》南菁書院本),頁11206。

〔註253〕參見《晉書‧隱逸列傳‧郭琦》,引自唐‧房玄齡等撰;楊家駱主編:《新校本晉書並附編六種》(臺北市:鼎文書局,民國69年),頁2436。

（三十八）荀崧（262～328）

甲、引〈述經師〉

柳氏謂：「詳長編。」

乙、引〈述長編〉

柳氏引《荀崧傳》：「時方修學校，簡省博士，置《周易》王氏、《尚書》鄭氏、《古文尚書》孔氏、《毛詩》鄭氏、《周官》《禮記》鄭氏、《春秋左傳》杜氏、服氏、《論語》《孝經》鄭氏博士各一人，凡九人，其《儀禮》、《公羊》、《穀梁》及鄭《易》皆省不置。崧以爲不可，乃上疏曰：『自喪亂以來，儒學尤寡。今處學則闕朝廷之秀，仕朝則廢儒學之俊。昔咸寧、太康、永嘉之中，侍中、常侍、黃門通恰古今，行爲世表者，領國子博士，一則應對殿堂，奉酬顧問；二則參訓國子，以宏儒訓；三則祠、儀二曹及太常之職，以得質疑。今皇朝中興，美隆往初，宜憲章令軌，祖述前典。世祖武皇帝應運登禪，崇儒興學。經始明堂，營建辟雍，告朔班政，鄉飲大射。西閤東序，河圖祕書禁籍。臺省有宗廟太府金墉故事，太學有石經古文，先儒典訓。賈、馬、鄭、杜、服、孔、王、何、顏、尹之徒，章句傳注眾家之學，置博士十九人。九州之中，師徒相傳，學士如林，猶選張華、劉寔居太常之官，以重儒教。傳稱「孔子沒而微言絕，七十二子終而大義乖。」自頃中夏殄瘁，講誦過密，斯文之道，將墮於地。陛下聖哲龍飛，恢崇道教，樂正雅頌，於是乎在。江、揚二州，先漸聲教，學士遺文，於今爲盛。然方疇昔，猶千之一。臣學不章句，才不弘通，方之華寔，儒風殊逸。思竭駑駘，庶增萬分。願斯道隆於百世之上，搢紳詠於千載之下。伏聞節省之制，皆三分置二。博士舊置十九人，今五經合九人，準古計今，猶未能半，宜及節省之制，以時施行。今九人以外，猶宜增四。願陛下萬機餘暇，時垂省覽。宜爲鄭易置博士一人，鄭儀禮博士一人，春秋公羊博士一人，穀梁博士一人。昔周之衰，下陵上替，上無天子，下無方伯，善者誰賞，惡者誰罰，孔子懼而作《春秋》。諸侯諱妬，懼犯時禁，是以微辭妙旨，義不顯明，故曰『知我者其惟《春秋》，罪我者其惟《春秋》』。時左丘明、子夏造膝親受，無不精究。孔子既沒，微言將絕，於是丘明退撰所聞，而爲之傳。其書善禮，多膏腴美辭，張本繼末，以發明經意，信多奇偉，學者好之。稱公羊高親受子夏，立於漢朝，辭義清儁，斷決明審，董仲舒之所善也。穀梁赤師徒相傳，暫立於漢世。向、歆，漢之碩儒，猶父子各執一家，莫肯相從。其書文清義約，諸所發明，或是《左氏》、《公

羊》所不載，亦足有所訂正。是以三《傳》並行於先代，通才未能孤廢。今去聖久遠，其文將墜，與其過廢，寧與過立。臣以爲三《傳》雖同曰《春秋》，而發端異趣，案如三家異同之說，此乃義則戰爭之場，辭亦劍戟之鋒，於理不可得共。博士宜各置一人，以博其學。』元帝詔曰：『崧表如此，皆經國之務，爲政所由。息馬投戈，猶可講藝，今雖日不暇給，豈忘本而遺存邪！可共博議者詳之。』議者多請從崧所奏。詔曰：『《穀梁》膚淺，不足置博士，餘如奏。』會王敦之難，不行。」〔註254〕

巧儀案：柳氏據《晉書·荀崧列傳》稱荀崧爲《穀梁》上疏，請立學官，將其列爲《穀梁》經師。

晉元帝時立學官，三《傳》中獨立《左傳》而不立《公羊傳》與《穀梁傳》，荀崧爲此上疏請立《穀梁》學官。荀崧認爲三《傳》雖然同樣被稱爲《春秋》，可是所發端的旨趣並不相同，博士應當各設一人，以發揚傳承三《傳》的學說。

（三十九）王淮之（378～433）

柳氏引《晉書本傳》：「兼明《禮》、《傳》。」〔註255〕

巧儀案：柳氏雖言其引《晉書》，然《晉書》無王淮之傳，柳氏實據《宋書·王淮之列傳》稱王淮之同時精通《禮》、《傳》，將其列爲《穀梁》經師。

（四十）孔默之（生卒年不詳）

柳氏引《宋書·隱逸傳》：「默之儒學，注《穀梁春秋》。」〔註256〕

巧儀案：柳氏據《宋書·隱逸列傳·孔淳之》稱孔默之注《穀梁春秋》，將其列爲《穀梁》經師。

（四十一）蕭子懋（472～494）

柳氏引《南齊書·武十三王傳》：「晉安王子懋，字雲昌，世祖第七子也。

〔註254〕荀崧此次上疏除《公羊傳》、《穀梁傳》外，尚爲鄭氏《儀禮》、鄭氏《易》爭取立爲學官，欲詳見全文，可參見《晉書·荀崧列傳》，引自唐·房玄齡等撰；楊家駱主編：《新校本晉書並附編六種》（臺北市：鼎文書局，民國69年），頁1975～1981。

〔註255〕參見《宋書·王淮之列傳》，引自梁：沈約撰；楊家駱主編：《新校本宋書附索引》（臺北市：鼎文書局，民國69年），頁1623～1625。

〔註256〕參見《宋書·隱逸列傳·孔淳之》，引自梁：沈約撰；楊家駱主編：《新校本宋書附索引》（臺北市：鼎文書局，民國69年），頁2283。

撰《春秋例苑》三十卷，世祖嘉之，敕付秘閣。」〔註257〕

巧儀案：柳氏據《南齊書・武十三王傳》稱蕭子懋撰有《春秋例苑》，將其列為《穀梁》經師。

（四十二）陸澄（423～494）

甲、引〈述經師〉

柳氏引《南齊書・陸澄傳》：「永明元年，領國子博士。時國學置鄭、王《易》、杜、服《春秋》、何氏《公羊》、麋氏《穀梁》。澄與尚書令王儉書論之」〔註258〕柳氏謂：「餘詳長編。」

乙、引〈述長編〉

柳氏引《南齊書・陸澄傳》：「永明元年，領國子博士。時國學置鄭、王《易》、杜、服《春秋》、何氏《公羊》、麋氏《穀梁》。澄與尚書令王儉書論之曰：『穀梁泰元舊有麋信注，顏（延之）益以范寧，麋猶如故。顏論閏分范注，當以同我者親。常謂《穀梁》劣；《公羊》為注者又不盡善。竟無及《公羊》之有何休，恐不足兩立。必謂范善，便當除麋。』儉答曰：『《穀梁》小書，無俟兩注，存麋略范，率由舊式。』」〔註259〕

巧儀案：柳氏據《南齊書・陸澄列傳》稱陸澄與王儉討論群經立為學官之事，其中包含《穀梁傳》，將其列為《穀梁》經師。

陸澄以《穀梁傳》有麋信注與范甯注，然不能兩存。王儉以《穀梁傳》為小書，無須立兩種注解，依循舊例，保存麋信注，省略范甯注。

（四十三）沈麟士（419～503）

〔註257〕參見《南齊書・武十七王列傳・晉安王子懋》，引自梁：蕭子顯撰；楊家駱主編：《新校本南齊書》（臺北市：鼎文書局，民國69年），頁708～710。

〔註258〕陸、王二人共論《易》、《左傳》、《穀梁》、《孝經》四經，柳氏此處但引二人論《穀梁》者，欲詳全文，可參見《南齊書・陸澄列傳》，引自梁：蕭子顯撰；楊家駱主編：《新校本南齊書》（臺北市：鼎文書局，民國69年），頁681～689。另可參見參見《南史・陸澄列傳》，引自唐・李延壽撰；楊家駱主編：《新校本南史附索引》（臺北市：鼎文書局，民國70年），頁1187～1189。

〔註259〕陸、王二人共論《易》、《左傳》、《穀梁》、《孝經》四經，柳氏此處但引二人論《穀梁》者，欲詳全文，可參見《南齊書・陸澄列傳》，引自梁：蕭子顯撰；楊家駱主編：《新校本南齊書》（臺北市：鼎文書局，民國69年），頁681～689。另可參見《南史・陸澄列傳》，引自唐・李延壽撰；楊家駱主編：《新校本南史附索引》（臺北市：鼎文書局，民國70年），頁1187～1189。

柳氏引《南齊書本傳》：「隱居教授，注《春秋》。」〔註260〕

巧儀案：柳氏據《南齊書》稱沈麟士隱居在餘不吳差山，講解經學，教授學生，注解《春秋》，將其列於《穀梁》經師。依《冊府元龜》：

> 南齊沈麟士隱居教授，著《周易兩繫》、《莊子內篇訓》、注《易經》、《禮記》、《春秋》、《尚書》、《論語》、《孝經》、《喪服》、《老子要略》數十卷。〔註261〕

載沈麟士注《春秋》事。另據《南史·隱逸列傳下·沈麟士》：

> 沈麟士，字雲禎，吳興武康人也。……隱居餘不吳差山，講經教授，從學士數十百人……麟士無所營求，以篤學爲務，恒憑素几鼓素琴，不爲新聲。負薪汲水，并日而食。守操終老，讀書不倦。遭火燒書數千卷，年過八十，耳目猶聰明，以反故抄寫，火下細書，復成二、三千卷，滿數十篋。時人以爲養身靜默所致。製黑蝶賦以寄意。著《周易兩繫》、《莊子內篇訓》。注《易經》、《禮記》、《春秋》、《尚書》、《論語》、《孝經》、《喪服》、《老子要略》數十卷。〔註262〕

沈麟士雖未有《穀梁》相關著作流傳，然其傳授之功甚大，其本族後輩沈峻、沈文阿等皆受其影響而研讀《穀梁》。

（四十四）梁武帝（464～549）

柳氏引《梁書·武帝紀》：「帝少而篤學，洞達儒玄。雖萬機多務，猶卷不輟手，造《春秋答問》若干卷。」〔註263〕

巧儀案：柳氏據《梁書·梁武帝本紀》稱梁武帝蕭衍撰有《春秋答問》，將其列爲《穀梁》經師。

（四十五）劉之遴（477～548）

甲、引〈述經師〉

〔註260〕參見《南齊書·高逸列傳·沈驎士》，引自梁：蕭子顯撰；楊家駱主編：《新校本南齊書》（臺北市：鼎文書局，民國69年），頁943、944。

〔註261〕參見《冊府元龜·學較部十·六百六·注釋二》，北宋：王欽若等編：《冊府元龜》（北京：中華書局，1994年），頁7271。

〔註262〕參見《南史·隱逸列傳下·沈麟士》，引自唐·李延壽撰；楊家駱主編：《新校本南史附索引》（臺北市：鼎文書局，民國70年），頁1890～1892。

〔註263〕參見《梁書·梁武帝本紀》，引自隋：姚察、隋·謝炅、唐·魏徵、唐·姚思廉合撰；楊家駱主編：《新校本梁書附索引》（臺北市：鼎文書局，民國69年），頁1～98。

柳氏引《梁書本傳》:「著《春秋大意》十科,《左氏》十科,《三傳同異》十科,合三十事以上之。高祖大悅,詔答之。」柳氏謂:「餘詳長編。」

乙、引〈述長編〉

柳氏引《梁書本傳》:「是時《周易》、《尚書》、《禮記》、《毛詩》並有高祖義疏,惟《左氏傳》尚闕,之遴乃著《春秋大意》十科,《左氏》十科,《三傳同異》十科,合三十事以上之。高祖大悅,詔答之曰:「省所撰《春秋》義,此事論書,辭微旨遠。編年之教,言闡義繁,丘明傳洙泗之風,公羊稟西河之學,鐸椒之解不追,瑕丘之說無取。繼踵胡母,仲舒云盛,因循《穀梁》,千秋最篤。張蒼之傳《左氏》,賈誼之襲荀卿,源本分鑣,指歸殊致,詳略紛然,其來舊矣。昔在弱年,乃經研味,一從遺置,迄將五紀。兼晚冬暑促,機事罕暇,夜分求衣,未遑搜括。須待夏景,試取推尋,若溫故可求,別酬所問也。」〔註264〕

巧儀案:柳氏據《梁書·劉之遴列傳》稱劉之遴因爲當時《周易》、《尚書》、《禮記》、《毛詩》都有武帝撰寫的義疏,只有《左氏傳》還缺義疏,就撰寫了《春秋大意》十科,《左氏》十科,《三傳同異》十科。總共合爲三十件事獻上,將其列爲《穀梁》經師。

（四十六）崔靈恩（生卒年不詳）

柳氏引《梁書本傳》:「少篤學從師,尤精三《禮》、三《傳》。著《公羊穀梁文句義》十卷。」〔註265〕柳氏謂:「《南史》同。」

巧儀案:柳氏據《梁書》、《南史》稱崔靈恩特別精通三《禮》、三《傳》,且著有《公羊穀梁文句義》,將其列爲《穀梁》經師。據《南史·儒林列傳·崔靈恩》:

> 崔靈恩,清河東武城人也。少篤學,徧習五經,尤精三《禮》、三《傳》。仕魏爲太常博士。天監十三年歸梁,累遷步兵校尉,兼國子博士。靈恩聚徒講授,聽者常數百人。性拙朴,無風采,及解經析理,甚

〔註264〕參見《梁書·劉之遴列傳》,引自隋:姚察、隋:謝炅、唐·魏徵、唐·姚思廉合撰;楊家駱主編:《新校本梁書附索引》(臺北市:鼎文書局,民國 69 年),頁 572～574。另參見《南史·劉虬列傳》,引自唐·李延壽撰;楊家駱主編:《新校本南史附索引》(臺北市:鼎文書局,民國 70 年),頁 1248～1254。

〔註265〕參見《梁書·儒林列傳·崔靈恩》,引自隋:姚察、隋:謝炅、唐·魏徵、唐·姚思廉合撰;楊家駱主編:《新校本梁書附索引》(臺北市:鼎文書局,民國 69 年),頁 676、677。

有精致，都下舊儒咸稱重之。助教孔僉尤好其學。靈恩先習《左傳》
服解，不爲江東所行，乃改說杜義。每文句常申服以難杜，遂著《左
氏條義》以明之。時助教虞僧誕又精杜學，因作《申杜難服》以答
靈恩，世並傳焉。……〔註266〕

崔靈恩原本研習《左傳》服虔的注解，江東卻得不到推行，改爲講解杜預的
注解。每每在說解文句時，援引服虔注以詰難杜預注，而撰寫《左氏條義》
來闡述明白。

　　另據《隋書·經籍志》、《舊唐書·經籍志》、《新唐書·藝文志》、《通志·
藝文略》著錄崔靈恩著有《春秋經傳解》、《春秋申先儒傳論》、《春秋序》。

（四十七）沈宏　（沈炫）（生卒年不詳）

　　1、〈隋志〉：「《春秋五辯》二卷（梁五經博士沈宏撰）。」〔註267〕

　　2、《冊府》（六百六）：「梁沈炫撰《春秋五辯》二卷（案：即〈隋志〉之
沈宏也。）。」〔註268〕

巧儀案：柳氏據《隋書·經籍志》稱沈宏撰《春秋五辯》，將其列爲《穀梁》
經師。又據《冊府元龜》稱有梁人沈炫撰《春秋五辯》。柳氏以此「沈炫」即
爲《隋書·經籍志》之「沈宏」，二名爲同一人。

　　另據《舊唐書·經籍志》、《新唐書·藝文志》、鄭樵《通志·藝文略》著
錄，可知此經師確名爲「沈宏」。

（四十八）沈文阿（503～563）

　　柳氏引《陳書本傳》：「博採先儒異同，自爲義疏。治三《禮》、三《傳》。」
〔註269〕柳氏謂：「《南史》同。」

〔註266〕參見《南史·儒林列傳·崔靈恩》，引自唐·李延壽撰：楊家駱主編：《新校
　　　　本南史附索引》（臺北市：鼎文書局，民國70年），頁1739。

〔註267〕參見《隋書·經籍志》，引自唐·魏徵等撰：楊家駱主編：《新校本隋書附索
　　　　引》（臺北市：鼎文書局，民國69年），頁929。

〔註268〕參見《冊府元龜·卷六百六·學較部十·注釋二》，北宋·王欽若等編：《冊
　　　　府元龜》（北京：中華書局，1994年），頁7273。

〔註269〕參見《陳書·儒林列傳·沈文阿》，引自隋·姚察；唐·魏徵、姚思廉合撰　楊
　　　　家駱主編：《新校本陳書附索引》（臺北市：鼎文書局，民國69年），頁434
　　　　～436。除「治三《禮》、三《傳》」，《南史》作「通三《禮》、三《傳》」；「所
　　　　撰《儀禮》八十餘卷」，《南史》作「所撰《儀禮》八十餘條」外，其餘二書
　　　　皆同。另參見《南史·儒林列傳·沈峻、太史叔明、子文阿》，引自唐·李延
　　　　壽撰：楊家駱主編：《新校本南史附索引》（臺北市：鼎文書局，民國70年），

巧儀案：柳氏據《陳書・儒林列傳・沈文阿》稱沈文阿研習三《禮》、三《傳》，將其列爲《穀梁》經師。

除《陳書》、《南史》所載《儀禮》、《經典大義》外，另據《隋書・經籍志》、《舊唐書・經籍志》、《新唐書・藝文志》、《通志・藝文略》著錄，尚著有《春秋左氏經傳義略》。

（四十九）房景先（475～518）、王神貴（生卒年不詳）

1、《魏書・房法壽傳》：「景先，字光胄。幼孤貧，無資從師，其母自授毛詩、曲禮。先作五經疑問百餘篇，其言該典，今行於時，文多，略舉其切於世教者：（今錄其說《穀梁》者。）問《穀梁傳》，魯僖三十一年夏四月，「卜郊不從，乃免牲」，傳曰「乃者，亡乎人之辭也」曰：樂以觀風，禮爲教本，其細已甚，民不堪命。齊不加兵，屈於周典。僖公魯之盛君，告誠虔祀，穆卜迎吉，而休徵不至。若推咎於天，則神不棄鑒；歸愆於人，則頌聲宜替。既命龜失辰，靈威弗眷，郊享不從，配天斯缺。即傳所言，殆非虛美，何承而制？」〔註270〕

2、《冊府》：「魏房景先，孝文時爲太學博士。作《五經疑問》百餘篇。符璽郎王神貴答之，名爲《辯疑》合成十卷。」〔註271〕

3、《經義考》（二百四十）：「房氏景先《五經疑問》十卷，佚。」〔註272〕

巧儀案：柳氏據《魏書》、《冊府》、《經義考》稱房景先作《五經疑問》，其中有問《穀梁傳》者，而後王神貴答其所問，名爲《五經辯疑》，將二人列爲《穀梁》經師。

（五十一）辛子馥（？～550）、辛德源（生卒年不詳）

1、《魏書・辛紹先傳》：「子馥，字元穎，有學行。以三《傳》經同說異，遂總爲一部，傳注並出，校比短長。」〔註273〕

頁 1740～1743。

〔註270〕僅錄其問《穀梁》。詳參見《魏書・房法壽列傳》，引自北齊・魏收撰：《西魏書》；清・謝啓昆撰：楊家駱主編：《新校本魏書附西魏書》（臺北市：鼎文書局，民國 69 年），頁 969～983。

〔註271〕參見《冊府元龜・學較部十・六百六・注釋二》，北宋・王欽若等編：《冊府元龜》（北京：中華書局，1994 年），頁 7274。

〔註272〕參見清・朱彝尊：《經義考・群經二》卷二百四十（臺北市：中央研究院中國文哲研究所，民國 88 年 4 月初版），頁 324～326。

〔註273〕參見《魏書・辛紹先列傳》，引自北齊・魏收撰：《西魏書》；清・謝啓昆撰：

2、《北史·辛雄傳》：「德源每於務隙撰集，注《春秋三傳》三十卷」〔註274〕
巧儀案：柳氏據《魏書·辛紹先列傳》稱辛子馥將三《傳》總彙為一部，傳文注文並陳，校對比較其優劣得失；又據《北史·辛雄列傳》稱辛德源注解《春秋三傳》，將父子二人列為《穀梁》經師。依《魏書·辛紹先列傳》：

> ……子馥以三《傳》經同說異，遂總為一部，傳注並出，校比短長，會亡未就。〔註275〕

可知辛子馥直至離世，仍未能完成其書。

（五十三）李謐（483～515）

柳氏引《魏書本傳》：「鳩集諸經，廣校同異，比三傳事例，名《春秋叢林》十有二卷。」〔註276〕
巧儀案：柳氏據《魏書·李謐列傳》稱李謐撰有《春秋叢林》，將其列為《穀梁》經師。

另據《舊唐書·經籍志》、《新唐書·藝文志》、鄭樵《通志·藝文略》著錄李謐著有《春秋叢林》。是書為李謐收集各種經書，廣泛校對其間的異同，比較三《傳》的事實和義例而成。

（五十四）劉芳（452～513）。

柳氏引《魏書本傳》：「著范甯所注《穀梁音》一卷。」〔註277〕柳氏謂：「《北史》同。」

楊家駱主編：《新校本魏書附西魏書》（臺北市：鼎文書局，民國69年），頁1025～1029。

〔註274〕參見《北史·辛雄列傳》，引自唐·李延壽撰；楊家駱主編：《新校本北史并附編三種》（臺北市：鼎文書局，民國69年），頁1817～1825。另參見《隋書·辛德源列傳》，引自唐·魏徵等撰；楊家駱主編：《新校本隋書附索引》（臺北市：鼎文書局，民國69年），頁1422。

〔註275〕參見《魏書·辛紹先列傳》，引自北齊·魏收撰：《西魏書》；清·謝啓昆撰；楊家駱主編：《新校本魏書附西魏書》（臺北市：鼎文書局，民國69年），頁1025～1029。

〔註276〕參見《魏書·李謐列傳》，引自北齊·魏收撰：《西魏書》；清·謝啓昆撰；楊家駱主編：《新校本魏書附西魏書》（臺北市：鼎文書局，民國69年），頁1932～1939。另參見《北史·李孝伯列傳》，引自唐·李延壽撰；楊家駱主編：《新校本北史并附編三種》（臺北市：鼎文書局，民國69年），頁1220～1236。

〔註277〕參見《魏書·劉芳列傳》，引自北齊·魏收撰：《西魏書》；清·謝啓昆撰；楊家駱主編：《新校本魏書附西魏書》（臺北市：鼎文書局，民國69年），頁1219～1233。

巧儀案：柳氏據《魏書·劉芳列傳》稱劉芳撰范寧所注《穀梁音》，將其列爲《穀梁》經師。

（五十五）李彪（444～501）

柳氏引《魏書本傳》：「著《春秋三傳合成》十卷。」〔註278〕柳氏謂：「《北史》同。」

巧儀案：柳氏據《魏書·李彪傳》稱李彪撰有《春秋三傳合成》，將其列爲《穀梁》經師。

（五十六）張普惠（？～525）

柳氏引《魏書本傳》：「精於三《禮》，兼善《春秋》百家之説。多所窺覽。」〔註279〕柳氏謂：「《北史》同。」

巧儀案：柳氏據《北史·張普惠列傳》稱張普惠熟悉《春秋》之說，將其列爲《穀梁》經師。

（五十七）徐遵明（？～529）

柳氏引《魏書本傳》：「知陽平館陶趙世業家有服氏《春秋》，是晉世永嘉舊本，遵明乃往讀之。復經數載，因手撰《春秋義章》，爲三十卷。」〔註280〕柳氏謂：「《北史》同。」

巧儀案：柳氏據《魏書·儒林列傳·徐遵明》稱徐遵明撰有《春秋義章》，將其列爲《穀梁》經師。據《魏書·儒林列傳·徐遵明》：

> 徐遵明，字子判，華陰人也。……知陽平館陶趙世業家有服氏《春秋》，是晉世永嘉舊本，遵明乃往讀之。復經數載，因手撰《春秋義章》，爲三十卷。是後教授，門徒蓋寡，久之乃盛。遵明每臨講坐，

〔註278〕參見《魏書·李彪列傳》，引自北齊·魏收撰；《西魏書》；清·謝啓昆撰；楊家駱主編：《新校本魏書附西魏書》（臺北市：鼎文書局，民國69年），頁1381～1399。另參見《北史·李彪列傳》，引自唐·李延壽撰；楊家駱主編：《新校本北史并附編三種》（臺北市：鼎文書局，民國69年），頁1452～1467。

〔註279〕參見《北史·張普惠列傳》，引自唐·李延壽撰；楊家駱主編：《新校本北史并附編三種》（臺北市：鼎文書局，民國69年），頁1689～1698。

〔註280〕參見《魏書·儒林列傳·徐遵明》，引自北齊·魏收撰；《西魏書》；清·謝啓昆撰；楊家駱主編：《新校本魏書附西魏書》（臺北市：鼎文書局，民國69年），頁1855。另參見《北史·儒林列傳上·徐遵明》，引自唐·李延壽撰；楊家駱主編：《新校本北史并附編三種》（臺北市：鼎文書局，民國69年），頁2720。

必持經執疏，然後敷陳，其學徒至今浸以成俗。遵明講學於外二十

餘年，海內莫不宗仰。〔註281〕

可知徐遵明除著作之外，另有傳授之功。李鉉、熊安生皆受其學。

（五十八）馮元興（生卒年不詳）

柳氏引《魏書本傳》：「學通《禮》、《傳》，頗有文才。」〔註282〕

巧儀案：柳氏據《魏書・馮元興列傳》稱馮元興通曉《禮》、《傳》，將其列為
《穀梁》經師。據《魏書・馮元興列傳》：

馮元興，字子盛，……因就中山張吾貴、常山房虯學，通《禮》、《傳》，

頗有文才。年二十三，還鄉教授，常數百人。〔註283〕

可知其傳授世系為：「張吾貴—馮元興」。

（五十九）劉獻之（生卒年不詳）

柳氏引《魏書本傳》：「撰《三禮大義》四卷，《三傳略例》三卷」〔註284〕

柳氏謂：「《北史》同。」

巧儀案：柳氏據《魏書・儒林列傳・劉獻之》稱劉獻之撰寫《三傳略例》三
卷，將其列為《穀梁》經師。據《魏書・儒林列傳・劉獻之》：

劉獻之，博陵饒陽人也。少而孤貧，雅好《詩》、《傳》，曾受業於勃

海程玄，後遂博觀眾籍。……獻之善《春秋》、《毛詩》，每講《左氏》，

盡隱公八年便止，云義例已了，不復須解。由是弟子不能究竟其

〔註281〕 參見《魏書・儒林列傳・徐遵明》，引自北齊・魏收撰；《西魏書》；清・謝啓
昆撰；楊家駱主編：《新校本魏書附西魏書》（臺北市：鼎文書局，民國 69
年），頁 1855。另參見《北史・儒林列傳上・徐遵明》引自唐・李延壽撰；
楊家駱主編：《新校本北史并附編三種》（臺北市：鼎文書局，民國 69 年），
頁 2720。

〔註282〕 參見《魏書・馮元興列傳》，引自北齊・魏收撰；《西魏書》；清・謝啓昆撰；
楊家駱主編：《新校本魏書附西魏書》（臺北市：鼎文書局，民國 69 年），頁
1760。

〔註283〕 參見《魏書・馮元興列傳》，引自北齊・魏收撰；《西魏書》；清・謝啓昆撰；
楊家駱主編：《新校本魏書附西魏書》（臺北市：鼎文書局，民國 69 年），頁
1760。

〔註284〕 參見《魏書・儒林列傳・劉獻之》，引自北齊・魏收撰；《西魏書》；清・謝啓
昆撰；楊家駱主編：《新校本魏書附西魏書》（臺北市：鼎文書局，民國 69
年），頁 1849、1850。另參見《北史・儒林列傳上・劉獻之》，引自唐・李延
壽撰；楊家駱主編：《新校本北史并附編三種》（臺北市：鼎文書局，民國 69
年），頁 2713、2714。

説。……時中山張吾貴與獻之齊名，海內皆曰儒宗。……〔註285〕
劉獻之嘗受業於程玄，可知其傳授世系爲：「程玄─劉獻之」。

（六十）程玄（生卒年不詳）、孫惠蔚（452～518）

柳氏引《魏書儒林傳》：「孫惠蔚師程玄讀《禮經》及《春秋》三《傳》。」
〔註286〕柳氏謂：「《北史儒林傳》同。劉獻之受業於渤海程玄。」

巧儀案：柳氏據《魏書》、《北史》稱孫惠蔚跟程玄學《禮經》和《春秋》三傳，將二人列爲《穀梁》經師。

柳氏又以劉獻之亦受業於程玄。可知其傳授世系爲：「程玄─孫惠蔚」；「程玄─劉獻之」。

（六十二）劉蘭（生卒年不詳）

柳氏引《魏書本傳》：「蘭讀《左氏》，五日一遍，兼通五經。」〔註287〕

巧儀案：柳氏據《魏書》稱劉蘭兼通五經，將其列爲《穀梁》經師。

（六十三）馮偉（生卒年不詳）

柳氏引《北齊書本傳》：「多所通解，尤明《禮》、《傳》。」〔註288〕柳氏謂：「《北史》同。」

巧儀案：柳氏據《北齊書·儒林列傳·馮偉》稱馮偉特別精通《禮》、《傳》，將其列爲《穀梁》經師。據《北齊書·儒林列傳·馮偉》：

> 馮偉，字偉節，中山安喜人也。……少從李寶鼎（李鉉）遊學，
> 李重其聰敏，恒別意試問之。多所通解，尤明《禮》、《傳》。後還
> 鄉里，閉門不出將三十年，不問生產，不交賓客，專精覃思，無

〔註285〕 參見《魏書·儒林列傳·劉獻之》，引自北齊·魏收撰：《西魏書》；清·謝啓昆撰；楊家駱主編：《新校本魏書附西魏書》（臺北市：鼎文書局，民國 69 年），頁 1849、1850。另參見《北史·儒林列傳上·劉獻之》，引自唐·李延壽撰；楊家駱主編：《新校本北史并附編三種》（臺北市：鼎文書局，民國 69 年），頁 2713、2714。

〔註286〕 參見《魏書·儒林列傳·孫惠蔚》，引自北齊·魏收撰：《西魏書》；清·謝啓昆撰；楊家駱主編：《新校本魏書附西魏書》（臺北市：鼎文書局，民國 69 年），頁 1852～1854。

〔註287〕 參見《魏書·儒林列傳·劉蘭》，引自北齊·魏收撰：《西魏書》；清·謝啓昆撰；楊家駱主編：《新校本魏書附西魏書》（臺北市：鼎文書局，民國 69 年），頁 1851、1852。

〔註288〕 參見《北齊書·儒林列傳·馮偉》，引自唐·李百藥撰；楊家駱主編：《新校本北齊書》（臺北市：鼎文書局，民國 69 年），頁 587、588。

所不通。〔註289〕

馮偉少從李鉉遊學，而精通《禮》、《傳》。可知其傳授世系爲：「李鉉—馮偉」。

（六十四）顏之推（531～？）

柳氏引《北齊書本傳》：「之推早傳家業。還習《禮》、《傳》。」〔註290〕
柳氏謂：「《北史》同。」

巧儀案：柳氏據《北齊書·文苑列傳·顏之推》稱顏之推不喜愛虛談，研習
《禮》、《傳》，將其列爲《穀梁》經師。

（六十五）張雕武〔註291〕（？～573）

柳氏引《北齊書本傳》：「徧通五經，尤明三《傳》。」〔註292〕柳氏謂：「《北
史》同。」

巧儀案：柳氏據《北齊書·儒林列傳·張雕》稱張雕虎特別精通三《傳》，將
其列爲《穀梁》經師。

（六十六）李鉉（生卒年不詳）

1、《北齊書本傳》：「鉉，字寶鼎，渤海南皮人也。以鄉里無可師者，遂與
州里楊元懿、河間宗惠振等結侶詣大儒徐遵明受業。居徐門下五年，常稱高第。
二十三，便自潛居，討論是非，撰定《孝經》、《論語》、《毛詩》、《三禮義疏》
及《三傳異同》、《周易義例》，合三十餘卷。用心精苦（《傳序》〔註293〕云：《公
羊》、《穀梁》二傳，學者多不措懷）。」〔註294〕

〔註289〕參見《北齊書·儒林列傳·馮偉》，引自唐·李百藥撰；楊家駱主編：《新校
本北齊書》（臺北市：鼎文書局，民國69年），頁587、588。

〔註290〕參見《北齊書·文苑列傳·顏之推》，引自唐·李百藥撰；楊家駱主編：《新
校本北齊書》（臺北市：鼎文書局，民國69年），頁617、618。

〔註291〕《北史》作「張彫武」，序作「張彫」；《北齊書·後主紀》補武平四年十月作
「張彫虎」，《通志·齊本紀》作「張雕虎」。其人本名雕虎，「彫」通用，《北
齊書》和《北史》避唐諱或去「虎」字，或改「虎」作「武」。其作「彫虎」
者後人所改。

〔註292〕參見《北齊書·儒林列傳·張雕》，引自唐·李百藥撰；楊家駱主編：《新校
本北齊書》（臺北市：鼎文書局，民國69年），頁594。另參見參見《北史·
儒林列傳上·張彫武》，引自唐·李延壽撰；楊家駱主編：《新校本北史并附
編三種》（臺北市：鼎文書局，民國69年），頁2734。

〔註293〕柳氏此《傳序》爲《北齊書·儒林列傳·序》。

〔註294〕參見《北齊書·儒林列傳·李鉉》，引自唐·李百藥撰；楊家駱主編：《新校
本北齊書》（臺北市：鼎文書局，民國69年），頁584、585。

2、〈舊唐志〉:「《春秋二傳異同》十一卷(李鉉撰)。」〔註295〕

3、〈新唐志〉:「李鉉《春秋二傳異同》十二卷。」〔註296〕

4、《冊府》(六百六):「北齊李鉉爲國子博士,撰《三傳異同例》若干卷。」〔註297〕

5、《經義考》云:「佚。」〔註298〕

巧儀案:柳氏據《北齊書》及《舊唐書‧經籍志》、《新唐書‧藝文志》、《冊府元龜》、《經義考》著錄其撰有《春秋二傳異同》,將其列爲《穀梁》經師。據《北齊書‧儒林列傳‧李鉉》

　　……年二十七,歸養二親,因教授鄉里,生徒恒至數百。燕、趙間

　　能言經者,多出其門。〔註299〕

李鉉除著作之外,尚有傳授《穀梁》之功。另據《通志‧藝文略》著錄可證其李鉉作有《春秋二傳異同》。

(六十七)鮑長暄(生卒年不詳)

柳氏引《北齊書鮑季詳傳》:「從弟長暄,兼通《禮》、《傳》。」〔註300〕柳氏謂:「《北史》同。」

巧儀案:柳氏據《北齊書‧儒林列傳‧鮑季詳》稱鮑長暄同時通曉《禮》、《傳》,將其列爲《穀梁》經師。

(六十八)孫靈暉、孫萬壽(生卒年俱不詳)

柳氏引《北齊書本傳》:「三《禮》及三《傳》皆通宗旨。」又云:「子萬壽,博涉羣書,《禮》、《傳》俱通大義。」〔註301〕柳氏謂:「《北史》同。」

〔註295〕參見《舊唐書‧藝文志》,引自後晉‧劉昫撰;楊家駱主編:《新校本舊唐書附索引》(臺北市:鼎文書局,民國70年),頁1978。

〔註296〕參見《新唐書‧藝文志》,引自宋‧歐陽修、宋祈撰;楊家駱主編:《新校本新唐書附索引》(臺北市:鼎文書局,民國70年),頁1439。

〔註297〕參見《冊府元龜‧學較部十‧六百六‧注釋二》,北宋:王欽若等編:《冊府元龜》(北京:中華書局,1994年),頁7275。

〔註298〕參見清‧朱彝尊:《經義考‧春秋八》卷一百七十五(臺北市:中央研究院中國文哲研究所,民國88年4月初版),頁665。

〔註299〕參見《北齊書‧儒林列傳‧李鉉》,引自唐‧李百藥撰;楊家駱主編:《新校本北齊書》(臺北市:鼎文書局,民國69年),頁584、585。

〔註300〕參見《北齊書‧儒林列傳‧鮑季詳》,引自唐‧李百藥撰;楊家駱主編:《新校本北齊書》(臺北市:鼎文書局,民國69年),頁588。

〔註301〕參見《北齊書‧儒林列傳‧孫靈暉》,引自唐‧李百藥撰;楊家駱主編:《新校本北齊書》(臺北市:鼎文書局,民國69年),頁596。

巧儀案：柳氏據《北齊書・儒林列傳・孫靈暉》稱孫靈暉能夠通曉三《禮》及三《傳》的旨趣，將其列爲《穀梁》經師。據《北齊書・儒林列傳・孫靈暉》：

> ……唯尋討惠蔚手錄章疏，不求師友。三《禮》及三《傳》皆通宗旨，然就鮑季詳、熊安生質問疑滯，其所發明，熊、鮑無以異也。……

〔註302〕

雖史傳中謂其「不求師友」，據其尋孫惠蔚「手錄章疏」，可知其三傳承自孫惠蔚。

柳氏引《北齊書・儒林列傳・孫靈暉》亦稱孫萬壽能夠通曉《禮》、《傳》的大義，將其列爲《穀梁》經師。孫萬壽當從其父學，然據《隋書・文學列傳・孫萬壽》：

> ……萬壽年十四，就阜城熊安生受五經，略通大義，兼博涉子史。

〔註303〕

孫萬壽亦從熊安生受五經。可知其傳授世系爲：「孫靈暉—孫萬壽」；「陳達—熊安生—孫萬壽」。

（七十）張奉禮（生卒年不詳）

柳氏引《北史儒林傳》：「長樂張奉禮，善三《傳》。」〔註304〕

巧儀案：柳氏據《北史・儒林列傳上・張思伯》稱張奉禮擅長三《傳》，將其列爲《穀梁》經師。

（七十一）陳達（生卒年不詳）、熊安生（499～580）

柳氏引《北周書・儒林傳》：「安生初從陳達受三《傳》，又從房虬受《周禮》，並通大義」〔註305〕柳氏謂：「《北史》同。」

巧儀案：柳氏據《北周書・儒林傳》《北史儒林傳》稱熊安生跟從陳達學習《春秋》三《傳》，將其列爲《穀梁》經師。據《北史・儒林列傳下・熊安生》：

〔註302〕 參見《北齊書・儒林列傳・孫靈暉》，引自唐・李百藥撰：楊家駱主編：《新校本北齊書》（臺北市：鼎文書局，民國69年），頁596。

〔註303〕 參見《隋書・文學列傳・孫萬壽》，引自唐・魏徵等撰：楊家駱主編：《新校本隋書附索引》（臺北市：鼎文書局，民國69年），頁1735。

〔註304〕 參見《北史・儒林列傳上・張思伯、張奉禮》，引自唐・李延壽撰：楊家駱主編：《新校本北史并附編三種》（臺北市：鼎文書局，民國69年），頁2734。

〔註305〕 參見《周書・儒林列傳・熊安生》，引自唐・令狐德棻等撰：楊家駱主編：《新校本周書附索引》（臺北市：鼎文書局，民國69年），頁812～822。

熊安生，字植之，長樂阜城人也。少好學，勵精不倦。從陳達受
三《傳》，從房虬受《周禮》，事徐遵明，服膺歷年，後受《禮》
於李寶鼎，遂博通五經……安生既學爲儒宗，嘗受其業，擅名於
後者，有馬榮伯、張黑奴、竇士榮、孔籠、劉焯、劉炫等，皆其
門人焉……〔註306〕

可知其傳授世系爲：「陳達─熊安生─劉焯」；「陳達─熊安生─劉炫」。

（七十三）庾信（513～581）

1、《御覽》（百四十七）：引庾信《穀梁注》凡七條。

2、柳氏案：「《北史》、《北周書》信本傳稱其『博覽羣書，尤善《春秋左氏傳》』不言注《穀梁》，《御覽》所引，疑「麋信」之訛。」〔註307〕

巧儀案：柳氏謂雖《太平御覽》引庾信《穀梁注》，然考諸史傳，庾信善《春秋左氏傳》，未言嘗注釋《穀梁》，故柳興恩雖將「庾信」之名列於《穀梁》經師，然懷疑其或爲「麋信」之訛誤。據《北史·文苑列傳·庾信》：

庾信，字子山，南陽新野人。祖易、父肩吾，並南史有傳。……信
幼而俊邁，聰敏絕倫，博覽羣書，尤善《春秋左氏傳》。身長八尺，
腰帶十圍，容止頹然，有過人者。〔註308〕

庾信確實善《春秋左氏傳》，無其通《穀梁傳》之證。

（七十四）房暉遠（生卒年不詳）

柳氏引《隋書本傳》：「明三《禮》、《春秋》三傳。」柳氏謂：「《北史》同。」

巧儀案：柳氏據《隋書本傳》稱房暉遠通曉《春秋》三《傳》，將其列爲《穀梁》經師。據《北史·儒林列傳下·房暉遠》：

房暉遠，字崇儒，恒山眞定人也。世傳儒學。暉遠幼有志行，明三
《禮》、《春秋》三《傳》、《詩》、《書》、《周易》，兼善圖緯。恒以教
授爲務，遠方負笈而從者，動以千計。〔註309〕

〔註306〕參見《北史·儒林列傳下·熊安生》，引自唐·李延壽撰：楊家駱主編：《新校本北史并附編三種》（臺北市：鼎文書局，民國69年），頁2742～2745。

〔註307〕參見清·柳興恩：《穀梁大義述·述經師》（影印《皇清經解續編卷》九百八十九南菁書院本），頁195。

〔註308〕參見《北史·文苑列傳·庾信》，引自唐·李延壽撰；楊家駱主編：《新校本北史并附編三種》（臺北市：鼎文書局，民國69年），頁2793。

〔註309〕參見《北史·儒林列傳下·房暉遠》，引自唐·李延壽撰；楊家駱主編：《新

可知房暉遠尚有傳授之功。

（七十五）杜臺卿（生卒年不詳）

柳氏引《冊府》（七百六十七）：「杜臺卿，字少山，博陵曲陽人也。周武帝平齊歸於鄉里，以《禮記》、《春秋》教授弟子。」〔註310〕

巧儀案：柳氏據《冊府元龜》稱杜臺卿講述傳授《禮記》、《春秋》，將其列為《穀梁》經師。據《隋書・杜臺卿列傳》：

> 杜臺卿，字少山，博陵曲陽人也。父弼，齊衛尉卿。臺卿少好學，博覽書記，解屬文。仕齊奉朝請，歷司空西閤祭酒、司徒戶曹、著作郎、中書黃門侍郎。性儒素，每以雅道自居。及周武帝平齊，歸于鄉里，以《禮記》、《春秋》講授子弟。〔註311〕

除《冊府元龜》，《隋書》亦可證其傳授《春秋》。

（七十六）郎茂（生卒年不詳）

柳氏引《隋書本傳》：「就國子助教長樂張奉禮受三《傳》羣言，至忘寢食。」〔註312〕柳氏謂：「《北史》同。」

巧儀案：柳氏據《隋書・郎茂列傳》稱郎茂向國子助教長樂的張奉禮學習三《傳》羣言，將其列為《穀梁》經師。可知其傳授世系為：「張奉禮—郎茂」。

（七十七）劉焯（544～610）

柳氏引《隋書本傳》：「著《五經述議》，行於世。」〔註313〕

巧儀案：柳氏據《隋書・儒林列傳・劉焯》稱劉焯撰寫《五經述議》，流行於當時，將其列為《穀梁》經師。據《隋書・儒林列傳・劉焯》：

> 劉焯，字士元，信都昌亭人也。……少與河間劉炫結盟為友，同受

校本北史并附編三種》（臺北市：鼎文書局，民國69年），頁2760。另可參見《隋書・儒林列傳・房暉遠》，引自唐・魏徵等撰：楊家駱主編：《新校本隋書附索引》（臺北市：鼎文書局，民國69年），頁1716。

〔註310〕參見《冊府元龜・總錄部十八・卷七百六十七・儒學二》，北宋：王欽若等編：《冊府元龜》（北京：中華書局，1994年），頁9125。

〔註311〕參見《隋書・杜臺卿列傳》，引自唐・魏徵等撰：楊家駱主編：《新校本隋書附索引》（臺北市：鼎文書局，民國69年），頁1421。

〔註312〕參見《隋書・郎茂列傳》，引自唐・魏徵等撰：楊家駱主編：《新校本隋書附索引》（臺北市：鼎文書局，民國69年），頁1554～1556。

〔註313〕參見《隋書・儒林列傳・劉焯》，引自唐・魏徵等撰：楊家駱主編：《新校本隋書附索引》（臺北市：鼎文書局，民國69年），頁1718、1719。

《詩》於同郡劉軌思，受《左傳》於廣平郭懋當，問《禮》於阜城熊安生，皆不卒業而去。武強交津橋劉智海家素多墳籍，焯與炫就之讀書，向經十載，雖衣食不繼，晏如也。遂以儒學知名，爲州博士。……於是優遊鄉里，專以教授著述爲務，孜孜不倦。賈、馬、王、鄭所傳章句，多所是非。《九章算術》、《周髀》、《七曜曆書》十餘部，推步日月之經，量度山海之術，莫不究其根本，窮其祕奧。著《稽極》十卷、《曆書》十卷、《五經述議》，並行於世。劉炫聰明博學，名亞於焯，故時人稱二劉焉。天下名儒後進，質疑受業，不遠千里而至者，不可勝數。論者以爲數百年已來，博學通儒，無能出其右者。〔註314〕

劉焯除有五經相關著作外，其另有教授之功。亦可知其傳授世系爲：「熊安生—劉焯」、「熊安生—劉炫」。

（七十八）劉炫（543～613）

1、《隋書本傳》：「尚書韋世康問其所能。炫自爲狀曰：『《周禮》、《禮記》、《毛詩》、《尚書》、《公羊》、《左傳》、《孝經》、《論語》孔、鄭、王、何、服、杜等注，凡十三家，雖義有精粗，並堪講授。《周易》、《儀禮》、《穀梁》，用功差少。後除太學博士。著《春秋攻昧》十卷、《春秋述議》四十卷」〔註315〕

2、（莊二十有七年）《穀梁傳》衣裳之會十有一，兵車之會四。楊《疏》引先師劉炫云（據稱先師，知士勛爲炫之弟子）：「貫與陽穀，並非管仲之功，何得去貫而數陽穀也。若以葵丘之盟盟會異時而數爲二，則首戴之會亦可爲兩也。離會不數，鄆盟去公子結則唯有齊宋二國之會，安得數之。」（楊疏又云：「劉氏數洮會爲九。以數洮會爲九，兵車之會又少其一。故劉以傳誤解之，當云：兵車之會三。今案：此則劉炫專解《穀梁》說也。」）〔註316〕

巧儀案：柳氏據《隋書》稱劉炫撰有《春秋攻昧》、《春秋述議》，又楊士勛稱

〔註314〕參見《隋書・儒林列傳・劉焯》，引自唐・魏徵等撰：楊家駱主編：《新校本隋書附索引》（臺北市：鼎文書局，民國69年），頁1718、1719。

〔註315〕參見《隋書・儒林列傳・劉炫》，引自唐・魏徵等撰：楊家駱主編：《新校本隋書附索引》（臺北市：鼎文書局，民國69年），頁1719～1723。

〔註316〕此楊《疏》疏文節錄《莊公二十七年・春秋經》：「夏六月，公與齊侯、宋公、陳侯、鄭伯同盟于幽。」《穀梁傳》：「桓會不致，安之也。桓盟不日，信之也。信其信，仁其仁。」清・阮元校：《十三經注疏・穀梁傳》，（台北：藝文印書館，1981年，重刊宋本），頁62。

劉炫爲「先師劉炫」，將其列爲《穀梁》經師。

另據《隋書・經籍志》、《舊唐書・經籍志》、《新唐書・藝文志》、《通志・藝文略》著錄劉炫著有《春秋攻昧》、《春秋規過》。

（七十九）張文詡（生卒年不詳）

柳氏引《隋書本傳》：「其《周易》、《詩》、《書》及《春秋》三傳，並皆通習。」〔註317〕

巧儀案：柳氏據《隋書・隱逸列傳・張文詡》稱張文詡通曉研習《春秋》三《傳》，將其列爲《穀梁》經師。

（八十）顧彪（生卒年不詳）

柳氏引《隋書本傳》：「明《尚書》、《春秋》。」〔註318〕

巧儀案：柳氏據《隋書・儒林列傳・顧彪》稱顧彪明曉《春秋》，將其列爲《穀梁》經師。

小結

此晉代至隋代八十位經師依據其在《穀梁》學中之地位及貢獻，可約劃分爲三類：

一、以其撰有著作，列爲《穀梁》經師者。依其著作與《穀梁傳》關係之遠近，又可略分爲四：

（一）撰有《穀梁傳》專著者：共有范甯《春秋穀梁傳》（取范邵、范泰、范雍、范凱解）、《穀梁釋例》、范邵、范泰、范雍、范凱、薄叔玄《問穀梁義》、李軌《穀梁音》、徐邈《春秋穀梁傳》、《春秋穀梁傳義》、《答春秋穀梁義》、張靖《春秋穀梁傳》、箋《春秋穀梁廢疾》、徐乾注《春秋穀梁傳》、胡訥《春秋穀梁傳》、《春秋三傳評》、《春秋集三傳經解》、程闡《春秋經傳集注》、孔衍《春秋穀梁傳》、《春秋穀梁傳指訓》、沈仲義《春秋穀梁經集解》、蕭邕《穀梁傳義》、劉芳《穀梁音》等十六人。

（二）著作爲《春秋》學範疇，兼及《穀梁傳》。依其內容與《穀梁傳》

〔註317〕參見《隋書・隱逸列傳・張文詡》，引自唐・魏徵等撰；楊家駱主編：《新校本隋書附索引》（臺北市：鼎文書局，民國69年），頁1760、1761。

〔註318〕參見《隋書・儒林列傳・顧彪》，引自唐・魏徵等撰；楊家駱主編：《新校本隋書附索引》（臺北市：鼎文書局，民國69年），頁1724。

關係之遠近，可約分為二：

1、其書雖佚，尚有資可考者：江熙《公羊穀梁二傳評》一人；

2、其書未見，但存其目，無可考者：共有李堯俞《三傳集義》、高重《春秋纂要》、劉兆《春秋公羊穀梁傳解詁》、《春秋三家集解》、《春秋左氏全綜》、《春秋調人》、氾毓《春秋釋疑》、劉寔《春秋條例》、《集解春秋序》、王長文《春秋三傳》、聶熊注《穀梁春秋》、潘叔度《春秋經合三傳》、《春秋成奪》、蕭子懋《春秋例苑》、劉之遴《春秋大意》、《左氏》、《三傳同異》、沈宏《春秋五辯》、辛德源《春秋三傳集注》、李謐《春秋叢林》、李彪《春秋三傳合成》、徐遵明《春秋義章》、劉獻之《三傳略例》、李鉉《春秋二傳異同》、劉炫《春秋攻昧》、《春秋述議》等十八人。

（三）著作為經學範疇，兼及《穀梁傳》。依其內容與《穀梁傳》關係之遠近，可約分為二：

1、以《春秋》、三傳為目，引《穀梁》傳文、傳義說解，雖非《穀梁》專著，柳氏從寬取之，列為《穀梁》經師：共有房景先《五經疑問》、王神貴《五經辯疑》二人；

2、其書未見，但存其目，無可考者：共有楊方《五經鉤沈》、劉焯《五經述議》等二人。

（四）因故無從歸類者：

1、史傳（或文獻資料）中明言其注《穀梁傳》或《春秋》，然未見其書者：范共有隆《春秋三傳》、虞溥、郭琦、孔默之、沈麟十、梁武帝《春秋答問》、辛子馥等七人；

2、著錄於史志，然未詳其人者：孫氏一人；

二、以史傳（或文獻資料）明言其研讀、授受《春秋》兼及《穀梁傳》者。依史傳（或文獻資料）所載情形，約可分為二：

（一）史傳（或文獻資料）但言其通《春秋》，不得而知是否確為《穀梁》者：共有張普惠、劉蘭、杜臺卿、顧彪等四人；

（二）史傳（或文獻資料）言其明《春秋》三《傳》，不專指《穀梁》者：共有賀循、王接、董景明、王淮之、崔靈恩、沈文阿、馮元興、程玄、孫惠蔚、馮偉、顏之推、張雕武、鮑長暄、孫靈暉、孫萬壽、

張奉禮、陳達、熊安生、房暉遠、郎茂、張文詡等二十一人。

三、以《穀梁》傳義議論時事者，共六人，依其議題可約分爲二：

　　（一）論禮制：范汪、蔡謨（論諸《穀梁傳》中所涉之禮）；秦秀（以《穀
　　　　梁傳》義議論賈充事）；

　　（二）論傳義：鄭嗣（說解被記載於范甯注解之中）；

　　（三）論學官：荀崧（上疏於晉元帝，請立《穀梁傳》爲學官）、陸澄（與
　　　　王儉論當立何種《穀梁傳》注解於學官）。

四、不當列爲《穀梁》經師者：共有干寶《春秋義函傳》、庾信（書中明引其
　　注《穀梁》文字，然實未治《穀梁》）等二人。

　　晉代的學者，大多秉承東漢學風，以《左傳》爲主，兼通三傳。晉代最
重要的《穀梁》學者爲范甯。范甯《春秋穀梁傳集解·序》：「《左氏》則有服
（虔）、杜（預）之注，《公羊》則有何（休）、嚴（彭祖）之訓。釋《穀梁》
者雖近十家，皆膚淺末學，不經師匠。」〔註319〕三傳中，《左傳》有杜預注、
服虔注，《公羊傳》有何休注，而注《穀梁傳》雖有將近十家，然而卻沒有比
較好的注本。《晉書·范汪傳》：「甯以《春秋穀梁氏》未有善釋，遂沈思積年，
爲之集解。其義精審，爲世所重。既而徐邈復爲之注，世亦稱之。」〔註320〕
以此，范甯作《春秋穀梁傳集解》。

　　依楊士勛《春秋穀梁傳注疏·序》：「魏晉以來，注者有尹更始、唐固、
麋信、孔演（衍）、江熙、程闡、徐仙民（邈）、徐乾、劉瑤（兆）、胡訥之。」
〔註321〕除尹更始與劉向同爲西漢時人外，其餘九人皆爲魏晉以來注《穀梁傳》
學者。而與范甯同時的徐邈，其所注《穀梁傳》見重於時，南朝宋的陸澄與
王儉，就徐邈注與范甯注討論，當立何者於學官，後王儉立徐邈注《穀梁傳》
爲學官。

　　《北史·儒林傳》：「大抵南北所爲章句，好尚互有不同。江左，《周易》
則王輔嗣，《尚書》則孔安國，《左傳》則杜元凱。河洛，《左傳》則服子慎，
《尚書》、《周易》則鄭康成。《詩》則並主於毛公，《禮》則同遵於鄭氏。南

〔註319〕參見清·阮元校：《十三經注疏·穀梁傳》（台北：藝文印書館，1981年，重
　　刊宋本），頁7。

〔註320〕參見《晉書·范汪列傳》，引自唐·房玄齡等撰；楊家駱主編：《新校本晉書
　　並附編六種》（臺北市：鼎文書局，民國69年），頁1982～1990。

〔註321〕參見清·阮元校：《十三經注疏·穀梁傳》（台北：藝文印書館，1981年，重
　　刊宋本），頁7。

人約簡，得其英華；北學深蕪，窮其枝葉。考其終始，要其會歸，其立身成名，殊方同致矣。」〔註322〕南北朝時經學分立，雖南學從杜預注；北學從服虔注，然遵《左傳》則一。《隋書·經籍志》：「至隋，杜氏盛行，服義及《公羊》、《穀梁》浸微，今殆無師說。」〔註323〕到了隋代，以南學統一北學，而《左傳》則以杜預注解大爲流行。唐代初，服虔注及《公羊》、《穀梁》二傳衰微，幾乎沒有人研習傳授了。

〔註322〕參見《北史·儒林傳》，引自唐·李延壽撰；楊家駱主編：《新校本北史并附編三種》（臺北市：鼎文書局，民國 69 年，《中國學術類編》），頁 2703～2709。

〔註323〕參見《隋書·經籍志》，引自唐·魏徵等撰；楊家駱主編：《新校本隋書附索引》（臺北市：鼎文書局，民國 69 年，《中國學術類編》），頁 934。

第參章 《穀梁》之傳授源流
——唐代至元代

第一節 唐代《穀梁》學者及《穀梁》學傳授

唐代《穀梁》經師列於《穀梁大義述》卷十七，依《穀梁大義述‧述經師》目次，共錄有陸德明、劉鉉等三十六位經師。

柳興恩收錄的依據有史傳（《新唐書》）、史志（《舊唐書‧藝文志》、《新唐書‧藝文志》、《宋史‧藝文志》）、歷代圖書敘錄（《直齋書錄解題》、《經典釋文敘錄》、《郡齋讀書志》、《崇文總目》、《通志藝文略》、《四庫全書總目》、《經義考》、《冊府元龜》、《唐會要》）。

現依《穀梁大義述‧述經師》目次，一一敘明此三十六位《穀梁》經師。

（一）陸德明（約550～630）

1、《書錄解題》：「著三傳《釋文》八卷。」〔註1〕

2、《釋文‧敘錄》：「《公羊》用何休注、《穀梁》用范甯注，二《傳》近代無講者，恐其學遂絕，故爲音以示將來。」〔註2〕

巧儀案：柳氏據《書錄解題》以陸德明著有《經典釋文》爲《穀梁》經師。陸德明《經典釋文‧敘錄》自言，其《穀梁傳》用范甯注本，因當代無人傳述，恐其學滅絕，以示將來。據《舊唐書‧儒學列傳上‧陸德明》：

〔註1〕 參見宋‧陳振孫：《直齋書錄解題》，《叢書集成續編》本，頁384。
〔註2〕 參見唐‧陸德明：《經典釋文‧敘錄》，《叢書集成續編》本，頁467。

陸德明，蘇州吳人也。……撰《經典釋文》三十卷、《老子疏》十五

卷、《易疏》二十卷，並行於世。〔註3〕

證陸德明所著《經典釋文》流行於當世，另據《舊唐書・經籍志・經解類》、
《新唐書・藝文志・經解類》、《宋史・藝文志・經解類》並著錄陸德明撰有
《經典釋文》；《宋史・藝文志・春秋類》著錄其撰有《三傳釋文》；《通志・
藝文略・音》著錄其撰《穀梁音》一卷。可知柳氏以陸德明為《穀梁》經師，
確有其根據。

（二）劉鎔（生卒年不詳）

柳氏引《唐志》、《經義考》：「著《經典集音》三十卷。」〔註4〕

巧儀案：柳氏據《唐志》、《經義考》以劉鎔著有《經典集音》為《穀梁》經
師。據《新唐書・藝文志・經解類》以劉鎔撰有《經典集音》三十卷。可知
柳氏以劉鎔為《穀梁》經師，確有其根據。

（三）馬周（601～648）

柳氏引《冊府》：「馬周，少孤貧，好讀書，尤明《詩》、《傳》。」〔註5〕

巧儀案：柳氏據《冊府元龜》以馬周通曉《詩》、《傳》為《穀梁》經師。據
《新唐書・馬周列傳》：

馬周字賓王，博州茌平人。少孤，家窶狹。嗜學，善《詩》、《春秋》。

〔註6〕

證馬周通曉《春秋》，然並無明確證據可以證明此《春秋》是否即為《穀梁傳》。
可知柳興恩乃從寬取之。

〔註3〕 參見《舊唐書・儒學列傳上・陸德明》，引自後晉・劉昫撰；楊家駱主編：《新
校本舊唐書附索引》（臺北市：鼎文書局，民國70年），頁4944、4945。

〔註4〕 參見《新唐書・藝文志》，引自宋・歐陽修、宋祁撰；楊家駱主編：《新校本
新唐書附索引》（臺北市：鼎文書局，民國70年），頁1445。清・朱彝尊：《經
義考・群經三》卷二百四十一（臺北市：中央研究院中國文哲研究所，民國
88年4月初版），頁350。

〔註5〕 參見《冊府元龜・卷七百七十二・總錄部二十二・志節》北宋：王欽若等編：
《冊府元龜》（北京：中華書局，1994年），頁9184。

〔註6〕 參見《新唐書・馬周列傳》，引自宋・歐陽修、宋祁撰；楊家駱主編：《新校
本新唐書附索引》（臺北市：鼎文書局，民國70年），頁3894～3902。另，《舊
唐書・馬周列傳》：「馬周字賓王，清河茌平人也。少孤貧好學，尤精《詩》、
《傳》。」，引自後晉・劉昫撰；楊家駱主編：《新校本舊唐書附索引》（臺北
市：鼎文書局，民國70年），頁2612。與《冊府元龜》之說相同。

（四）于志甯（588～665）

1、《新唐書》：「衡山公主既公除，將下嫁長孫氏。志甯以爲：「禮，女十五而筓，二十而嫁，有故，二十三而嫁，固知遇喪須終三年。《春秋》：魯莊公如齊納幣，母喪未再期而圖婚，二家不譏，以其失禮明也。今議者云『公除從吉』，此漢文創制，爲天下百姓耳。公主身服斬衰，服可以例除，情不可以例改。心喪成婚，非人情所忍。』於是詔公主待服除乃婚。」〔註7〕

2、柳氏案：「二家者，《公羊》、《穀梁》二傳也。二傳但譏公親納幣，所謂失禮明也。《左氏》無傳，故不據之。」〔註8〕

巧儀案：柳氏據《新唐書·于志甯列傳》以于志甯用《春秋》事議論永徽二年（651）衡山公主除喪服，下嫁長孫氏事爲《穀梁》經師。

《莊公二十一年·春秋經》：「秋，七月戊戌，夫人姜氏薨。」〔註9〕

《莊公二十二年·春秋經》：「癸丑，葬我小君文姜。」《公羊傳》：「文姜者何？莊公之母也。」〔註10〕

《莊公二十二年·春秋經》：「冬，公如齊納幣」。《穀梁傳》：「納幣，大夫之事也。禮有納采、有問名、有納徵、有告期，四者備而後娶禮也。公之親納幣非禮也，故譏之。」〔註11〕《公羊傳》：「納幣不書，此何以書？譏。何譏爾？親納幣非禮也。」

魯莊公親納幣事，《公羊傳》、《穀梁傳》皆譏其親納幣非禮。于志甯以爲之所以未明言譏喪娶，實乃其意甚明矣。

于志甯雖未有《穀梁》著作，亦無傳授之名，然其用《穀梁》義議論時事，可知柳氏以其爲《穀梁》經師，確有其根據。

（五）蓋文達（578～644）

〔註7〕 參見《新唐書·于志寧列傳》，引自宋·歐陽修、宋祈撰；楊家駱主編：《新校本新唐書附索引》（臺北市：鼎文書局，民國70年），頁4003～4010。

〔註8〕 參見清·柳興恩，《穀梁大義述·述經師》（臺北市：藝文印書館，民國54年）《皇清經解續編》南菁書院本，頁11210。

〔註9〕 參見清·阮元校：《十三經注疏·穀梁傳》（台北：藝文印書館，1981年，重刊宋本），頁57。

〔註10〕 參見清·阮元校：《十三經注疏·公羊傳》（台北：藝文印書館，1981年，重刊宋本），頁98。

〔註11〕 參見清·阮元校：《十三經注疏·穀梁傳》（台北：藝文印書館，1981年，重刊宋本），頁58。清·阮元校：《十三經注疏·公羊傳》（台北：藝文印書館，1981年，重刊宋本），頁98。

柳氏引《新唐書·儒學傳》：「蓋文達，冀州信都人。博涉前載，尤明《春秋》三家。」〔註12〕

巧儀案：柳氏據《新唐書》以蓋文達通曉《春秋》三家。爲《穀梁》經師。據《舊唐書·儒學列傳上·蓋文達》：

> 蓋文達，冀州信都人也。博涉經史，尤明三《傳》。〔註13〕

可知蓋文達所學廣泛，涉及經、史，尤其通曉《春秋三傳》。可知柳興恩乃從寬取之，但凡所學涉及《穀梁》，即列爲《穀梁》經師。

（六）宇文籍（生卒年不詳）

柳氏引《新唐書·儒學傳》：「宇文籍字夏龜。少好學，尤通《春秋》。」〔註14〕

巧儀案：柳氏據《新唐書·儒學傳》以宇文籍精通《春秋》爲《穀梁》經師。

然並無明確證據可以證明此《春秋》是否即爲《穀梁傳》。可知柳興恩乃從寬取之。

（七）秦暐（生卒年不詳）

柳氏引《冊府》：「秦暐字仁先，晉陵無錫人，明《尚書》、《春秋》，以講授爲務。」〔註15〕

巧儀案：柳氏據《冊府元龜》以秦暐通曉並傳授《春秋》爲《穀梁》經師。然並無明確證據可以證明此《春秋》是否即爲《穀梁傳》。可知柳興恩乃從寬取之。

（八）楊士勛（生卒年不詳）

1、柳氏引〈新唐志〉、〈舊唐志〉、《宋志》、《讀書志》、《書錄解題》、《崇文總目》、《通志·藝文略》、《四庫總目》、《經義考》：「著《穀梁疏》十二卷。」〔註16〕

〔註12〕 參見《新唐書·儒學列傳上·蓋文達》，引自宋·歐陽修、宋祈撰；楊家駱主編：《新校本新唐書附索引》（臺北市：鼎文書局，民國70年），頁5651。

〔註13〕 參見《舊唐書·儒學列傳上·蓋文達》，引自後晉·劉昫撰；楊家駱主編：《新校本舊唐書附索引》（臺北市：鼎文書局，民國70年），頁4951。

〔註14〕 經查考，《新唐書》無宇文籍列傳，可參見《舊唐書·儒學列傳上·宇文籍》，引自後晉·劉昫撰；楊家駱主編：《新校本舊唐書附索引》（臺北市：鼎文書局，民國70年），頁4209。

〔註15〕 參見《冊府元龜·卷五百九十八·學較部二·教授》北宋·王欽若等編：《冊府元龜》（北京：中華書局，1994年），頁7189。

〔註16〕 參見《新唐書·藝文志》，引自宋·歐陽修、宋祈撰；楊家駱主編：《新校本

2、柳氏案：「僖二十有七年『同盟於幽』《疏》引『先師劉炫』，則士勛者，劉光伯之徒也。」〔註17〕

巧儀案：柳氏據〈新唐志〉、〈舊唐志〉、《宋志》、《讀書志》、《書錄解題》、《崇文總目》、《通志・藝文略》、《四庫總目》、《經義考》以楊士勛著有《穀梁疏》爲《穀梁》經師。並以楊士勛從隋代劉炫學《春秋》，可知其傳授世系爲：「劉炫—楊士勛」，可見其學術傳授痕跡。可知柳氏以楊士勛爲《穀梁》經師，確有其根據。

（九）王彥威（生卒年不詳）

柳氏引《新唐書》：「王彥威，其先出太原。少孤，自力於學。舉明經甲科，拜博士。憲宗以正月崩，有司議葬用十二月下宿，彥威建言：「天子之葬七月，《春秋》之義：『志崩不志葬，必其時也。』舉天下葬一人，故過期不葬則譏之。」〔註18〕

巧儀案：柳氏據《新唐書・王彥威列傳》以王彥威用《春秋》義議葬肅宗事爲《穀梁》經師。

《莊公三年・春秋經》：「五月，葬桓王。」《穀梁傳》：「天子志崩不志葬，必其時也。何必焉？舉天下而葬一人，其義不疑也。志葬故也，危不得葬也。曰不失崩，不志崩，失天下也。」〔註19〕

據《新唐書・王彥威列傳》：

新唐書附索引》（臺北市：鼎文書局，民國70年），頁1440。《舊唐書・藝文志》，引自後晉・劉昫撰；楊家駱主編：《新校本舊唐書附索引》（臺北市：鼎文書局，民國70年），頁1979。《宋史・藝文志》，引自元・脫脫等撰，楊家駱主編：《新校本宋史并附編三種》（臺北市：鼎文書局，民國69年），頁5057。宋・鄭樵：《通志・藝文略》（臺北市：臺灣商務印書館，民國76年），頁759。宋・陳振孫：《直齋書錄解題》，《叢書集成續編》本，頁384。宋・王堯臣等編：《崇文總目》，《叢書集成續編》本，頁519。清・永瑢等編撰：《四庫全書總目提要》（上海市：商務印書館，民國22年），頁518、519。清・朱彝尊：《經義考・春秋九》卷一百七十六（臺北市：中央研究院中國文哲研究所，民國88年4月初版），頁680、681。

〔註17〕參見清・柳興恩，《穀梁大義述・述經師》（臺北市：藝文印書館，民國54年）《皇清經解續編》南菁書院本，頁11210。

〔註18〕參見《新唐書・王彥威列傳》，引自宋・歐陽修、宋祈撰；楊家駱主編：《新校本新唐書附索引》（臺北市：鼎文書局，民國70年），頁5056。

〔註19〕參見清・阮元校：《十三經注疏・穀梁傳》（台北：藝文印書館，1981年，重刊宋本），頁46、47。

憲宗以正月崩，有司議葬用十二月下宿，彥威建言：「天子之葬七
月，《春秋》之義，志崩不志葬，必其時也。舉天下葬一人，故過
期不葬則譏之。高祖、中宗葬皆六月，太宗四月，高宗九月，睿、
代二宗皆五月，德宗十月，順宗七月，惟玄、肅二宗皆十二月，有
爲爲之，非常典也。且葬畢而虞，虞而卒哭，卒哭而祔，皆卜日。
今葬卜歲暮，則畢祔在明年正月，是改元慶賜皆廢矣。」有詔更用
五月。〔註20〕

唐憲宗於正月逝世，有司建議於十二月埋葬，王彥威舉《春秋》「天子之葬七
月」，並列舉唐朝歷代先君埋葬的時間，多非七月而葬，然皆有其緣由，實非
常法。且天子埋葬後要舉行虞祭，虞祭結束要卒哭，卒哭後便要將神主遷入
太廟。若於十二月埋葬，則要到明年正月方能將神主遷入太廟。如此改元便
要取消。唐穆宗下詔改爲五月埋葬。

　　王彥威雖未有《穀梁》著作，亦無傳授之名，然其用《穀梁》義議論葬
肅宗事，可知柳氏以其爲《穀梁》經師，確有其根據。

（十）韓滉（723～787）

　　柳氏引〈新唐志〉、《冊府》、《經義考》：「著《春秋通例》一卷。」〔註21〕
巧儀案：柳氏據〈新唐志〉、《冊府》、《經義考》以韓滉撰有《春秋通例》爲
《穀梁》經師。據《舊唐書·韓滉列傳》：

　　韓滉字太沖，太子少師休之子也。……好《易》象及《春秋》，著《春
　　秋通例》及《天文事序議》各一卷。〔註22〕

據《舊唐書》，韓滉確撰有《春秋通例》。然查考《新唐書·藝文志》、《通志·
藝文略》，發覺韓滉所撰爲《春秋通》，非《春秋通例》，可知柳氏以其爲《穀
梁》經師，確有其根據。

〔註20〕 參見《新唐書·王彥威列傳》，引自宋·歐陽修、宋祈撰；楊家駱主編：《新
校本新唐書附索引》（臺北市：鼎文書局，民國70年），頁5056。

〔註21〕 參見《新唐書·藝文志》，引自宋·歐陽修、宋祈撰；楊家駱主編：《新校本
新唐書附索引》（臺北市：鼎文書局，民國70年），頁1441。《冊府元龜·卷
六百六·學較部十·注釋二》北宋·王欽若等編：《冊府元龜》（北京：中華
書局，1994年），頁7277。清·朱彝尊：《經義考·春秋十》卷一百七十七（臺
北市：中央研究院中國文哲研究所，民國88年4月初版），頁703、704。

〔註22〕 參見《舊唐書·韓滉列傳》，引自後晉·劉昫撰；楊家駱主編：《新校本舊唐
書附索引》（臺北市：鼎文書局，民國70年），頁3599。

（十一）馬光極（生卒年不詳）

柳氏引《宋志》、《經義考》：「著《九經釋難》五卷。」〔註23〕

巧儀案：柳氏據《宋志》、《經義考》以馬光極撰有《九經釋難》爲《穀梁》經師。《九經》中有《穀梁傳》，可知柳興恩乃從寬取之，其著作中涉及《穀梁》者，即列爲《穀梁》經師。

（十二）柳璞（生卒年不詳）

柳氏引《新唐書》：「柳璞著《春秋三氏異同義》。」〔註24〕

巧儀案：柳氏據《新唐書》以柳璞撰有《春秋三氏異同義》爲《穀梁》經師。「三氏」中當有《穀梁傳》，可知柳興恩乃從寬取之，其著作中涉及《穀梁》者，即列爲《穀梁》經師。

（十三）李元瓘（生卒年不詳）

柳氏引《冊府》：「唐李元瓘爲國子司業。開元八年三月，上言：『三《禮》、三《傳》及《毛詩》、《尚書》、《周易》等，竝聖賢微旨。《周禮》經邦之軌，則《儀禮》莊敬之楷模，《公羊》、《穀梁》歷代宗習。今兩監及州縣，以獨學無友，四經殆絕。既事資訓誘，不可因循，其學生望請各量配作業，並貢人預試之日，習《周禮》、《儀禮》、《公羊》、《穀梁》，竝請帖十通五，許其入策，以此開勸。即望四海均習，九經該備。』從之。」〔註25〕

巧儀案：柳氏據《冊府》以李元瓘建議爲了避免《周禮》、《儀禮》、《公羊》、《穀梁》四經殆絕，請求明經考試增加四經爲《穀梁》經師。

（十四）歸崇敬（712～799）

柳氏引《新唐書》：「時皇太子欲臨國學行齒冑禮，崇敬建議：『近世明經，不課其義，先取帖經，顓門廢業，傳受義絕。請以《禮記》、《左氏春秋》爲大經，《周官》、《儀禮》、《毛詩》爲中經，《尚書》、《周易》爲小經，各置博士一員。《公羊》、《穀梁春秋》共準一中經，通置博士一員。』有詔尚書省集

〔註23〕　參見《宋史・藝文志》，引自元・脫脫等撰，楊家駱主編：《新校本宋史并附編三種》（臺北市：鼎文書局，民國69年），頁5070。清・朱彝尊《經義考・群經三》卷二百四十一（臺北市：中央研究院中國文哲研究所，民國88年4月初版），頁350。

〔註24〕　參見《新唐書・柳璞列傳》，引自宋・歐陽修、宋祈撰；楊家駱主編：《新校本新唐書附索引》（臺北市：鼎文書局，民國70年），頁5019～5031。

〔註25〕　參見清・柳興恩，《穀梁大義述・述長編》（臺北市：藝文印書館，民國54年）《皇清經解續編》南菁書院本，頁11302。

百官議。皆以習俗久，制度難分明，故無施行者。」〔註26〕

巧儀案：柳氏據《新唐書‧歸崇敬列傳》以歸崇敬建議設置《禮記》、《左氏春秋》、《周官》、《儀禮》、《毛詩》、《尚書》、《周易》、《公羊春秋》、《穀梁春秋》博士為《穀梁》經師。

歸崇敬雖未有《穀梁》著作，亦無傳授之名，然其用《穀梁》義議論時事，可知柳氏以其為《穀梁》經師，確有其根據。

（十五）李適（生卒年不詳）

柳氏引《新唐書》：「著《九經要句》。」〔註27〕

巧儀案：柳氏據《新唐書》以李適撰有《九經要句》為《穀梁》經師。《新唐書‧文藝列傳中‧李適》：

> 李適，字子至，京兆萬年人。……嘗夢與人論大衍數，寤而曰：「吾壽盡此乎！」……及未病時，衣冠往寢石榻上，置所譔《九經要句》及素琴于前，士貴其達。〔註28〕

證李適撰有《九經要句》，《九經》中有《穀梁傳》，可知柳興恩乃從寬取之，其著作中涉及《穀梁》者，即列為《穀梁》經師。

（十六）熊執易（生卒年不詳）

柳氏引《經義考》：「著《九經化統》五百卷。」〔註29〕

巧儀案：柳氏據《經義考》以熊執易撰有《九經化統》為《穀梁》經師。《九經》中有《穀梁傳》，可知柳興恩乃從寬取之，其著作中涉及《穀梁》者，即列為《穀梁》經師。

〔註26〕 參見清‧柳興恩，《穀梁大義述‧述長編》（臺北市：藝文印書館，民國54年）《皇清經解續編》南菁書院本，頁11302。另可參見《新唐書‧歸崇敬列傳》，引自宋‧歐陽修、宋祈撰；楊家駱主編：《新校本新唐書附索引》（臺北市：鼎文書局，民國70年），頁5035～5040。

〔註27〕 參見《新唐書‧文藝列傳中‧李適》，引自宋‧歐陽修、宋祈撰；楊家駱主編：《新校本新唐書附索引》（臺北市：鼎文書局，民國70年），頁5747～5752。

〔註28〕 參見《新唐書‧文藝列傳中‧李適》，引自宋‧歐陽修、宋祈撰；楊家駱主編：《新校本新唐書附索引》（臺北市：鼎文書局，民國70年），頁5747～5752。《舊唐書‧文苑列傳中‧李適》：「李適者，雍州萬年人。」，引自後晉‧劉昫撰；楊家駱主編：《新校本舊唐書附索引》（臺北市：鼎文書局，民國70年），頁5026。

〔註29〕 參見清‧朱彝尊：《經義考‧群經三》卷二百四十一（臺北市：中央研究院中國文哲研究所，民國88年4月初版），頁338、339。

（十七）張參（生卒年不詳）

柳氏引《唐志》、《經義考》：「張參著《五經文字》三卷。」〔註30〕

巧儀案：柳氏據《唐志》、《經義考》以張參撰有《五經文字》爲《穀梁》經師。

可知柳興恩乃從寬取之，其著作中涉及《穀梁》者，即列爲《穀梁》經師。

（十八）唐玄度（生卒年不詳）

柳氏引《唐志》、《經義考》：「唐玄度著《九經字樣》一卷。」〔註31〕

巧儀案：柳氏據《唐志》、《經義考》以唐玄度撰有《九經字樣》爲《穀梁》經師。然經查考兩《唐志》，俱無「唐玄度」，亦無「九經字樣」，未知柳興恩所據《唐志》版本爲何。《九經》中有《穀梁傳》，可知柳興恩乃從寬取之，其著作中涉及《穀梁》者，即列爲《穀梁》經師。

（十九）啖助（724～770）　啖異　趙匡　陸質（？～806）　竇羣（763～814）　徐溫（呂溫）（772～811）

1、《新唐書·儒學傳》：「啖助，字叔佐，趙州人，後徙關中。淹該經術。天寶末，調臨海尉、丹陽主簿，秩滿屏居，甘足疏糗。善爲《春秋》，考三家短長，縫漏闕，號集傳，凡十年乃成，復攝其綱條，爲例統。　助門人趙匡、陸質，其高第也。助卒，年四十七。質與其子異衰錄助所爲《春秋集註總例》，請匡損益，質纂會之，號《纂例》。匡者，字伯循，河東人，歷洋州刺史，質所稱爲趙夫子者。」〔註32〕

巧儀案：柳氏據《新唐書·儒學傳》以啖助博通經術，擅長《春秋》，考證《左氏》、《穀梁》、《公羊》三家的短處與長處，補漏填缺，撰著《集傳》爲《穀梁》經師；再據《新唐書·儒學傳》以陸質和啖助之子啖異彙整著錄啖助所著的《春秋集註總例》，請趙匡進行增刪，陸質再加纂集，爲《纂例》。將啖異、趙匡、陸質列爲《穀梁》經師；再據《新唐書》以竇羣傳啖助《春秋》

〔註30〕參見清·朱彝尊：《經義考·群經三》卷二百四十一（臺北市：中央研究院中國文哲研究所，民國88年4月初版），頁339～342。

〔註31〕參見清·朱彝尊：《經義考·群經三》卷二百四十一（臺北市：中央研究院中國文哲研究所，民國88年4月初版），頁342～344。

〔註32〕參見《新唐書·儒學列傳下·啖助》，引自宋·歐陽修、宋祈撰；楊家駱主編：《新校本新唐書附索引》（臺北市：鼎文書局，民國70年），頁5705～5707。

學爲《穀梁》經師；徐溫因從陸質研究《春秋》，故亦列爲《穀梁》經師。　　據《新唐書・陸質列傳》：

> 陸質，字伯沖。七代祖澄，仕梁爲名儒。世居吳。明《春秋》，師事
> 趙匡，匡師啖助，質盡傳二家學。〔註33〕

可知陸質從趙匡學習《春秋》，而趙匡從啖助學習《春秋》，而陸質對啖助、趙匡的學問皆能傳授。

2、《新唐書》：「竇羣，字丹列，京兆金城人。從盧庇傳啖助《春秋》學，著書數十篇。」〔註34〕

巧儀案：據《舊唐書・竇羣列傳》：

> 竇羣字丹列，扶風平陵人。……學《春秋》於啖助之門人盧庇者。
>
> 〔註35〕

可知竇羣從啖助門人盧庇學習《春秋》，所學的自然是啖助的《春秋》學。

3、《新唐書》：「從陸質治《春秋》。」〔註36〕

巧儀案：據柳興恩《穀梁大義述・述經師》，「竇羣」後有「徐溫」者，且謂其「從陸質治《春秋》。」然經細查，《新唐書》中並無從陸質治《春秋》的「徐溫」。《新唐書・列傳八十七》爲「徐呂孟劉陽潘崔韋列傳」，所收的第一位傳主爲「徐浩」，第九位傳主爲「呂渭」，呂渭的第一子爲「呂溫」，而「呂溫」：「溫，字和叔，一字化光，從陸質治《春秋》。」許是柳興恩於檢索《新唐書》時，不察「溫」爲「呂渭」之子，而誤將「徐浩」之姓冠於「溫」之上。

綜上所述，可知其傳授世系爲：「啖助—啖異」、「啖助—趙匡—陸質—呂溫」、「啖助—盧庇—竇羣」，可見其學術傳授痕跡。可知柳氏以啖助、啖異、

〔註33〕 參見《新唐書・陸質列傳》，引自宋・歐陽修、宋祈撰；楊家駱主編：《新校本新唐書附索引》（臺北市：鼎文書局，民國70年），頁5127、5128。另據《舊唐書・儒學列傳下・陸質》：「陸質，吳郡人，本名淳，避憲宗名改之。」引自後晉・劉昫撰；楊家駱主編：《新校本舊唐書附索引》（臺北市：鼎文書局，民國70年），頁4977。可知陸質本名「陸淳」，因避諱唐憲宗「李淳」而改爲陸質。

〔註34〕 參見《新唐書・竇羣列傳》，引自宋・歐陽修、宋祈撰；楊家駱主編：《新校本新唐書附索引》（臺北市：鼎文書局，民國70年），頁5243、5244。

〔註35〕 參見《舊唐書・竇羣列傳》，引自後晉・劉昫撰；楊家駱主編：《新校本舊唐書附索引》（臺北市：鼎文書局，民國70年），頁4120～4123。

〔註36〕 參見《新唐書・呂溫列傳》，引自宋・歐陽修、宋祈撰；楊家駱主編：《新校本新唐書附索引》（臺北市：鼎文書局，民國70年），頁4967。

趙匡、陸質、竇羣、呂溫爲《穀梁》經師，確有其根據。

（二十五）樊宗師（生卒年不詳）

柳氏引《唐志》：「著《春秋集傳》一卷、《春秋加減》一卷。」〔註37〕
巧儀案：柳氏據《新唐書·藝文志》以樊宗師撰有《春秋集傳》、《春秋加減》
爲《穀梁》經師。

（二十六）李巽（747～809）

柳氏引《冊府》：「唐鄭珣瑜爲相卒，諡『文獻』。兵部侍郎李巽駁曰：『夫
舉典之道，信其道不信其邪，《春秋》大旨也。則兩字之諡，非《春秋》之正
也。』」〔註38〕
巧儀案：柳氏據《冊府元龜》以李巽用《穀梁》「信其道不信其邪」義議鄭珣
瑜之諡號爲《穀梁》經師。

《春秋·隱公元年經》：「元年，春王，正月。」《穀梁傳》：「《春秋》貴
義而不貴惠，信道而不信邪。」〔註39〕

可知柳興恩所引《冊府元龜》「信其道不信其邪，《春秋》大旨也。」出
自《穀梁傳》。

據《新唐書·鄭珣瑜列傳》：

> 鄭珣瑜，字元伯，鄭州滎澤人……亦曾有疾，數月卒，年六十八，
> 贈尚書左僕射。太常博士徐復諡「文獻」，兵部侍郎李巽言：「文者，
> 經緯天地。用二諡，非《春秋》之正，請更議。」復謂：「二諡，周、
> 漢以來有之。威烈、愼靜，周也；文終、文成，漢也。況珣瑜名臣，
> 二諡不嫌。」巽曰：「諡一，正也，堯、舜是也。二諡，非古也，法
> 所不載。」詔從復議。〔註40〕

鄭珣瑜卒，當時的太常博士徐復一開始給鄭珣瑜起的諡號叫「文獻」，兵部侍
郎李巽認爲用兩個宇作諡號，不符合《春秋》本意，希望能重新起一個。徐

〔註37〕 參見《新唐書·藝文志》，引自宋·歐陽修、宋祈撰：楊家駱主編：《新校本
新唐書附索引》（臺北市：鼎文書局，民國70年），頁1441。

〔註38〕 參見《冊府元龜·卷五百九十六·掌禮部三十四·諡法二》北宋：王欽若等
編：《冊府元龜》（北京：中華書局，1994年），頁7138。

〔註39〕 參見清·阮元校：《十三經注疏·穀梁傳》（台北：藝文印書館，1981年，重
刊宋本），頁9。

〔註40〕 參見《新唐書·鄭珣瑜列傳》，引自宋·歐陽修、宋祈撰：楊家駱主編：《新
校本新唐書附索引》（臺北市：鼎文書局，民國70年），頁5064。

復以自周、漢以來就有用兩個字作諡號的情況。而李巽以爲諡號用一個字，是古時的本意，用兩個字作諡號，便不符合古意，亦不記載在諡法之中。最後皇帝採納徐復的建議。

李巽雖未有《穀梁》著作，亦無傳授之名，然其用《穀梁》義議論時事，可知柳氏以李巽爲《穀梁》經師，確有其根據。

（二十七）馬伉（馮伉）（744～809）

柳氏引《新唐書・藝文志》、《唐會要》、《經義考》：「著《三傳異同》三卷。」〔註41〕

巧儀案：柳氏據《新唐書・藝文志》、《唐會要》、《經義考》以馬伉撰有《三傳異同》爲《穀梁》經師。據《舊唐書・儒學列傳下・馮伉》：

> 馮伉，本魏州元城人。父玠，後家于京兆。少有經學。……著《三傳異同》三卷。〔註42〕

據《舊唐書》可知當爲「馮伉」，可能是柳興恩撰寫《穀梁大義述》即筆誤；亦有可能是後來編纂《續編皇清經解》時，負責傳抄的人筆誤；亦有可能是當時由柳氏所提供的資料，字跡本就湮滅不清，導致「馮伉」變成「馬伉」。證馮伉確撰有《三傳異同》，可知柳氏以馮伉爲《穀梁》經師，確有其根據。

（二十八）劉蕡〔註43〕（？～848）

1、《新唐書》（百七十八）：劉蕡，字去華，幽州昌平人，客梁、汴間。明《春秋》，能言古興亡事。文宗太和二年，舉賢良方正，能直言極諫。對策曰：

> （1）〔註44〕謹按《春秋》：「元者，氣之始也；春者，歲之始也。」《春

〔註41〕 參見《新唐書・藝文志》，引自宋・歐陽修、宋祈撰：楊家駱主編：《新校本新唐書附索引》（臺北市：鼎文書局，民國70年），頁1441。宋・王溥撰：《唐會要・卷三十六・修撰》，《叢書集成新編》本，頁245。清・朱彝尊：《經義考・春秋十》卷一百七十七（臺北市：中央研究院中國文哲研究所，民國88年4月初版），頁705。

〔註42〕 參見《舊唐書・儒學列傳下・馮伉》，引自後晉・劉昫撰：楊家駱主編：《新校本舊唐書附索引》（臺北市：鼎文書局，民國70年），頁4978。

〔註43〕 劉蕡對策引《春秋》共十二處，柳興恩於下注曰「此《穀梁》說」、「明引《穀梁傳》」等，故於此處分別將劉蕡對策所引《春秋》與其相對應之《穀梁傳》傳文羅列，並一一分析劉蕡於其對策中是如何用《穀梁》義議論當時宦官勢大，禍亂朝綱之事。

〔註44〕 此處序號非柳興恩原文，爲筆者以方便敘述而另加之。

秋》以元加於歲，以春加於王，明王者當奉若天道，以謹其始也。又舉時以終歲，舉月以終時，《春秋》雖無事，必書首月以存時，明王者當奉若天道，以謹其終也（謹案此兼《公》、《穀》兩家）。

（2）夫繼故不書即位〔註45〕，所以正其始也；終必書所終之地，所以正其終也。故爲君者，所發必正言，所履必正道，所居必正位，所近必正人。

（3）《春秋》「闇弒吳子餘祭」，書其名。譏疏遠賢士，昵近刑人，有不君之道（此《穀梁》說）。

（4）《春秋》，魯定公元年春王不言正月者，以爲其先君不得正其終，則後君不得正其始，故曰定無正也（此《穀梁》說）。

（5）「王札子殺召伯、毛伯」。《春秋》之義，兩下相殺不書。此書者，重其顓王命也（此《穀梁》說）。

（6）晉趙鞅以晉陽之兵叛入于晉。書其歸者，能逐君側惡以安其君，故《春秋》善之（此非《穀梁》之說）。

（7）晉狐射姑殺陽處父。書襄公殺之者，以其君漏言也。襄公不能固陰重之機，處父所以及殘賊之禍，故春秋非之。夫上漏其情則下不敢盡意；上泄其事則下不敢盡言。故《傳》有「造膝」「詭辭」之文（此明引《穀梁傳》）。

（8）《春秋》書「梁亡」，不書取者，梁自亡也，以其思慮昏而耳目塞，上出惡政，人爲寇盜，皆不知其所以，以自取其滅亡也（此《穀梁》說）。

（9）《春秋》，魯僖公一年之中，三書不雨者，以其人君有恤人之志也；文公三年之中，一書不雨者，以其人君有閔人之心也（此《穀梁》說。）。

（10）《春秋》：「君人者，必時視人之所勤。人勤於力，則功築罕；人勤於財，則貢賦少；人勤於食，則百事廢（此《穀梁》莊二十九年傳文）。」

（11）「臧孫辰告糴于齊」，《春秋》譏其國無九年之蓄，一年不登而百姓饑（此《穀梁》莊二十八年傳）。

（12）齊桓公盟諸侯不日，而葵丘之盟特以日者，美其能壹明天子之禁，率奉王官之法，故《春秋》備而書之（此《穀梁》說）。〔註46〕

2、柳氏案：「贄之對策所以規切其時事，而所引《春秋》多《穀梁》說，

〔註45〕柳氏所引劉贄對策與今本《新唐書》文字不同者，共十有四處，今表列之，參見附錄：《《穀梁大義述》與《新唐書》引劉贄對策文字相異表》

〔註46〕參見《新唐書·劉贄列傳》，引自宋·歐陽修、宋祈撰；楊家駱主編：《新校本新唐書附索引》（臺北市：鼎文書局，民國70年），頁5293～5307。

則亦《穀梁》家也。」〔註47〕

巧儀案：柳氏據《新唐書》以劉蕡於對策中多舉《穀梁》，議論當時宦官專橫，恐危及社稷爲《穀梁》經師。

劉蕡此篇對策主要是在議論當時宦官過於專橫，以致禍亂朝綱、危及社稷。諷諫君王當近正人、舉賢士；遠刑人、廢佞幸。

劉蕡首先標明總綱：若君王希冀如同古代聖哲般治理天下，並不難達到，端看方法而已。若用對方法，則君王不必宵衣旰食，天下亦能達到大治。而劉蕡所提出的辦法即：君王當親近正人、舉用賢士；遠離刑人、廢黜佞幸。其次是分別說明爲何要舉用賢士，廢黜佞幸：

劉蕡以爲，若君王希冀如同古代聖哲般治理天下，並不難達到，端看方法而已。劉蕡舉「(1)《春秋》：『元者，氣之始也；春者，歲之始也。』《春秋》以元加於歲，以春加於王，明王者當奉若天道，以謹其始也。又舉時以終歲，舉月以終時，《春秋》雖無事，必書首月以存時，明王者當奉若天道，以謹其終也。」說明君王當敬奉天道，愼思力行，終始不懈。柳興恩謂「謹案此兼《公》、《穀》兩家。」據《隱公元年·春秋經》：「元年，春王，正月。」《公羊傳》：「元年者何？君之始年也。春者何？歲之始也。」〔註48〕發揮，將元冠於歲首，把春加於王，說明王者當奉若天道，以謹其始。據《隱公元年·春秋經》：「元年，春王，正月。」《穀梁傳》：「雖無事，必舉正月，謹始也。」〔註49〕發揮，舉月以終時，以謹其終也。謹其始、謹其終，二者實互爲相成。不謹其始，何以謹其終；不謹其終，遑論謹其始。

劉蕡以爲，若用對方法，則君王不必宵衣旰食，天下亦能達到大治。而劉蕡所提出的辦法即：君王當親近正人、舉用賢士；遠離刑人、廢黜佞幸。劉蕡舉「(2) 夫繼故不書即位，所以正其始也；終必書所終之地，所以正其終也。故爲君者，所發必正言，所履必正道，所居必正位，所近必正人。」說明君王應當發正言，履正道，居正位，近正人。據《桓公元年·春秋經》：「公即位」《穀梁傳》：「繼故不言即位，正也。繼故不言即位之爲正，何也？

〔註47〕參見清·柳興恩，《穀梁大義述·述經師》（臺北市：藝文印書館，民國54年）《皇清經解續編》南菁書院本，頁11211、11212。

〔註48〕參見清·阮元校：《十三經注疏·公羊傳》（台北：藝文印書館，1981年，重刊宋本），頁6。

〔註49〕參見清·阮元校：《十三經注疏·穀梁傳》（台北：藝文印書館，1981年，重刊宋本），頁9、10。

曰先君不以其道終，則子、弟不忍即位也。繼故而言即位，則是與聞乎弑也。繼故而言即位，是爲與聞乎弑，何也？曰先君不以其道終，已正即位之道而即位，是無恩於先君也。」〔註50〕《公羊傳》中亦有類似之義，《桓公元年·公羊傳》：「繼弑君不言即位。此其言即位何？如其意也。」然劉賁以「繼故不書即位，所以正其始也」，此義同於《穀梁傳》，《穀梁》即位之例，是包含《春秋》大義。不言即位方爲正；言即位即無恩於先君，不爲《春秋》所稱。而《公羊傳》即位之說，則聚焦於後君爲即位而弑前君，故雖柳氏未明說此爲取何傳，然應爲《穀梁》說。

舉「（3）《春秋》『閽弑吳子餘祭』書其名，譏疏遠賢士，昵近刑人，有不君之道。」柳興恩謂「此《穀梁》說。」據《襄公二十九年·春秋經》：「閽弑吳子餘祭。」《穀梁傳》：「閽，門者也，寺人也。不稱名姓，閽不得齊於人。不稱其君，閽不得君其君也。禮：君不使無恥，不近刑人，不狎敵，不邇怨。賤人非所貴也，貴人非所刑也，刑人非所近也。舉至賤而加之吳子，吳子近刑人也。閽弑吳子餘祭，仇之也。」〔註51〕吳子以刑人爲閽，即信近之，近之則招殺身之禍。又，信近刑人則明其疏遠賢人。劉賁以此敘明親近宦官不是爲君之道，若親近宦官，則宦官權勢日益壯大；宦官權勢日盛，則君王被蒙蔽，百官被壓制，恐怕東漢末年的歷史會重新上演。

舉「（4）《春秋》，魯定公元年春王不言正月者，以爲其先君不得正其終，則後君不得正其始，故曰定無正也。」柳興恩謂「此《穀梁》說。」據《定公元年·春秋經》：「元年，春王。」《穀梁傳》：「不言正月，定無正也。定之無正何也？昭公之終非正終也，定之始非正始也。昭無正終，則定無正始。」〔註52〕劉賁藉此說若明先君不得正其終，則後君不得正其始。宦官掌握廢立大權，則社稷危矣。

舉「（5）『王札子殺召伯、毛伯』。《春秋》之義，兩下相殺不書。此書者，重其顯王命也。」柳興恩謂「此《穀梁》說。」據《宣公十五年·春秋經》：「王札子殺召伯、毛伯。」《穀梁傳》：「王札子者，當上之辭也。殺召柏、毛伯，

〔註50〕 參見清·阮元校：《十三經注疏·穀梁傳》（台北：藝文印書館，1981年，重刊宋本），頁28。

〔註51〕 參見清·阮元校：《十三經注疏·穀梁傳》（台北：藝文印書館，1981年，重刊宋本），頁161。

〔註52〕 參見清·阮元校：《十三經注疏·穀梁傳》（台北：藝文印書館，1981年，重刊宋本），頁187。

不言其何也？兩下相殺也。兩下相殺不志乎春秋，此其志何也？矯王命以殺之，非忿怒相殺也，故曰以王命殺也。以王命殺則何志焉？爲天下主者天也，繼天者君也，君之所存者命也。爲人臣者而侵其君之命而用之，是不臣也；爲人君而失其命，是不君也。君不君，臣不臣，此天下所以傾也。」〔註53〕劉蕡以此敘明天授命於君，若君操命而失，不君；若臣侵命而專，不臣。雖未明言，然如上所言，當是勸諫君王：若使奸佞專王命，則天下危矣。

舉「（6）晉趙鞅以晉陽之兵叛入于晉。書其歸者，能逐君側惡以安其君，故《春秋》善之。」柳興恩注：「此非《穀梁》之說。」據《定公十三年‧春秋經》：「晉趙鞅入于晉陽以叛。」又「晉趙鞅歸于晉。」《公羊傳》：「此叛也，其言歸何？以地正國也。其以地正國奈何？晉趙鞅取晉陽之甲以逐荀寅與士吉射。荀寅與士吉射者曷爲者也？君側之惡人也。曷爲以叛言之，無君命也。」〔註54〕《春秋》先書趙鞅叛晉，又言趙鞅歸晉。據《桓公十五年‧春秋經：「鄭世子忽復歸於鄭。」《公羊傳》言歸例：「復歸者，出惡歸無惡；復入者，出無惡入有惡；入者，出入惡；歸者，出入無惡。」〔註55〕以趙鞅爲例，其叛爲出惡，即使歸無惡，當書「復歸」，然《春秋》此處書《歸》者，明趙鞅出入俱無惡。《春秋》所以言叛，以其出無君命故。劉蕡據此說明現有爲首作亂者以安君爲名，舉兵者以逐惡爲義。若政令刑罰不由天子，則天下將亂矣。

舉「（7）晉狐射姑殺陽處父。書襄公殺之者，以其君漏言也。襄公不能固陰重之機，處父所以及殘賊之禍，故春秋非之。夫上漏其情則下不敢盡意；上泄其事則下不敢盡言。故《傳》有『造膝』『詭辭』之文。」柳興恩謂「此明引《穀梁傳》。」據《文公九年‧春秋經》：「晉殺其大夫陽處父。」《穀梁傳》：「稱國以殺，罪累上也。襄公已葬，其以累上之辭言之何也？君漏言也，上泄則下闇，下闇則上聾。且闇且聾，無以相通。射姑殺者也，射姑之殺奈何？曰晉將與敵戰，使狐射姑爲將軍，趙盾佐之。陽處父曰：『不可，古者君之使臣也，使仁者佐賢者，不使賢者佐仁者。今趙盾賢，射姑仁，其不可乎？』襄公曰：『諾。』謂夜姑曰：『吾始使盾佐女，今女佐盾矣。』射姑曰：『敬諾。』

〔註53〕 參見清‧阮元校：《十三經注疏‧穀梁傳》（台北：藝文印書館，1981年，重刊宋本），頁122。

〔註54〕 參見清‧阮元校：《十三經注疏‧公羊傳》（台北：藝文印書館，1981年，重刊宋本），頁333。

〔註55〕 參見清‧阮元校：《十三經注疏‧公羊傳》（台北：藝文印書館，1981年，重刊宋本），頁66。

襄公死，處父主竟上事，射姑使人殺之。君漏言也，故士造辟而言，詭辭而出。曰用我則可，不用我則無亂其德。」〔註56〕劉賁據此說明上漏其情，下不敢盡意；上洩其事，下不敢盡言。現在百官顧慮於進言若不被採納，則將有殺身之禍。君王當摒除狎褻之臣，使得賢臣得以任用。

舉「(8)《春秋》書『梁亡』，不書取者，梁自亡也，以其思慮昏而耳目塞，上出惡政，人為寇盜，皆不知其所以，以自取其滅亡也。」柳興恩謂「此《穀梁》說。」據《僖公十九年·春秋經》：「梁亡。」《穀梁傳》：「自亡也。涵於酒，淫於色，色昏耳目塞。上無正長之治，大臣背叛，民為寇盜。梁亡，自亡也。如加力役焉，涵不足道也。梁亡，鄭棄其師，我無加損焉，正名而已矣。梁亡，出惡正也。鄭棄其師，惡其長也。」〔註57〕劉賁藉此說明若國君思慮昏亂而耳目堵塞，上行惡政，民為寇道，卻不知其所以然，則將自取滅亡。君王當重社稷，若寵幸貴幸，則貪臣聚斂、奸吏弄法，官亂民貧，憂在旦夕。

在說明完為何要舉用賢士，廢黜佞幸，劉賁亦分別說明對於政事的具體措施：

舉「(9)《春秋》，魯僖公一年之中，三書不雨者，以其人君有恤人之志也；文公三年之中，一書不雨者，以其人君有閔人之心也。」柳興恩謂「此《穀梁》說。」

據《僖公二年·春秋經》：「冬，十月，不雨。」《穀梁傳》：「不雨者，勤雨也。」〔註58〕《僖公三年·春秋經》：「春王，正月，不雨。」《穀梁傳》：「不雨者，勤雨也。」〔註59〕《僖公三年·春秋經》：「夏，四月，不雨。」《穀梁傳》：「一時言不雨者，閔雨也。閔雨者，有志乎民者也。」〔註60〕《僖公三年·春秋經》：「六月，雨。」《穀梁傳》：「雨云者，喜雨也。喜雨者，有志乎

〔註56〕 參見清·阮元校：《十三經注疏·穀梁傳》（台北：藝文印書館，1981年，重刊宋本），頁101、102。

〔註57〕 參見清·阮元校：《十三經注疏·穀梁傳》（台北：藝文印書館，1981年，重刊宋本），頁88。

〔註58〕 參見清·阮元校：《十三經注疏·穀梁傳》（台北：藝文印書館，1981年，重刊宋本），頁71。

〔註59〕 參見清·阮元校：《十三經注疏·穀梁傳》（台北：藝文印書館，1981年，重刊宋本），頁71、72。

〔註60〕 參見清·阮元校：《十三經注疏·穀梁傳》（台北：藝文印書館，1981年，重刊宋本），頁72。

民者也。」〔註61〕《文公二年‧春秋經》：「自十有二月不雨至於秋七月。」《穀梁傳》：「歷時而言不雨，文不憂雨也。不憂雨者，無志乎民也。」〔註62〕可見自魯僖公二年十月至三年五月，七個月之中，三次記載不下雨，而《春秋》謂之僖公憐惜百姓。文公繼之於僖公，僖公為冬、春、夏，三次記錄不雨；文公自冬至秋，僅記錄一次，《春秋》以為文公無憐惜百姓之心。劉蕡舉此敘明若君王有憐惜百姓之心，就不會有成災之變。

　　舉「（10）《春秋》：『君人者，必時視人之所勤。人勤於力，則功築罕；人勤於財，則貢賦少；人勤於食，則百事廢。』」柳興恩謂「此《穀梁》莊二十九年傳文。」據《莊公二十九年‧春秋經》：「春，新延廄。」《穀梁傳》：「延廄者，法廄也。其言新，有故也。有故則何為書也？古之君人者，必時視民之所勤，民勤於力則功築罕；民勤於財則貢賦少；民勤於食則百事廢矣。冬築微，春新延廄，以其用民力為已悉矣。」〔註63〕劉蕡藉此敘明說明君王應停下過多的工事，播種就不會耽誤時機。

　　舉「（11）『臧孫辰告糴于齊』，《春秋》譏其國無九年之蓄，一年不登而百姓饑。」柳興恩謂「此《穀梁》莊二十八年傳。」據《莊公二十八年‧春秋經》：「臧孫辰告糴于齊。」《穀梁傳》：「國無三年之畜，曰國非其國也。一年不升，告糴諸侯。告，請也。糴，糴也。不正，故舉臧孫辰以為私行也。國無九年之畜，曰不足；無六年之畜，曰急；無三年之畜，曰國非其國也。諸侯無粟，諸侯相歸粟，正也。臧孫辰告糴於齊，告然後與之，言內之無外交也。古者稅什一，豐年補敗，不外求而上下皆足也。雖累凶年，民弗病也。一年不艾而百姓饑，君子非之。不言如，為內諱也。」〔註64〕劉蕡藉此說明君王應當使遊手好閒的人參與耕種，減省不必要的花費來贍養百姓。

　　舉「（12）齊桓公盟諸侯不日，而葵丘之盟特以日者，美其能壹明天子之禁，率奉王官之法，故《春秋》備而書之。」柳興恩謂「此《穀梁》說。」據《僖公九年‧春秋經》：「九月戊辰，諸侯盟于葵丘。」《穀梁傳》：「此何以

〔註61〕參見清‧阮元校：《十三經注疏‧穀梁傳》（台北：藝文印書館，1981年，重刊宋本），頁72。
〔註62〕參見清‧阮元校：《十三經注疏‧穀梁傳》（台北：藝文印書館，1981年，重刊宋本），頁99。
〔註63〕參見清‧阮元校：《十三經注疏‧穀梁傳》（台北：藝文印書館，1981年，重刊宋本），頁63。
〔註64〕參見清‧阮元校：《十三經注疏‧穀梁傳》（台北：藝文印書館，1981年，重刊宋本），頁62。

日？美之也。爲見天子之禁，故備之也。葵丘之會，陳牲而不殺，讀書加以牲上，壹明天子之禁。曰母雍泉、毋訖糴、毋易樹子、毋以妾爲妻、毋使婦人與國事。」〔註65〕劉蕡藉此說明君王應當理順文武之道，調節兵農之功，正貴賤名分，統內外法律。

於《新唐書》中，劉蕡僅有「明《春秋》」之名，而於其對策中所引《春秋》，除（1）爲《公羊傳》義、《穀梁傳》義並用；（6）用《公羊傳》義外，其餘皆爲《穀梁傳》義。其對策主要爲議論當時宦官專橫，禍亂朝綱，恐危及社稷之事。可知柳氏以其爲《穀梁》經師，確有其根據。

（二十九）劉軻（生卒年不詳）

柳氏引〈新唐志〉：「著《三傳指要》十五卷。」〔註66〕

巧儀案：柳氏據〈新唐志〉以劉軻撰有《三傳指要》爲《穀梁》經師。

另據《通志‧藝文略》亦證劉軻撰有《三傳旨要》。可知柳氏以其爲《穀梁》經師，確有其根據。

（三十）韋表微（生卒年不詳）

柳氏引〈新唐志〉：「著《九經師授譜》一卷、《春秋三傳總例》一卷。」

〔註67〕

巧儀案：柳氏據〈新唐志〉以韋表微撰有《九經師授譜》、《春秋三傳總例》爲《穀梁》經師。據《新唐書‧韋表微列傳》：

> 韋表微，字子明，隋鄖城公元禮七世孫。……尤好《春秋》，病諸儒執一概，是非紛然，著《三傳總例》，完會經趣。又以學者薄師道，不如聲樂賤工能尊其師，著《九經師授譜》詆其違。〔註68〕

《新唐書》可證韋表微撰有《九經師授譜》、《春秋三傳總例》，據《通志‧藝文略》亦證韋表微撰有《三傳總例》。可知柳氏以其爲《穀梁》經師，確有其根據。

〔註65〕參見清‧阮元校：《十三經注疏‧穀梁傳》（台北：藝文印書館，1981年，重刊宋本），頁79。

〔註66〕參見《新唐書‧藝文志》，引自宋‧歐陽修、宋祁撰：楊家駱主編：《新校本新唐書附索引》（臺北市：鼎文書局，民國70年），頁1441。

〔註67〕參見《新唐書‧藝文志》，引自宋‧歐陽修、宋祁撰：楊家駱主編：《新校本新唐書附索引》（臺北市：鼎文書局，民國70年），頁1445。

〔註68〕參見《新唐書‧韋表微列傳》，引自宋‧歐陽修、宋祁撰：楊家駱主編：《新校本新唐書附索引》（臺北市：鼎文書局，民國70年），頁5274。

（三十一）王元感（生卒年不詳）

柳氏引〈新唐志〉、《經義考》：「著《春秋振滯》二十卷」。〔註69〕

巧儀案：柳氏據〈新唐志〉、《經義考》以王元感撰有《春秋振滯》爲《穀梁》經師。據《新唐書・儒學列傳中・王元感》：

> 王元感，濮州鄄城人⋯⋯年雖老，讀書不廢夜。所撰《書糾謬》、《春秋振滯》、《禮繩愆》等凡數十百篇。〔註70〕

《新唐書》可證王元感撰有《春秋振滯》，另據《通志・藝文略》亦可證之。可知柳氏以其爲《穀梁》經師，確有其根據。

（三十二）高重（生卒年不詳）

柳興恩：「著《三傳指要》十五卷。」〔註71〕

巧儀案：柳氏以高重撰有《三傳指要》爲《穀梁》經師。柳氏雖未明言出處，然與本文「第二章第四節　晉代至隋代《穀梁》學者及《穀梁》學傳授（十三）李堯俞、高重」參照可知，此著有《三傳指要》的「高重」與彼著《春秋纂要》、《三傳旨要》的「高重」爲同一人。乃柳氏從寬取之，以高重爲《穀梁》經師。

（三十三）成玄（生卒年不詳）

柳氏引〈新唐志〉、《經義考》：「著《公穀總例》十卷。」〔註72〕

巧儀案：柳氏據〈新唐志〉、《經義考》以成玄撰有《公穀總例》爲《穀梁》經師。

另據《通志・藝文略》亦可證成玄撰有《公穀總例》。可知柳氏以其爲《穀梁》經師，確有其根據。

〔註69〕 參見《新唐書・藝文志》，引自宋・歐陽修、宋祈撰：楊家駱主編：《新校本新唐書附索引》（臺北市：鼎文書局，民國70年），頁1441。清・朱彝尊：《經義考・春秋九》卷一百七十六（臺北市：中央研究院中國文哲研究所，民國88年4月初版），頁683。

〔註70〕 參見《新唐書・儒學列傳中・王元感》，引自宋・歐陽修、宋祈撰；楊家駱主編：《新校本新唐書附索引》（臺北市：鼎文書局，民國70年），頁5666～5668。

〔註71〕 參見清・柳興恩，《穀梁大義述・述經師》（臺北市：藝文印書館，民國54年）《皇清經解續編》南菁書院本，頁11212。

〔註72〕 參見《新唐書・藝文志》，引自宋・歐陽修、宋祈撰；楊家駱主編：《新校本新唐書附索引》（臺北市：鼎文書局，民國70年），頁1441。清・朱彝尊：《經義考・春秋十》卷一百七十六（臺北市：中央研究院中國文哲研究所，民國88年4月初版），頁716。

（三十四）陸希聲（生卒年不詳）

柳氏引〈新唐志〉、《崇文總目》、《藝文略》：「著《春秋通例》三卷。」〔註73〕

巧儀案：柳氏據〈新唐志〉、《崇文總目》、《藝文略》以陸希聲撰有《春秋通例》爲《穀梁》經師。據《新唐書‧陸元方列傳》：

> 陸元方字希仲，蘇州吳人。……希聲博學善屬文，通《易》、《春秋》、《老子》，論著甚多。〔註74〕

於《新唐書》中，知陸希聲通曉《春秋》。另據《宋史‧藝文志》亦證陸希聲撰有《春秋通例》。可知柳氏以其爲《穀梁》經師，確有其根據。

（三十五）陳岳（生卒年不詳）

柳氏引〈新唐志〉、《崇文總目》、《讀書志》、《書錄解題》、《經義考》：「著《春秋折衷論》三十卷。」〔註75〕

巧儀案：柳氏據〈新唐志〉、《崇文總目》、《讀書志》、《書錄解題》、《經義考》以陳岳撰有《春秋折衷論》爲《穀梁》經師。

據《宋史‧藝文志》、《通志‧藝文略》亦證陳岳撰有《春秋折衷論》。可知柳氏以其爲《穀梁》經師，確有其根據。

（三十六）邱光庭

柳氏引《藝文略》、《宋志》、《經義考》：「著《兼明書》三卷。」〔註76〕

〔註73〕 參見《新唐書‧藝文志》，引自宋‧歐陽修、宋祈撰；楊家駱主編：《新校本新唐書附索引》（臺北市：鼎文書局，民國70年），頁1441。宋‧王堯臣等編：《崇文總目》，《叢書集成續編》本，頁520。清‧朱彝尊：《經義考‧春秋十》卷一百七十七（臺北市：中央研究院中國文哲研究所，民國88年4月初版），頁714、715。

〔註74〕 參見《新唐書‧陸元方列傳》，引自宋‧歐陽修、宋祈撰；楊家駱主編：《新校本新唐書附索引》（臺北市：鼎文書局，民國70年），頁4235～4240。

〔註75〕 參見《新唐書‧藝文志》，引自宋‧歐陽修、宋祈撰；楊家駱主編：《新校本新唐書附索引》（臺北市：鼎文書局，民國70年），頁1441。宋‧王堯臣等編：《崇文總目》，《叢書集成續編》本，頁520。宋‧晁公武：《郡齋讀書志》，《叢書集成續編》本，頁22。宋‧陳振孫：《直齋書錄解題》，《叢書集成續編》本，頁385。清‧朱彝尊：《經義考‧春秋十一》卷一百七十八（臺北市：中央研究院中國文哲研究所，民國88年4月初版），頁723～750。

〔註76〕 參見《宋史‧藝文志》，引自元‧脫脫等撰，楊家駱主編：《新校本宋史并附編三種》（臺北市：鼎文書局，民國69年），頁5070。清‧朱彝尊：《經義考‧群經三》卷二百四十一（臺北市：中央研究院中國文哲研究所，民國88年4

巧儀案：柳氏據《藝文略》、《宋志》、《經義考》以邱光庭撰有《兼明書》為《穀梁》經師。

小結

　　唐代此三十六位經師依據其在《穀梁》學中之地位及貢獻，可約劃分為三類：

一、以其撰有著作，列為《穀梁》經師者。依其著作與《穀梁傳》關係之遠近，又可略分為三：

　　（一）撰有《穀梁傳》專著者：楊士勛《春秋穀梁傳疏》一人；

　　（二）著作為《春秋》學範疇，兼及《穀梁傳》。依其內容與《穀梁傳》關係之遠近，可約分為四：

　　　　1、以《穀梁》別為一節，雖非《穀梁》專著，柳氏仍列為《穀梁》經師：陸德明《三傳釋文》一人；

　　　　2、引《穀梁》傳文、傳義說解，雖非《穀梁》專著，柳氏從寬取之，列為《穀梁》經師：共有啖助、啖異《春秋集傳》、趙匡《春秋闡微纂類義統》、陸質《集傳春秋纂例》、成玄《公穀總例》、邱光庭《兼明書》等六人；

　　　　3、其書雖佚，尚有資可考者：劉軻《三傳指要》一人；

　　　　4、其書未見，但存其目，無可考者：共有韓滉《春秋通例》、柳璞《春秋三氏異同義》、樊宗師《春秋集傳》、《春秋加減》、馮伉《三傳異同》、韋表微《三傳總例》、王元感《春秋振滯》、高重《春秋纂要》、陸希聲《春秋通例》、陳岳《春秋折衷論》等九人；

　　（三）著作為經學範疇，兼及《穀梁傳》。其書未見，但存其目，無可考者：共有劉鎔《經典集音》、馬光極《九經釋難》、李適《九經要句》、熊執易《九經化統》、張參《五經文字》、唐玄度《九經字樣》等六人。

二、以史傳（或文獻資料）明言其研讀、授受《春秋》兼及《穀梁傳》者。依史傳（或文獻資料）所載情形，約可分為二：

月初版），頁351。

（一）史傳（或文獻資料）但言其通《春秋》，不得而知是否確為《穀梁》
　　　者：共有馬周、宇文籍、秦暐、竇羣、呂溫等五人。

（二）史傳（或文獻資料）言其明《春秋》三《傳》，不專指《穀梁》者：
　　　蓋文達一人。

三、以《穀梁》傳義議論時事者，共六人，依其議題可略分為三：

（一）論禮制：于志甯以《春秋》義議衡山公主除喪服，下嫁長孫氏事、
　　　王彥成以《春秋》義議葬肅宗事、李巽以《春秋》義議鄭珣瑜之諡
　　　號；

（二）論博士：李元瓘建議明經考試增加四經（其中包含《穀梁》）、歸
　　　崇敬建議設置五經（其中包含《穀梁》）博士；

（三）論治國：劉蕡於對策中多舉《穀梁》，議論當時宦官專橫，恐危及
　　　社稷。

《舊唐書‧儒學列傳上》：

> 太宗又以經籍去聖久遠，文字多訛謬，詔前中書侍郎顏師古考定五
> 經，頒於天下，命學者習焉。又以儒學多門，章句繁雜，詔國子祭
> 酒孔穎達與諸儒撰定五經義疏，凡一百七十卷，名曰《五經正義》，
> 令天下傳習。〔註77〕

唐代初年，因自南北朝以來，說經者多自撰義疏，以致諸經注釋繁雜。唐太
宗因經書文字多有訛誤，詔令前中書侍郎顏師古考定《五經》，在國內頒行，
命令學生學習。〔註78〕以儒學門戶眾多，章句繁雜，詔令國子祭酒孔穎達與
諸儒寫定《五經》經義的解釋，共一百七十卷，名叫《五經正義》。命令全國
學習。

　　貞觀七年（633）頒新定五經，統一五經文本。《五經正義》正式頒行於
永徽四年（653）。進而統一五經經義。唐、宋取士皆以《五經正義》為標準，
此書影響不可謂不大。唐代的五經是指《易》、《詩》、《書》、《禮》、《春秋》。
而顏師古考定《春秋》所根據的底本，只有《左傳》。且由於孔穎達秉持「疏
不破注」的原則，以致《春秋正義》以杜預注解為尊。唐代科舉以九經取士，

〔註77〕參見《舊唐書‧儒學列傳上》，引自後晉‧劉昫撰；楊家駱主編：《新校本舊
　　　　唐書附索引》（臺北市：鼎文書局，民國70年，《中國學術類編》），頁4939
　　　　～4942。

〔註78〕唐代的五經是指《易》、《詩》、《書》、《禮》、《春秋》。《春秋》有三傳，而顏
　　　　師古所根據的底本，只有《左傳》。

因明經只考背誦，不重經義，故同爲大經的《左傳》因字數較《禮記》爲多，不受以考試目的而讀書的士子們所重。而《穀梁傳》雖同被列爲科舉考試科目之一，然實際上已經到了幾近廢絕的景況。

《春秋穀梁傳注疏》爲楊士勛以私人身份撰修，取范甯《集解》爲注，共二十卷。對於《穀梁》學的流傳，具有重大價值，爲現今研究《穀梁》學的主要著作，也是唐代義疏的代表作之一。於唐代經師中，最特殊的要屬劉蕡。其整篇對策共引十二條《穀梁》傳義議論國事，於整個唐朝中，屬絕無僅有。

中唐以後，啖助、趙匡、陸質一門開「捨傳求經」之風。啖助《春秋集傳》，集傳爲「集三傳之善」，對三傳加以通盤考察，決定去取，改變以往《春秋》學者專守一傳的傳統。此「擇善而從」，沒有「常師」的原則，開創逞臆說經的新風氣。此風一開，蔚爲時尚，唐代後來《春秋》學者多仿其著作。如：陳岳《春秋折衷論》，其對三傳作比較。於同一條經文，要找出三傳最貼切經旨的說法，摒棄不得其實的解說，此即所謂「折衷」；又，劉軻《三傳指要》，其對三傳之說加以權衡，去其粗疏，取其精華，去其訛誤，取其正解，然後繫之於經文之下。另有於方法上另闢蹊徑，欲統整三傳之例者。如：韋表微《春秋三傳總例》其自序言：「尤好《春秋》，病諸儒執一概，是非紛然。」又陸希聲《春秋通例》，《崇文總目》謂其「因三家之例，裁正其冗，以通《春秋》之旨。」而此風氣，導致了宋、元、明三代的「信經不信傳」之《春秋》學風，影響不可謂不大。

自啖助以降，以《春秋》爲名，內容引錄三傳，實際爲比較三傳者，不當錄其爲《穀梁》經師。然柳興恩撰寫〈述經師〉的目的，就是爲了述明《穀梁》學的傳授、但有一語涉及者皆輯錄之。此些著作確實引用《穀梁》傳文，且並非全然批駁，就此處觀之，將其列爲《穀梁》經師，確有柳興恩之道理。

第二節　宋代《穀梁》學者及《穀梁》學傳授

宋代《穀梁》經師列於《穀梁大義述》卷十八，依《穀梁大義述・述經師》目次，共錄有王晳、孫立節等六十九位經師。

柳興恩收錄的依據有史傳（《宋史》）、史志（《宋史・藝文志》）、歷代圖書敘錄（《直齋書錄解題》、《郡齋讀書志》、《崇文總目》、《通志藝文略》、《中興書目》、《玉海》、《四庫全書總目》、《經義考》、《澠水燕談錄》、《容齋三筆》、

《文獻通考》。

　　現依《穀梁大義述‧述經師》目次，一一敘明此六十九位《穀梁》經師。

（一）王晳（生卒年不詳）

　　柳氏引《書錄解題》、《玉海》、《四庫總目》、《經義考》：「著《春秋皇綱論》五卷。」〔註79〕

巧儀案：柳氏據《書錄解題》、《玉海》、《四庫總目》、《經義考》以王晳撰有《春秋皇綱論》爲《穀梁》經師。

　　經查考，《宋史‧藝文志》、《通志‧藝文略》、《文獻通考‧經籍考》、《直齋書錄解題》俱作「王晳」；《玉海》、《四庫全書總目題要》作「王晢」。張宗泰《魯巖所學集》卷六《四跋書錄解題》已辨之，曰：「《春秋皇綱論》『王晢』訛作『王晳』」〔註80〕據《四庫總目》：「晳自稱太原人，其始末無可考。」〔註81〕王晳自稱太原人，然其生卒年已不可考。據《直齋書錄解題》：「《春秋皇綱論》五卷、《明例隱括圖》一卷，太常博士王晳撰。至和中人。」知王晳約於北宋眞宗、仁宗間人，嘗任太常博士。

　　王應麟《玉海》云：「至和（1054～1056）中，晳撰《春秋通義》十二卷。據三《傳》注疏，及啖、趙之學。其說通者附經文之下，闕者用己意釋之。又《異義》十二卷，《皇綱論》五卷。今《通義》、《異義》皆不傳，惟是書尚存。凡爲論二十有二，皆發明夫子筆削之旨，而考辨三《傳》及啖助、趙匡之得失。」可知王晳《春秋皇綱論》所依據的是三傳注疏及啖助、趙匡之學。柳興恩既以啖助、趙匡爲《穀梁》經師，據此將王晳列爲《穀梁》經師，確有其根據。

（二）孫立節（？～1098）

　　柳氏引《經義考》：「著《春秋三傳例論》。」〔註82〕

〔註79〕　參見宋‧陳振孫：《直齋書錄解題》，《叢書集成續編》本，頁385。宋‧王應麟：《玉海‧卷四十》（江蘇：廣陵書社，2007年12月第1版），頁759。清‧永瑢等編撰：《四庫全書總目提要》（上海市：商務印書館，民國22年），頁527。清‧朱彝尊：《經義考‧春秋十二》卷一百七十九（臺北市：中央研究院中國文哲研究所，民國88年4月初版），頁776、777。

〔註80〕　參見張宗泰《魯巖所學集》，頁351～353。

〔註81〕　參見《四庫全書總目題要‧春秋皇綱論五卷》，引自清‧永瑢等編撰：《四庫全書總目提要》（上海市：商務印書館，民國22年），頁527。

〔註82〕　參見清‧朱彝尊：《經義考‧春秋十二》卷一百七十九（臺北市：中央研究院

巧儀案：柳氏據《經義考》以孫立節撰有《春秋三傳例論》爲《穀梁》經師。
《宋人傳記資料索引‧孫立節》：

> 孫立節，字介夫，寧都人。師事李覯，與曾鞏友善。學問淹貫，嘗作
> 《春秋傳》，孫復見而嘆曰：「吾力所未及者，介夫盡發之。」〔註83〕

知孫立節確實撰有《春秋傳》。可知柳氏以其爲《穀梁》經師，確有其根據。

（三）范隱之（生卒年不詳）

柳氏引《經義考》：「著《春秋五傳會義》。」〔註84〕

巧儀案：柳氏據《經義考》以范隱之撰有《春秋五傳會義》爲《穀梁》經師。
《宋人傳記資料索引‧范隱之》：

> 范隱之，官太常寺奉禮郎。經術經明，旨趣醇正，其履行高介不群。
> 著《春秋五傳會義》。〔註85〕

據《宋人傳記資料索引》，可知范隱之確實撰有《春秋五傳會義》。可知柳氏
以其爲《穀梁》經師，確有其根據。

（四）章拱之（生卒年不詳）

柳氏引《宋史‧藝文志》、《經義考》：「著《春秋統微》二十五卷。」〔註86〕

巧儀案：柳氏據《宋史‧藝文志》、《經義考》以章拱之撰有《春秋統微》爲
《穀梁》經師。

（五）趙瞻（1019～1090）

柳氏引《宋志》、《經義考》：「著《春秋經解義例》二十卷。」〔註87〕

〔註83〕　中國文哲研究所，民國88年4月初版），頁778、779。
〔註83〕　參見昌彼得等編：《宋人傳記資料索引‧孫立節》（臺北市：鼎文書局，民國
　　　　　90年），頁1917。
〔註84〕　參見清‧朱彝尊：《經義考‧春秋十二》卷一百七十九（臺北市：中央研究院
　　　　　中國文哲研究所，民國88年4月初版），頁779。
〔註85〕　參見昌彼得等編：《宋人傳記資料索引‧范隱之》（臺北市：鼎文書局，民國
　　　　　90年），頁1673。
〔註86〕　參見《宋史‧藝文志》，引自元‧脫脫等撰，楊家駱主編：《新校本宋史并附
　　　　　編三種》（臺北市：鼎文書局，民國69年），頁5058。清‧朱彝尊：《經義考‧
　　　　　春秋十三》卷一百八十（臺北市：中央研究院中國文哲研究所，民國88年4
　　　　　月初版），頁789、790。
〔註87〕　參見《宋史‧藝文志》，引自元‧脫脫等撰，楊家駱主編：《新校本宋史并附
　　　　　編三種》（臺北市：鼎文書局，民國69年），頁5058。清‧朱彝尊：《經義考‧
　　　　　春秋十三》卷一百八十（臺北市：中央研究院中國文哲研究所，民國88年4

巧儀案：柳氏據《宋志》、《經義考》以趙瞻撰有《春秋經解義例》爲《穀梁》經師。據《宋史·趙瞻列傳》：

> 趙瞻，字大觀，其先亳州永城人……瞻著《春秋論》三十卷。〔註88〕

可知趙瞻除《春秋經解義例》外，另撰有《春秋論》。可知柳氏以其爲《穀梁》經師，確有其根據。

（六）朱臨（生卒年不詳）

柳氏引《通志藝文略》、《經義考》：「著《春秋統例》二十卷。」〔註89〕
巧儀案：柳氏據《通志藝文略》、《經義考》以朱臨撰有《春秋統例》爲《穀梁》經師。據《宋人傳記資料索引·朱臨》：

> 朱臨，字正夫，烏程人，一云浦江人。皇祐元年（1049）進士，曾從胡瑗受《春秋》，瑗著《春秋辯要》，惟臨所得爲精，晚年好唐陸淳之學。以薦入官，歷光祿寺丞致仕。有《春秋》說二百餘篇。〔註90〕

知朱臨受胡瑗《春秋》，晚年喜好唐代陸淳（陸質）之學。又撰有兩百餘篇《春秋》說。另據《宋史·藝文志》，朱臨另著有《春秋私記》、《春秋外傳》等。可知柳氏以其爲《穀梁》經師，確有其根據。

（七）劉巽（生卒年不詳）

柳氏引《澠水燕談錄》：「蒲中劉巽治三《傳》，年老博學，躬耕不仕，以教授爲業，眞宗以一絕賜之。」〔註91〕
巧儀案：柳氏據《澠水燕談錄》稱劉巽修習三傳爲《穀梁》經師。據《宋朝事實類苑·曠達隱逸·李瀆處士》：

> 蒲中李瀆處士……時有同郡劉巽治三《傳》，年老博學，躬耕不仕，以講授爲業，眞宗亦以一絕句賜之。見《澠水燕談》。〔註92〕

月初版），頁 791、792。

〔註88〕 參見《宋史·趙瞻列傳》，引自元·脫脫等撰，楊家駱主編：《新校本宋史并附編三種》（臺北市：鼎文書局，民國 69 年），頁 10877～10881。

〔註89〕 參見宋·鄭樵：《通志·藝文略》（臺北市：臺灣商務印書館，民國 76 年），頁 761。清·朱彝尊：《經義考·春秋十三》卷一百八十（臺北市：中央研究院中國文哲研究所，民國 88 年 4 月初版），頁 794、795。

〔註90〕 參見昌彼得等編：《宋人傳記資料索引·朱臨》（臺北市：鼎文書局，民國 90 年），頁 598。

〔註91〕 參見宋·王闢之撰：呂友仁點校：《澠水燕談錄》（北京：中華書局，1981 年 3 月第 1 版），頁 51、52。

〔註92〕 參見《宋朝事實類苑·曠達隱逸·李瀆處士》，頁 543。

《宋朝事實類苑》可證《澠水燕談錄》之說：劉巽治三《傳》，並以教授爲業，在授受經學尚有其貢獻。可知柳氏以其爲《穀梁》經師，確有其根據。

（八）杜諤（生卒年不詳）

柳氏引《郡齋讀書志》、《書錄解題》、《宋志》、《經義考》：「著《春秋會義》二十六卷。」〔註93〕

巧儀案：柳氏據《郡齋讀書志》、《書錄解題》、《宋志》、《經義考》以杜諤撰有《春秋會義》爲《穀梁》經師。

另據《文獻通考·經籍考》亦可證杜諤著有《春秋會義》。可知柳氏以其爲《穀梁》經師，確有其根據。

（九）賈昌朝（998～1065）

柳氏引《玉海》：「著《春秋節解》八十卷。」〔註94〕又引《書錄解題》、《經義考》：「著《羣經音辨》七卷。」〔註95〕

巧儀案：柳氏據《玉海》、《書錄解題》、《經義考》以賈昌朝撰有《春秋節解》、《羣經音辨》爲《穀梁》經師。據《宋人傳記資料索引·賈昌朝》：

> 賈昌朝，字子明，眞定獲鹿人，徙開封，琰從孫。……有《羣經音辨》十卷、《春秋要論》十卷、《奏議》、《文集》各三十卷、《通紀》八十卷、《本朝時令》十二卷。〔註96〕

可證賈昌朝確實著有《羣經音辨》，然與《春秋》相關則僅有《春秋要論》十卷，比諸柳興恩所引八十卷少。

另據《宋史·藝文志》、《文獻通考·經籍考》、《續文獻通考·六書考》、《四庫全書總目提要》亦有賈昌朝撰有《羣經音辨》之著錄。「羣經」中有《穀

〔註93〕 參見宋·晁公武：《郡齋讀書志》，《叢書集成續編》本，頁22、23。宋·陳振孫：《直齋書錄解題》，《叢書集成續編》本，頁385。《宋史·藝文志》，引自元·脫脫等撰，楊家駱主編：《新校本宋史并附編三種》（臺北市：鼎文書局，民國69年），頁5058。清·朱彝尊：《經義考·春秋十三》卷一百八十（臺北市：中央研究院中國文哲研究所，民國88年4月初版），頁790、791。

〔註94〕 參見宋·王應麟：《玉海·卷四十》（江蘇：廣陵書社，2007年12月第1版），頁759。

〔註95〕 參見宋·陳振孫：《直齋書錄解題》，《叢書集成續編》本，頁390。清·朱彝尊：《經義考·春秋十二》卷一百七十九（臺北市：中央研究院中國文哲研究所，民國88年4月初版），頁763、764。

〔註96〕 參見昌彼得等編：《宋人傳記資料索引·賈昌朝》（臺北市：鼎文書局，民國90年），頁3082～3084。

梁傳》，可知柳興恩乃從寬取之，其著作中涉及《穀梁》者，即列爲《穀梁》經師。

（十）孫復（992～1057）

柳氏引《藝文略》、《經義考》：「著《尊王發微》十二卷、《總論》三卷。」
〔註97〕

巧儀案：柳氏據《藝文略》、《經義考》以孫復撰有《尊王發微》、《總論》爲《穀梁》經師。

據《宋史・藝文志》可證孫復撰有《春秋尊王發微》、《春秋總論》；《文獻通考・經籍考》亦有著錄《春秋尊王發微》。另據《宋史・儒林列傳二・孫復》：

> 孫復，字明復，晉州平陽人。舉進士不第，退居泰山。學《春秋》，
> 著《尊王發微》十二篇，大約本於陸淳，而增新意。〔註98〕

可知《尊王發微》以陸淳（陸質）爲依據，再加上孫復的新解。可知柳氏以其爲《穀梁》經師，確有其根據。

（十一）吳孜（生卒年不詳）

柳氏引《經義考》：「著《春秋折衷義》十一卷、《三傳元談》一卷。」〔註99〕
巧儀案：柳氏據《經義考》以吳孜撰有《春秋折衷義》、《三傳元談》爲《穀梁》經師。

據《宋史・藝文志》證吳孜撰有《春秋折衷》；《通志・藝文略》亦有著錄《春秋折衷義》、《三傳元談》。可知柳氏以其爲《穀梁》經師，確有其根據。

（十二）劉敞（1019～1068）

柳氏引《讀書志》、《書錄解題》、《四庫總目》、《經義考》：「著《春秋傳》十卷、《權衡》十七卷、《意林》一卷、《說例》一卷。」〔註100〕

〔註97〕 參見宋・鄭樵：《通志・藝文略》（臺北市：臺灣商務印書館，民國76年），頁759。清・朱彝尊：《經義考・春秋十二》卷一百七十九（臺北市：中央研究院中國文哲研究所，民國88年4月初版），頁764～768。

〔註98〕 參見《宋史・儒林列傳二・孫復》，引自元・脫脫等撰，楊家駱主編：《新校本宋史并附編三種》（臺北市：鼎文書局，民國69年），頁12832。

〔註99〕 參見清・朱彝尊：《經義考・春秋十四》卷一百八十一（臺北市：中央研究院中國文哲研究所，民國88年4月初版），頁819。

〔註100〕 參見宋・晁公武：《郡齋讀書志》，《叢書集成續編》本，頁23。宋・陳振孫：《直齋書錄解題》，《叢書集成續編》本，頁385。清・永瑢等編撰：《四庫全

巧儀案：柳氏據《讀書志》、《書錄解題》、《四庫總目》、《經義考》以劉敞撰有《春秋傳》、《權衡》、《意林》、《說例》為《穀梁》經師。據《宋史・劉敞列傳》：

> 劉敞，字原父，臨江新喻人。……長於《春秋》，為書四十卷，行於時。〔註101〕

可知劉敞有《春秋》相關著作。

（十三）王沿（生卒年不詳）

柳氏引《讀書志》、《崇文總目》、《藝文略》、《宋志》、《經義考》：「著《春秋集傳》十五卷。」〔註102〕

巧儀案：柳氏據《讀書志》、《崇文總目》、《藝文略》、《宋志》、《經義考》以王沿撰有《春秋集傳》為《穀梁》經師。據《宋史・王沿列傳》：

> 王沿，字聖源，大名館陶人。少治《春秋》。〔註103〕

可知王沿確有研究《春秋。可知柳氏以其為《穀梁》經師，確有其根據。

《宋人傳記資料索引・王乘》：

> 王乘廣安軍人。鄉貢進士。嘗撰《春秋統解》三卷。呂陶稱其書比之陳岳《折衷》，王沿《集傳》，孫復《發微》，而不在其下。〔註104〕

「陳岳《折衷》」即謂陳岳《春秋折衷論》、「王沿《集傳》」即謂王沿《春秋集傳》、「孫復《發微》」即謂孫復《尊王發微》，可旁證王沿確實著有《春秋

書總目提要》（上海市：商務印書館，民國 22 年），頁 528～530。清・朱彝尊：《經義考・春秋十三》卷一百八十（臺北市：中央研究院中國文哲研究所，民國 88 年 4 月初版），頁 781～786。

〔註101〕參見《宋史・劉敞列傳》，引自元・脫脫等撰，楊家駱主編：《新校本宋史并附編三種》（臺北市：鼎文書局，民國 69 年），頁 10383～10390。

〔註102〕參見宋・晁公武：《郡齋讀書志》，《叢書集成續編》本，頁 23。宋・王堯臣等編：《崇文總目》，《叢書集成續編》本，頁 520。宋・鄭樵：《通志・藝文略》（臺北市：臺灣商務印書館，民國 76 年），頁 759。《宋史・藝文志》，引自元・脫脫等撰，楊家駱主編：《新校本宋史并附編三種》（臺北市：鼎文書局，民國 69 年），頁 5058。清・朱彝尊：《經義考・春秋十二》卷一百七十九（臺北市：中央研究院中國文哲研究所，民國 88 年 4 月初版），頁 762、763。

〔註103〕參見《宋史・王沿列傳》，引自元・脫脫等撰，楊家駱主編：《新校本宋史并附編三種》（臺北市：鼎文書局，民國 69 年），頁 9957～9962。

〔註104〕參見昌彼得等編：《宋人傳記資料索引・王乘》（臺北市：鼎文書局，民國 90 年），頁 156、157。

集傳》。雖未能確定此《春秋》中是否包含《穀梁春秋》，可知柳興恩乃從寬取之，其著作中有《春秋》即列爲《穀梁》經師。

（十四）王曉（生卒年不詳）

柳氏引《藝文略》：「著《春秋原要》二卷、《春秋三傳雜評》十卷。」〔註105〕

巧儀案：柳氏據《藝文略》以王曉撰有《春秋原要》、《春秋三傳雜評》爲《穀梁》經師。雖未能確定此《春秋》中是否包含《穀梁春秋》，然「三傳」中有《穀梁傳》，可知柳興恩乃從寬取之，其著作中涉及《穀梁》者，即列爲《穀梁》經師。

（十五）王日休（生卒年不詳）

柳氏引《四庫總目》：「著《春秋孫復解三傳辨失》四卷。」〔註106〕

巧儀案：柳氏據《四庫總目》以王日休撰有《春秋孫復解三傳辨失》爲《穀梁》經師。

據《宋史‧藝文志》可知王日休所著爲《春秋孫復解辨失》、《春秋公羊辨失》、《春秋左氏辨失》、《春秋穀梁辨失》各一卷。可知柳氏以其爲《穀梁》經師，確有其根據。

（十六）孫覺（1028～1090）

柳氏引《書錄解題》、《藝文略》、《玉海》、《宋志》、《四庫總目》：「高郵人，著著《春秋經解》（一名《春秋學纂》）十五卷。其自序言：『三家之說，《穀梁》最爲精深。』」又「《春秋經社要義》十八卷。」〔註107〕

巧儀案：柳氏據《書錄解題》、《藝文略》、《玉海》、《宋志》、《四庫總目》以孫覺撰有《春秋經解》（一名《春秋學纂》）、《春秋經社要義》爲《穀梁》經師。《宋史‧孫覺列傳》：

〔註105〕 參見宋‧鄭樵：《通志‧藝文略》（臺北市：臺灣商務印書館，民國76年），頁759。

〔註106〕 參見清‧永瑢等編撰：《四庫全書總目提要》（上海市：商務印書館，民國22年），頁527。

〔註107〕 參見宋‧陳振孫：《直齋書錄解題》，《叢書集成續編》本，頁385。宋‧鄭樵：《通志‧藝文略》（臺北市：臺灣商務印書館，民國76年），頁759。宋‧王應麟：《玉海‧卷四十》（江蘇：廣陵書社，2007年12月第1版），頁760。《宋史‧藝文志》，引自元‧脫脫等撰，楊家駱主編：《新校本宋史并附編三種》（臺北市：鼎文書局，民國69年），頁5059。清‧永瑢等編撰：《四庫全書總目提要》（上海市：商務印書館，民國22年），頁530。

孫覺，字莘老，高郵人。甫冠，從胡瑗受學。……有文集、奏議六
十卷，《春秋傳》十五卷。〔註108〕

孫覺撰有《春秋傳》十五卷，與柳興恩所引《春秋經解》十五卷，卷數相同。

　　據《宋史・藝文志》，《春秋經解》與《春秋學纂》不是同一本書；另據
《文獻通考・經籍考》、《續通志・藝文略》亦有著錄《春秋經社》、《春秋經
解》。可知柳氏以其爲《穀梁》經師，確有其根據。

（十七）劉弇（1048～1102）

　　柳氏引《經義考》：「著《春秋講義》。」〔註109〕

巧儀案：柳氏據《經義考》以劉弇撰有《春秋講義》爲《穀梁》經師。雖未
能確定此《春秋》中是否包含《穀梁春秋》，可知柳興恩乃從寬取之，其著作
中有《春秋》，即列爲《穀梁》經師。

（十八）余安行（1057～1139）

　　柳氏引《讀書志》、《宋志》、《經義考》：「著《春秋新傳》十二卷。」〔註110〕

巧儀案：柳氏據《讀書志》、《宋志》、《經義考》以余安行撰有《春秋新傳》
爲《穀梁》經師。

　　據《文獻通考・經籍考》，可證余安行著有《春秋新傳》。可知柳氏以其
爲《穀梁》經師，確有其根據。

（十九）朱長文（1039～1098）

　　柳氏引《中興書目》、《經義考》：「著《春秋通志》二十卷。」〔註111〕

巧儀案：柳氏據《中興書目》、《經義考》稱朱長文撰有《春秋通志》以爲《穀
梁》經師。

〔註108〕參見《宋史・孫覺列傳》，引自元・脫脫等撰，楊家駱主編：《新校本宋史并
　　　　附編三種》（臺北市：鼎文書局，民國69年），頁10925～10929。

〔註109〕參見清・朱彝尊：《經義考・春秋十六》卷一百八十三（臺北市：中央研究院
　　　　中國文哲研究所，民國88年4月初版），頁849、850。

〔註110〕參見宋・晁公武：《郡齋讀書志》，《叢書集成續編》本，頁24。《宋史・藝文
　　　　志》，引自元・脫脫等撰，楊家駱主編：《新校本宋史并附編三種》（臺北市：
　　　　鼎文書局，民國69年），頁5062。清・朱彝尊：《經義考・春秋十四》卷一
　　　　百八十一（臺北市：中央研究院中國文哲研究所，民國88年4月初版），頁
　　　　822、823。

〔註111〕參見清・朱彝尊：《經義考・春秋十四》卷一百八十一（臺北市：中央研究院
　　　　中國文哲研究所，民國88年4月初版），頁803～809。

《中興館閣書目輯考》「春秋類」錄有：「《春秋通志》二十卷。（《玉海》四十）」〔註112〕

《玉海》卷四十：「十四年九月十七日，朱銓進伯父長文《春秋通志》十冊（並付祕省）。　《書目》：《通志》二十卷。折衷三傳，旁考啖趙陸淳之說及推演孫復之言。」〔註113〕《玉海》中引《書目》者，當爲《中興館閣書目》。又朱長文〈春秋通志序〉：

> 兼取三傳而折衷其是，旁考啖趙陸淳諸家之義，而推演明復之
> 言。……迺衷其所錄，次爲二十卷，名之曰《通志》。〔註114〕

可證朱長文確撰有《春秋通志》，此序作於宋哲宗紹聖元年（1094）正月。

另據《宋史・藝文志》可知朱長文著有《春秋通志》。可知柳氏以其爲《穀梁》經師，確有其根據。

（二十）丁副（生卒年不詳）

柳氏引《藝文略》、《宋志》、《經義考》：「著《春秋三傳異同字》一卷、《春秋演聖統例》二十卷。」〔註115〕

巧儀案：柳氏據《藝文略》、《宋志》、《經義考》以丁副撰有《春秋三傳異同字》、《春秋演聖統例》爲《穀梁》經師。

據《文獻通考・經籍考》可證丁副著有《春秋演聖統例》。可知柳氏以其爲《穀梁》經師，確有其根據。

（二十一）任伯爾（生卒年不詳）

柳氏引《讀書志》：「著《繹聖傳》十二卷」〔註116〕《宋志》、《經義考》：「著《春秋繹聖新傳》十二卷。」〔註117〕

〔註112〕參見趙士煒：《中興館閣書目輯考》，收於《書目類編》（台北市：成文出版社，民國67年5月）頁603。

〔註113〕參見宋・王應麟：《玉海》（江蘇：廣陵書社，2007年12月第1版）頁762。

〔註114〕參見宋・朱長文：〈春秋通志序〉《樂圃餘藁》卷七，收於《景印文淵閣四庫全書》冊1119（台北市：臺灣商務印書館，1986）頁34～36。

〔註115〕參見宋・鄭樵：《通志・藝文略》（臺北市：臺灣商務印書館，民國76年），頁760。《宋史・藝文志》，引自元・脫脫等撰，楊家駱主編：《新校本宋史并附編三種》（臺北市：鼎文書局，民國69年），頁5058。清・朱彝尊：《經義考・春秋十二》卷一百七十九（臺北市：中央研究院中國文哲研究所，民國88年4月初版），頁769、770。

〔註116〕參見宋・晁公武：《郡齋讀書志》，《叢書集成續編》本，頁23、24。

〔註117〕參見《宋史・藝文志》，引自元・脫脫等撰，楊家駱主編：《新校本宋史并附

巧儀案：柳氏據《讀書志》、《宋志》、《經義考》以任伯爾撰有《繹聖傳》、《春秋繹聖新傳》爲《穀梁》經師。另據《文獻通考・經籍考》可證任伯爾著有《春秋繹聖新傳》。可知柳氏以其爲《穀梁》經師，確有其根據。

（二十二）晁說之（1059～1129）

柳氏引洪邁《容齋三筆》、《經義考》：「著《春秋三傳說》三篇。」〔註118〕

巧儀案：柳氏據洪邁《容齋三筆》、《經義考》以晁說之撰有《春秋三傳說》爲《穀梁》經師。據《容齋隨筆・三筆・卷一・晁景迂經說》：

> 景迂子晁以道留意六經之學，各著一書，發明其旨，故有《易規》、《書傳》、《詩序論》，《中庸》、《洪範傳》、《三傳說》。其說多與世儒異。……其論三《傳》，謂杜預以《左氏》之耳目，奪夫子之筆削。《公羊》家失之舛雜，而何休者，又特負於《公羊》。惟《穀梁》晚出，監二氏之違畔而正之，然或與之同惡，至其精深遠大者，眞得子夏之所傳。范又因諸儒而博辯之，申《穀梁》之志，其於是非亦少公矣，非若杜征南一切申傳，決然不敢異同也。此論最善。〔註119〕

可知晁以道〔註120〕著有《三傳說》，以杜預注《左傳》失孔子作《春秋》之筆削大義，何休注《公羊傳》失之於乖舛錯雜。獨范甯注《穀梁傳》可以申明大義。此爲柳氏以其爲《穀梁》經師之依據。

（二十三）李堯俞（生卒年不詳）

柳氏引《玉海》、《宋志》、《經義考》：「著《春秋集議略論》二卷。」〔註121〕

編三種》（臺北市：鼎文書局，民國69年），頁5062。清・朱彝尊：《經義考・春秋十六》卷一百八十三（臺北市：中央研究院中國文哲研究所，民國88年4月初版），頁848。

〔註118〕參見清・朱彝尊：《經義考・春秋十六》卷一百八十三（臺北市：中央研究院中國文哲研究所，民國88年4月初版），頁849。

〔註119〕參見《容齋隨筆・三筆・卷一・晁景迂經說》，頁417。

〔註120〕據昌彼得等編：《宋人傳記資料索引・晁說之》：「晁說之，字以道，一字伯以，又字季此。……有《儒言》、《晁氏客語》及《景迂生集》二十卷。」可知「以道」爲晁說之字，「晁以道」即「晁說之」。（臺北市：鼎文書局，民國90年），頁1954。

〔註121〕參見宋・王應麟：《玉海・卷四十》（江蘇：廣陵書社，2007年12月第1版），頁758、759。《宋史・藝文志》，引自元・脫脫等撰，楊家駱主編：《新校本宋史并附編三種》（臺北市：鼎文書局，民國69年），頁5058。清・朱彝尊：《經義考・春秋十二》卷一百七十九（臺北市：中央研究院中國文哲研究所，民國88年4月初版），頁764。

巧儀案：柳氏據《玉海》、《宋志》、《經義考》以李堯俞撰有《春秋集議略論》為《穀梁》經師。雖未能確定此《春秋》中是否包含《穀梁春秋》，可知柳興恩乃從寬取之，其著作中有《春秋》，即列為《穀梁》經師。

（二十四）胡安國（1074～1138）

柳氏引《讀書志》、《書錄解題》、《四庫總目》：「著《春秋傳》三十卷。」〔註122〕

巧儀案：柳氏據以為《穀梁》經師。據《宋史・儒林列傳五・胡安國》：

> 胡安國，字康侯，建寧崇安人。入太學，以程頤之友朱長文及穎川靳裁之為師。……紹興元年（1131），……高宗以《左氏傳》付安國點句正音。安國奏：「《春秋》經世大典，見諸行事，非空言比。今方思濟艱難，《左氏》繁碎，不宜虛費光陰，耽玩文采，莫若潛心聖經。」……（紹興）五年，除徽猷閣待制、知永州，安國辭。詔以經筵舊臣，重閔勞之，特從其請，提舉江州太平觀，令纂修所著《春秋傳》。書成，高宗謂深得聖人之旨，除提舉萬壽觀兼侍讀。……自王安石廢《春秋》不列於學官，安國謂：「先聖手所筆削之書，乃使人主不得聞講說，學士不得相傳習，亂倫滅理，用夏變夷，殆由乎此。」故潛心是書二十餘年，以為天下事物無不備於此。每嘆曰：「此傳心要典也。」〔註123〕

可看出幾件事：首先，胡安國以朱長文為師。其次，紹興元年時，宋高宗將《左傳》交給胡安國，讓他句讀和正音。而胡安國反言《左傳》繁雜瑣碎，研讀只是虛擲光陰，不如用心研究《春秋》經。紹興五年，高宗又讓胡安國纂修其所著《春秋傳》。由於君王推崇，以致於《胡傳》地位甚高。再者，提到胡安國認為《春秋》是先聖孔子親手筆削之書，王安石在學官中廢除《春秋》，使得君主不能聽講說，士人不能相傳習，是一件紊亂人倫滅棄天理的事情。從此潛心研究《春秋》二十多年，認為天下事盡在其中。

另據《宋史・藝文志》、《文獻通考・經籍考》、《續通志・藝文略》除《春

〔註122〕參見宋・晁公武：《郡齋讀書志》，《叢書集成續編》本，頁24。宋・陳振孫：《直齋書錄解題》，《叢書集成續編》本，頁386。清・永瑢等編撰：《四庫全書總目提要》（上海市：商務印書館，民國22年），頁539。

〔註123〕參見《宋史・儒林列傳五・胡安國》，引自元・脫脫等撰，楊家駱主編：《新校本宋史并附編三種》（臺北市：鼎文書局，民國69年），頁12908～12926。

秋傳》外，另著錄有《通例》、《通旨》各一卷。可知柳氏以其爲《穀梁》經師之依據。

（二十五）程俱（1078～1144）

柳氏引《經義考》：「著《漢儒授經圖》。」〔註124〕

巧儀案：柳氏據《經義考》以程俱撰有《漢儒授經圖》爲《穀梁》經師。

《漢儒授經圖》雖已亡佚，然其書內容或爲漢代儒者傳授經學，漢代經學中當有《穀梁》學，則柳興恩謂程俱爲《穀梁》經師。

（二十六）葉夢得（1077～1148）

柳氏引《書錄解題》、《四庫書目》、《經義考》：「著《春秋傳》十二卷、《攷》十二卷、《讞》十二卷。」〔註125〕

巧儀案：柳氏據《書錄解題》、《四庫書目》、《經義考》以葉夢得撰有《春秋傳》、《春秋考》、《春秋讞》爲《穀梁》經師。

據《宋史・藝文志》、《續通志・藝文略》、《清史稿・藝文志》，亦著錄葉夢得著作。

（二十七）崔子方（生卒年不詳）

柳氏引《書錄解題》、《宋志》、《四庫總目》：「著《春秋經解》十六卷、《本例例要》一卷。」〔註126〕

巧儀案：柳氏據《書錄解題》、《宋志》、《四庫總目》以崔子方撰有《春秋經解》、《本例例要》爲《穀梁》經師。據《四庫全書總目提要・春秋經解十二卷》：

> 永樂大典本，宋崔子方撰。子方涪陵人，字彥直，號西疇居士。……
> 子方自序云：「聖人欲以繩當世之是非，著來世之懲勸。故辭之難明

〔註124〕參見清・朱彝尊：《經義考・群經五》卷二百四十三（臺北市：中央研究院中國文哲研究所，民國88年4月初版），頁375～377。

〔註125〕參見宋・陳振孫：《直齋書錄解題》，《叢書集成續編》本，頁386。清・永瑢等編撰：《四庫全書總目提要》（上海市：商務印書館，民國22年），頁536、537。清・朱彝尊：《經義考・春秋十六》卷一百八十三（臺北市：中央研究院中國文哲研究所，民國88年4月初版），頁861～867。

〔註126〕參見宋・陳振孫：《直齋書錄解題》，《叢書集成續編》本，頁386。《宋史・藝文志》，引自元・脫脫等撰，楊家駱主編：《新校本宋史并附編三種》（臺北市：鼎文書局，民國69年），頁5061。清・永瑢等編撰：《四庫全書總目提要》（上海市：商務印書館，民國22年），頁533、534。

者，著例以見之。例不可盡，故有日月之例、有變例。」慎思精考，
若網在綱。又後序一篇，具述其疏解之宗旨。大抵推本經義，於三
《傳》多所糾正。……至子方原書，經文已不可見。今以所解參證，
知大略皆從《左氏》，而亦間有從《公》、《穀》者，故與胡安國《春
秋傳》或有異同焉。〔註127〕

《春秋經解》推究經義於《春秋》經文本身，而糾正三《傳》。然崔子方認為
從《春秋》例中，可以發見孔子想要用春秋亂臣之是非，規勸後世賊子之用
心。而《春秋》例有日月之例，有變例。又據《四庫全書總目提要‧經部‧
春秋類》，崔子方除《春秋經解》十二卷外，尚有《春秋本例》二十卷與《春
秋例要》一卷。可知柳興恩所引「著《春秋經解》十六卷、《本例例要》一卷」，
當作「著《春秋經解》十二卷、《春秋本例》二十卷、《春秋例要》一卷」另
據《文獻通考‧經籍考》、《續通志‧藝文略》、《清史稿‧藝文志》，亦著錄崔
子方著作，柳氏以其為《穀梁》經師。

（二十八）于正封（生卒年不詳）

柳氏引《經義考》：「著《三傳是非》二十卷。」〔註128〕

巧儀案：柳氏據《經義考》以于正封撰有《三傳是非》為《穀梁》經師。據
《宋人傳記資料索引‧于正封》：

于正封浦江人，房子。與兄世封皆力學，登進士第，人號雙璧。著
有《春秋三傳是非說》二十卷。有方蒙者輯其家三世能文者七人，
號七星集。〔註129〕

可證于正封著有《春秋三傳是非說》。

「三傳」中當有《穀梁傳》，可知柳興恩乃從寬取之，其著作中涉及《穀
梁》者，即列為《穀梁》經師。

（二十九）汪澈（1109～1171）

柳氏引李士英《四朝名臣言行錄別集》：「汪莊敏公澈，字明遠，饒周浮

〔註127〕參見清‧永瑢等編撰：《四庫全書總目提要》（上海市：商務印書館，民國22
　　　　年），頁533、534。

〔註128〕參見清‧朱彝尊：《經義考‧春秋十四》卷一百八十一（臺北市：中央研究院
　　　　中國文哲研究所，民國88年4月初版），頁820。

〔註129〕參見昌彼得等編：《宋人傳記資料索引‧于正封》（臺北市：鼎文書局，民國
　　　　90年），頁25、26。

梁人。端明殿學士。紹興辛巳（1161）正月，夜，風雷雨雪交作，澈言：『春秋魯隱公時，大震電繼以雨雪。孔子以八日之間，再有大變，謹而書之。今一夕之間，二異交至陰盛也。今臣下無姦萌，戚屬無乖刺，又無女謁之私意者，殆爲夷狄乎！』」〔註130〕

巧儀案：柳氏據《四朝名臣言行錄別集》稱汪澈以《穀梁》義論時事爲《穀梁》經師。據《宋史‧汪澈列傳》：

> 汪澈，字明遠，自新安徙居饒州浮梁。……三十一年，上元前一夕，風雷雨雪交作，澈言《春秋》魯隱公時大雷震電，繼以雨雪，孔子以八日之間再有大變，謹而書之。今一夕間二異交至，此陰盛之證，殆爲金人。今荊、襄無統督，江海乏備禦，因陳脩攘十二事。……
> 〔註131〕

三十一年（1158），元宵節前一天晚上，風雷雨雪齊下。汪澈向高宗進言《春秋》魯隱公的時候大雷電後，接著下大雪，孔子認爲八天之內，有兩次天象變異，謹慎的記下來。現在一夜之間兩種異常現象一起出現，這是陰盛的證明，恐怕是由於金人的緣故。當前荊、襄沒有統一的統帥，江海缺乏守備防禦，因而陳述整頓邊防的十二件事。

《隱公九年經》：「三月癸酉，大雨震電。」

《隱公九年經》：「庚辰，大雨雪。」《穀梁傳》：「志疏數也。八日之間，再有大變，陰陽錯行，故謹而日之。」〔註132〕

汪澈所言「八日之間再有大變，謹而書之。」與《穀梁傳》之說相同。可知柳氏以汪澈以《穀梁》義論時事爲《穀梁》經師，確有其根據。

（三十）許翰（？～1133）

柳氏引《經義考》：「著《襄陵春秋集傳》。」〔註133〕

巧儀案：柳氏據《經義考》以許翰撰有《襄陵春秋集傳》爲《穀梁》經師。

〔註130〕參見清‧柳興恩，《穀梁大義述‧述經師》（臺北市：藝文印書館，民國54年）《皇清經解續編》南菁書院本，頁11214。

〔註131〕參見《宋史‧汪澈列傳》，引自元‧脫脫等撰，楊家駱主編：《新校本宋史并附編三種》（臺北市：鼎文書局，民國69年），頁11813。

〔註132〕自「癸酉」至「庚辰」爲「癸酉、甲戌、乙亥、丙子、丁丑、戊寅、己卯、庚辰」，故曰「八日」。

〔註133〕參見清‧朱彝尊：《經義考‧春秋十七》卷一百八十四（臺北市：中央研究院中國文哲研究所，民國88年4月初版），頁885～887。

據《宋史·許翰列傳》：

> 許翰，字崧老，拱州襄邑人。……翰通經術，正直不撓，歷事三朝，
> 致位政府，徒以黼、攸、潛善輩薰蕕異味，橫遭口語，志卒不展。
> 綱雖力引之，不旋踵去，翰亦斥逐而死。所著書有《論語解》、《春
> 秋傳》。〔註134〕

可證許翰著有《春秋傳》，《襄陵春秋集傳》中「襄陵」二字當從許翰籍貫「拱
州襄邑」來。可知柳氏以其為《穀梁》經師，確有其根據。

（三十一）鄧名世（生卒年不詳）

柳氏引《經義考》：「宋時議臣禁學《春秋》，名世獨嗜之。試有司屢以
援《春秋》見黜，乃益研究經旨，考三《傳》同異，往往發諸儒所未及。」
〔註135〕

巧儀案：柳氏據《經義考》以鄧名世嗜《春秋》為《穀梁》經師。

據《宋史·藝文志》可知鄧名世著有《春秋四譜》。可知柳氏以其為《穀
梁》經師，確有其根據。

（三十二）鄭樵（1104～1162）

柳氏引《藝文略》、《宋志》、《經義考》：「著《春秋考》十二卷。」〔註136〕

巧儀案：柳氏據以為《穀梁》經師。據《通志·藝文略·春秋序言》：

> 按《春秋》之經則魯史記也。初無同異之文，亦無彼此之說。良由
> 三家所傳之書有異同，故是非從此起。臣作《春秋考》，所以是正經。
> 文以凡有異同者，皆是訛誤。古者簡編艱繁，學者希見親書，惟以
> 口相授。左氏世為楚史，親見官書，其訛差少。然有所訛，從文起；
> 《公》、《穀》，漢之經生惟是口傳，其訛差多。然有所訛，從音起。
> 以此辨之，了無滯礙。又有《春秋傳》十二卷，以明經之旨，備見

〔註134〕參見《宋史·許翰列傳》，引自元·脫脫等撰，楊家駱主編：《新校本宋史并
附編三種》（臺北市：鼎文書局，民國69年），頁11343。

〔註135〕參見清·朱彝尊：《經義考·春秋十九》卷一百八十六（臺北市：中央研究院
中國文哲研究所，民國88年4月初版），頁27、28。

〔註136〕參見宋·鄭樵：《通志·藝文略》（臺北市：臺灣商務印書館，民國76年），
頁758。《宋史·藝文志》，引自元·脫脫等撰，楊家駱主編：《新校本宋史并
附編三種》（臺北市：鼎文書局，民國69年），頁5065。清·朱彝尊：《經義
考·春秋十九》卷一百八十六（臺北市：中央研究院中國文哲研究所，民國
88年4月初版），頁19。

周之憲章。〔註137〕

可知鄭樵著有《春秋考》、《春秋傳》。鄭樵以三《傳》異文皆是訛誤所致。以左氏親見官書，訛誤較少，若有訛誤，爲字形上的訛誤；以《公羊》、《穀梁》以口傳，訛誤較多，且多爲字音上的訛誤。

因鄭樵《春秋考》有兼及《穀梁傳》的討論，可知柳氏以其爲《穀梁》經師，確有其根據。

（三十三）吳曾（生卒年不詳）

柳氏引《宋志》、《書錄解題》、《經義考》：「著《春秋考異》四卷。」〔註138〕

巧儀案：柳氏據《宋志》、《書錄解題》、《經義考》以吳曾撰有《春秋考異》爲《穀梁》經師。雖未能確定此《春秋》中是否包含《穀梁春秋》，可知柳興恩乃從寬取之，其著作中有《春秋》，即列爲《穀梁》經師。

（三十四）楊伯嵒（？～1254）

柳氏引《經義考》：「著《九經補韻》一卷。」〔註139〕

巧儀案：柳氏據《經義考》以楊伯嵒撰有《九經補韻》爲《穀梁》經師。據《宋人傳記資料索引・楊伯嵒》：

> 楊伯嵒，字彥思，號泳齋，代郡人，居臨安。淳祐（1241～1252）
> 中以工部郎守衢州，寶祐二年（1254）卒。所著《九經補韻》一卷，
> 考據經義，精確者頗多。又有《六帖補》二十卷，宋代遺文逸事，
> 亦頗藉以考見。〔註140〕

可證楊伯嵒著有《九經補韻》。

又據《續通志・藝文略》、《續文獻通考・經籍考》、《四庫全書總目提要》著錄有楊伯嵒撰《九經補韻》。「九經」中有《穀梁傳》，可知柳興恩乃從寬取

〔註137〕參見宋・鄭樵《通志・藝文略》（臺北市：臺灣商務印書館，民國76年），頁758～760。

〔註138〕參見《宋史・藝文志》，引自元・脫脫等撰，楊家駱主編：《新校本宋史并附編三種》（臺北市：鼎文書局，民國69年），頁5065。宋・陳振孫：《直齋書錄解題》，《叢書集成續編》本，頁387。清・朱彝尊：《經義考・春秋十九》卷一百八十六（臺北市：中央研究院中國文哲研究所，民國88年4月初版），頁31。

〔註139〕參見清・朱彝尊：《經義考・群經六》卷二百四十四（臺北市：中央研究院中國文哲研究所，民國88年4月初版），頁413、414。

〔註140〕參見昌彼得等編：《宋人傳記資料索引・楊伯嵒》（臺北市：鼎文書局，民國90年），頁3170。

之，其著作中涉及《穀梁》者，即列爲《穀梁》經師。

（三十五）黃補（生卒年不詳）

柳氏引《經義考》：「著《九經解》。」〔註141〕

巧儀案：柳氏據《經義考》以黃補撰有《九經解》爲《穀梁》經師。《宋人傳記資料索引·黃補》：

> 黃補，字季全，號吾軒，莆田人。紹興（1131～1162）進士，官安
> 溪令。嘗之惠州，得陳鵬飛師友之，已而教授於鄉，及門者數百人。
> 有《九經解》、《論語人物志》。〔註142〕

可證黃補著有《九經解》。

又據《續文獻通考·經籍考》，亦有《九經解》之著錄。「九經」中有《穀梁傳》，可知柳興恩乃從寬取之，其著作中涉及《穀梁》者，即列爲《穀梁》經師。

（三十六）錢承志（生卒年不詳）

柳氏引《宋志》、《經義考》：「著《九經簡要》十卷。」〔註143〕

巧儀案：柳氏據《宋志》、《經義考》以錢承志撰有《九經簡要》爲《穀梁》經師。「九經」中當有《穀梁傳》，可知柳興恩乃從寬取之，其著作中涉及《穀梁》者，即列爲《穀梁》經師。

（三十七）張伯文（張文伯）（生卒年不詳）

柳氏引《經義考》：「著《九經疑難》十卷。」〔註144〕

巧儀案：柳氏據《經義考》以張伯文撰有《九經疑難》爲《穀梁》經師。《宋人傳記資料索引·張文伯》：

> 張文伯，字正夫，樵陽人。或作名伯文，誤。蓋宋末人。有《九經

〔註141〕參見清·朱彝尊：《經義考·群經六》卷二百四十四（臺北市：中央研究院中國文哲研究所，民國88年4月初版），頁414。

〔註142〕參見昌彼得等編：《宋人傳記資料索引·黃補》（臺北市：鼎文書局，民國90年），頁2860、2861。

〔註143〕參見《宋史·藝文志》，引自元·脫脫等撰，楊家駱主編：《新校本宋史并附編三種》（臺北市：鼎文書局，民國69年），頁5295。清·朱彝尊：《經義考·群經六》卷二百四十四（臺北市：中央研究院中國文哲研究所，民國88年4月初版），頁415。

〔註144〕參見清·朱彝尊：《經義考·群經六》卷二百四十四（臺北市：中央研究院中國文哲研究所，民國88年4月初版），頁415、416。

疑難》十卷。〔註145〕

「張伯文」當作「張文伯」，其確實著有《九經疑難》。「九經」中有《穀梁傳》，可知柳興恩乃從寬取之，其著作中涉及《穀梁》者，即列爲《穀梁》經師。

（三十八）黃敏求（生卒年不詳）

柳氏引《崇文總目》、《中興書目》、《宋志》、《經義考》：「著《九經餘義》一百卷。」〔註146〕

巧儀案：柳氏據《崇文總目》、《中興書目》、《宋志》、《經義考》以黃敏求撰有《九經餘義》爲《穀梁》經師。

《中興館閣書目輯考》「經解類」錄有：「《九經餘義》一百卷。（黃敏求撰。《玉海》四二）」〔註147〕

《玉海》卷四十二：「實錄祥符五年（1012）正月癸未以懷安軍鹿鳴山人黃敏（《書目》作黃敏求）爲本軍助教。敏明經術，嘗著《九經餘義》四百九十三篇（《會要》無『三』字）。轉運使滕陟（一作涉）以其書上進，帝命學士晁迥等看，詳迥等言所著撰可採，故特有是命（《會要》同）　《書目》一百卷（《崇文目》同）。注疏之外言其餘義，凡四百九十有四篇（總九經，兼《孝經》、《論語》）」〔註148〕《玉海》中引《書目》者，當爲《中興館閣書目》。另據《宋人傳記資料索引‧黃敏求》：

黃敏求，懷安軍人。明經術，嘗著《九經餘義》四百九篇。〔註149〕

可證黃敏求著有《九經餘義》。「九經」中有《穀梁傳》，可知柳興恩乃從寬取之，其著作中涉及《穀梁》者，即列爲《穀梁》經師。

（三十九）高閌（1097～1153）

〔註145〕參見昌彼得等編：《宋人傳記資料索引‧張文伯》（臺北市：鼎文書局，民國90年），頁2352。

〔註146〕參見宋‧王堯臣等編：《崇文總目》，《叢書集成續編》本，頁521。《宋史‧藝文志》，引自元‧脫脫等撰，楊家駱主編：《新校本宋史并附編三種》（臺北市：鼎文書局，民國69年），頁5070。清‧朱彝尊：《經義考‧群經四》卷二百四十二（臺北市：中央研究院中國文哲研究所，民國88年4月初版），頁355。

〔註147〕參見趙士煒：《中興館閣書目輯考》，收於《書目類編》（台北市：成文出版社，民國67年5月）頁604。

〔註148〕參見宋‧王應麟：《玉海》（江蘇：廣陵書社，2007年12月第1版）頁803。

〔註149〕參見昌彼得等編：《宋人傳記資料索引‧黃敏求》（臺北市：鼎文書局，民國90年），頁2913。

柳氏引《四庫總目》、《經義考》:「著《春秋集注》四十卷。」〔註150〕

巧儀案:柳氏據《四庫總目》、《經義考》以高閌撰有《春秋集注》為《穀梁》經師。據《宋史·儒林列傳三·高閌》:

> 高閌,字抑崇,明州鄞縣人。……其著述有《春秋集傳》行于世。
> 〔註151〕

高閌著有《春秋集傳》。

另據《續通志·藝文略》、《清史稿·藝文志》有著錄《春秋集注》。可知柳氏以其為《穀梁》經師,確有其根據。

(四十)呂祖謙(1137～1181)

柳氏引《書錄解題》、《宋志》、《經義考》:「著《春秋集解》十二卷。」
〔註152〕

巧儀案:柳氏據《書錄解題》、《宋志》、《經義考》以呂祖謙撰有《春秋集解》為《穀梁》經師。據《四庫全書總目提要·春秋集解三十卷》:

> 內府藏本,宋呂本中撰。舊刻題曰呂祖謙,誤也。本中字居仁,好問之子。宋史本傳,載其靖康(1126～1127)初官祠部員外郎,紹興六年(1136)賜進士,擢起居舍人,八年(1138)遷中書舍人,兼侍講,權直學士院,學者稱為東萊先生。故趙希弁《讀書附志》,稱是書為東萊先生撰。後人因祖謙與朱子遊,其名最著,故亦稱為東萊先生。而本中以詩擅名,詩家多稱呂紫微,東萊之號稍隱,遂移是書於祖謙。不知陳振孫書錄解題載是書,固明云本中撰也。……〔註153〕

可知著《春秋集解》者為呂本中,其號東萊先生。而趙希弁《讀書附志》稱

〔註150〕 參見清·永瑢等編撰:《四庫全書總目提要》(上海市:商務印書館,民國22年),頁539。清·朱彝尊《經義考·春秋十九》卷一百八十六(臺北市:中央研究院中國文哲研究所,民國88年4月初版),頁22～25。

〔註151〕 參見《宋史·儒林列傳三·高閌》,引自元·脫脫等撰,楊家駱主編:《新校本宋史并附編三種》(臺北市:鼎文書局,民國69年),頁12857、12858。

〔註152〕 參見宋·陳振孫:《直齋書錄解題》,《叢書集成續編》本,頁387。《宋史·藝文志》,引自元·脫脫等撰,楊家駱主編:《新校本宋史并附編三種》(臺北市:鼎文書局,民國69年),頁5063。清·朱彝尊《經義考·春秋十七》卷一百八十四(臺北市:中央研究院中國文哲研究所,民國88年4月初版),頁881～885。

〔註153〕 參見清·永瑢等編撰:《四庫全書總目提要》(上海市:商務印書館,民國22年),頁538。

「東萊先生撰」。後世以呂本中以詩聞名，多稱其「呂紫微」，則以《春秋集解》爲同被稱爲「東萊先生」之呂祖謙所著。《宋史·藝文志》著錄「呂祖謙《春秋集解》三十卷」、「呂本中《春秋解》二卷」則誤矣。當從《直齋書錄解題》、《經義考》以呂本中爲是。

柳氏以《春秋集解》稱呂祖謙爲《穀梁》經師，有不辨之嫌。今改之以呂本中則當矣。

（四十一）陳傅良（1137～1203）

柳氏引《宋志》、《四庫總目》、《經義考》：「著《春秋後傳》十二卷。」〔註154〕

巧儀案：柳氏據《宋志》、《四庫總目》、《經義考》以陳傅良撰有《春秋後傳》爲《穀梁》經師。據《宋史·儒林列傳四·陳傅良》：

> 陳傅良，字君舉，溫州瑞安人。初患科舉程文之弊，思出其說爲文章，自成一家，人爭傳誦，從者雲合，由是其文擅當世。當是時，永嘉鄭伯熊、薛季宣皆以學行聞，而伯熊於古人經制治法，討論尤精，傅良皆師事之，而得季宣之學爲多。及入太學，與廣漢張栻、東萊呂祖謙友善。祖謙爲言本朝文獻相承條序，而主敬集義之功得於栻爲多。自是四方受業者愈眾。……傅良著述有《詩解詁》、《周禮說》、《春秋後傳》、《左氏章指》行于世。〔註155〕

可證陳傅良著有《春秋後傳》。另據《續通志·藝文略》，亦有著錄其撰《春秋後傳》。可知柳氏以其爲《穀梁》經師，確有其根據。

（四十二）戴溪（？～1215）

柳氏引《四庫總目》、《經義考》：「著《春秋講義》四卷。」〔註156〕

〔註154〕參見《宋史·藝文志》，引自元·脫脫等撰，楊家駱主編：《新校本宋史并附編三種》（臺北市：鼎文書局，民國 69 年），頁 5064。清·永瑢等編撰：《四庫全書總目提要》（上海市：商務印書館，民國 22 年），頁 540。清·朱彝尊：《經義考·春秋二十》卷一百八十七（臺北市：中央研究院中國文哲研究所，民國 88 年 4 月初版），頁 48～54。

〔註155〕參見《宋史·儒林列傳四·陳傅良》，引自元·脫脫等撰，楊家駱主編：《新校本宋史并附編三種》（臺北市：鼎文書局，民國 69 年），頁 12886～12888。

〔註156〕參見清·永瑢等編撰：《四庫全書總目提要》（上海市：商務印書館，民國 22 年），頁 545。清·朱彝尊：《經義考·春秋二十三》卷一百九十（臺北市：中央研究院中國文哲研究所，民國 88 年 4 月初版），頁 112、113。

巧儀案：柳氏據《四庫總目》、《經義考》以戴溪撰有《春秋講義》爲《穀梁》經師。據《宋史・儒林列傳四・戴溪》：

> 戴溪，字肖望，永嘉人也。少有文名。……由禮部郎中凡六轉爲太子詹事兼祕書監。景獻太子命溪講《中庸》、《大學》，溪辭以講讀非詹事職，懼侵官。太子曰：「講退便服說書，非公禮，毋嫌也。」復命類《易》、《詩》、《書》、《春秋》、《論語》、《孟子》、《資治通鑑》，各爲說以進。〔註157〕

戴溪擔任太子詹事兼祕書監時，景獻太子讓戴溪講說《中庸》、《大學》又命令他類編《易》、《詩》、《書》、《春秋》、《論語》、《孟子》、《資治通鑑》，並且都附上解說進上。

另據《續通志・藝文略》、《續文獻通考・經籍考》、《清史稿・藝文志》亦著錄其撰有《春秋講義》。可知柳氏以其爲《穀梁》經師，確有其根據。

（四十三）岳珂（1183～1243）

柳氏引《四庫總目》：「著《刊正九經三傳沿革例》一卷。」〔註158〕

巧儀案：柳氏據《四庫總目》以岳珂撰有《刊正九經三傳沿革例》爲《穀梁》經師。據《四庫全書總目提要・刊正九經三傳沿革例一卷》：

> 珂復取廖（廖剛）本九經。增以《公》、《穀》二傳。及《春秋年表》。《春秋名號歸一圖》二書。校刊於相臺書塾。竝述校刊之意。作《總例》一卷。……惟此《總例》一卷。尚行於世。其目一曰「書本」。二曰「字畫」。三曰「註文」。四曰「音釋」。五曰「句讀」。六曰「脫簡」。七曰「考異」。皆參訂同異。考證精博。釐舛辨疑。使讀者有所據依。實爲有功於經學。〔註159〕

岳珂所著《刊正九經二傳沿革例》，以廖剛本《九經》爲底本，加上《公羊傳》、《穀梁傳》及《春秋年表》、《春秋名號歸一圖》二書而成。《四庫全書總目題要》稱其書考證精細廣博，釐清舛誤分辨疑問。在經學上實有重大貢獻。

岳珂所著《刊正九經三傳沿革例》，中有《穀梁傳》。可知柳氏以其爲《穀

〔註157〕參見《宋史・儒林列傳四・戴溪》，引自元・脫脫等撰，楊家駱主編：《新校本宋史并附編三種》（臺北市：鼎文書局，民國69年），頁12895。

〔註158〕參見清・永瑢等編撰：《四庫全書總目提要》（上海市：商務印書館，民國22年），頁668。

〔註159〕參見清・永瑢等編撰：《四庫全書總目提要》（上海市：商務印書館，民國22年），頁668。

《梁》經師，確有其根據。

（四十四）句龍傳（生卒年不詳）

柳氏引《文獻通考》、《經義考》：「著《春秋三傳分國志記事本末》。」

〔註160〕

巧儀案：柳氏據《文獻通考》、《經義考》句龍傳撰有《春秋三傳分國志記事本末》以為《穀梁》經師。據《宋人傳記資料索引·句龍傳》：

> 句龍傳，字明甫，夾江人。精於《春秋三傳》，博習詳考，分國而紀
> 之，紀其事而兼著其義。凡采其說者數十家。〔註161〕

句龍傳精通《春秋三傳》，且分國記事而著明其義。另據《文獻通考·經籍考》，亦有《春秋三傳分國紀事本末》之著錄。「春秋三傳」中有《穀梁傳》可知柳氏以其為《穀梁》經師，確有其根據。

（四十五）畢良史（？～1150）

柳氏引《書錄解題》、《經義考》：「著《春秋通例》十五卷。」〔註162〕

巧儀案：柳氏據《書錄解題》、《經義考》以畢良史撰有《春秋通例》為《穀梁》經師。據《宋人傳記資料索引·畢良史》：

> 畢良史，字少董，一字伯瑞，號死齋，上蔡人，士安五世孫。紹興
> （1131～1162）初進士，閉戶著《春秋正辭》、《論語探古書》。……
> 著有《春秋正辭》二十卷，又有《繙經堂集》八卷。〔註163〕

可證畢良史著有《春秋正辭》。

另據《宋史·藝文志》，亦有畢良史撰《春秋正辭》之著錄。雖未能確定此《春秋》中是否包含《穀梁春秋》，可知柳興恩乃從寬取之，其著作中有《春秋》，即列為《穀梁》經師。

〔註160〕 參見《文獻通考·經籍考十》，引自元·馬端臨撰，《文獻通考》（臺北市：臺灣商務印書館，民國76年），頁1571～1577。清·朱彝尊：《經義考·春秋十九》卷一百八十六（臺北市：中央研究院中國文哲研究所，民國88年4月初版），頁33。

〔註161〕 參見昌彼得等編：《宋人傳記資料索引·句龍傳》（臺北市：鼎文書局，民國90年），頁501。

〔註162〕 參見宋·陳振孫：《直齋書錄解題》，《叢書集成續編》本，頁386。清·朱彝尊：《經義考·春秋十九》卷一百八十六（臺北市：中央研究院中國文哲研究所，民國88年4月初版），頁36、37。

〔註163〕 參見昌彼得等編：《宋人傳記資料索引·畢良史》（臺北市：鼎文書局，民國90年），頁2714、2715。

（四十六）鄭綺（1118～1193）

柳氏引《經義考》：「著《穀梁合經論》。」〔註164〕

巧儀案：柳氏據《經義考》以鄭綺撰有《穀梁合經論》爲《穀梁》經師。據《宋史・孝義列傳・鄭綺》：

> 鄭綺，婺州浦江人。善讀書，通《春秋穀梁》學。〔註165〕

宋史雖未明言鄭綺著有《穀梁合經論》，然稱其通曉《春秋穀梁》學。可知柳氏以其爲《穀梁》經師，確有其根據。

（四十七）胡箕（1122～1194）

柳氏引《經義考》：「著《春秋三傳會例》三十卷。」〔註166〕

巧儀案：柳氏據《經義考》以胡箕撰有《春秋三傳會例》爲《穀梁》經師。《宋人傳記資料索引・胡箕》：

> 胡箕，字斗南，廬陵人，銓從子。幼而志趣不群，既長貫穿經史，尤精於《春秋》。爲文下筆千言，袞袞不休。官迪功郎監潭州南嶽廟。紹熙五年（1194）卒，年七十三。有《春秋三傳會例》三十卷。〔註167〕

可證胡箕著有《春秋三傳會例》。「三傳」中有《穀梁傳》，可知柳氏以其爲《穀梁》經師，確有其根據。

（四十八）謝疇（生卒年不詳）

柳氏引《經義考》：「著《春秋古經》十二篇。」〔註168〕

巧儀案：柳氏據《經義考》以謝疇撰有《春秋古經》爲《穀梁》經師。《宋人傳記資料索引・謝疇》：

> 謝疇字元錫，潼川人。從李燾遊，著《春秋古經》十篇，燾爲之序，

〔註164〕參見清・朱彝尊：《經義考・春秋十九》卷一百八十六（臺北市：中央研究院中國文哲研究所，民國88年4月初版），頁43、44。清・柳興恩，《穀梁大義述・述經師》（臺北市：藝文印書館，民國54年）《皇清經解續編》南菁書院本，頁11215。

〔註165〕參見《宋史・孝義列傳・鄭綺》，引自元・脫脫等撰，楊家駱主編：《新校本宋史并附編三種》（臺北市：鼎文書局，民國69年），頁13415。

〔註166〕參見清・朱彝尊：《經義考・春秋二十一》卷一百八十八（臺北市：中央研究院中國文哲研究所，民國88年4月初版），頁71。

〔註167〕參見昌彼得等編：《宋人傳記資料索引・胡箕》（臺北市：鼎文書局，民國90年），頁1573。

〔註168〕參見清・朱彝尊：《經義考・春秋二十一》卷一百八十八（臺北市：中央研究院中國文哲研究所，民國88年4月初版），頁77～80。

稱其治《春秋》極有功。〔註169〕

可證謝疇著有《春秋古經》。雖未能確定此《春秋》中是否包含《穀梁春秋》，可知柳興恩乃從寬取之，其著作中有《春秋》，即列為《穀梁》經師。

（四十九）陳宓（1171～1230）

柳氏引《經義考》：「著《春秋三傳鈔》。」〔註170〕

巧儀案：柳氏據《經義考》以陳宓撰有《春秋三傳鈔》為《穀梁》經師。據《宋史·陳宓列傳》：

> 陳宓，字師復，丞相俊卿之子。少嘗及登朱熹之門，熹器異之。……
> 著書有《論語注義問答》、《春秋三傳抄》、《讀通鑑綱目》、《唐史贅
> 疣之稿》數十卷，藏于家。〔註171〕

可證陳宓著有《春秋三傳抄》。可知柳氏以其為《穀梁》經師，確有其根據。

（五十）章如愚（生卒年不詳）

柳氏引《經義考》：「著《羣書考索經說》三十二卷。」〔註172〕

巧儀案：柳氏據《經義考》以章如愚撰有《羣書考索經說》為《穀梁》經師。據《四庫全書總目提要·山堂考索前集六十六卷、後集六十五卷、續集五十六卷、別集二十五卷》：

> 內府藏本，宋章如愚撰。如愚字俊卿，婺州金華人。慶元（1195～1200）
> 中登進士第，初授國子博士，改知貴州，開禧（1205～1207）初被召。
> 疏陳時政，忤韓侂胄罷歸。事蹟具宋史儒林傳。史稱所著有文集行世，
> 今已散佚。惟此書猶存，凡分四集。《前集》六十六卷，分六經、諸
> 子、百家、諸經、諸史、聖翰、書目、文章、禮樂、律呂、歷數、天
> 文、地理十三門。《後集》六十五卷，分官制、學制、貢舉、兵制、
> 食貨、財用、刑法七門。《續集》五十六卷，分經籍、諸史、文章、
> 翰墨、律歷、五行、禮樂、封建、官制、兵制、財用、諸路、君道、

〔註169〕參見昌彼得等編：《宋人傳記資料索引·謝疇》（臺北市：鼎文書局，民國90年），頁4112、4113。

〔註170〕參見清·朱彝尊：《經義考·春秋二十二》卷一百八十九（臺北市：中央研究院中國文哲研究所，民國88年4月初版），頁99。

〔註171〕參見《宋史·陳宓列傳》，引自元·脫脫等撰，楊家駱主編：《新校本宋史并附編三種》（臺北市：鼎文書局，民國69年），頁12310～12312。

〔註172〕參見清·朱彝尊：《經義考·群經六》卷二百四十四（臺北市：中央研究院中國文哲研究所，民國88年4月初版），頁402、403。

臣道、聖賢十五門。《別集》二十五卷，分圖書、經籍、諸史、文章、律歷、人臣、經藝、財用、兵制、四裔、邊防十一門。宋自南渡以後，通儒尊性命而薄事功，文士尚議論而考證。如愚是編，獨以「考索」為名。言必有徵，事必有據。博采諸家，而折衷以己意。不但淹通掌故，亦頗以經世為心。在講學之家，尚有實際。惟其書卷帙浩繁，又四集不作於一時，不免有重複牴牾之處。……〔註173〕

稱章如愚著有《山堂考索前集》、《後集》、《續集》、《別集》，其中《前集》有「六經」、「諸經」；《續集》有「經籍」；《別集》亦有「經籍」，可知柳興恩之謂「經說」，當由是而來。據《宋人傳記資料索引·章如愚》：

章如愚字俊卿，號山堂，金華人。慶元二年（1196）進士，累官國子博士。出知貴州，開禧初被召，上疏極陳時政，以忤韓侂胄罷歸，結草堂山中，與士子講學，時稱山堂先生。有《山堂群書考索前集》六十六卷，《後集》六十五卷，《續集》五十六卷，《別集》二十五卷。〔註174〕

亦可證章如愚撰有《山堂群書考索前集》、《後集》、《續集》、《別集》。雖未明言《春秋》抑或《穀梁》，然「六經」、「諸經」、「經籍」等當包含《穀梁傳》於其中，可知柳興恩乃從寬取之，其著作中涉及《穀梁》者，即列為《穀梁》經師。

（五十一）陳思謙（生卒年不詳）

柳氏引《經義考》：「著《春秋三傳會同》四十卷。」〔註175〕

巧儀案：柳氏據《經義考》以陳思謙撰有《春秋三傳會同》為《穀梁》經師。據《宋人傳記資料索引·陳思謙》：

陳思謙字逃之，龍溪人。學問該博，教授後學，嘗魁鄉薦。朱熹深器之，妻以女。有《春秋三傳會同》、《列國類編》。〔註176〕

〔註173〕清·永瑢等編撰：《四庫全書總目提要》（上海市：商務印書館，民國22年），頁2804、2805。

〔註174〕參見昌彼得等編：《宋人傳記資料索引·章如愚》（臺北市：鼎文書局，民國90年），頁2091。

〔註175〕參見清·朱彝尊：《經義考·春秋二十二》卷一百八十九（臺北市：中央研究院中國文哲研究所，民國88年4月初版），頁99、100。

〔註176〕參見昌彼得等編：《宋人傳記資料索引·陳思謙》（臺北市：鼎文書局，民國90年），頁2598。

可證陳思謙著有《春秋三傳會同》。

另據《續文獻通考・經籍考》，亦有陳思謙撰有《春秋三傳會同》之著錄。「三傳」中即有《穀梁傳》，可知柳氏以其爲《穀梁》經師，確有其根據。

（五十二）許奕（1170～1219）

柳氏引《經義考》：「著《九經直音》九卷、《九經正誤》一卷、《諸經正典》十卷。」〔註177〕

巧儀案：柳氏據《經義考》以許奕撰有《九經直音》九卷、《九經正誤》、《諸經正典》爲《穀梁》經師。

據《宋史・藝文志》亦可證許奕著有《九經直音》、《九經正訛》、《諸經正典》。可知柳氏以其爲《穀梁》經師，確有其根據。

（五十三）劉伯證（生卒年不詳）

柳氏引《經義考》：「歙縣人，著《三傳制度辨》。」〔註178〕

巧儀案：柳氏據《經義考》以劉伯證撰有《三傳制度辨》爲《穀梁》經師。

據《宋人傳記資料索引・劉伯證》：

> 劉伯證，字證甫，歙縣人。以文謁魏了翁、眞德秀，咸稱善，爲之序。後眞魏相繼論薦，力辭不仕。著有《唐史撮要》、《左氏本末》、《三傳制度辨》等書。〔註179〕

可證劉伯證著有《三傳制度辨》。可知柳氏以其爲《穀梁》經師，確有其根據。

（五十四）楊甲　毛邦翰（生卒年俱不詳）

柳氏引《經義考》：「著《六經圖》三卷。」〔註180〕

巧儀案：柳氏據《經義考》以楊甲、毛邦翰撰有《六經圖》爲《穀梁》經師。

據《宋史・藝文志》，可知楊甲著有《六經圖》六卷，與柳興恩所引三卷，卷目不合。據《四庫全書總目提要・六經圖六卷》：

> 宋楊甲撰，毛邦翰補。甲字鼎卿，昌州人，乾道二年（1166）進士。

〔註177〕 參見清・朱彝尊：《經義考・群經六》卷二百四十四（臺北市：中央研究院中國文哲研究所，民國88年4月初版），頁401、402。

〔註178〕 參見清・朱彝尊：《經義考・春秋二十二》卷一百八十九（臺北市：中央研究院中國文哲研究所，民國88年4月初版），頁101。

〔註179〕 參見昌彼得等編：《宋人傳記資料索引・劉伯證》（臺北市：鼎文書局，民國90年），頁3955。

〔註180〕 參見清・朱彝尊：《經義考・群經五》卷二百四十三（臺北市：中央研究院中國文哲研究所，民國88年4月初版），頁379～387。

《成都文類》載其數詩，而不詳其仕履，其書成於紹興（1131～1162）

中。邦翰不知何許人，嘗官撫州教授，其書成於乾道中。〔註181〕

知《六經圖》確爲六卷，而楊甲所撰，毛邦翰所補，此或所以柳興恩將此二人並列之故。六經圖之「六經」爲《易》、《書》、《詩》、《周禮》、《禮記》、《春秋》。以《春秋》包含《穀梁傳》，柳氏從寬取之，將其列爲《穀梁》經師。

（五十六）楊泰之（生卒年不詳）

柳氏引《經義考》：「著《公羊穀梁傳類》五卷。」〔註182〕

巧儀案：柳氏據《經義考》以楊泰之撰有《公羊穀梁傳類》爲《穀梁》經師。據《宋史·儒林列傳四·楊泰之》：

> 楊泰之，字叔正，眉州青神人。少刻志于學，臥不設榻幾十歲。……
> 所者《克齋文集》、《論語解》、《老子解》、《春秋列國事目》、《公羊
> 穀梁類》、《詩類》、《詩名物編》、《論孟類》、《東漢三國志南北史唐
> 五代史類》、《歷代通鑑本朝長編類》、《東漢名物編》、《詩事類》、《大
> 易要言》、《雜者》，凡二百九十七卷。〔註183〕

可證楊泰之確實著有《公羊穀梁類》。可知柳氏以其爲《穀梁》經師，確有其根據。

（五十七）程公說（生卒年不詳）

柳氏引《玉海》、《宋志》、《經義考》：「著《春秋分記》九十卷。」〔註184〕

巧儀案：柳氏據《玉海》、《宋志》、《經義考》以程公說撰有《春秋分記》爲《穀梁》經師。

據《文獻通考·經籍考》、《續通志·藝文略》亦可證程公說著有《春秋分記》。以《春秋》包含《穀梁傳》，柳氏從寬取之，將其列爲《穀梁》經師。

〔註181〕參見清·永瑢等編撰：《四庫全書總目提要》（上海市：商務印書館，民國22
年），頁666、667。

〔註182〕參見清·朱彝尊：《經義考·春秋二十二》卷一百八十九（臺北市：中央研究
院中國文哲研究所，民國88年4月初版），頁103、104。

〔註183〕參見《宋史·儒林列傳四·楊泰之》，引自元·脫脫等撰，楊家駱主編：《新
校本宋史并附編三種》（臺北市：鼎文書局，民國69年），頁12900。

〔註184〕參見宋·王應麟：《玉海·卷四十》（江蘇：廣陵書社，2007年12月第1版），
頁761。《宋史·藝文志》，引自元·脫脫等撰，楊家駱主編：《新校本宋史并
附編三種》（臺北市：鼎文書局，民國69年），頁5064。清·朱彝尊：《經義
考·春秋二十三》卷一百九十（臺北市：中央研究院中國文哲研究所，民國
88年4月初版），頁109～112。

（五十八）趙善湘（約 1170～1242）

柳氏引《經義考》：「著《春秋三傳通議》。」〔註185〕

巧儀案：柳氏據《經義考》以趙善湘撰有《春秋三傳通議》爲《穀梁》經師。

據《宋史‧趙善湘列傳》：

> 趙善湘，字清臣，濮安懿王五世孫。父武翼郎不陋，從高宗渡江，
> 聞明州多名儒，徙居焉。……所著有《周易約說》八卷，《周易或問》
> 四卷，《周易續問》八卷，《周易指要》四卷，《學易補過》六卷，《洪
> 範統論》一卷，《中庸約說》一卷，《大學解》十卷，《論語大意》十
> 卷，《孟子解》十四卷，《老子解》十卷，《春秋三傳通議》三十卷，
> 《詩詞雜著》三十五卷。〔註186〕

可補證趙善湘著有《春秋三傳通議》，且爲三十卷。以《春秋》三傳包含《穀
梁傳》，柳氏從寬取之，將其列爲《穀梁》經師。

（五十九）林希逸（1193～約 1271）

柳氏引《宋志》、《經義考》：「著《春秋三傳正附論》十三卷。」〔註187〕

巧儀案：柳氏據《宋志》、《經義考》以林希逸撰有《春秋三傳正附論》爲《穀
梁》經師。據《宋人傳記資料索引‧林希逸》：

> 林希逸字肅翁，一字淵翁，號竹溪，又號鬳齋，福清人。善畫能書，
> 工詩。端平二年（1235）進士，歷官考功員外郎，終中書舍人。有
> 《易講》、《春秋正附篇》、《老莊列三子口義》、《考工記解》、《竹溪
> 稿》、《鬳齋續集》等書。〔註188〕

可證林希逸著有《春秋正附篇》。然《宋史‧藝文志》既稱《春秋三傳正附論》，
則「三傳」應包含《穀梁傳》，柳氏從寬取之，將其列爲《穀梁》經師。

〔註185〕 參見清‧朱彝尊：《經義考春秋二十三‧》卷一百九十（臺北市：中央研究院
中國文哲研究所，民國88年4月初版），頁112。

〔註186〕 參見《宋史‧趙善湘列傳》，引自元‧脫脫等撰，楊家駱主編：《新校本宋史
并附編三種》（臺北市：鼎文書局，民國69年），頁12400～12402。

〔註187〕 參見《宋史‧藝文志》，引自元‧脫脫等撰，楊家駱主編：《新校本宋史并附
編三種》（臺北市：鼎文書局，民國69年），頁5065。清‧朱彝尊：《經義考‧
春秋二十三》卷一百九十（臺北市：中央研究院中國文哲研究所，民國88
年4月初版），頁117。

〔註188〕 參見昌彼得等編：《宋人傳記資料索引‧林希逸》（臺北市：鼎文書局，民國
90年），頁1387、1388。

（六十）王應麟（1223～1296） 馬端臨（1254～？）

柳氏引《宋志》、《經義考》：「應麟著《春秋三傳會考》三十六卷、《玉海・藝文經解》九卷。端臨著《通考・經籍考》七十六卷。」〔註189〕

巧儀案：柳氏據王應麟撰有《春秋三傳會考》、《玉海・藝文經解》，馬端臨撰有《通考・經籍考》以爲《穀梁》經師。據《宋史・儒林列傳八・王應麟》：

> 王應麟，字伯厚，慶元府人。九歲通六經，淳祐元年（1241）舉進士，從王埜受學。……所著有《深寧集》一百卷、《玉堂類藁》二十三卷、《掖垣類藁》二十二卷、《詩考》五卷、《詩地理攷》五卷、《漢藝文志攷證》十卷、《通鑑地理攷》一百卷、《通鑑地理通釋》十六卷、《通鑑答問》四卷、《困學紀聞》二十卷、《蒙訓》七十卷、《集解踐阼篇》、《補注急就篇》六卷、《補注王會篇》、《小學紺珠》十卷、《玉海》二百卷、《詞學指南》四卷、《詞學題苑》四十卷、《筆海》四十卷、《姓氏急就篇》六卷、《漢制攷》四卷、《六經天文編》六卷、《小學諷詠》四卷。〔註190〕

王應麟九歲通曉《六經》，且著有《玉海》二百卷。且據《宋書藝文志》、《經義考》俱著錄其撰《春秋三傳會考》，則此爲柳氏以其爲《穀梁》經師之依據。

據《宋人傳記資料索引・馬端臨》：

> 馬端臨，字貴與，號竹洲，樂平人，廷鸞子。咸淳（1265～1274）中漕試第一，博極群書，以蔭補承事郎，廷鸞罷歸，端臨亦留侍養。元初起爲柯山書院山長，終台州州學教授，鄉里遠近師之。所著《文獻通考》，貫穿古今，賅博過於杜佑《通典》。又有《大學集傳》及《多識錄》。〔註191〕

可證馬端臨著有《文獻通考》。又據《四庫全書總目提要・文獻通考三百四十八卷》：

> 內府藏本，元馬端臨撰。端臨字貴與，江西樂平人，宋宰相廷鸞之

〔註189〕參見《宋史・藝文志》，引自元・脫脫等撰，楊家駱主編：《新校本宋史并附編三種》（臺北市：鼎文書局，民國69年），頁5065。清・朱彝尊：《經義考》（臺北市：中央研究院中國文哲研究所，民國88年4月初版），頁140、426。

〔註190〕參見《宋史・儒林列傳八・王應麟》，引自元・脫脫等撰，楊家駱主編：《新校本宋史并附編三種》（臺北市：鼎文書局，民國69年），頁12987～12991。

〔註191〕參見昌彼得等編：《宋人傳記資料索引・馬端臨》（臺北市：鼎文書局，民國90年），頁1845。

子也。咸淳中，漕試第一，會廷鷥忤賈似道去國，端臨因留侍養，不與計偕。元初，起爲柯山書院山長，後終於台州儒學教授。是書凡〈田賦考〉七卷、〈錢幣考〉二卷、〈戶口考〉二卷、〈職役考〉二卷、〈征榷考〉六卷、〈市糴考〉二卷、〈土貢考〉一卷、〈國用考〉五卷、〈選舉考〉十二卷、〈學校考〉七卷、〈職官考〉二十一卷、〈郊社考〉二十三卷、〈宗廟考〉十五卷、〈王禮考〉二十二卷、〈樂考〉二十一卷、〈兵考〉十三卷、〈刑考〉十二卷、〈經籍考〉七十六卷、〈帝系考〉十卷、〈封建考〉十八卷、〈象緯考〉十七卷、〈物異考〉二十卷、〈輿地考〉九卷、〈四裔考〉二十五卷。〔註192〕

馬端臨《文獻通考》中，有〈田賦考〉、〈錢幣考〉、等二十四種，其中〈經籍考〉當爲柳興恩所以列其爲《穀梁》經師之依據。

（六十二）黃震（1213～1280）

柳氏引《經義考》：「著《讀三傳日抄》一卷。」〔註193〕

巧儀案：柳氏據《經義考》以黃震撰有《讀三傳日抄》爲《穀梁》經師。《宋人傳記資料索引‧黃震》：

黃震，字東發，號於越，慈谿人。年四十四登寶祐四年（1256）進士，爲史館檢閱，以直言出判廣德軍，知撫州，改提點刑獄，皆有惠政，爲人清介自守，獨宗朱氏學。元世祖至元十七年（1280）卒，年六十八，門人私諡文潔先生。有《古今紀要》十九卷、《黃氏日鈔》一百卷。〔註194〕

可證黃震著有《黃氏日鈔》。據《四庫全書總目提要‧黃氏日鈔九十五卷》：

安徽巡撫採進本，宋黃震撰。震有《古今紀要》，已著錄。是書本九十七卷，凡讀經者三十卷、讀三《傳》及孔氏書者各一卷、讀諸儒書者十三卷、讀史者五卷、讀雜史、讀諸子者各四卷、讀文集者十卷、計六十八卷，皆論古人。其六十九卷以下，凡奏箚、申明、公移、講義、策問、書記、序跋啓、祝文、祭文、行狀、墓誌、著錄

〔註192〕參見清‧永瑢等編撰：《四庫全書總目提要》（上海市：商務印書館，民國22年），頁1702～1704。

〔註193〕參見清‧朱彝尊：《經義考‧春秋二十四》卷一百九十一（臺北市：中央研究院中國文哲研究所，民國88年4月初版），頁143。

〔註194〕參見昌彼得等編：《宋人傳記資料索引‧黃震》（臺北市：鼎文書局，民國90年），頁2870、2871。

者，計二十九卷，皆所自作之文。其中八十一卷、八十九卷原本併闕，其存者實九十五卷也。……〔註195〕

《黃氏日鈔》有「讀三《傳》及孔氏書者各一卷」，此當爲柳興恩謂之「讀三傳日鈔」，且所以列其爲《穀梁》經師之依據。

另據《續通志・藝文略》、《續文獻通考・經籍考》，皆有黃震撰有《黃氏日鈔》之著錄。

（六十三）呂大圭（生卒年不詳）

柳氏引《四庫總目》：「著《春秋或問》二十卷、附《春秋五論》二卷。」
〔註196〕

巧儀案：柳氏據《四庫總目》以呂大圭撰有《春秋或問》、《附春秋五論》爲《穀梁》經師。據《四庫全書總目提要・春秋或問二十卷》：

> 此《或問》二十卷，即申明集傳之意也。大旨於三傳之中，多主《左氏》、《穀梁》而深排《公羊》……考三傳之中，事迹莫備於《左氏》，義理莫精于《穀梁》。

可知呂大圭《春秋或問》於義理從《穀梁傳》。柳興恩據此列呂大圭爲《穀梁》經師，確有其根據。另據《續通志・藝文略》、《續文獻通考・經籍考》亦可證呂大圭著有《春秋或問》、《附春秋五論》。

（六十四）趙孟至（生卒年不詳）

柳氏引《經義考》：「著《九經音釋》九卷。」〔註197〕

巧儀案：柳氏據《經義考》以趙孟至撰有《九經音釋》爲《穀梁》經師。《宋人傳記資料索引・趙孟至》：

> 趙孟至，湖州人，與子。登咸淳元年（1265）進士，官至運判。有《九經音釋》九卷。〔註198〕

〔註195〕 參見清・永瑢等編撰：《四庫全書總目提要》（上海市：商務印書館，民國22年），頁1916。

〔註196〕 參見清・永瑢等編撰：《四庫全書總目提要》（上海市：商務印書館，民國22年），頁550。清・朱彝尊：《經義考・春秋二十四》卷一百九十一（臺北市：中央研究院中國文哲研究所，民國88年4月初版），頁144、145。

〔註197〕 參見清・朱彝尊：《經義考・群經七》卷二百四十五（臺北市：中央研究院中國文哲研究所，民國88年4月初版），頁431。

〔註198〕 參見昌彼得等編：《宋人傳記資料索引・趙孟至》（臺北市：鼎文書局，民國90年），頁3517。

可證趙孟至著有《九經音釋》。「九經」中有《穀梁傳》，可知柳興恩乃從寬取之，其著作中涉及《穀梁》者，即列爲《穀梁》經師。

（六十五）陳深（1260～1344）

柳氏引《四庫總目》、《經義考》：「著《十三經解詁》五十六卷。」〔註199〕

巧儀案：柳氏據《四庫總目》、《經義考》陳深撰有《十三經解詁》以爲《穀梁》經師。據《四庫全書總目提要·十三經解詁五十六卷》：

> 兩淮鹽政採進本，明陳深撰。深有周禮訓雋，已著錄。是編凡《易》三卷、《書》三卷、《詩》四卷、《周禮》六卷、《儀禮》四卷、《禮記》十卷、《左傳》十四卷、《公羊傳》三卷、《穀梁傳》二卷、《論語》一卷、《孝經》一卷、《爾雅》三卷、《孟子》二卷。……〔註200〕

陳深《十三經解詁》包含《易》、《書》、《詩》、《周禮》、《儀禮》、《禮記》、《左傳》、《公羊傳》、《穀梁傳》、《論語》、《孝經》、《爾雅》、《孟子》。可知柳氏以其爲《穀梁》經師，確有其依據。

另據《續通志·藝文略》、《續文獻通考·經籍考》、《明史·藝文志》《四庫全書總目提要》知陳深著有《十三經解詁》。

（六十六）陳德甯（生卒年不詳）

柳氏引《宋志》、《經義考》：「著《穀梁新例》六卷。」〔註201〕

巧儀案：柳氏據《宋志》、《經義考》以陳德甯撰有《穀梁新例》爲《穀梁》經師。

（六十七）蕭之美（生卒年不詳）

柳氏引《宋志》、《經義考》：「著《春秋三傳合璧要覽》二卷。」〔註202〕

〔註199〕 參見清·永瑢等編撰：《四庫全書總目提要》（上海市：商務印書館，民國22年），頁693。清·朱彝尊：《經義考·春秋二十四》卷一百九十一（臺北市：中央研究院中國文哲研究所，民國88年4月初版），頁153。

〔註200〕 參見清·永瑢等編撰：《四庫全書總目提要》（上海市：商務印書館，民國22年），頁693。

〔註201〕 參見《宋史·藝文志》，引自元·脫脫等撰，楊家駱主編：《新校本宋史并附編三種》（臺北市：鼎文書局，民國69年），頁5059。清·朱彝尊：《經義考·春秋二十五》卷一百九十二（臺北市：中央研究院中國文哲研究所，民國88年4月初版），頁157、158。

〔註202〕 參見《宋史·藝文志》，引自元·脫脫等撰，楊家駱主編：《新校本宋史并附編三種》（臺北市：鼎文書局，民國69年），頁5300。清·朱彝尊：《經義考·春秋二十五》卷一百九十二（臺北市：中央研究院中國文哲研究所，民國88

巧儀案：柳氏據《宋志》、《經義考》以蕭之美撰有《春秋三傳合璧要覽》爲
《穀梁》經師。「三傳」中當有《穀梁傳》，可知柳興恩乃從寬取之，其著作
中涉及《穀梁》者，即列爲《穀梁》經師。

（六十八）李舜臣（生卒年不詳）

柳氏引《經義考》：「著《羣經義》七卷。」〔註203〕

巧儀案：柳氏據《經義考》以李舜臣撰有《羣經義》爲《穀梁》經師。據《宋
史・李舜臣列傳》：

> 李舜臣字子思，隆州井研人。生四年知讀書，八歲能屬文，少長通
> 古今，推迹興廢，洞見根本，慨然有志於天下。……所著書《羣經
> 義》八卷、《書小傳》四卷、《文集》三十卷、《家塾編次論語》五卷、
> 《鏤玉餘功錄》二卷。〔註204〕

可知李舜臣著有《羣經義》八卷。又《宋史・藝文志一》：「李舜臣《諸經講
義》七卷」〔註205〕二處合觀：可知「《羣經義》七卷」或爲「《羣經義》八卷」；
或爲「《諸經講義》七卷」；或爲「《羣經義》八卷、《諸經講義》七卷」。「羣
經」、「諸經」皆包含《穀梁傳》，柳氏從寬取之，將其列爲《穀梁》經師。

（六十九）敬鉉（生卒年不詳）

柳氏引《經義考》：「著《明三傳例》八卷。」〔註206〕

巧儀案：柳氏據《經義考》以敬鉉撰有《明三傳例》爲《穀梁》經師。《元史・
列傳六十二・敬儼》：

> （敬儼）……叔祖鉉，與太原元好問同登金進士第，國初爲中都提
> 學，著《春秋備忘》四十卷，仁宗朝命刻其書，今行于世。〔註207〕

可知敬鉉著有《春秋備忘》，另據《續文獻通考・經籍考》亦有其著錄。「三

年4月初版），頁163。

〔註203〕參見清・朱彝尊：《經義考・群經五》卷二百四十三（臺北市：中央研究院中
　　　　國文哲研究所，民國88年4月初版），頁390。

〔註204〕參見《宋史・李舜臣列傳》，引自元・脫脫等撰，楊家駱主編：《新校本宋史
　　　　并附編三種》（臺北市：鼎文書局，民國69年），頁12223。

〔註205〕參見《宋史・藝文志一》，引自元・脫脫等撰，楊家駱主編：《新校本宋史并
　　　　附編三種》（臺北市：鼎文書局，民國69年），頁5071。

〔註206〕參見清・朱彝尊：《經義考・春秋二十六》卷一百九十三（臺北市：中央研究
　　　　院中國文哲研究所，民國88年4月初版），頁176。

〔註207〕參見《元史・敬儼敬鉉列傳》，引自明・宋濂等撰：楊家駱主編《新校本元史
　　　　并附編二種》（臺北市：鼎文書局，民國70年），頁4093。

傳」中當有《穀梁傳》，可知柳興恩乃從寬取之，其著作中涉及《穀梁》者，即列爲《穀梁》經師。

小結

宋代此六十九位經師依據其在《穀梁》學中之地位及貢獻，可約劃分爲三類：

一、以其撰有著作，列爲《穀梁》經師者。依其著作與《穀梁傳》關係之遠近，又可略分爲四：

（一）撰有《穀梁傳》專著者：陳德甯《穀梁新例》一人。

（二）著作爲《春秋》學範疇，兼及《穀梁傳》。依其內容與《穀梁傳》關係之遠近，可約分爲四：

1、以《穀梁》別爲一節，雖非《穀梁》專著，柳氏仍列爲《穀梁》經師：共有劉敞《春秋傳》、《春秋權衡》、《春秋意林》、《春秋說例》、黃震《讀三傳日抄》二人；

2、引《穀梁》傳文、傳義說解，雖非《穀梁》專著，柳氏從寬取之，列爲《穀梁》經師：共有王晢《春秋皇綱論》、杜諤《春秋會義》、賈昌朝《春秋節解》、《羣經音辨》、孫覺《春秋經解》、《春秋經社要義》、胡安國《春秋傳》、葉夢得《春秋傳》、《春秋攷》、《春秋讞》、崔子方《春秋經解》、《春秋本例》、《春秋例要》、高閌《春秋集注》、呂本中《春秋集解》、陳傅良《春秋後傳》、戴溪《春秋講義》、岳珂《春秋刊正九經三傳沿革例》、程公說《春秋分記》、呂大圭《春秋或問》、《春秋五論》等十四人；

3、內無《穀梁》傳文、傳義，柳氏從寬取之，列爲《穀梁》經師：孫復《尊王發微》一人；

4、其書未見，但存其目，無可考者：共有孫立節《春秋三傳例編》、范隱之《春秋五傳會義》、章拱之《春秋統微》、趙瞻《春秋經傳義例》、朱臨《春秋統例》、吳孜《春秋折衷義》、《三傳元談》、王沿《春秋集傳》、王曉《春秋原要》、《春秋三傳雜評》、王日休《春秋孫復解三傳辨失》、劉弇《春秋講義》、余安行《春秋新傳》、朱長文《春秋通志》、丁副《春秋三傳異同字》、《春秋

演聖統例》、任伯爾《繹聖傳》、《春秋繹聖新傳》、晁說之《春秋三傳說》、李堯俞《春秋集議略論》、于正封《三傳是非》、許翰《襄陵春秋集傳》、鄭樵《春秋考》、吳曾《春秋考異》、句龍傳《春秋三傳分國志紀是本末》、畢良史《春秋通例》、鄭綺《春秋合經論》、胡箕《春秋三傳會例》、謝疇《春秋古經》、陳宓《春秋三傳鈔》、陳思謙《春秋三傳會同》、劉伯證《三傳制度辨》、楊泰之《公羊穀梁傳類》、趙善湘《春秋三傳通議》、林希逸《春秋三傳正附論》、蕭之美《春秋三傳合璧要覽》、敬鉉《明三傳例》等三十三人。

（三）著作爲經學範疇，兼及《穀梁傳》。依其內容與《穀梁傳》關係之遠近，可約分爲五：

1、以《穀梁》別爲一節，雖非《穀梁》專著，柳氏仍列爲《穀梁》經師：陳深《十三經解詁》一人；

2、以《春秋》、三傳爲目，通論三傳者，柳氏從寬取之，列爲《穀梁》經師：共有楊甲《六經圖》、毛邦翰《增補六經圖》二人；

3、其書雖佚，尚有資可考者：共有程俱《漢儒授經圖》、張伯文《九經疑難》、章如愚《羣書考索》、楊伯嵒《九經補韻》等四人；

4、其書未見，但存其目，無可考者：共有黃補《九經解》、錢承志《九經簡要》、黃敏求《九經餘義》、許奕《九經直音》、《九經正譌》、《諸經正典》、趙孟至《九經音釋》、李舜臣《羣經義》等六人；

（四）因故無從歸類者：

1、其爲目錄之書，無從歸類者：共有王應麟《春秋三傳會考》、《玉海•藝文經解》、馬端臨《文獻通考》二人。

二、以史傳（或文獻資料）言其明《春秋》三《傳》，不專指《穀梁》者：共有劉巽、鄧名世二人。

三、以《穀梁》傳義議論時事者：有汪澈（以天有異象議論時事）一人。

　　宋代治《春秋》者甚多，而並不專主一傳，多沿啖助、趙匡、陸質主「捨傳求經」一派，以胡安國最爲明顯。宋人除不信三傳外，每每要對三傳權衡比較，斟酌棄取，務求探出春秋的眞義（此義或在三傳之中，或出三傳之外）。

　　唐代《五經正義》統一五經文本，亦統一對文本經義的說解。使得經學的發展受到束縛（唐代經學即停滯不前）。

　　宋初，由於統治者的提倡，加上社會的穩定，使得經學得以復興。然初期仍沿襲唐以來重文學不重經術，治經則固守注疏的學術傳統。被稱為「宋初三先生」的孫復，是北宋前期最重要的《春秋》學者之一，其《春秋尊王發微》將「尊王」提到《春秋》大義的首位，繼承唐代啖、趙、陸三家說經之法，站到三傳之外，重新審視三傳說解。於宋代《春秋》學有極其深遠的影響。

　　仁宗慶曆（1041～1048）以後，宋代經學大盛，其中，劉敞《春秋權衡》，自稱以《春秋》三傳善惡褒貶每每相反，「權衡」即對三傳進行衡量，將對的說解保留，批駁錯的。然其如皮錫瑞所言之「宋人不信注疏，馴至疑經；疑經不已，遂至改經、刪經，移易經文以就己說，此不可為訓者也。」〔註208〕《四庫全書總目》亦言「宋代改經之例，敞導其先，宜其視改傳為固然矣。」可見劉敞在唐代啖助、宋初孫復的「捨傳求經」的影響下，進而「信經不信傳」了。而以此「信經不信傳」的風氣影響之下，神宗熙寧年間（1068～1077）王安石改變了《春秋》經傳在官學中的地位：《春秋》不列於學官，科舉考試不以《春秋》取士。至此，《春秋》三傳失去官學的地位。

　　而宋代探究《春秋》經義者，又多崇此質疑傳義、專求經旨之風。如南宋胡安國《春秋傳》將春秋大義概括為「尊君父、討亂賊、辟邪說、正人心、用夏變夷」，實借《春秋》抒發其政治理念、原則。其書在元、明兩代產生深遠影響。王皙《春秋皇綱論》討論《春秋》書法義例，考據辨別三傳、啖、趙得失。孫覺《春秋經解》，其對三傳及先儒所論不甚滿意，自稱「取其是而捨其非」，在比較三傳後，認為「《穀梁》最為精深」、「以《穀梁》為本」，然在解經形式上，雖主《穀梁》，然實借解經闡發政治思想。崔子方治《春秋》從三傳入手，以三傳都不足信而「捨傳求經」。葉夢得從批評舊說入手，《春秋讞》在綜合啖、趙的《辨疑》與劉敞的《春秋權衡》的基礎上，「正其差誤而補其疏略」。元、明以降，此種治經風氣愈趨流行，《穀梁》益發一蹶不振。

〔註208〕參見清‧皮錫瑞：《經學通論》（台北市：河洛圖書出版社，民國63年12月景印出版），頁264。

第三節　元代《穀梁》學者及《穀梁》學傳授

元代《穀梁》經師列於《穀梁大義述》卷十八，依《穀梁大義述・述經師》目次，共錄有何異孫、郝經等二十一位經師。

柳興恩收錄的依據有《四庫全書總目》、《經義考》。

現依《穀梁大義述・述經師》目次，一一敘明此二十一位《穀梁》經師。

（一）何異孫（生卒年不詳）

柳氏引《四庫全書總目》、《經義考》：「著《十一經問答》五卷。」〔註209〕

巧儀案：柳氏據《四庫全書總目》、《經義考》以何異孫撰有《十一經問答》爲《穀梁》經師。據《四庫全書總目提要・十一經問對五卷》：

> 兩江總督採進本，舊本題何異孫撰。不著時代。……所説凡《論語》、《孝經》、《孟子》、《大學》、《中庸》、《詩書》、《周禮》、《儀禮》、《春秋三傳》、《禮記》十一經。其次先後，頗無倫理。又以《大學》、《中庸》各爲一經，亦爲杜撰，皆頗不可解。其書皆仿朱子或問之體，設爲問答。《大學》、《中庸》、《論語》、《孟子》，大致用《章句集註》，而小有異同。……其餘説《詩》多據鄭元譜，説《書》多據蔡沈傳，説三《禮》、三《傳》多撮舉註疏。然其間隨文生義，觸類旁通。用以資幼學之記誦，亦不爲無益。……〔註210〕

《四庫全書總目題要》著錄爲《十一經問對》，其「十一經」爲《論語》、《孝經》、《孟子》、《大學》、《中庸》、《詩》、《書》、《周禮》、《儀禮》、《春秋三傳》、《禮記》。

另據《續文獻通考・經籍考》，亦有何異孫著有《十一經問答》之著錄。「春秋三傳」中有《穀梁傳》，此爲柳氏以其爲《穀梁》經師之依據。

（二）郝經（1223〜1275）

柳氏引《經義考》：「著《春秋外傳》八十一卷。」〔註211〕

〔註209〕參見清・永瑢等編撰：《四庫全書總目提要》（上海市：商務印書館，民國22年），頁 672。清・朱彝尊：《經義考・群經八》卷二百四十六（臺北市：中央研究院中國文哲研究所，民國88年4月初版），頁440。

〔註210〕參見清・永瑢等編撰：《四庫全書總目提要》（上海市：商務印書館，民國22年），頁 672、673。

〔註211〕參見清・朱彝尊：《經義考・春秋二十六》卷一百九十三（臺北市：中央研究院中國文哲研究所，民國88年4月初版），頁178。

巧儀案：柳氏據《經義考》以郝經撰有《春秋外傳》爲《穀梁》經師。據《元史·郝經列傳》：

> 郝經，字伯常，其先潞州人，徙澤州之陵川，家世業儒。祖天挺，元裕嘗從之學。……經爲人尚氣節，爲學務有用。及被留，思託言垂後，撰《續後漢書》、《易、春秋外傳》、《太極演》、《原古錄》、《通鑑書法》、《玉衡貞觀》等書及文集，凡數百卷。其文豐蔚豪宕，善議論。詩多奇崛。拘宋十六年，從者皆通於學。〔註212〕

可證郝經著有《春秋外傳》。雖未能確定此《春秋》中是否包含《穀梁春秋》，可知柳興恩乃從寬取之，其著作中有《春秋》，即列爲《穀梁》經師。

（三）歐陽長孺（生卒年不詳）

柳氏引《經義考》：「著《九經治要》十卷。」〔註213〕

巧儀案：柳氏據《經義考》以歐陽長孺撰有《九經治要》爲《穀梁》經師。「九經」中當有《穀梁傳》，可知柳興恩乃從寬取之，其著作中涉及《穀梁》者，即列爲《穀梁》經師。

（四）趙長鈞　俞皐（生卒年俱不詳）

柳氏引《四庫總目》、《經義考》：「著《春秋集傳釋義大成》十二卷。」〔註214〕

巧儀案：柳氏據《四庫總目》、《經義考》以俞皐撰有《春秋集傳釋義大成》爲《穀梁》經師。據《四庫全書總目提要·春秋集傳釋義大成十二卷》：

> 內府藏本，元俞皐撰。皐字心遠，新安人。初其鄉人趙良鈞，宋末進士及第，授修職郎，廣德軍教授。宋亡不仕，以《春秋》教授鄉里，皐從良鈞受學，因以所傳著是書。經文之下，備列三《傳》，其胡安國《傳》，亦與同列。……然皐雖以四《傳》竝列。而於胡《傳》之過偏過激者。實多所匡正。……蓋其師之學，本出於程子，特以程《傳》未有成書，而胡《傳》方爲當代所傳習，故取與三《傳》

〔註212〕參見《元史·郝經列傳》，引自明·宋濂等撰：楊家駱主編《新校本元史并附編二種》（臺北市：鼎文書局，民國70年），頁3698。

〔註213〕參見清·朱彝尊：《經義考·群經八》卷二百四十六（臺北市：中央研究院中國文哲研究所，民國88年4月初版），頁443。

〔註214〕參見清·永瑢等編撰：《四庫全書總目提要》（上海市：商務印書館，民國22年），頁553。清·朱彝尊：《經義考·春秋二十七》卷一百九十四（臺北市：中央研究院中國文哲研究所，民國88年4月初版），頁197～200。

並論之。統核全書,其大旨可以概見。固未嘗如明代諸人,竟尊胡
《傳》爲經也。〔註215〕

《春秋集傳釋義大成》於經文之下,將《左傳》、《公羊傳》、《穀梁傳》、《胡
傳》四傳並列。然《胡傳》過於偏激,則俞皋多所匡正。

另據《續通志·藝文略》、《續文獻通考·經籍考》,皆以《春秋集傳釋義
大成》爲俞皋所著。其書既包含《穀梁傳》,可知柳氏以俞皋爲《穀梁》經師,
確有其根據。又俞皋既從趙長鈞學,可知其傳授世系爲:「趙長鈞─俞皋」,
可見其學術傳授痕跡。則爲柳氏以趙長鈞爲《穀梁》經師之依據。

(六)程端學(1278～1334)

柳氏引《四庫總目》、《經義考》:「著《春秋本義》三十卷、《春秋三傳辨
疑》二十卷。」〔註216〕

巧儀案:柳氏據《四庫總目》、《經義考》以程端學撰有《春秋本義》、《春秋
三傳辨疑》爲《穀梁》經師。據《元史·儒學列傳二·程端學》:

> 端學,字時叔,通《春秋》,登至治辛酉(1321)進士第,授僊居縣
> 丞,尋改國子助教。動有師法,學者以其剛嚴方正,咸嚴憚之。遷
> 太常博士,命未下而卒。後以子徐貴,贈禮部尚書。所著有《春秋
> 本義》三十卷,《三傳辨疑》二十卷,《春秋或問》十卷。〔註217〕

可證程端學除《春秋本義》、《三傳辨疑》外,另著有《春秋或問》十卷。另
據《續通志·藝文略》、《續文獻通考·經籍考》著錄同《元史》。可知柳氏以
其爲《穀梁》經師,確有其根據。

(七)李廉(生卒年不詳)

柳氏引《四庫總目》、《經義考》:「著《春秋諸傳會通》二十四卷。」〔註218〕

〔註215〕參見清·永瑢等編撰:《四庫全書總目提要》(上海市:商務印書館,民國22
　　　年),頁553。

〔註216〕參見清·永瑢等編撰:《四庫全書總目提要》(上海市:商務印書館,民國22
　　　年),頁555、556。清·朱彝尊:《經義考·春秋二十八》卷一百九十五(臺
　　　北市:中央研究院中國文哲研究所,民國88年4月初版),頁223。

〔註217〕參見《元史·儒學列傳二·程端學》,引自明·宋濂等撰;楊家駱主編《新校
　　　本元史并附編二種》(臺北市:鼎文書局,民國70年),頁4342。

〔註218〕參見清·永瑢等編撰:《四庫全書總目提要》(上海市:商務印書館,民國22
　　　年),頁557。清·朱彝尊:《經義考·春秋三十》卷一百九十七(臺北市:
　　　中央研究院中國文哲研究所,民國88年4月初版),頁264～267。

巧儀案：柳氏據《四庫總目》、《經義考》以李廉撰有《春秋諸傳會通》爲《穀梁》經師。據《四庫全書總目提要・春秋諸傳會通二十四卷》：

> 浙江范懋柱家天一閣藏本，元李廉撰。廉字行簡，盧陵人。……此書以諸家之說，薈萃成編。自序謂先《左氏》事之案也，次《公》、《穀》傳經之始也，次三《傳》注專門也，次疏義釋所疑也，總之以《胡氏》。貴乎斷也，陳張竝列，擇其長也。又備采諸儒成說，及他傳記，略加疏別。於異同是非始末之際，每究心焉。然是編雖以《胡氏》爲主，而駁正殊多，又參考諸家，竝能掇其長義。一事之疑，一辭之異，皆貫串全經以折衷之。……持論俱明白正大。總論百餘條，權衡事理，尤得比事屬辭之旨，故《欽定春秋傳說彙纂》，多採錄焉。廉自序題「至正九年己丑（1349）」，又稱「讀經三十年，竊第南歸，叨錄劇司，乃成是書。」考元史陳祖仁榜，在順帝至正二年（1342）。蓋廉於鄉舉之歲，即登進士第，而通籍頗晚。閉戶著書，故得潛心古義，不同於科舉之學也。〔註219〕

《春秋諸傳會通》先以《左傳》，次之以《公羊傳》、《穀梁傳》，再列三《傳》注疏，以《胡傳》總結。然其雖以《胡傳》爲主，卻多所駁斥糾正。

據《續通志・藝文略》、《續文獻通考・經籍考》，亦著錄有《春秋諸傳會通》。其書既包含《穀梁傳》，則爲柳氏以其爲《穀梁》經師之依據。

（八）陳櫟（1252～1334）

柳氏引《經義考》：「著《春秋三傳節注》。」〔註220〕

巧儀案：柳氏據《經義考》以陳櫟撰有《春秋三傳節注》爲《穀梁》經師。「三傳」中當有《穀梁傳》，可知柳興恩乃從寬取之，其著作中涉及《穀梁》者，即列爲《穀梁》經師。

（九）黃澤（1260～1346）

柳氏引《四庫總目》、《經義考》：「著《三傳義例攷》。」〔註221〕

〔註219〕 參見清・永瑢等編撰：《四庫全書總目提要》（上海市：商務印書館，民國22年），頁557、558。

〔註220〕 參見清・朱彝尊：《經義考・春秋二十七》卷一百九十四（臺北市：中央研究院中國文哲研究所，民國88年4月初版），頁194。

〔註221〕 參見清・永瑢等編撰：《四庫全書總目提要》（上海市：商務印書館，民國22年），頁559、560。清・朱彝尊：《經義考・春秋二十九》卷一百九十六（臺北市：中央研究院中國文哲研究所，民國88年4月初版），頁253。

巧儀案：柳氏據《四庫總目》、《經義考》以黃澤撰有《三傳義例攷》為《穀梁》經師。據《元史・儒學列傳一・黃澤》：

> 黃澤字楚望，其先長安人。……於《春秋》以明書法為主，其大要則在考覈三《傳》，以求向上之功，而脈絡盡在《左傳》，作《三傳義例考》、《筆削本旨》。……門人惟新安趙汸為高第，得其《春秋》之學為多。……〔註222〕

黃澤研究《春秋》以明瞭孔子記述歷史的筆法為主，其主要方法在於考較三傳，以求向上探索，而脈絡全部在《左傳》之中，因而著《三傳義例考》、《筆削本旨》。「三傳」中當有《穀梁傳》，此為柳氏以其為《穀梁》經師之依據。並可知其傳授世系為：「黃澤──趙汸」。

（十）吳萊（1297～1340）

柳氏引《經義考》：「著《春秋傳授譜》一卷。」〔註223〕

巧儀案：柳氏據《經義考》以吳萊撰有《春秋傳授譜》為《穀梁》經師。《元史・黃溍、柳貫、吳萊列傳》：

> 黃溍字晉卿，婺州義烏人。……同郡柳貫、吳萊皆浦陽人。……萊字立夫，集賢大學士直方之子也，輩行稍後於貫、溍。……延祐七年（1320），以春秋舉上禮部，不利，退居深裊山中，益窮諸書奧旨，著《尚書標說》六卷、《春秋世變圖》二卷、《春秋傳授譜》一卷、《古職方錄》八卷、《孟子弟子列傳》二卷、《楚漢正聲》二卷、《樂府類編》一百卷、《唐律刪要》三十卷、《文集》六十卷。〔註224〕

可證吳萊著有《春秋傳授譜》。可知柳氏以其為《穀梁》經師，確有其根據。

（十一）雷光霆（生卒年不詳）

柳氏引《經義考》：「著《九經輯義》五十卷。」〔註225〕

巧儀案：柳氏據《經義考》以雷光霆撰有《九經輯義》為《穀梁》經師。「九

〔註222〕參見《元史・儒學列傳一・黃澤》，引自明・宋濂等撰；楊家駱主編《新校本元史并附編二種》（臺北市：鼎文書局，民國70年），頁4322～4325。

〔註223〕參見清・朱彝尊：《經義考・春秋二十九》卷一百九十六（臺北市：中央研究院中國文哲研究所，民國88年4月初版），頁247～249。

〔註224〕參見《元史・黃溍柳貫吳萊列傳》，引自明・宋濂等撰；楊家駱主編《新校本元史并附編二種》（臺北市：鼎文書局，民國70年），頁4187。

〔註225〕參見清・朱彝尊：《經義考・群經八》卷二百四十六（臺北市：中央研究院中國文哲研究所，民國88年4月初版），頁448。

經」中有《穀梁傳》，可知柳興恩乃從寬取之，其著作中涉及《穀梁》者，即列爲《穀梁》經師。

（十二）趙汸（1319～1369）

柳氏引《四庫總目》、《經義考》：「著《春秋屬辭》十五卷。」〔註226〕

巧儀案：柳氏據以爲《穀梁》經師。據《明史・儒林列傳一・趙汸》：

> 趙汸，字子常，休寧人。生而姿稟卓絕。初就外傳，讀朱子四書，多所疑難，乃盡取朱子書讀之。聞九江黃澤有學行，往從之游。澤之學，以精思自悟爲主。其教人，引而不發。汸一再登門，乃得六經疑義千餘條以歸。已，復往，留二歲，得口授六十四卦大義與學《春秋》之要。後復從臨川虞集游，獲聞吳澄之學。乃築東山精舍，讀書著述其中。雞初鳴輒起，澄心默坐。由是造詣精深，諸經無不通貫，而尤邃於《春秋》。初以聞於黃澤者，爲《春秋師說》三卷，復廣之爲《春秋集傳》十五卷。因《禮記・經解》有「屬辭比事《春秋》教」之語，乃復著《春秋屬辭》八篇。又以爲學《春秋》者，必考《左傳》事實爲先，杜預、陳傅良有得於此，而各有所蔽，乃復著《左氏補注》十卷。當是時，天下兵起，汸轉側干戈間，顛沛流離，而進修之功不懈。〔註227〕

趙汸因爲《禮記・經解》有「屬辭比事《春秋》教」，便作有《春秋屬辭》八篇。並可知其傳授世系爲：「黃澤——趙汸」。

《四庫全書總目提要・春秋屬辭十五卷》：

> 兩江總督採進本，元趙汸撰。汸於春秋用力至深。至正丁酉（1357）。既定《集傳》初棄。又因《禮記經解》之語。悟《春秋》之義。在於比事屬辭。因復推筆削之旨。定著此書。其爲例凡八。一曰存策書之大體。二曰假筆削以行權。三曰變文以示義。四曰辨名實之際。五曰謹內外之辨。六曰特筆以正名。七曰因日月以明類。八曰辭從主人。其說以杜預《釋例》、陳傅良《後傳》爲本。

〔註226〕參見清・永瑢等編撰：《四庫全書總目提要》（上海市：商務印書館，民國22年），頁560。清・朱彝尊：《經義考・春秋三十一》卷一百九十八（臺北市：中央研究院中國文哲研究所，民國88年4月初版），頁277～298。

〔註227〕參見《明史・儒林列傳一・趙汸》清・張廷玉等撰；楊家駱主編：《新校本明史并附編六種》（臺北市：鼎文書局，民國69年），頁7226。

而亦多所補正。……〔註228〕

《春秋屬辭》以杜預《釋例》、陳傅良《後傳》爲本，而趙汸多加以補充糾正。柳興恩既以陳傅良爲《穀梁》經師，則將趙汸亦列爲《穀梁》經師，亦有其依據。另據《明史・藝文志》，可證趙汸著有《春秋屬辭》，以《春秋》包含《穀梁傳》，柳氏從寬取之，將其列爲《穀梁》經師。

（十三）戴良（1317～1383）

柳氏引《經義考》：「著《春秋三傳纂元》三十二卷。」〔註229〕

巧儀案：柳氏據《經義考》以戴良撰有《春秋三傳纂元》爲《穀梁》經師。《明史・文苑列傳一・戴良》：

> 戴良，字叔能，浦江人。通經、史百家暨醫、卜、釋、老之說。學
> 古文於黃溍、柳貫、吳萊。〔註230〕

知戴良學於吳萊，柳興恩既以吳萊爲《穀梁》經師，又「三傳」中當有《穀梁傳》，可知柳興恩乃從寬取之，以戴良《春秋三傳纂玄》中涉及《穀梁》者，即列爲《穀梁》經師。其傳授世系爲：「吳萊——戴良」。

（十四）鄭玉（1298～1358）

柳氏引《四庫總目》、《經義考》：「著《春秋經傳闕疑》四十五卷。」〔註231〕

巧儀案：柳氏據《四庫總目》、《經義考》以鄭玉撰有《春秋經傳闕疑》爲《穀梁》經師。據《元史・忠義列傳四・鄭玉》：

> 鄭玉字子美，徽州歙縣人。幼敏悟嗜學，既長，覃思六經，尤邃於
> 《春秋》，絕意仕進，而勤於教。學者門人受業者眾，所居至不能容。
> 學者相與即其地搆師山書院以處焉。〔註232〕

雖未明言鄭玉撰有《春秋經傳闕疑》，然稱其對《春秋》研究精深，且以傳授

〔註228〕參見清・永瑢等編撰：《四庫全書總目提要》（上海市：商務印書館，民國22年），頁560、561。

〔註229〕參見清・朱彝尊：《經義考・春秋三十二》卷一百九十九（臺北市：中央研究院中國文哲研究所，民國88年4月初版），頁306、307。

〔註230〕參見《明史・文苑列傳一・戴良》清・張廷玉等撰；楊家駱主編：《新校本明史并附編六種》（臺北市：鼎文書局，民國69年），頁7312。

〔註231〕參見清・永瑢等編撰：《四庫全書總目提要》（上海市：商務印書館，民國22年），頁558。清・朱彝尊：《經義考・春秋三十》卷一百九十七（臺北市：中央研究院中國文哲研究所，民國88年4月初版），頁259～263。

〔註232〕參見《元史・忠義列傳四・鄭玉》，引自明・宋濂等撰；楊家駱主編《新校本元史并附編二種》（臺北市：鼎文書局，民國70年），頁4432。

教學爲業，跟從他學習的人很多。據《四庫全書總目提要・春秋經傳闕疑四十五卷》：

> 浙江鮑士恭家藏本，元鄭玉撰。玉事蹟詳元史忠義傳。其體例以經爲綱。以傳爲目。事則專主左氏。而附以公穀。立論則先以公穀。而參以歷代諸儒之說。經有殘闕。則考諸傳以補其遺。傳有舛誤。則稽於經以證其謬。大抵平心靜氣。得聖人之意者爲多……〔註233〕

《春秋經傳闕疑》以經爲綱，以傳爲目。敘事以《左傳》爲主，輔之《公羊傳》、《穀梁傳》；論說則以《公羊傳》、《穀梁傳》爲主，參之以諸儒之說。

另據《續通志・藝文略》、《續文獻通考・經籍考》亦著錄《春秋經傳闕疑》。其書既包含《穀梁傳》，則爲柳氏以其爲《穀梁》經師之依據。

（十五）程直方（生卒年不詳）

柳氏引《經義考》：「著《春秋諸傳考正》。」〔註234〕

巧儀案：柳氏據《經義考》以程直方撰有《春秋諸傳考正》爲《穀梁》經師。「諸傳」中當有《穀梁傳》，可知柳興恩乃從寬取之，其著作中涉及《穀梁》者，即列爲《穀梁》經師。

（十六）單庚金（生卒年不詳）

柳氏引《經義考》：「著《春秋三傳集說分紀》五十卷。」〔註235〕

巧儀案：柳氏據《經義考》以單庚金撰有《春秋三傳集說分紀》爲《穀梁》經師。「三傳」中當有《穀梁傳》，可知柳興恩乃從寬取之，其著作中涉及《穀梁》者，即列爲《穀梁》經師。

（十七）蔣宗簡（生卒年不詳）

柳氏引《經義考》：「著《春秋三傳要義》。」〔註236〕

巧儀案：柳氏據《經義考》以蔣宗簡撰有《春秋三傳要義》爲《穀梁》經師。

據《續文獻通考・經籍考》有蔣宗簡著有《春秋三傳要義》之著錄。「三

〔註233〕參見清・永瑢等編撰：《四庫全書總目提要》（上海市：商務印書館，民國 22 年），頁 558、559。

〔註234〕參見清・朱彝尊：《經義考・春秋二十七》卷一百九十四（臺北市：中央研究院中國文哲研究所，民國 88 年 4 月初版），頁 196。

〔註235〕參見清・朱彝尊：《經義考・春秋二十七》卷（臺北市：中央研究院中國文哲研究所，民國 88 年 4 月初版），頁 203、204。

〔註236〕參見清・朱彝尊：《經義考・春秋二十七》卷一百九十四（臺北市：中央研究院中國文哲研究所，民國 88 年 4 月初版），頁 217。

傳」中當有《穀梁傳》，可知柳氏以其爲《穀梁》經師，確有其根據。

（十八）黃景昌（1261～1336）

柳氏引《經義考》：「著《春秋公穀舉傳》。」〔註237〕

巧儀案：柳氏據《經義考》以黃景昌撰有《春秋公穀舉傳》爲《穀梁》經師。
《知不足齋叢書・浦陽人物記・黃景昌》：

> 黃景昌，字清遠，一字明遠。縣之靈泉人。其先與太史公庭堅同所
> 自出。四歲入小學，十二歲能屬文。長從方鳳、吳思齊、謝翱游，
> 益通五經、諸子、詩賦、百家之言，尤篤意《書》、《春秋》，學之四
> 十年不倦。三《傳》異說，學者不知所從，景昌據經爲斷，各采其
> 長，有不合者，痛辭闢之，不少恕，作《春秋舉傳論》。〔註238〕

可知黃景昌著有《春秋舉傳論》。據《經義考》稱「春秋公穀舉傳」，可知其
中當有《穀梁傳》，柳氏以其著作中有《穀梁傳》列爲《穀梁》經師。

（十九）曾震（生卒年不詳）

柳氏引《經義考》：「著《春秋五傳》。」〔註239〕

巧儀案：柳氏據《經義考》以曾震撰有《春秋五傳》爲《穀梁》經師。《元人
傳記資料索引・曾震》：

> 曾震，號樵南，盧陵人。嘗撰《春秋五傳》，已佚。〔註240〕

可證曾震著有《春秋五傳》。「五傳」中當包含《穀梁傳》，則爲柳氏以其爲《穀
梁》經師之依據。

（二十）張樞（1292～1348）

柳氏引《經義考》：「著《春秋三傳歸一義》三十卷。」〔註241〕

巧儀案：柳氏據《經義考》以張樞撰有《春秋三傳歸一義》爲《穀梁》經師。
《元史・隱逸列傳・張樞》：

〔註237〕參見清・朱彝尊：《經義考・春秋二十七》卷一百九十四（臺北市：中央研究
　　　　院中國文哲研究所，民國88年4月初版），頁217～219。

〔註238〕參見《知不足齋叢書・浦陽人物記・黃景昌》，頁13～15。

〔註239〕參見清・朱彝尊：《經義考・春秋二十八》卷一百九十五（臺北市：中央研究
　　　　院中國文哲研究所，民國88年4月初版），頁236。

〔註240〕參見王德毅、李榮村、潘柏澄等編：《元人傳記資料索引・曾震》（臺北市：
　　　　新文豐出版社，民國68～71年），頁1391。

〔註241〕參見清・朱彝尊：《經義考・春秋二十八》卷一百九十五（臺北市：中央研究
　　　　院中國文哲研究所，民國88年4月初版），頁237。

> 時有張樞子長者，婺之金華人，……其爲文，務推明經史，以扶翼
> 教道，尤長於敘事。……嘗著《春秋三傳歸一義》三十卷，《刊定三
> 國志》六十五卷，《林下竊議》、《曲江張公年譜》各一卷，《弊帚編》
> 若干卷。〔註242〕

可證張樞著有《春秋三傳歸一義》。「三傳」中當有《穀梁傳》，可知柳興恩乃
從寬取之，其著作中涉及《穀梁》者，即列爲《穀梁》經師。

（二十一）吳儀（生卒年不詳）

柳氏引《經義考》：「著《春秋五傳論辨》。」〔註243〕

巧儀案：柳氏據《經義考》以吳儀撰有《春秋五傳論辨》爲《穀梁》經師。「五
傳」中當有《穀梁傳》，可知柳興恩乃從寬取之，其著作中涉及《穀梁》者，
即列爲《穀梁》經師。

小結

　　元代此二十一位經師，皆以其所撰著作，而列爲《穀梁》經師。依據其
在《穀梁》學中之地位及貢獻，可約劃分爲二類：

一、以其撰有著作，列爲《穀梁》經師者。依其著作與《穀梁傳》關係之遠
　　近，又可略分爲二：

　　（一）著作爲《春秋》學範疇，兼及《穀梁傳》。依其內容與《穀梁傳》
　　　　　關係之遠近，可約分爲三：

　　　　　1、引《穀梁》傳文、傳義說解，雖非《穀梁》專著，柳氏從寬取
　　　　　　　之，列爲《穀梁》經師：共有俞皐《春秋集傳釋義大成》、程
　　　　　　　端學《春秋本義》、《春秋三傳辨疑》、李廉《春秋諸傳會通》、
　　　　　　　趙汸《春秋屬辭》、鄭玉《春秋經傳闕疑》等五人；

　　　　　2、其書雖佚，尚有資可考者：共有吳萊《春秋傳授譜》、戴良《春
　　　　　　　秋三傳纂元》二人；

　　　　　3、其書未見，但存其目，無可考者：共有郝經《春秋外傳》、陳
　　　　　　　櫟《春秋三傳節注》、黃澤《三傳義例攷》、程直方《春秋諸傳

〔註242〕參見《元史・隱逸列傳・張樞》，引自明・宋濂等撰；楊家駱主編《新校本元
　　　　史并附編二種》（臺北市：鼎文書局，民國70年），頁4477。

〔註243〕參見清・朱彝尊：《經義考・春秋二十九》卷一百九十六（臺北市：中央研究
　　　　院中國文哲研究所，民國88年4月初版），頁252。

考正》、單庚金《春秋三傳集說分紀》、蔣宗簡《春秋三傳要義》、
黃景昌《春秋公穀舉例》、曾震《春秋五傳》、張樞《春秋三傳
歸一義》、吳儀《春秋五傳論辨》等十人；

（二）著作爲經學範疇，兼及《穀梁傳》。依其內容與《穀梁傳》關係之
遠近，可約分爲二：

1、以《春秋》、三傳爲目，引《穀梁》傳文、傳義說解，雖非《穀
梁》專著，柳氏從寬取之，列爲《穀梁》經師：有何異孫《十
一經問答》一人；

2、其書未見，但存其目，無可考者：共有歐陽長孺《九經治要》、
雷光霆《九經輯義》二人。

二、以史傳（或文獻資料）明言其教授《春秋》者：有趙長鈞一人。

元代建立前期，並未舉辦科舉，選取人才採推舉制，以致名義上的「尊
經」亦不復存在。士子既無從透過科舉考試進入仕途，則研治經典自然不如
前朝，直至元仁宗延祐元年（1314）恢復科舉。元仁宗延祐（1314～1320）
年間定科舉法，《春秋》用胡安國《傳》。在不重經學的風氣之下，用胡《傳》
取士，而宋人「信經不信傳」的治經風氣，更是大大影響了元朝。

皮錫瑞《經學歷史》謂宋代儒者治學有其根基，是故即使背棄古義，仍
然能夠自成一家之言。而元人則固守宋儒之書，於注疏之學所得甚淺。明人
又謹守元人之書，對於宋儒更少去研究。故皮氏稱「宋、元、明三朝之經學，
元不及宋，明又不及元。」〔註244〕

《四庫全書總目題要・春秋三傳辨疑》：

……蓋不信三傳之說，瓶於啖助、趙匡，其後析爲三派：孫復《尊
王發微》以下，棄傳而不駁傳者；劉敞《春秋權衡》以下，駁三傳
之義例者也；葉夢得《春秋讞》以下，駁三傳之典故者也。至於程
端學，乃兼三派而用之。……〔註245〕

中唐時，由啖趙一派所興起的捨傳求經之風，影響了整個宋代學術，宋儒孫
復棄傳不駁傳、劉敞駁三傳之義例、葉夢得駁三傳之典故。到了元代，程端

〔註244〕參見清・皮錫瑞：《經學通論》（台北市：河洛圖書出版社，民國 63 年 12 月
景印出版），頁 283。

〔註245〕參見《四庫全書總目題要・春秋三傳辨疑》，引自清・永瑢等編撰：《四庫全
書總目提要》（上海市：商務印書館，民國 22 年），頁 556、557。

學綜合了孫復、劉敞、葉夢得三家，對三傳極盡其攻駁之能事，其信經疑傳
更甚於宋。

　　然仍有不以此「捨傳求經」之說爲然者，如黃澤，其撰有《三傳義例攷》。
其對唐、宋以來所有的《春秋》經說幾乎都不甚滿意，主張回到三傳。認爲
說《春秋》者應當「只據《左傳》事實，而參以《公》、《穀》大義。」而其弟
子趙汸基本承襲黃澤的觀點，主張回歸三傳。其稱得《春秋》之法就在「屬
辭比事」，亦即歸納《春秋》之用語以及記事。

第肆章 《穀梁》之傳授源流
──明代至清代暨柳氏失收之
《穀梁》經師

第一節 明代《穀梁》學者及《穀梁》學傳授

明代《穀梁》經師列於《穀梁大義述》卷十九，依《穀梁大義述・述經師》目次，共錄有汪克寬、陶凱等四十一位經師。

柳興恩收錄的依據有《四庫全書總目》、《經義考》。

現依《穀梁大義述・述經師》目次，一一敘明此四十一位《穀梁》經師。

（一）汪克寬（1301～1372）

柳氏引《經義考》：「著《春秋諸傳提要》。」〔註1〕

巧儀案：柳氏據《經義考》以汪克寬撰有《春秋諸傳提要》爲《穀梁》經師。

《明史・儒林列傳一・汪克寬》：

> 汪克寬，字德一，祁門人。……元泰定（1324～1328）中，舉應鄉試，
> 中選。會試以答策伉直見黜，慨然棄科舉業，盡力於經學。《春秋》
> 則以胡安國爲主，而博考眾說，會萃成書，名之曰《春秋經傳附錄纂
> 疏》。〔註2〕

〔註1〕 參見清・朱彝尊：《經義考・春秋三十二》卷一百九十九（臺北市：中央研究院中國文哲研究所，民國88年4月初版），頁304、305。

〔註2〕 參見《明史・儒林列傳一・汪克寬》清・張廷玉等撰；楊家駱主編：《新校本明史并附編六種》（臺北市：鼎文書局，民國69年），頁7225。又，「春秋經

汪克寬《春秋經傳附錄纂疏》以胡安國的《春秋》學爲主，廣博的參考眾家說法而成。另據《明史・藝文志》、《續通志・藝文略》、《續文獻通考・經籍考》，皆有其著有《春秋經傳附錄纂疏》的著錄。雖未得可資參考其撰有《春秋諸傳提要》之證，然可知柳氏以其爲《穀梁》經師，確有其根據。

（二）陶凱（1304～1376）

柳氏引《菉竹堂書目》、《經義考》：「著《九經類要》。」〔註3〕

巧儀案：柳氏據《菉竹堂書目》、《經義考》以陶凱撰有《九經類要》爲《穀梁》經師。「九經」中當有《穀梁傳》，可知柳興恩乃從寬取之，其著作中涉及《穀梁》者，即列爲《穀梁》經師。

（三）朱右（1314～1376）

柳氏引《經義考》：「著《春秋傳類編》。」〔註4〕

巧儀案：柳氏據《經義考》以朱右撰有《春秋傳類編》爲《穀梁》經師。雖未能確定此《春秋》中是否包含《穀梁春秋》，可知柳興恩乃從寬取之，其著作中有《春秋》，即列爲《穀梁》經師。

（四）石光霽

柳氏引《四庫總目》、《明史藳・藝文志》、《經義考》：「著《春秋鈎玄》四卷。」〔註5〕

巧儀案：柳氏據《四庫總目》、《明史藳・藝文志》、《經義考》以石光霽撰有《春秋鈎玄》爲《穀梁》經師。據《明史・文苑列傳一・張以寧　石光霽》：

> 張以寧，字志道，古田人。……以寧爲人潔清，不營財產，奉使往還，襆被外無他物。本以《春秋》致高第，故所學尤專《春秋》，多

傳附錄纂疏」，《明史藝文志》、《四庫全書總目》、嵇黃《續文獻通考》都作「春秋胡傳附錄纂疏」。

〔註3〕 參見清・朱彝尊：《經義考・群經九》卷二百四十七（臺北市：中央研究院中國文哲研究所，民國88年4月初版），頁459、460。

〔註4〕 參見清・朱彝尊：《經義考・春秋三十二》卷一百九十九（臺北市：中央研究院中國文哲研究所，民國88年4月初版），頁310、311。

〔註5〕 參見清・永瑢等編撰：《四庫全書總目提要》（上海市：商務印書館，民國22年），頁563。《明史・藝文志》清・張廷玉等撰；楊家駱主編：《新校本明史并附編六種》（臺北市：鼎文書局，民國69年），頁2363。清・朱彝尊：《經義考・春秋三十二》卷一百九十九（臺北市：中央研究院中國文哲研究所，民國88年4月初版），頁319～321。

所自得，譔《胡傳辨疑》最辨博，惟《春王正月考》未就，寓安南
踰半歲，始卒業。元故官來京者，素及以寧名尤重。素長於史，以
寧長於經。素宋、元史薰俱失傳，而以寧《春秋》學遂行。門人石
光霽，字仲濂，泰州人。讀書五行俱下。洪武十三年（1380）以明
經舉，授國子學正，進博士，作《春秋鈎玄》，能傳以寧之學。〔註6〕

石光霽從張以寧學《春秋》，其《春秋鈎玄》被認爲是傳其師學之作。另據《續
通志・藝文略》、《續文獻通考・經籍考》其著有《春秋鈎玄》，可知柳氏以其
爲《穀梁》經師，確有其根據。

（五）饒秉鑑（1413～1486）

柳氏引《提要》：「著《春秋會傳》十五卷。」〔註7〕引《明史藝志》、《經
義考》：「一卷。」〔註8〕

巧儀案：柳氏據《提要》、《明史藝志》、《經義考》以饒秉鑑撰有《春秋穀梁會
傳》爲《穀梁》經師。然《四庫全書總目提要》以爲「十五卷」，《明史藝志》、
《經義考》稱「一卷」。據《四庫全書總目提要・春秋提要四卷》：

江西巡撫採進本，明饒秉鑑撰。秉鑑字憲章，號雯峯，廣昌人。正
統甲子（1444）舉人，官至廉州府知府。朱彝尊《經義考》載秉鑑
《春秋會通》十五卷，《提要》一卷。今按此書實四卷，與《春秋會
通》另爲一書。彝尊蓋未見其本，故傳聞譌異。其書以春秋書時書
月，難於記誦，故錯綜而次序之，分十二公爲十二篇。先列經文於
右，而總論其義於後，大旨以《胡傳》爲宗。〔註9〕

《春秋提要》以胡傳爲宗，柳興恩既以胡安國爲《穀梁》經師，則亦以饒秉
鑑爲《穀梁》經師，亦有其依據。

另據《明史・藝文志》著錄饒秉鑑著有《春秋會傳》十五卷，以及《春

〔註6〕　參見《明史・文苑列傳一・張以寧　石光霽》清・張廷玉等撰；楊家駱主編：
　　　　《新校本明史并附編六種》（臺北市：鼎文書局，民國69年），頁7315～7317。
〔註7〕　參見清・永瑢等編撰：《四庫全書總目提要》（上海市：商務印書館，民國22
　　　　年），頁603。
〔註8〕　參見《明史・藝文志》清・張廷玉等撰；楊家駱主編：《新校本明史并附編六
　　　　種》（臺北市：鼎文書局，民國69年），頁2363。清・朱彝尊：《經義考・春
　　　　秋三十三》卷二百（臺北市：中央研究院中國文哲研究所，民國88年4月初
　　　　版），頁331、332。
〔註9〕　參見清・永瑢等編撰：《四庫全書總目提要》（上海市：商務印書館，民國22
　　　　年），頁603。

秋提要》一卷。另據《續通志・藝文略》、《續文獻通考・經籍考》有證其撰
有《春秋提要》。

（六）童品

柳氏引《四庫總目》、《明史藝志》：「著《春秋經傳辨疑》一卷。」〔註10〕

巧儀案：柳氏據《四庫總目》、《明史藝志》以童品撰有《春秋經撰辨疑》為《穀
梁》經師。據《四庫全書總目提要・春秋經傳辨疑一卷》：

> 內府藏本，明童品撰。品字廷式，號慎齋，蘭溪人。弘治丙辰（1496）
> 進士。……《春秋三傳》，《左氏》采諸國史，《公》、《穀》授自經師。
> 草野之傳聞，自不及簡策之紀載，其義易明。是編論《左氏》所載
> 事蹟，凡九十三條。於三《傳》異同者，大抵多主《左氏》而駁《公》、
> 《穀》，蓋由於此。然於「宋師圍曹」，則疑《左氏》所載不甚明曉。
> 於「華元出奔晉」一條，亦有疑於《左氏》，則亦非堅持門戶，偏黨
> 一家者也。刻本久佚，故朱彝尊《經義考》注云「未見」。此蓋傳鈔
> 舊本，幸未佚亡者，固宜亟錄而存之矣。〔註11〕

《春秋經傳辨疑》主要辨以三《傳》異同，而多主《左傳》而駁斥《公羊傳》、
《穀梁傳》。

據《續通志・藝文略》、《續文獻通考・經籍考》，亦有其著有《春秋經傳
辨疑》之著錄。然其中既包含《穀梁傳》，則為柳氏以其為《穀梁》經師之依
據。

（七）金賢

柳氏引《經義考》：「著《春秋記愚》十卷。」〔註12〕

巧儀案：柳氏據《經義考》以金賢撰有《春秋記愚》為《穀梁》經師。

另據《明史・藝文志》亦證其著有《春秋紀愚》。雖未能確定此《春秋》
中是否包含《穀梁春秋》，可知柳興恩乃從寬取之，其著作中有《春秋》，即
列為《穀梁》經師。

〔註10〕參見清・永瑢等編撰：《四庫全書總目提要》（上海市：商務印書館，民國 22
　　　　年），頁 565。《明史・藝文志》清・張廷玉等撰；楊家駱主編：《新校本明史
　　　　并附編六種》（臺北市：鼎文書局，民國 69 年），頁 2363。
〔註11〕參見清・永瑢等編撰：《四庫全書總目提要》（上海市：商務印書館，民國 22
　　　　年），頁 565。
〔註12〕參見清・朱彝尊：《經義考・春秋三十三》卷二百（臺北市：中央研究院中國
　　　　文哲研究所，民國 88 年 4 月初版），頁 341～344。

（八）湛若水（1466～1560）

柳氏引《四庫總目》、《經義考》：「著《春秋正傳》三十七卷。」〔註13〕

巧儀案：柳氏據《四庫總目》、《經義考》以湛若水撰有《春秋正傳》爲《穀梁》經師。據《四庫全書總目提要・春秋正傳三十七卷》：

> 禮部尚書曹秀先家藏本，明湛若水撰。若水有《二禮經傳測》，已著錄。此書大旨以《春秋》本魯史之文，不可強立義例，以臆說汩之。惟當考之於事，求之於心。事得，而後聖人之心、《春秋》之義皆可得，因取諸家之說釐正之。其曰「正傳」者，謂正諸《傳》之謬也。其體例先引三《傳》，次列諸儒之言，而以己意爲之折衷。頗與劉敞《權衡》相近。……〔註14〕

《春秋正傳》體例爲先引《三傳》，次列諸儒，再以湛若水之意爲折衷前二者。

據《明史・藝文志》、《續通志・藝文略》、《清史稿・藝文志》可證湛若水著有《春秋正傳》。「三傳」既包含《穀梁傳》，則爲柳氏以其爲《穀梁》經師之依據。

（九）徐溥（1428～1499）

柳氏引《四庫總目》：「著《春秋四傳私考》十三卷。」〔註15〕

巧儀案：柳氏據《四庫總目》以徐溥撰有《春秋四傳私考》爲《穀梁》經師。《四庫全書總目提要・春秋四傳私考十三卷》：

> 兩淮鹽政採進本，明徐浦撰。浦字伯源，浦城人，官監察御史。是書舉《左氏》、《公》、《穀》、《胡傳》之異同，衷以己意。於胡傳之深刻者，多所駁正，持論頗平允。……〔註16〕

《春秋四傳私考》之「四傳」，包含《左傳》、《公羊傳》、《穀梁傳》及《胡傳》。既包含《穀梁傳》，此則柳氏以其爲《穀梁》經師之依據。

〔註13〕參見清・永瑢等編撰：《四庫全書總目提要》（上海市：商務印書館，民國 22 年），頁 565。清・朱彝尊：《經義考・春秋三十三》卷二百（臺北市：中央研究院中國文哲研究所，民國 88 年 4 月初版），頁 345～347。

〔註14〕參見清・永瑢等編撰：《四庫全書總目提要》（上海市：商務印書館，民國 22 年），頁 565、566。

〔註15〕參見清・永瑢等編撰：《四庫全書總目提要》（上海市：商務印書館，民國 22 年），頁 606。

〔註16〕參見清・永瑢等編撰：《四庫全書總目提要》（上海市：商務印書館，民國 22 年），頁 606。

據《續通志・藝文略》、《續文獻通考・經籍考》、《四庫全書總目題要》
著錄，著有《春秋四傳私考》爲徐浦。

（十）李舜臣（1499～1559）

柳氏引《經義考》：「著《穀梁三例》。」〔註17〕

巧儀案：柳氏據《經義考》以李舜臣撰有《穀梁三例》爲《穀梁》經師。

（十一）周安（？～1422）

柳氏引《經義考》：「著《九經圖注》。」〔註18〕

巧儀案：柳氏據《經義考》以周安撰有《九經圖注》爲《穀梁》經師。「九經」
中當有《穀梁傳》，可知柳興恩乃從寬取之，其著作中涉及《穀梁》者，即列
爲《穀梁》經師。

（十二）徐獻忠（1483～1559）

柳氏引《經義考》：「著《春秋稽傳錄》。」〔註19〕

巧儀案：柳氏據《經義考》以徐獻忠撰有《春秋稽傳錄》爲《穀梁》經師。
雖未能確定此《春秋》中是否包含《穀梁春秋》，可知柳興恩乃從寬取之，其
著作中有《春秋》，即列爲《穀梁》經師。

（十三）楊時秀

柳氏引《經義考》：「著《春秋集傳》三十卷。」〔註20〕

巧儀案：柳氏據《經義考》以楊時秀撰有《春秋集傳》爲《穀梁》經師。雖
未能確定此《春秋》中是否包含《穀梁春秋》，可知柳興恩乃從寬取之，其著
作中有《春秋》，即列爲《穀梁》經師。

（十四）王樵（1521～1599）

柳氏引《經義考》：「著《春秋輯傳》十五卷、《春秋凡例》三卷。」〔註21〕

〔註17〕參見清・朱彝尊：《經義考・春秋三十四》卷二百一（臺北市：中央研究院中
國文哲研究所，民國88年4月初版），頁362。

〔註18〕參見清・朱彝尊：《經義考・群經九》卷二百四十七（臺北市：中央研究院中
國文哲研究所，民國88年4月初版），頁465。

〔註19〕參見清・朱彝尊：《經義考・春秋三十五》卷二百二（臺北市：中央研究院中
國文哲研究所，民國88年4月初版），頁363。

〔註20〕參見清・朱彝尊：《經義考・春秋三十五》卷二百二（臺北市：中央研究院中
國文哲研究所，民國88年4月初版），頁376、377。

〔註21〕參見清・朱彝尊：《經義考・春秋三十五》卷二百二（臺北市：中央研究院中

巧儀案：柳氏據《經義考》以王樵撰有《春秋輯傳》、《春秋凡例》爲《穀梁》
經師。據《明史·王樵列傳》：

> 王樵，字明遠，金壇人。……樵恬澹誠慤，溫然長者。邃經學，《易》、
> 《書》、《春秋》，皆有纂述。〔註22〕

明史中僅記載王樵有關於《春秋》的纂述，然《明史·藝文志》確實著錄者
王樵著有《春秋輯傳》、《春秋凡例》。

另據《續通志·藝文略》、《續文獻通考·經籍考》亦有相同著錄。可知
柳氏以其爲《穀梁》經師，確有其根據。

（十五）熊過（1506～1565）

柳氏引《四庫總目》：「著《春秋明志錄》十二卷。」〔註23〕

巧儀案：柳氏據《四庫總目》以熊過撰有《春秋明志錄》爲《穀梁》經師。《四
庫全書總目提要·春秋明志錄十二卷》：

> 浙江吳玉墀家藏本，明熊過撰。過有《周易象指決錄》，已著錄。
> 其著《周易》，頗不主先儒舊說。此書亦多自出新意，辨駁前人。
> 於《公羊》、《穀梁》及胡安國《傳》俱有所糾正，而攻《左傳》者
> 尤甚。……〔註24〕

《春秋明志錄》多爲熊過新意，其於《公羊傳》、《穀梁傳》及《胡傳》皆有
所糾正，而對《左傳》更是不遺餘力。

據《續通志·藝文略》、《續文獻通考·經籍考》，亦證熊過著有《春秋明
志錄》。其書包含《穀梁傳》，此則柳氏以其爲《穀梁》經師之依據。

（十六）朱睦㮮（1520～1587）

柳氏引《四庫存目》、《明史藝文志》：「著《春秋諸傳辨疑》四卷。」〔註25〕

國文哲研究所，民國88年4月初版），頁383～386。

〔註22〕　參見《明史·王樵列傳》清·張廷玉等撰；楊家駱主編：《新校本明史并附編
六種》（臺北市：鼎文書局，民國69年），頁5817、5818。

〔註23〕　參見清·永瑢等編撰：《四庫全書總目提要》（上海市：商務印書館，民國22
年），頁567、568。

〔註24〕　參見清·永瑢等編撰：《四庫全書總目提要》（上海市：商務印書館，民國22
年），頁567、568。

〔註25〕　參見清·永瑢等編撰：《四庫全書總目提要》（上海市：商務印書館，民國22
年），頁605。《明史·藝文志》清·張廷玉等撰；楊家駱主編：《新校本明史
并附編六種》（臺北市：鼎文書局，民國69年），頁2365。

巧儀案：柳氏據《四庫存目》、《明史藝文志》以朱睦㮮撰有《春秋諸傳辨疑》
爲《穀梁》經師。據《明史·鎮國中尉睦㮮列傳》：

> 鎮國中尉睦㮮，字灌甫，鎮平王諸孫。父奉國將軍安㳠以孝行聞於
> 朝，璽書旌賚。既沒，周王及宗室數百人請建祠。詔賜祠額曰「崇
> 孝」。睦㮮幼端穎，郡人李夢陽奇之。及長，被服儒素，覃精經學，
> 從河、洛間宿儒游。年二十通五經，尤邃於《易》、《春秋》。……所
> 撰有《五經稽疑》六卷，《授經圖傳》四卷，《韻譜》五卷，又作明
> 帝世表、周國世系表、建文遜國褒忠錄、河南通志、開封郡志諸
> 書。……〔註26〕

可知朱睦㮮精通《春秋》，著有《五經稽疑》。據《四庫全書總目提要·春秋諸
傳辨疑四卷》：

> 浙江范懋柱家天一閣藏本，明朱睦㮮撰。睦㮮有《易學識遺》，已著
> 錄。是編凡一百八十八條，〈明史藝文志〉著錄，卷數與此本相合。
> 然與朱睦㮮所撰《五經稽疑》中說《春秋》者，文並相同。據朱睦㮮
> 《五經稽疑自序》，蓋此書先成別本行世，後乃編入《五經稽疑》中。
> 今《五經稽疑》已別著錄，則此本無庸複載。故附存其原名，備考
> 核焉。〔註27〕

《春秋諸傳辨疑》本已成書，後編入《五經稽疑》中。另據《明史·藝文志》、
《續通志·藝文略》、《續文獻通考·經籍考》，亦著錄朱睦㮮著有《春秋諸撰
辨疑》。

（十七）顏鯨（1514～1591）

柳氏引《經義考》：「著《春秋貫玉》六卷。」〔註28〕

巧儀案：柳氏據《經義考》以顏鯨撰有《春秋貫玉》爲《穀梁》經師。

另據《明史·藝文志》亦可證顏鯨著有《春秋貫玉》。雖未能確定此《春
秋》中是否包含《穀梁春秋》，可知柳興恩乃從寬取之，其著作中有《春秋》，
即列爲《穀梁》經師。

〔註26〕 參見《明史·鎮國中尉睦㮮列傳》清·張廷玉等撰；楊家駱主編：《新校本明
史并附編六種》（臺北市：鼎文書局，民國69年），頁3569。

〔註27〕 參見清·永瑢等編撰：《四庫全書總目提要》（上海市：商務印書館，民國22
年），頁607。

〔註28〕 參見清·朱彝尊：《經義考·春秋三十六》卷二百三（臺北市：中央研究院中
國文哲研究所，民國88年4月初版），頁396。

（十八）顧起經（1515～1569）

柳氏引《經義考》：「著《春秋三傳觽乙集》。」〔註29〕

巧儀案：柳氏據《經義考》以顧起經撰有《春秋三傳觽乙集》爲《穀梁》經師。「三傳」中當有《穀梁傳》，可知柳興恩乃從寬取之，其著作中涉及《穀梁》者，即列爲《穀梁》經師。

（十九）唐順之（1507～1560） 陳士元（1516～1597） 王圻（1530 ～1615）。

柳氏引《經義考》：「順之著《稗編經說》四十一卷。士元著《五經異文》十六卷。圻著《續文獻通考‧經籍考》十二卷。」〔註30〕

巧儀案：柳氏據《經義考》以唐順之撰有《稗編經說》、陳士元撰有《五經異文》、王圻撰有《續文獻通考經籍考》爲《穀梁》經師。《明史‧唐順之列傳》：

> 唐順之，字應德，武進人。……順之於學無所不窺。自天文、樂律、地理、兵法、弧矢、勾股、壬奇、禽乙，莫不究極原委。盡取古今載籍，剖裂補綴，區分部居，爲左、右、文、武、儒、稗六編傳於世，學者不能測其奧也。〔註31〕

可知唐順之著有《稗編》，柳興恩謂之「稗編經說」當是《稗編》說經者。

《續文獻通考‧經籍考‧陳士元《五經異文》十一卷》：

> 士元自序略曰：「漢初文字兼行篆隸，後世易以今文。予讀十三經注疏及秦、漢、晉、唐書，所載經語有與今文異者，輒私識之輯十一卷。〔註32〕

可知陳士元《五經異文》是以十三經注疏與從秦到唐代之經文有相異者。又據《四庫全書總目提要‧五經異文十一卷‧》：

> 浙江巡撫採進木，明陳士元撰。士元有《易象鉤解》，已著錄。是編考訂五經文字異同，大抵以許慎《說文》、陸德明《經典釋文》爲主，

〔註29〕 參見清‧朱彝尊：《經義考‧春秋三十六》卷二百三（臺北市：中央研究院中國文哲研究所，民國88年4月初版），頁408。

〔註30〕 參見清‧朱彝尊：《經義考》（臺北市：中央研究院中國文哲研究所，民國88年4月初版），頁371、485、491。

〔註31〕 參見《明史‧唐順之列傳》清‧張廷玉等撰；楊家駱主編：《新校本明史并附編六種》（臺北市：鼎文書局，民國69年），頁5422～5424。

〔註32〕 參見《續文獻通考‧經籍考》，引自清‧高宗敕撰，《續文獻通考》（臺北市：臺灣商務印書館，民國76年），頁4125。

而捃摭雜說附益之。所援據頗爲寒窘。〔註33〕

可知陳士元考訂經文的主要依據爲許愼《說文解字》以及路德明《經典釋文》。

《明史·文苑列傳二·陸深　王圻》：

> 陸深，字子淵，上海人。……同邑有王圻者，字元翰。……歷官陝
> 西布政參議，乞養歸，築室淞江之濱，種梅萬樹，目曰梅花源。以
> 著書爲事，年踰耄耋，猶篝燈帳中，丙夜不輟。所撰《續文獻通考》
> 諸書行世。〔註34〕

王圻著有《續文獻通考》流行於當世。

（二十二）徐學謨（1521～1593）

柳氏引《經義考》：「著《春秋億》六卷。」〔註35〕

巧儀案：柳氏據《經義考》以徐學謨撰有《春秋億》爲《穀梁》經師。《四庫
全書總目提要·春秋億六卷》：

> 江蘇巡撫採進本，明徐學謨撰。學謨字叔明，嘉定人。嘉靖庚戌（1550）
> 進士，官至禮部尚書。是編序題《春秋億》，而卷首題曰《徐氏海隅
> 集》，目錄又題曰《外編》。蓋其全集之一種，十二公各爲一篇，不
> 載經文而一一排比年月，隨經詮義。蓋漢代經傳別行，原不相屬，
> 似乎創例，實古法也。大旨以《春秋》所書，皆據舊史。舊史所闕，
> 聖人不能增益。如隱、莊、閔、僖不書即位，桓三年以後不書王，
> 衛人陳人從王伐鄭不稱天，以及日月之或有或無，皆非聖人所筆削。
> 一掃《公羊》、《穀梁》無字非例之說，與孫復、胡安國無事非譏之
> 論。……〔註36〕

另據《明史·藝文志》、《續通志·藝文略》、《續文獻通考·經籍考》有徐學
謨著有《春秋億》之著錄。可知柳興恩乃從寬取之，其著作中有《春秋》，即
列爲《穀梁》經師。

〔註33〕參見清·永瑢等編撰：《四庫全書總目提要》（上海市：商務印書館，民國22
年），頁694。

〔註34〕參見《明史·文苑列傳二·陸深　王圻》清·張廷玉等撰；楊家駱主編：《新
校本明史并附編六種》（臺北市：鼎文書局，民國69年），頁7358、7359。

〔註35〕參見清·朱彝尊：《經義考·春秋三十五》卷二百二（臺北市：中央研究院中
國文哲研究所，民國88年4月初版），頁388～391。

〔註36〕參見清·永瑢等編撰：《四庫全書總目提要》（上海市：商務印書館，民國22
年），頁569。

（二十三）董啟

柳氏引《經義考》：「著《春秋補傳》十二卷。」〔註37〕

巧儀案：柳氏據《經義考》以董啟撰有《春秋補傳》爲《穀梁》經師。雖未能確定此《春秋》中是否包含《穀梁春秋》，可知柳興恩乃從寬取之，其著作中有《春秋》，即列爲《穀梁》經師。

（二十四）黃智

柳氏引《經義考》：「著《春秋三卷會要》。」〔註38〕

巧儀案：柳氏據《經義考》以黃智撰有《春秋三卷會要》爲《穀梁》經師。

經查閱《經義考》，知黃智所著爲《春秋三傳會要》。柳氏誤將「三傳」作「三卷」。以「三傳」中當有《穀梁傳》，可知柳氏乃從寬取之，其著作中涉及《穀梁》者，即列爲《穀梁》經師。

（二十五）徐允祿

柳氏引《經義考》：「著《春秋愚謂》四卷。」〔註39〕

巧儀案：柳氏據《經義考》以徐允祿撰有《春秋愚謂》爲《穀梁》經師。

另據《明史‧藝文志》，可證徐允祿著有《春秋愚謂》。雖未能確定此《春秋》中是否包含《穀梁春秋》，可知柳興恩乃從寬取之，其著作中有《春秋》，即列爲《穀梁》經師。

（二十六）張岐然（1600～1664）

柳氏引《經義考》：「著《春秋五傳平文》四十一卷。」〔註40〕

巧儀案：柳氏據《經義考》以張岐然撰有《春秋五傳平文》爲《穀梁》經師。據《續通志‧藝文略》及《四庫全書總目提要》俱有張岐然撰《春秋五傳平文》。據《四庫全書總目提要‧春秋五傳平文四十一卷》：

> 內府藏本，明張岐然編。岐然字秀初，錢塘人。其書採《左傳》、《公羊傳》、《穀梁傳》、《胡安國傳》，而益以《國語》，《國語》亦稱「《春

〔註37〕 參見清‧朱彝尊：《經義考‧春秋三十七》卷二百四（臺北市：中央研究院中國文哲研究所，民國88年4月初版），頁423、424。

〔註38〕 參見清‧朱彝尊：《經義考‧春秋三十七》卷二百四（臺北市：中央研究院中國文哲研究所，民國88年4月初版），頁425。

〔註39〕 參見清‧朱彝尊：《經義考‧春秋三十九》卷二百六（臺北市：中央研究院中國文哲研究所，民國88年4月初版），頁470。

〔註40〕 參見清‧朱彝尊：《經義考‧春秋三十九》卷二百六（臺北市：中央研究院中國文哲研究所，民國88年4月初版），頁471、472。

秋》外傳」，故謂之「五傳」。曰「平文」者，明五《傳》兼取，無
所偏重之義也。〔註41〕

可知張岐然《春秋五傳平文》是以《左傳》、《公羊傳》、《穀梁傳》、《胡安國
傳》以及被稱爲《春秋》外傳的《國語》而成。其中既有《穀梁傳》，可知柳
氏以其爲《穀梁》經師，確有其根據。

（二十七）高攀龍（1562～1626）

柳氏引《四庫總目》：「著《春秋孔義》十二卷。」〔註42〕

巧儀案：柳氏據《四庫總目》以高攀龍撰有《春秋孔義》爲《穀梁》經師。《四
庫全書總目提要・春秋孔義十二卷》：

> 浙江汪啓淑家藏本，明高攀龍撰。攀龍有《周易易簡錄》，已著錄。
> 是書斟酌於《左氏》、《公羊》、《穀梁》、胡安國四家之《傳》。無
> 所考證，亦無所穿鑿，意主於以經解經。凡經無傳有者不敢信，
> 傳無經有者不敢疑，故名曰「孔義」，明爲孔子之義，而非諸儒之
> 臆説。雖持論稍拘，較之破碎繳繞，橫生異議，猶説經之謹嚴者
> 矣。……〔註43〕

《春秋孔義》以《左傳》、《公羊傳》、《穀梁傳》、《胡傳》爲材，以經解經，
並不穿鑿附會。

另據《明史・藝文志》、《續通志・藝文略》、《續文獻通考・經籍考》，可
證高攀龍著有《春秋孔義》。其中既有《穀梁傳》，則爲柳氏以其爲《穀梁》
經師之依據。

（二十八）趙宧光（1559～1625）

柳氏引《經義考》：「著《九經漢義》。」〔註44〕

巧儀案：柳氏據《經義考》以趙宧光撰有《九經漢義》爲《穀梁》經師。「九
經」中當有《穀梁傳》，可知柳興恩乃從寬取之，其著作中涉及《穀梁》者，

〔註41〕 參見四庫全書總目提要》，引自清・永瑢等編撰：《四庫全書總目提要》（上海
　　　　市：商務印書館，民國 22 年），頁 616、617。

〔註42〕 參見清・永瑢等編撰：《四庫全書總目提要》（上海市：商務印書館，民國 22
　　　　年），頁 572。

〔註43〕 參見清・永瑢等編撰：《四庫全書總目提要》（上海市：商務印書館，民國 22
　　　　年），頁 572。

〔註44〕 參見清・朱彝尊：《經義考・群經十二》卷二百五十（臺北市：中央研究院中
　　　　國文哲研究所，民國 88 年 4 月初版），頁 519、520。

即列爲《穀梁》經師。

（二十九）陳士芳

柳氏引《四庫總目》、《經義考》：「著《春秋四傳通辭》十二卷。」〔註45〕

巧儀案：柳氏據《四庫總目》、《經義考》以陳士芳撰有《春秋四傳通辭》爲
《穀梁》經師。據《四庫全書總目提要・春秋四傳通辭十二卷》：

> 浙江巡撫採進本，明陳士芳撰。士芳字清佩，海寧人。是書采輯《左
> 氏》、《公羊》、《穀梁》、《胡氏》四傳，削其繁宂。其《左氏傳》之
> 不附經文者，咸刪汰無遺，亦閒附己意於其下。因董仲舒有「《春秋》
> 無通辭，隨變而移」之語，遂題曰「通辭」，以明義例之有定。然名
> 曰「四傳」，實則依附胡氏，無所異同。名曰「考校經文，去取三《傳》」。
> 實則合胡氏者留，不合胡氏者去，未嘗以經正傳也。〔註46〕

可知陳士芳《春秋四傳通辭》是輯《左氏》、《公羊》、《穀梁》、《胡氏》四傳
而成。《四庫全書總目提要》稱其雖名以三傳傳文考校胡傳，實則合胡氏者留，
不合胡氏者去。然柳興恩既以胡安國爲《穀梁》經師，且《春秋四傳通辭》
中確實有《穀梁傳》，故柳氏以其爲《穀梁》經師，確有其根據。

（三十）郭正域（1554～1612）

柳氏引《經義考》：「著《十三經補注》。」〔註47〕

巧儀案：柳氏據《經義考》以郭正域撰有《十三經補注》爲《穀梁》經師。「十
三經」中當有《穀梁傳》，可知柳興恩乃從寬取之，其著作中涉及《穀梁》者，
即列爲《穀梁》經師。

（三十一）賀仲軾（1581～1640）

柳氏引《經義考》：「著《春秋歸義》三十二卷。」〔註48〕

巧儀案：柳氏據《經義考》以賀仲軾撰有《春秋歸義》爲《穀梁》經師。

〔註45〕參見清・永瑢等編撰：《四庫全書總目提要》（上海市：商務印書館，民國22
年），頁611。清・朱彝尊：《經義考・春秋三十九》卷二百六（臺北市：中央
研究院中國文哲研究所，民國88年4月初版），頁474。

〔註46〕參見清・永瑢等編撰：《四庫全書總目提要》（上海市：商務印書館，民國22
年），頁611。

〔註47〕參見清・朱彝尊：《經義考・群經十一》卷二百四十九（臺北市：中央研究院
中國文哲研究所，民國88年4月初版），頁501。

〔註48〕參見清・朱彝尊：《經義考・春秋三十九》卷二百六（臺北市：中央研究院中
國文哲研究所，民國88年4月初版），頁455～458。

據《明史・藝文志》，可證著有賀仲軾《春秋歸義》。雖未能確定此《春秋》中是否包含《穀梁春秋》，可知柳興恩乃從寬取之，其著作中有《春秋》，即列爲《穀梁》經師。

（三十二）施天遇

柳氏引《四庫存目》、《經義考》：「著《春秋三傳衷考》十二卷。」〔註49〕

巧儀案：柳氏據《四庫存目》、《經義考》以施天遇撰有《春秋三傳衷考》爲《穀梁》經師。據《續文獻通考・經籍考》著錄有《春秋三傳衷考》。又據《四庫全書總目提要・春秋三傳衷考十二卷》：

> 浙江巡撫採進本，明施天遇撰。天遇字昌辰，武康人。是編雖以三《傳》爲名，實以《胡傳》爲去取。凡《胡傳》所駁，概從刊削，故所存僅三《傳》之事迹。又雜引《詩》、《書》、《禮記》，及《國語》之文以足之。特取備時文之掇摭而已。〔註50〕

《四庫全書總目提要》稱其雖名以三傳，然實以胡氏爲取捨標準，只要是胡傳所不認同者，皆刪削。然柳興恩既以胡安國爲《穀梁》經師，則柳氏以其爲《穀梁》經師，確有其根據。經查考，《經義考》中無施天遇《春秋三傳衷考》。

（三十三）周應賓（1554～1626）

柳氏引《經義考》：「著《九經考異》十二卷、《逸語》一卷。」〔註51〕

巧儀案：柳氏據《經義考》以周應賓撰有《九經考異》、《逸語》爲《穀梁》經師。據《明史・藝文志》著錄有九經考異》及《逸語》。又據《四庫全書總目提要・九經考異十二卷附九經逸語一卷》：

> 兩淮馬裕家藏本，明周應賓撰。應賓鄞縣人，萬曆癸未（1583）進士，官至禮部尚書。是編考證九經之異文。九經者，以五經四書，合而爲九，非古所謂九經。又以四書居五經前，益非古矣。其書以陳士元《五經異文》爲藍本，稍拓充之，而舛漏彌甚。〔註52〕

〔註49〕 參見清・永瑢等編撰：《四庫全書總目提要》（上海市：商務印書館，民國22年），頁616。

〔註50〕 參見清・永瑢等編撰：《四庫全書總目提要》（上海市：商務印書館，民國22年），頁616。

〔註51〕 參見清・朱彝尊：《經義考・群經十一》卷二百四十九（臺北市：中央研究院中國文哲研究所，民國88年4月初版），頁502、503。

〔註52〕 參見清・永瑢等編撰：《四庫全書總目提要》（上海市：商務印書館，民國22年），頁696。

可知周應賓《九經考異》以五經四書合而稱之「九經」，而非「九經」原先之意。又其書以陳士元《五經異文》爲底本，則其中亦有《穀梁傳》，柳興恩既以陳士元爲《穀梁》經師，則柳氏以周應賓爲《穀梁》經師，確有其依據。

（三十四）陳肇曾

柳氏引《經義考》：「著《春秋四傳辨疑》。」〔註53〕

巧儀案：柳氏據《經義考》以陳肇曾撰有《春秋四撰辨疑》爲《穀梁》經師。「四傳」中當有《穀梁傳》，可知柳興恩乃從寬取之，其著作中涉及《穀梁》者，即列爲《穀梁》經師。

（三十五）夏允彝（1596～1645）

柳氏引《經義考》：「著《春秋四傳合論》。」〔註54〕

巧儀案：柳氏據《經義考》以夏允彝撰有《春秋四傳合論》爲《穀梁》經師。「四傳」中當有《穀梁傳》，可知柳興恩乃從寬取之，其著作中涉及《穀梁》者，即列爲《穀梁》經師。

（三十六）來集之（1604～1682）

柳氏引《經義考》：「著《四傳權衡》一卷。」〔註55〕

巧儀案：柳氏據《經義考》以來集之撰有《四傳權衡》爲《穀梁》經師。

據《明史‧藝文志》，可證來集之著有《四傳權衡》。「四傳」中當包含《穀梁傳》，則爲柳氏以其爲《穀梁》經師之依據。

（三十七）黃喬棟

柳氏引《經義考》：「著《十三經傳習錄》。」〔註56〕

巧儀案：柳氏據《經義考》以黃喬棟撰有《十三經傳習錄》爲《穀梁》經師。
《正誼堂全書‧道南源委》：

> 黃公光昇，字明舉，晉江人。……著有《四書紀聞》、《讀易私記》、

〔註53〕參見清‧朱彝尊：《經義考‧春秋四十》卷二百七（臺北市：中央研究院中國文哲研究所，民國88年4月初版），頁476。

〔註54〕參見清‧朱彝尊：《經義考‧春秋四十》卷二百七（臺北市：中央研究院中國文哲研究所，民國88年4月初版），頁482、483。

〔註55〕參見清‧朱彝尊：《經義考‧群經十》卷二百四十八（臺北市：中央研究院中國文哲研究所，民國88年4月初版），頁485、486。

〔註56〕參見清‧朱彝尊：《經義考‧群經十二》卷二百五十（臺北市：中央研究院中國文哲研究所，民國88年4月初版），頁518。

《讀書愚管》、《讀詩蠡測》、《春秋采義》、《歷代紀要昭代典則》、《陶
集杜律註解》。子喬棟事父至孝，以陰授臨安知府，有廉名。著《十
三經傳習錄》、《讀書管見》。〔註57〕

可證黃喬棟確實著有《十三經傳習錄》。「十三經」中有《穀梁傳》，可知柳興
恩乃從寬取之，其著作中涉及《穀梁》者，即列爲《穀梁》經師。

（三十八）王介之

柳氏引《經義考》：「著《春秋四傳質》二卷。」

巧儀案：柳氏據《經義考》以王介之撰有《春秋四傳質》爲《穀梁》經師。《四
庫全書總目提要・春秋四傳質二卷》：

爲湖南巡撫採進本，明王介之撰。介之字石崖，衡陽人。是書取三
《傳》及胡安國《傳》異同。斷以己意。……〔註58〕

王介之《春秋四傳質》之「四傳」爲三《傳》及胡《傳》。其中既包含《穀梁
傳》，則爲柳氏以其爲《穀梁》經師之依據。

另據《續通志・藝文略》、《續文獻通考・經籍考》、《四庫全書總目提要》，
皆有王介之著《春秋四傳質》之著錄。

（三十九）卓爾康（1570～1644）

柳氏引《經義考》：「著《春秋辨義》三十九卷。」〔註59〕

巧儀案：柳氏據《經義考》以卓爾康撰有《春秋辨義》爲《穀梁》經師。《四
庫全書總目提要・春秋辨義三十九卷》：

浙江巡撫採進本，明卓爾康撰。爾康有《易學》。已著錄。是書大旨
分爲六義：曰經義、曰傳義、曰書義、曰不書義、曰時義、曰地義，
持論皆爲醇正。其經文每條之下，皆雜取舊説，排比詮次，而斷以
己意。每公之末，又各附以列國本末一篇，舉繫於盛衰興亡之大
者。……〔註60〕

〔註57〕 參見《正誼堂全書・道南源委》，（清康熙張柏行編同治左宗棠增刊本），頁4
～6。

〔註58〕 參見清・永瑢等編撰：《四庫全書總目提要》（上海市：商務印書館，民國22
年），頁573、574。

〔註59〕 參見清・朱彝尊：《經義考・群經九》卷二百四十七（臺北市：中央研究院中
國文哲研究所，民國88年4月初版），頁459、460。

〔註60〕 參見清・永瑢等編撰：《四庫全書總目提要》（上海市：商務印書館，民國22
年），頁572、573。

《春秋辨義》包含《穀梁傳》義，此爲可知柳氏以其爲《穀梁》經師之依據。

（四十）梁斗輝

柳氏引《經義考》：「著《十三經緯》九卷。」〔註61〕

巧儀案：柳氏據《經義考》以梁斗輝撰有《十三經緯》爲《穀梁》經師。「十三經」中當有《穀梁傳》，可知柳興恩乃從寬取之，其著作中涉及《穀梁》者，即列爲《穀梁》經師。

（四十一）蔣鳴玉

柳氏引《經義考》：「著《五經圭約》。」

巧儀案：柳氏據《經義考》以蔣鳴玉撰有《五經圭約》爲《穀梁》經師。《四庫全書總目提要·五經圭約》：

> 無卷數，浙江巡撫採進本，明蔣鳴玉撰。鳴玉字楚珍，號中完，金壇人。崇禎丁丑（1637）進士，官台州府推官。鳴玉於四書、五經，皆有講義。解四書者，名《舌存》，今未見。解五經者，名《圭約》，言如土圭之測日影，以至約而賅至廣也。其初每經皆分總論、別論、緒論三編。……《春秋》兼取三《傳》。不主胡安國刻深之說。……
>
> 〔註62〕

《五經圭約》之《春秋》中包含三《傳》之說。「三傳」即包含《穀梁傳》，此則柳氏以其爲《穀梁》經師之依據。

小結

明代此四十一位經師皆以其撰有著作，列爲《穀梁》經師者。依其著作與《穀梁傳》關係之遠近，又可略分爲四：

一、撰有《穀梁傳》專著者：有李舜臣《穀梁三例》一人；

二、著作爲《春秋》學範疇，兼及《穀梁傳》。依其內容與《穀梁傳》關係之遠近，可約分爲二：

 （一）引《穀梁》傳文、傳義說解，雖非《穀梁》專著，柳氏從寬取之，列爲《穀梁》經師：共有朱右《春秋傳類編》、石光霽《春秋鈎玄》、

〔註61〕參見清·朱彝尊：《經義考·群經十二》卷二百五十（臺北市：中央研究院中國文哲研究所，民國88年4月初版），頁520、521。

〔註62〕參見清·永瑢等編撰：《四庫全書總目提要》（上海市：商務印書館，民國22年），頁698、699。

童品《春秋經傳辨疑》、湛若水《春秋正傳》、徐溥《春秋四傳私考》、王樵《春秋集傳》、《春秋凡例》、熊過《春秋明志錄》、朱睦㮮《春秋諸傳辨疑》、徐學謨《春秋億》、張岐然《春秋五傳平文》、高攀龍《春秋孔義》、陳士芳《春秋四傳通辭》、賀仲軾《春秋歸義》、施天遇《春秋三傳衷考》、夏允彝《春秋四傳合論》、王介之《春秋四傳質》、卓爾康《春秋辨義》等十七人；

（二）其書未見，但存其目，無可考者：共有汪克寬《春秋諸傳提要》、饒秉鑑《春秋會傳》、金賢《春秋記愚》、徐獻忠《春秋稽傳錄》、楊時秀《春秋集傳》、顏鯨《春秋貫玉》、顧起經《春秋三傳鼂乙集》、董啓《春秋補傳》、黃智《春秋三傳會要》、徐允祿《春秋愚謂》、陳肇曾《春秋四傳辨疑》、來集之《春秋權衡》等十二人；

三、著作爲經學範疇，兼及《穀梁傳》。依其內容與《穀梁傳》關係之遠近，可約分爲三：

（一）以《春秋》、三傳爲目，引《穀梁》傳文、傳義說解，雖非《穀梁》專著，柳氏從寬取之，列爲《穀梁》經師：共有唐順之《稗編》、蔣鳴玉《五經圭約》二人；

（二）以《春秋》、三傳爲目，通論三傳者，柳氏從寬取之，列爲《穀梁》經師：共有陳士元《五經異文》、周應賓《九經考異》二人；

（三）其書未見，但存其目，無可考者：共有陶凱《九經類要》、周安《九經圖注》、趙宦光《九經漢義》、郭正域《十三經補注》、黃喬棟《十三經傳習錄》、梁斗輝《十三經緯》等六人；

四、因故無從歸類者：

（一）其爲目錄之書，無從歸類者：有王圻《續文獻通考》一人。

明代的統治者在開國之初即很重視儒學，然由於其時理學已取代經學的地位。再加上明代科舉考試雖遠勝於元代，然其對於經學的發展實毫無裨益。明初科舉考試，據《明史・選舉志二》爲「《春秋》主《左氏》、《公羊》、《穀梁》三傳及胡安國、張恰傳。」但永樂十三年（1415）所修成《春秋大全》後，廢棄注疏而不用。加上考試文體的僵化，士子但求學會作八股，不必鑽研經典。是故明代《春秋》學最爲衰微。

《春秋大全》全部襲取元人汪克寬《春秋胡傳附錄纂疏》，是書成於至正六年（1316），在元末甚爲流行。其以胡安國傳爲主，同時博考眾說而成書。

而柳興恩逕將元人汪克寬置於明代經師之首，可反映出其對明代《春秋大全》的諷刺。且柳氏以汪克寬撰有《春秋諸傳提要》，列其為《穀梁》經師。

自啖助、趙匡一派開「捨傳求經」風氣以來，自唐代至明代中葉之著作，可反映出其影響之大。其著作有「折衷」、「權衡」、「辨疑」、「闕疑」、「考正」等俱是受此風影響所著。而宋人胡安國所著《春秋傳》對元、明兩代的影響甚大。此由明人著作出現「四傳」可知。「四傳」即《左傳》、《公羊傳》、《穀梁傳》、胡《傳》。

第二節　清代《穀梁》學者及《穀梁》學傳授

清代《穀梁》經師列於《穀梁大義述》卷十九，述經師〉目次，共錄有顧炎武、王夫之等四十八位經師。

柳興恩收錄的依據有《經義考》、《四庫全書總目》、《儒林傳稿》、《漢學師承記》、《疇人傳》。

現依《穀梁大義述·述經師》目次，一一敘明此四十八位《穀梁》經師。

（一）顧炎武（1613～1682）

柳興恩引《經義考》：「著《日知錄》說經七卷。」〔註63〕

巧儀案：柳氏據《經義考》以顧炎武撰有《日知錄》為《穀梁》經師。據《清史稿·儒林列傳二·顧炎武》：

> 顧炎武，字寧人，原名絳，崑山人。……而《日知錄》三十卷，尤為精詣之書，蓋積三十餘年而後成。其論治綜覈名實，於禮教尤兢兢。謂風俗衰，廉恥之防潰，由無禮以權之，常欲以古制率天下。……〔註64〕

《日知錄》論名實相符，在禮教上特別注意。以為風俗漸衰，廉恥漸失，欲以古禮為天下人表率。其中有說《穀梁傳》者，故柳興恩將之列為《穀梁》經師。

（二）王夫之（1619～1692）

〔註63〕參見清·朱彝尊：《經義考·群經十三》卷二百五十一（臺北市：中央研究院中國文哲研究所，民國88年4月初版），頁529。

〔註64〕參見《清史稿·儒林列傳二·顧炎武》，引自趙爾巽等撰；楊家駱校：《楊校標點本清史稿》（臺北市：鼎文書局，民國70年），頁13165～13169。

柳興恩引《四庫總目》：「著《春秋稗疏》、《春秋家說》。」〔註65〕
巧儀案：柳氏據《四庫總目》以王夫之撰有《春秋稗疏》、《春秋家說》爲《穀梁》經師。據《清史稿・儒林列傳一・王夫之》：

> 王夫之，字而農，衡陽人。……所著書三百二十卷，其著錄於《四庫》
> 者：曰《周易稗疏》、《考異》，《尚書稗疏》，《詩稗疏》、《考異》，《春
> 秋稗疏》。《存目》者：曰《尚書引義》、《春秋家說》。……〔註66〕

證王夫之著有《春秋稗疏》、《春秋家說》，且分別爲《四庫總目》、《四庫存目》所收。依《四庫全書總目提要・春秋類四・春秋稗疏二卷》：

> 湖南巡撫採進本，國朝王夫之撰。夫之有《周易稗疏》，已著錄。是
> 編論《春秋》書法，儀象典制之類，僅十之一。而考證地理者，居
> 十之九。……〔註67〕

可證《四庫總目》確實錄有《春秋稗疏》。其書內容十分之一敘述禮儀暨典章制度，而十分之九在考證地理。《春秋稗疏》共二卷，分爲卷上、卷下。卷上爲隱公至文公，卷下爲宣公至哀公。各公下以條目釋之，於三傳皆有引述。如於隱公「會於郲」條引：「《左氏》、《公羊》皆作『成』，胡氏獨從《穀梁》作『郲』。」〔註68〕又如於莊公「單伯逆王姬」條引：「二《傳》作『逆王姬』，《左傳》作『送』；言逆則單伯爲魯大夫，言送則單伯爲王臣。」〔註69〕

依《四庫全書總目提要・春秋類存目二・春秋家說三卷》：

> 湖南巡撫採進本，國朝王夫之撰。夫之有《周易稗疏》，已著錄。是
> 書前有自序，稱大義受於其父，故以家說爲名。其攻駁《胡傳》之
> 失，往往中理。……〔註70〕

可證《四庫存目》確實錄有《春秋家說》。據稱受大義於其父王朝聘，故以「家

〔註65〕 參見清・永瑢等編撰：《四庫全書總目提要・春秋類四》（上海市：商務印書館，民國22年），頁577、578、620。

〔註66〕 參見《清史稿・儒林列傳一・王夫之》，引自趙爾巽等撰：楊家駱校：《楊校標點本清史稿》（臺北市：鼎文書局，民國70年），頁13106～13108。

〔註67〕 參見清・永瑢等編撰：《四庫全書總目提要・春秋類四》（上海市：商務印書館，民國22年），頁577、578。

〔註68〕 參見明・王夫之著：《船山全集・春秋稗疏》（湖南：嶽麓書社，1993年1月第1版），頁30、31。

〔註69〕 參見明・王夫之著：《船山全集・春秋稗疏》（湖南：嶽麓書社，1993年1月第1版），頁33。

〔註70〕 參見清・永瑢等編撰：《四庫全書總目提要・春秋類存目二》（上海市：商務印書館，民國22年），頁620。

說」爲名。且其攻訐駁斥胡安國《傳》，往往切中要害。《春秋家說》共三卷，分爲上、中、下。卷上爲隱公至僖公，卷中爲文公至文公，卷下爲襄公至哀公。各公下釋之大義，於《穀梁傳》有所引述。如隱公下「穀梁子欲隱公之據其位以爲正親之道，失其所事親之身，而道圮久矣。」「隱公無可立之義，則可以攝；隱公固有可立之義，則不得復爲攝矣。不得爲攝，故隱公之立爲爭國，《春秋》必紐其亂；不得爲攝，則桓公之立爲弑君，故《春秋》必目其賊。」〔註71〕此隱公可立，不得爲攝之義，柳氏觀之爲《穀梁》大義。

《春秋稗疏》、《春秋家說》皆有引述《穀梁傳》，則柳氏據二書將王夫之列爲《穀梁》經師。

（三）陸元輔（1617～1691）

柳興恩引《經義考》：「著《十三經注疏類鈔》四十卷。」〔註72〕

巧儀案：柳氏據《經義考》以陸元輔撰有《十三經注疏類鈔》爲《穀梁》經師。據陸嘉淑《十三經注疏類抄》序：

> ……吾家翼王讀書王太常煙客家，與中舍周臣爲友，相與講求先王禮樂之具，與其所以致治之原，慨然謂讀書必自窮經始，窮經必自漢、唐注疏始，然注疏之文，汗漫雜出，紛賾隱奧，若於考據別識之難也，於是發凡起例，爲之疏通，裁斷部分族居大，而郊廟朝堂之制，禮器樂數之品章，以及一事一物、禽魚草木之微，無不綜以綱維，歸之條例，於是群經之所有，一披籍而了然，皆可指掌而盡焉。本末兼該，精粗咸貫，世有知而用之者有，可執此以往下，此亦可備文人賦家之考索，其用精矣，其致力勤矣。……翼王又親爲黃陶奄先生入室弟子，宜其學有師承，而著書足以垂後也，後之讀此書者，以之備考索鈎稽之用固得矣，然無僅以爲文人賦家之所資焉，則翼王著疏之意庶其不泯沒乎！予故序而論之。〔註73〕

〔註71〕 參見明・王夫之著：《船山全集・春秋家說》（湖南：嶽麓書社，1993年1月第1版），頁111、112。

〔註72〕 參見清・朱彝尊：《經義考・群經十三》卷二百五十一（臺北市：中央研究院中國文哲研究所，民國88年4月初版），頁529～531。清・柳興恩：《穀梁大義述・述經師》（臺北市：藝文印書館，民國54年）《皇清經解續編》南菁書院本，頁11219、11220。

〔註73〕 引自清・朱彝尊：《經義考・群經十三》卷二五一（臺北市：中央研究院中國文哲研究所，民國88年4月初版），頁529～531。

可知《十三經注疏類抄》將十三經中，上自制度（郊廟朝堂、禮器樂數），下至禽魚草木，皆分門別類，歸諸條目。其中包含《穀梁傳》，故柳興恩將其列之《穀梁》經師。

（四）俞汝言（1614～1679）

柳興恩引《四庫總目》、《經義考》：「著《春秋四傳糾正》一卷。」〔註74〕巧儀案：柳氏據《四庫總目》、《經義考》以俞汝言撰有《春秋四傳糾正》為《穀梁》經師。據《四庫全書總目提要‧春秋類四‧春秋四傳糾正一卷》：

> 浙江巡撫採進本，國朝俞汝言撰。康熙丙辰（1676），汝言《春秋平義》始脫稿。是歲之夏，復續作此書，以綜括大旨。相傳其晚年失明，口授而成之者也。書中摘列《春秋三傳》及《胡安國傳》之失。隨事辨正，區為六類：一曰尊聖而忘其僭，計八條；二曰執理而近於迂，計十五條；三曰尚異而於鑿，計二十三條；四曰臆測而近於誣，計四十三條；五曰稱美而失實情，計八條；六曰摘瑕而傷鍥刻，計六條。末附〈春王正月辨〉一篇。中《左氏》、《公羊》、《孔安國》、《鄭元》之說。……然六類之中，大抵皆立義正大，持論簡明。一卷之書，篇帙無幾，而言言皆治《春秋》者之藥石，亦可謂深得經意者矣。〔註75〕

是書既名「四傳糾正」，則謂摘取羅列《左傳》、《公羊傳》、《穀梁傳》、《胡傳》之謬失並辨正之。其謬失分作六種：因為尊崇孔子而無視其僭越、偏執一理而幾近迂腐、崇尚異同而流於穿鑿、臆測其意而失於誣妄、為求稱美而不顧事實、為掩蓋瑕疵而過於苛刻。《四庫》以為其立義持論正大簡明扼要。其中包含《穀梁傳》，則柳興恩將之列為《穀梁》經師。

（五）沈珩（1619～1695）

柳興恩引《經義考》：「著《十三經文鈔》五十卷。」〔註76〕

〔註74〕參見清‧朱彝尊：《經義考‧春秋四十一》卷二百八（臺北市：中央研究院中國文哲研究所，民國88年4月初版），頁510～512。清‧柳興恩：《穀梁大義述‧述經師》（臺北市：藝文印書館，民國54年）《皇清經解續編》南菁書院本，頁11210。

〔註75〕參見清‧永瑢等編撰：《四庫全書總目提要‧春秋類四》（上海市：商務印書館，民國22年），頁579、580。

〔註76〕參見清‧朱彝尊：《經義考‧春秋十三》卷二百五十一（臺北市：中央研究院中國文哲研究所，民國88年4月初版），頁531～535。清‧柳興恩：《穀梁大

巧儀案：柳氏據《經義考》以沈珩撰有《十三經文鈔》爲《穀梁》經師。
十三經中包含《穀梁傳》，則柳興恩將之列爲《穀梁》經師。

（六）毛奇齡（1623～1713）

柳興恩引《四庫總目》：「著《春秋簡書刊誤》二卷。」〔註77〕

巧儀案：柳氏據《四庫總目》以毛奇齡撰有《春秋簡書刊誤》爲《穀梁》經
師。據《清史稿・儒林列傳二・毛奇齡》：

> 毛奇齡，字大可，又名甡，蕭山人。……奇齡分校會闈時，閱《春
> 秋》房卷，心非《胡傳》之偏，有意撰述，至是乃就經文起義，著
> 《春秋毛氏傳》三十六卷，《春秋簡書刊誤》二卷，《春秋屬辭比事
> 記》四卷，條例明晰，考據精核。……〔註78〕

可知毛奇齡除著有《春秋簡書刊誤》外，還著有《春秋毛氏傳》、《春秋屬詞
比事記》。依《四庫全書總目提要・春秋類四・春秋簡書刊誤二卷》：

> 浙江巡撫採進本，國朝毛奇齡撰。是書刊正《三傳》經文之誤。其
> 以簡書爲名者，蓋仍執其傳據策書，經據簡書之說也。大旨以《左
> 傳》爲主，而附載《公》、《穀》之異文，辨證其謬。因《胡安國傳》
> 多從《穀梁》，併安國亦排斥之。其舍《左氏》而從《公羊》者，惟
> 襄公十四年「衛侯衎出奔齊」一條耳。考《左傳》雖晚出，而其文
> 實竹帛相傳。《公》、《穀》雖先立於學官，而其初皆經師口授，或記
> 憶之失眞，或方音之遞轉，勢所必然，不足爲怪。……〔註79〕

是書刊正三《傳》經文之訛誤。以《左傳》爲主，附上《公羊傳》、《穀梁傳》
異文，辨正其謬失。又以《胡傳》多從《穀梁傳》，故一併駁斥。其認爲《左
傳》晚出，然文字實以竹帛相傳。比諸《公羊傳》、《穀梁傳》雖先立於學官，
然皆經師口授，不免會有記憶失眞或方音遞轉所造成的訛誤。其中包含《穀
梁傳》，則柳興恩將之列爲《穀梁》經師。

義述・述經師》（臺北市：藝文印書館，民國54年）《皇清經解續編》南菁書
　　院本，頁11220。

〔註77〕 參見清・柳興恩：《穀梁大義述・述經師》（臺北市：藝文印書館，民國54年）
　　《皇清經解續編》南菁書院本，頁11220。

〔註78〕 參見《清史稿・儒林列傳二・毛奇齡　陸邦烈》，引自趙爾巽等撰；楊家駱校：
　　《楊校標點本清史稿》（臺北市：鼎文書局，民國70年），頁13174～13176。

〔註79〕 參見清・永瑢等編撰：《四庫全書總目提要・春秋類四》（上海市：商務印書
　　館，民國22年），頁582、583。

（七）張爾岐（1612～1678）

柳興恩引《四庫總目》：「著《春秋傳議》四卷。」〔註80〕

巧儀案：柳氏據《四庫總目》以張爾岐撰有《春秋傳議》爲《穀梁》經師。據《四庫全書總目提要·春秋類存目二·春秋傳議四卷》：

> 山東巡撫採進本，國朝張爾岐撰。爾岐有《周易說略》，已著錄。是書意在折衷三《傳》，歸於至當，然發明《胡傳》之處居多，猶未敢破除門戶。同時有樂安李煥章爲爾岐作傳云「著《春秋傳議》，未輟而卒。」今此本闕略特甚，蓋未成之稾，而好事者刻之也。〔註81〕

張爾岐本意欲折衷三《傳》，然其中多闡發《胡傳》之義。又，以李煥章謂其「未輟而卒」，得知《春秋傳議》爲未完之稿本，其中闕漏甚多。其中包含《穀梁傳》，則柳興恩將之列爲《穀梁》經師。

（八）萬斯大（1633～1683）

柳興恩引阮元《國史儒林傳稿》：「著《學春秋隨筆》十卷。」〔註82〕

巧儀案：柳氏據阮元《國史儒林傳稿》以萬斯大撰有《學春秋隨筆》爲《穀梁》經師。《清史列傳·儒林傳下一·萬斯大》：

> 萬斯大，字充宗，浙江鄞縣人。……斯大治經，以爲非通諸經，不能通一經；非悟傳注之失，則不能通經；非以經釋經，則亦無由悟傳注之失。其爲學尤精《春秋》、三《禮》。於《春秋》，則有專傳論世、屬辭比事、原情定罪諸義。……根柢三《禮》，以釋三《傳》，較宋、元以後空談書法者殊。然其說經以新見長，亦以鑿見短，置其非存其是，未始非一家之學。……所著有《學春秋隨筆》十卷，《學禮質疑》二卷，《儀禮商》三卷，《禮記偶箋》三卷，《周官辨非》二卷。……〔註83〕

可證萬斯大著有《學春秋隨筆》。據萬經《學春秋隨筆》序：

〔註80〕 參見清·柳興恩：《穀梁大義述·述經師》（臺北市：藝文印書館，民國54年）《皇清經解續編》南菁書院本，頁11220。

〔註81〕 參見清·永瑢等編撰：《四庫全書總目提要·春秋類存目》（上海市：商務印書館，民國22年），頁621。

〔註82〕 參見清·柳興恩：《穀梁大義述·述經師》（臺北市：藝文印書館，民國54年）《皇清經解續編》南菁書院本，頁11220。

〔註83〕 參見清國史館原編：《清史列傳·儒林傳下一·萬斯大》（台北市：明文書局，民國74年5月10日初版，《清代傳記叢刊》），頁396、397。

先君子篤志經學。尤精於三《禮》、《春秋》。……此《隨筆》十卷，

乃編纂時間有獨得者，另爲箚記，故亦止於昭公云。……〔註84〕

可知《學春秋隨筆》屬箚記性質，止於昭公，爲未完之書。

（九）王芝藻（生卒年不詳）

柳興恩引《四庫總目》：「著《春秋義類折衷》十六卷。自序大旨，謂《左傳》可信者十之四，不可信者十之六。《公羊》亦多謬戾，惟《穀梁》猶不失聖門之舊。」〔註85〕

巧儀案：柳氏據《四庫總目》以王芝藻撰有《春秋義類折衷》爲《穀梁》經師。《四庫全書總目提要・春秋類存目二・春秋類義折衷十六卷》：

> 浙江巡撫採進本，國朝王芝藻撰。芝藻有《大易疏義》，已著錄。是書以《左氏》、《公羊》、《穀梁》、《胡傳》爲主，亦閒採程子及臨川吳氏、廬陵李氏諸家以爲之注。其自出己見，則加臆解二字以別之。後附總論二十條，書成於康熙三十五年。自序稱《公羊》襲取《穀梁》之書而續爲之，其說不知所據。大旨謂《左傳》可信者十之四，不可信者十之六。《公羊》亦多繆戾。惟《穀梁》猶不失聖門之舊。前有自題口號云「自讀《春秋》四十年，只如羣動對青天。邇來深考流傳義，始覺先儒多誤傳。」其命意所在，可見矣。〔註86〕

其書以《左傳》、《公羊傳》、《穀梁傳》、《胡傳》爲主。王芝藻稱《左傳》可信者只有十分之四，《公羊傳》亦多謬誤。唯有《穀梁傳》留有孔子之意。其中既以《穀梁傳》爲主，則柳興恩將之列爲《穀梁》經師。

（十）劉蔭樞（1637～1723）

柳興恩引《四庫總目》：「著《春秋蓄疑》十一卷。」〔註87〕

巧儀案：柳氏據《四庫總目》以劉蔭樞撰有《春秋蓄疑》爲《穀梁》經師。《四庫全書總目提要・春秋類存目二・春秋蓄疑十一卷》：

〔註84〕 參見萬斯大：《學春秋隨筆》，引自《續修四庫全書》卷一百三十九（上海：上海古籍出版社，2003 年 5 月第 1 版），頁 125。

〔註85〕 參見清・柳興恩：《穀梁大義述・述經師》（臺北市：藝文印書館，民國 54 年）《皇清經解續編》南菁書院本，頁 11220。

〔註86〕 參見清・永瑢等編撰：《四庫全書總目提要・春秋類存目二》（上海市：商務印書館，民國 22 年），頁 625。

〔註87〕 參見清・柳興恩：《穀梁大義述・述經師》（臺北市：藝文印書館，民國 54 年）《皇清經解續編》南菁書院本，頁 11220。

陝西巡撫採進本，國朝劉蔭樞撰。蔭樞有《大易蓄疑》，已著錄。是
編以治《春秋》者信傳而不信經。故於經文各條下，列三《傳》及
《胡氏傳》爲案，而以己意斷其得失。於《胡傳》尤多駁正，頗能
洗附會穿鑿之習。其或併《左傳》事實疑之，則師心太過矣。〔註88〕

劉蔭樞以自元、明以來，研治《春秋》的人信傳而不信經。故《春秋蓄疑》
在各條經文之下，羅列三《傳》及《胡傳》，並論斷其得失。特別駁斥糾正胡
傳，一洗穿鑿附會之陋習。其中包含《穀梁傳》，則柳興恩將之列爲《穀梁》
經師。

（十一）焦袁熹（1661～1736）

柳興恩引《四庫總目》：「著《經說彙編》六卷。」〔註89〕

巧儀案：柳氏據《四庫總目》以焦袁熹撰有《經說彙編》爲《穀梁》經師。《四
庫全書總目提要・五經總義類存目・此木軒經說彙編六卷》：

江蘇巡撫採進本，國朝焦袁熹撰。袁熹有《春秋闕如編》，已著錄。
是編乃袁熹讀諸經註疏，閒爲標識，其門人掇拾成編。凡《易》、《書》、
《詩》、三《禮》、三《傳》、《爾雅》十經。而《書》僅三十四條、《周
禮》僅十六條、《儀禮》僅一條、《公羊》傳僅九條、《穀梁》傳僅七
條，皆殊寥寥，實止五經而已。……〔註90〕

《經說彙編》爲焦袁熹讀諸經註疏的標識，由其門人彙編而成。共有《易》、
《書》、《詩》、三《禮》、三《傳》、《爾雅》十經。雖《穀梁傳》僅七條。然
其中既包含《穀梁傳》，則柳興恩將之列爲《穀梁》經師。

（十二）惠士奇（1671～1741）

柳興恩引《漢學師承記》：「士奇論《春秋》以爲論莫正於《穀梁》。」〔註91〕

巧儀案：柳氏據《漢學師承記》以惠士奇論《春秋》認爲《穀梁》之義最爲
醇正爲《穀梁》經師。依《漢學師承記・惠周惕》：

〔註88〕 參見清・永瑢等編撰：《四庫全書總目提要・春秋類存目二》（上海市：商務
印書館，民國22年），頁627。

〔註89〕 參見清・柳興恩：《穀梁大義述・述經師》（臺北市：藝文印書館，民國54年）
《皇清經解續編》南菁書院本，頁11220。

〔註90〕 參見清・永瑢等編撰：《四庫全書總目提要・五經總義類存目》（上海市：商
務印書館，民國22年），頁701、702。

〔註91〕 參見清・柳興恩：《穀梁大義述・述經師》（臺北市：藝文印書館，民國54年）
《皇清經解續編》南菁書院本，頁11220。

子士奇，字天牧，晚年自號半農人。……先生遂深經術，撰《易說》
六卷、《禮說》十四卷、《春秋說》十五卷。……其論《春秋》曰：「《春
秋三傳》，事莫詳於《左傳》、論莫正於《穀梁》。」……〔註92〕

惠士奇認爲《春秋三傳》中，以《左傳》敘事最爲詳細，論斷則以《穀
梁》最正。據《清史稿·儒林列傳二·惠周惕　子士奇　孫棟　余蕭客》：

惠周惕，字元龍，原名恕，吳縣人。……清二百餘年談漢儒之學者，
必以東吳惠氏爲首。惠氏三世傳經，周惕其創始者也。子士奇，字
天牧。……士奇盛年兼治經史，晚尤邃於經學，撰《易說》六卷，《禮
說》十四卷，《春秋說》十五卷。……於《春秋》，事實據《左氏》，
論斷多采《公》、《穀》，大致出於宋張大亨《春秋五禮例宗》、沈棐
《春秋比事》，而典核過之。……〔註93〕

可知惠士奇著有《春秋說》。

柳興恩獨以惠士奇稱「論莫正於《穀梁》」，即將之列爲《穀梁》經師。
然惠士奇另撰有《春秋說》，其書據《左傳》記述之事，采《公羊傳》、《穀梁
傳》的論斷。此可作爲惠士奇爲《穀梁》經師之另一依據。

（十三）齊祖望（1645～1703）

柳興恩引《四庫總目》：「著《說經》十卷。」〔註94〕
巧儀案：柳氏據《四庫總目》以齊祖望撰有《說經》爲《穀梁》經師。《四庫
全書總目提要·五經總義類存目·勉庵說經十卷》：

直隸總督採進本，國朝齊祖望撰。祖望字望子，號勉庵，廣平人。
康熙庚戌（1670）進士，官至南安府知府。是書凡《讀易辨疑》三
卷、《尚書一得錄》一卷、《詩序參朱》一卷、《說禮正誤三卷》、《春
秋四傳偶筆》一卷、《續筆》一卷。大概《易》則辨程、朱之誤。《書》
則正蔡氏之譌。《詩》多遵〈小序〉而攻朱註。《禮》則正陳氏之失。
《春秋》則糾駁《胡傳》，而《左氏》、《公》、《穀》亦互有是非，然

〔註92〕參見清·江藩撰：《漢學師承記·惠周惕》（台北市：明文書局，民國74年5
月10日初版，《清代傳記叢刊》），頁1～17。
〔註93〕參見《清史稿·儒林列傳二·惠周惕　子士奇　孫棟　余蕭客》，引自趙爾巽
等撰：楊家駱校：《楊校標點本清史稿》（臺北市：鼎文書局，民國70年），
頁13178～13181。
〔註94〕參見清·柳興恩：《穀梁大義述·述經師》（臺北市：藝文印書館，民國54年）
《皇清經解續編》南菁書院本，頁11220。

率以臆斷，不能根據古義。元元本本，以正宋儒之失也。〔註95〕

《勉庵說經》十卷中，有《春秋四傳偶筆》一卷。主要爲糾正駁斥《胡傳》，而三《傳》亦互有是非。《四庫》稱其過於臆測武斷。其中包含《穀梁傳》，則柳興恩將之列爲《穀梁》經師。

（十四）張尚瑗（生卒年不詳）

柳興恩引《四庫總目》：「著《三傳折諸》四十四卷。」〔註96〕

巧儀案：柳氏據《四庫總目》以張尙瑗撰有《三傳折諸》爲《穀梁》經師。《四庫全書總目提要‧春秋類四‧三傳折諸四十四卷》：

> 江蘇巡撫採進本，國朝張尚瑗撰。尚瑗字宏蘧，一字損持，吳江人。康熙戊辰（1688）進士，改庶吉士，散館外補興國縣知縣。尚瑗初從朱鶴齡遊，講《春秋》之學。鶴齡作《讀左日鈔》，尚瑗亦作讀三《傳》隨筆，積累既久，卷帙遂夥，乃排纂而成是書。曰「折諸」者，取揚雄羣言「淆亂折諸聖」之語也。凡《左傳》三十卷，《公羊》、《穀梁》各七卷，而用力於《左傳》尤多。……惟其書貪多務得，細大不捐，每捃摭漢魏以下史事，與傳文相證，往往支離曼衍。如因衛懿公好鶴，遂涉及唐元宗舞馬之類，不一而足。與經義或渺不相關，殊爲蕪雜。然取材既廣，儲蓄遂宏。先儒訓詁之遺，經師授受之奧，微言大義，亦多錯見於其中。所謂披沙簡金，往往見寶，固未可以其糠，遂盡棄其精英。且《春秋》一經，說者至夥，自孫復、劉敞之徒。倡言廢傳，後人沿其流派，遂不究事實，而臆斷是非。胡安國《傳》自延祐以來，懸爲功令，而僖公十七年之滅項乃誤歸獄於季孫，由議論多而考證少也。尚瑗是書，雖未能刊削浮文，頗乖體要，而蒐羅薈，猶爲摭實之言。過而存之，視虛談褒貶者，固勝之遠矣。〔註97〕

張尙瑗作讀三《傳》隨筆，而成《三傳折衷》四十四卷，其中《左傳》三十卷，《公羊傳》、《穀梁傳》各七卷。卷目相合。其書每取後世史事證其傳文，

〔註95〕參見清‧永瑢等編撰：《四庫全書總目提要‧五經總義類存目》（上海市：商務印書館，民國 22 年），頁 701。

〔註96〕參見清‧柳興恩：《穀梁大義述‧述經師》（臺北市：藝文印書館，民國 54 年）《皇清經解續編》南菁書院本，頁 11220。

〔註97〕參見清‧永瑢等編撰：《四庫全書總目提要‧春秋類四》（上海市：商務印書館，民國 22 年），頁 585。

略嫌支蔓，與經義或不相關。然正因其取材甚廣，可見先儒訓詁、經師授受，乃至於微言大義。其中包含《穀梁傳》，則柳興恩將之列爲《穀梁》經師。

（十五）方苞（1668～1749）

柳興恩引《四庫總目》：「著《春秋比事目錄》四卷。」〔註98〕

巧儀案：柳氏據《四庫總目》以方苞撰有《春秋比事目錄》爲《穀梁》經師。《清史稿・方苞列傳》：

> 方苞，字靈皋，江南桐城人。……苞爲學宗程、朱，尤究心《春秋》、三《禮》，篤於倫紀。……〔註99〕

方苞爲學，特別留心《春秋》、三《禮》。依《四庫全書總目提要・春秋類存目二・春秋比事目錄四卷》：

> 江蘇巡撫採進本，國朝方苞撰。苞有《周官集注》，已著錄。苞既作《春秋通論》，恐學者三《傳》未熟，不能驟尋其端緒。乃取其事同而書法互異者，分類彙錄，凡八十有五類。……〔註100〕

《春秋比事目錄》爲取三《傳》中事同而書法不同者，分有八十五類，各自著錄。其中包含《穀梁傳》，則柳興恩將之列爲《穀梁》經師。

（十六）孔傳鐸（1673～1732）

柳興恩引《儒林傳稿》：「著《三傳合纂》十二卷。」〔註101〕

巧儀案：柳氏據《儒林傳稿》以孔傳鐸撰有《三傳合纂》爲《穀梁》經師。據《揅經室續集・集傳錄存》卷二：

> 傳鐸字鎮路，性恭謹和厚，喜讀書，工文詞。究心濂洛關閩之學，熟於三《禮》。……著《三傳合纂》十二卷。〔註102〕

以三傳中包含《穀梁傳》，則柳氏將孔子第六十八代孫孔傳鐸列爲《穀梁》經師。

〔註98〕參見清・柳興恩：《穀梁大義述・述經師》（臺北市：藝文印書館，民國54年）《皇清經解續編》南菁書院本，頁11220。

〔註99〕參見《清史稿・方苞列傳》，引自趙爾巽等撰；楊家駱校：《楊校標點本清史稿》（臺北市：鼎文書局，民國70年），頁10270～10272。

〔註100〕參見清・永瑢等編撰：《四庫全書總目提要・春秋類存目二》（上海市：商務印書館，民國22年），頁632、633。

〔註101〕參見清・柳興恩：《穀梁大義述・述經師》（臺北市：藝文印書館，民國54年）《皇清經解續編》南菁書院本，頁11220。

〔註102〕參見清・阮元：《揅經室續集・集傳錄存》卷二，《叢書集成初編》本（北京：中華書局，一九八五年），頁79、80。

（十七）盧軒（生卒年不詳）

柳興恩引《四庫總目》：「著《春秋三傳纂凡表》四卷。」〔註103〕

巧儀案：柳氏據《四庫總目》以盧軒撰有《春秋三傳纂凡表》爲《穀梁》經師。《四庫全書總目提要・春秋類存目二・春秋三傳纂凡表四卷》：

> 兩淮馬裕家藏本，國朝盧軒撰。軒字六以，海寧人。康熙己丑（1709）進士，官翰林院編修。其書以三《傳》所言書法之例，彙而爲表。經文直書爲經，傳文橫書爲緯，凡分三格，以《左氏》居上格，《公羊》居中格，《穀梁》居下格。皆但列舊文，而於其同異是非，不加考證。蓋軒欲作《三傳擇善》一書，故先纂此表，以便檢閱，尚未即訂正其得失也。〔註104〕

《春秋三傳纂凡表》將彙整三《傳》的書法。以經文直書、傳文橫書，分爲三格，《左傳》最上、《公羊傳》居中、《穀梁傳》最下。僅陳列文字，不加考證其是非異同。《四庫》以盧軒欲作《三傳擇善》，先撰此表以供檢閱，故未即訂正得失。其中包含《穀梁傳》，則柳興恩將之列爲《穀梁》經師。

（十八）吳陳琰〔註105〕（生卒年不詳）

柳興恩引《四庫總目》：「著《春秋三傳同異考》一卷。」〔註106〕

巧儀案：柳氏據《四庫總目》以吳陳琰撰有《春秋三傳同異考》爲《穀梁》經師。《四庫全書總目提要・春秋類存目二・春秋三傳同異考一卷》：

> 浙江巡撫採進本，國朝吳陳琬撰。琬字寶崖，錢塘人。其書取三《傳》人名、地名相異及事之不同者，各著於篇。又辨別三《傳》義例得失，而斷以己意。〔註107〕

《春秋三傳同異考》取三《傳》中，人名、地名、事不同處，各有其著，又分辨三《傳》義例之得失，以己義論斷。其中包含《穀梁傳》，則柳興恩將之

〔註103〕參見清・柳興恩：《穀梁大義述・述經師》（臺北市：藝文印書館，民國54年）《皇清經解續編》南菁書院本，頁11220。

〔註104〕參見清・永瑢等編撰：《四庫全書總目提要・春秋類存目二》（上海市：商務印書館，民國22年），頁633。

〔註105〕關於其名，《四庫總目》作「吳陳琬」，《清史稿・藝文志》、《續修四庫全書》俱作「吳陳琰」，柳興恩作「吳陳琰」當無疑。

〔註106〕參見清・柳興恩：《穀梁大義述・述經師》（臺北市：藝文印書館，民國54年）《皇清經解續編》南菁書院本，頁11220。

〔註107〕參見清・永瑢等編撰：《四庫全書總目提要・春秋類存目二》（上海市：商務印書館，民國22年），頁636。

列爲《穀梁》經師。

「吳陳琰」之名，柳氏作「吳陳琰」，《四庫全書總目提要》作「吳陳琬」。《清史稿・藝文志》與《續修四庫全書》俱作「吳陳琰」，則其名當爲「吳陳琰」，《四庫全書總目提要》誤。

（十九）顧宗瑋（生卒年不詳）

柳興恩引《四庫總目》：「著《春秋左傳事類年表》一卷。」〔註108〕
巧儀案：柳氏據《四庫總目》以顧宗瑋撰有爲《穀梁》經師。《四庫全書總目提要・春秋類存目二・春秋左傳事類年表一卷》：

> 浙江鮑士恭家藏本，國朝顧宗瑋撰。宗瑋字廷敬，吳江人。其書每一年爲半頁，橫分十格：一曰周、二曰魯、三曰列國、四曰災異、五曰郊祀、六曰朝聘、七曰會盟、八曰征伐、九曰城築、十曰土田。各以經文散書其內，而傳文爲經所不載者，亦附見焉。據其凡例，尚有〈三傳異同〉一卷、〈春秋通例〉一卷、〈春秋稽疑〉一卷、〈春秋參同〉一卷、〈春秋提要發明〉一卷、〈春秋圖譜〉一卷、〈春秋箋釋〉一卷、〈春秋餘論〉一卷。今皆未見，蓋非完書也。〔註109〕

《春秋左傳事類年表》半頁爲一年，橫分作十格：周、魯、列國、災異、郊祀、朝聘、會盟、征伐、城築、土田。以經文分類著錄於下，若未見於經文之傳文亦附見其中。《四庫》以未見其凡例所述〈三傳異同〉、〈春秋通例〉等，以其爲未完之書。

顧宗瑋所著爲《春秋左傳事類年表》，其內容亦即《春秋經》及《左傳》傳文，並無《穀梁傳》。據此，則不當以其爲《穀梁》經師。然則，其凡例中有〈三傳異同〉，《四庫》未見，則柳興恩當亦未見，或以《三傳》中包含《穀梁傳》，則柳興恩將之列爲《穀梁》經師。

（二十）劉紹攽（生卒年不詳）

柳興恩引《四庫總目》：「著《春秋筆削微旨》二十六卷。」〔註110〕

〔註108〕參見清・柳興恩：《穀梁大義述・述經師》（臺北市：藝文印書館，民國54年）《皇清經解續編》南菁書院本，頁11220。
〔註109〕參見清・永瑢等編撰：《四庫全書總目提要・春秋類存目二》（上海市：商務印書館，民國22年），頁636。
〔註110〕參見清・柳興恩：《穀梁大義述・述經師》（臺北市：藝文印書館，民國54年）《皇清經解續編》南菁書院本，頁11220。

巧儀案：柳氏據《四庫總目》以劉紹攽撰有《春秋筆削微旨》爲《穀梁》經師。《四庫全書總目提要・春秋類存目二・春秋筆削微旨二十六卷》：

> 陝西巡撫採進本，國朝劉紹攽撰。紹攽有《周易詳說》，已著錄。是編採《公》、《穀》二傳附會之說與孫、胡諸家臆斷之論，彙爲一書，而更以己意穿鑿之。大旨惟以名字、月日爲褒貶，而掊擊《左氏》尤力。其說謂《左氏》不過敘事，於經義毫無發明。〔註111〕

《春秋筆削微旨》爲彙整《公羊傳》、《穀梁傳》附會之說以及孫復、胡安國等臆測武斷之論述，再加上己意穿鑿成書。主要以名字、日月書否爲褒貶，而攻擊《左傳》止於敘事，無發明經義。其中包含《穀梁傳》，則柳興恩將之列爲《穀梁》經師。

（二十一）魏樞（生卒年不詳）

柳興恩引《四庫總目》：「著《春秋管見》。」〔註112〕

巧儀案：柳氏據《四庫總目》以魏樞撰有《春秋管見》爲《穀梁》經師。《四庫全書總目提要・春秋類存目二・春秋管見》：

> 奉天府尹採進本，國朝魏樞撰。樞有《東易問》，已著錄。是書雜採《春秋三傳》及《胡傳》之文，亦以己意附註於後。然大抵用意苛深，不出胡氏之門徑。其自出新意者，尤往往乖舛。……〔註113〕

《春秋管見》採三《傳》及《胡傳》文字，附註己意於後。其中包含《穀梁傳》，則柳興恩將之列爲《穀梁》經師。

（二十二）楊方達（生卒年不詳）

柳興恩引《四庫總目》：「著《春秋補注》十二卷。」〔註114〕

巧儀案：柳氏據《四庫總目》以楊方達撰有《春秋補注》爲《穀梁》經師。《四庫全書總目提要・春秋類存目二・春秋義補註十二卷》：

> 江蘇巡撫採進本，國朝楊方達撰。方達有《易學圖說會通》，已著錄。

〔註111〕參見清・永瑢等編撰：《四庫全書總目提要・春秋類存目二》（上海市：商務印書館，民國 22 年），頁 637。

〔註112〕參見清・柳興恩：《穀梁大義述・述經師》（臺北市：藝文印書館，民國 54 年）《皇清經解續編》南菁書院本，頁 11220。

〔註113〕參見清・永瑢等編撰：《四庫全書總目提要・春秋類存目二》（上海市：商務印書館，民國 22 年），頁 638。

〔註114〕參見清・柳興恩：《穀梁大義述・述經師》（臺北市：藝文印書館，民國 54 年）《皇清經解續編》南菁書院本，頁 11220。

初孫嘉淦作《春秋義》，大旨祖胡安國之說。後漸悟其非，旋自燬版。

案嘉淦自燬其版，事見此書凡例第三條中。方達嘗受知於嘉淦，因爲

刪補其文，以成是編。大旨於三《傳》多取《公》、《穀》。……〔註115〕

《春秋補注》刪除增補孫嘉淦作《春秋義》而成，於三《傳》中多取《公羊傳》、《穀梁傳》。其中包含《穀梁傳》，則柳興恩將之列爲《穀梁》經師。

（二十三）劉夢鵬（生卒年不詳）

柳興恩引《四庫總目》：「著《春秋義解》十二卷。」〔註116〕

巧儀案：柳氏據《四庫總目》以劉夢鵬撰有《春秋義解》爲《穀梁》經師。《四庫全書總目提要·春秋類存目二·春秋義解十二卷》：

湖北巡撫採進本，國朝劉夢鵬撰。夢鵬字雲翼，蘄水人。乾隆辛未

（1751）進士，官饒陽縣知縣。是書卷首列孟子、朱子之論《春秋》

者，爲述孟述朱。次爲〈王朝世次考〉、〈列國世次考〉、〈魯世次考〉，

以下十二公爲十二卷。大旨尊《公》、《穀》而斥《左氏》。其自序謂

《公》、《穀》比事屬辭，義不詭於儒者，而斤斤於日月名氏爵號以

求例。曾謂《春秋》之旨，盡如是乎。若《左氏》紀事多而誤，說

經疏而謬。……〔註117〕

《春秋義解》尊崇《公羊傳》、《穀梁傳》而駁斥《左傳》。既以《穀梁傳》爲尊，則柳興恩將之列爲《穀梁》經師。

（二十四）孫從添（1692～1767）　過臨汾（生卒年不詳）

柳興恩引《四庫總目》：「著《春秋經傳類求》十二卷。」〔註118〕

巧儀案：柳氏據《四庫總目》以孫從添、過臨汾撰有《春秋經傳類求》爲《穀梁》經師。據《四庫全書總目提要·春秋類存目二·春秋經傳類求十二卷》：

兩江總督採進本，國朝孫從添、過臨汾同編。從添號石芝，常熟

人。臨汾長洲人。是書始刻於乾隆己卯（1759）。取《春秋三傳》

〔註115〕參見清·永瑢等編撰：《四庫全書總目提要·春秋類存目二》（上海市：商務印書館，民國22年），頁638、639。

〔註116〕參見清·柳興恩：《穀梁大義述·述經師》（臺北市：藝文印書館，民國54年）《皇清經解續編》南菁書院本，頁11220。

〔註117〕參見清·永瑢等編撰：《四庫全書總目提要·春秋類存目二》（上海市：商務印書館，民國22年），頁642、643。

〔註118〕參見清·柳興恩：《穀梁大義述·述經師》（臺北市：藝文印書館，民國54年）《皇清經解續編》南菁書院本，頁11220、11221。

及《胡安國傳》，分爲一百二十門。每門前列書法，後載事類。事
類之中，又自分經傳。其自述謂本於蘇軾「《春秋》當以類求」一
語。……〔註119〕

取《春秋三傳》及《胡傳》，分爲一百二十門。每門先列書法，次載事類。事
類之中，別分經傳。其中包含《穀梁傳》，則柳興恩將之列爲《穀梁》經師。

（二十六）湯啟祚（生卒年不詳）

柳興恩引《四庫總目》：「著《春秋不傳》十二卷。」〔註120〕

巧儀案：柳氏據《四庫總目》以湯啟祚撰有《春秋不傳》爲《穀梁》經師。《四
庫全書總目提要・春秋類存目二・春秋不傳十二卷》：

江蘇巡撫採進本，國朝湯啟祚撰。啟祚字迪宗，寶應人。其書自
稱「不傳」者，謂於四《傳》無所專從也。今觀所說，特不從《左
傳》耳。於《公羊》、《穀梁》、《胡氏》皆掇其餘論。而日月之例，
信《公》、《穀》尤篤。蓋三家之《傳》，皆以譏貶爲主，而亦各有
所平反。……〔註121〕

自稱「不傳」爲對於四《傳》無所專從。而其書特別不從《左傳》。對於《公
羊傳》、《穀梁傳》之日月例說深信不疑。其中包含《穀梁傳》，則柳興恩將之
列爲《穀梁》經師。

（二十七）姜兆錫（生卒年不詳）

柳興恩：「著《公穀彙義》十二卷。以《公》、《穀》二《傳》主於發義，
如正終以正始、貴道不貴惠之屬。故卓乎道義之權衡，聖哲之軌範也。故擇
之宜慎焉。因彙編二《傳》異同之處，別白其是非。」〔註122〕

巧儀案：柳興恩以姜兆錫撰有《公穀彙義》爲《穀梁》經師。

〔註119〕參見清・永瑢等編撰：《四庫全書總目提要・春秋類存目二》（上海市：商務
印書館，民國22年），頁643。

〔註120〕參見清・柳興恩：《穀梁大義述・述經師》（臺北市：藝文印書館，民國54
年）《皇清經解續編》南菁書院本，頁11221。

〔註121〕參見清・永瑢等編撰：《四庫全書總目提要・春秋類存目二》（上海市：商務
印書館，民國22年），頁645。

〔註122〕參見清・柳興恩：《穀梁大義述・述經師》（臺北市：藝文印書館，民國54
年）《皇清經解續編》南菁書院本，頁11221。另可參見清・永瑢等編撰：《四
庫全書總目提要・春秋類存目二》（上海市：商務印書館，民國22年），頁
629、630。

姜兆錫認爲《公羊》、《穀梁》二傳主要爲發明《春秋》大義之書。而《公穀彙義》爲彙編二《傳》不同之處，以辨其是非。則柳興恩以其爲《穀梁》經師，有其根據。

（二十八）吳浩（？～1801）

柳興恩引《四庫總目》：「著《十三經義疑》十二卷。」〔註123〕

巧儀案：柳氏據《四庫總目》以吳浩撰有《十三經義疑》爲《穀梁》經師。《四庫全書總目提要·五經總義類·十三經義疑十二卷》：

> 江蘇巡撫採進本，國朝吳浩撰。浩字養齋，華亭人。是書取諸經箋註，標其疑義，考訂之力頗勤。……〔註124〕

《十三經義疑》中有《穀梁義疑》。對《穀梁》傳文、傳義發疑。既包含《穀梁傳》，則柳興恩將之列爲《穀梁》經師。

（二十九）惠棟（1697～1758）

柳興恩引《四庫總目》：「著《九經古義》十六卷。」〔註125〕

巧儀案：柳氏據《四庫總目》以惠棟撰有《九經古義》爲《穀梁》經師。《清史稿·儒林列傳二·惠周惕　子士奇　孫棟　余蕭客》：

> 惠周惕，字元龍，原名恕，吳縣人。……子士奇，字天牧。……子七人，棟最知名。棟，字定宇。……棟於諸經熟洽貫串，謂詁訓古字古音，非經師不能辨，作《九經古義》二十二卷。……〔註126〕

可證惠棟著有《九經古義》。依《四庫全書總目提要·五經總義類·九經古義十六卷》：

> 桂林府同知李文藻刊本，國朝惠棟撰。棟有《周易述》，已著錄。是編所解。凡《周易》、《尚書》、《毛詩》、《周禮》、《儀禮》、《禮記》、《左傳》、《公羊》、《穀梁》、《論語》十經。其《左傳》六卷後更名

〔註123〕 參見清·柳興恩：《穀梁大義述·述經師》（臺北市：藝文印書館，民國 54年）《皇清經解續編》南菁書院本，頁 11221。

〔註124〕 參見清·永瑢等編撰：《四庫全書總目提要·五經總義類》（上海市：商務印書館，民國 22 年），頁 680～682。

〔註125〕 參見清·柳興恩：《穀梁大義述·述經師》（臺北市：藝文印書館，民國 54年）《皇清經解續編》南菁書院本，頁 11221。

〔註126〕 《清史稿·儒林列傳二·惠周惕　子士奇　孫棟　余蕭客》，引自趙爾巽等撰；楊家駱校：《楊校標點本清史稿》（臺北市：鼎文書局，民國 70 年），頁 13178～13181。

日《補註》，刊版別行，故惟存其九。曰「古義」者，漢儒專門訓詁
之學，得以考見於今者也。古者漆書竹簡，傳寫爲艱，師弟相傳，
多由口授。往往同音異字，輾轉多岐。又六體孳生，形聲漸備，毫
釐辨別，後世乃詳。古人字數無多，多相假借，沿流承襲，遂開通
用一門。談經者不考其源，每以近代之形聲，究古書之義旨，穿鑿
附會，多起於斯。故士生唐宋以後，而操管摛文，動作奇字，則生
今反古，是曰亂常。至於讀古人之書，則當先通古人之字，庶明其
文句，而義理可以漸求。……〔註127〕

「九經」者，本爲《周易》、《尚書》、《毛詩》、《周禮》、《儀禮》、《禮記》、《左
傳》、《公羊》、《穀梁》、《論語》十經，因《左傳》別行，故僅存九經。其中，
即有《穀梁古義》，既包含《穀梁傳》，則柳興恩將之列爲《穀梁》經師。

（三十）沈廷芳（1692～1762）

柳興恩引《四庫總目》：「著《十二經注疏正字》八十一卷。」〔註128〕
巧儀案：柳氏據《四庫總目》以沈廷芳撰有《十二經注疏正字》爲《穀梁》
經師。據《清史稿・文苑列傳二・沈廷芳》：

廷芳，字畹叔。……著《隱拙齋集》及《十三經注疏正字》、《續經
義考》等書。〔註129〕

可證沈廷芳著有《十三經注疏正字》，與柳興恩所引「十二經」不同。依《四
庫全書總目提要・五經總義類・十三經註疏正字八十一卷》：

浙江巡撫採進本，國朝沈廷芳撰。廷芳字椒園，仁和人。乾隆丙辰
（1736）召試博學鴻詞，授翰林院編修，官至山東按察使。是編校
正《十三經註疏》，以監本、重修監本、陸氏閩本、毛氏汲古閣本，
參互考證。而音義釋文，則以徐氏通志堂本爲準。凡《周易》三卷、
《尚書》五卷、《詩》十四卷、《周禮》十卷、《儀禮》十一卷、《禮
記》十五卷、《左傳》十卷、《公羊傳》四卷、《穀梁傳》二卷、《孝

〔註127〕 參見清・永瑢等編撰：《四庫全書總目提要・五經總義類》（上海市：商務印
書館，民國22年），頁682、683。

〔註128〕 參見清・柳興恩：《穀梁大義述・述經師》（臺北市：藝文印書館，民國54
年）《皇清經解續編》南菁書院本，頁11221。

〔註129〕 參見《清史稿・文苑列傳二・諸錦　沈廷芳　夏之蓉》，引自趙爾巽等撰；楊
家駱校：《楊校標點本清史稿》（臺北市：鼎文書局，民國70年），頁13371
～13373。

經》一卷、《論語》二卷、《孟子》一卷、《爾雅》三卷。考諸經正義，
宋端拱（宋太宗年號，988～989）、咸平（宋眞宗年號，998～1003）、
景德（宋眞宗年號，1004～1007），遞有校正，而版本久湮。明以來
公私刊版，亦有據宋本刊正者，而所校往往不同。廷芳是書，每條
標其本句，而疏其譌誤於下。其據某本改者，竝顯出之。有未定者，
則以疑存之。或有據某人說者，亦綴附焉。……〔註130〕

《十三經注疏正字》，爲：《周易》、《尙書》、《詩》、《周禮》、《儀禮》、《禮記》、
《左傳》、《公羊傳》、《穀梁傳》、《孝經》、《論語》、《孟子》、《爾雅》。可證確
爲十三經。其中包含《穀梁傳》，則柳興恩將之列爲《穀梁》經師。

　　柳興恩作「十二經」，其或柳興恩於其時查閱《四庫全書》時即已疏漏，
抑或傳抄時闕漏以致錯訛。

（三十一）余蕭客（1732～1778）

　　柳興恩引《四庫總目》：「著《古經解鈎沈》三十卷。」〔註131〕
巧儀案：柳氏據《四庫總目》以余蕭客撰有《古經解鈎沈》爲《穀梁》經師。
《清史稿・儒林列傳二・惠周惕　子士奇　孫棟　余蕭客》：

惠周惕，字元龍，原名恕，吳縣人。……子士奇，字天牧。……子
七人，棟最知名。棟，字定宇。……其弟子知名者，余蕭客、江聲
最爲純實。蕭客，字古農，長洲人。撰《古經解鈎沉》三十卷，凡
唐以前舊說，自諸家經解所引，旁及史傳、類書，片語單詞，悉著
於錄。清代經學昌明，著述之家，爭及於古，蕭客是書其一也。蕭
客又撰《文選紀聞》三十卷、《文選音義》八卷。聲自有傳。〔註132〕

可證余蕭客著有《古經解鈎沉》。依《四庫全書總目提要・五經總義類・古經
解鈎沈三十卷》：

江蘇巡撫採進本，國朝余蕭客撰。蕭客字仲林，長洲人。是編採錄
唐以前諸儒訓詁。首《爲錄》一卷、次《周易》一卷、《尙書》三卷、

〔註130〕參見清・永瑢等編撰：《四庫全書總目提要・五經總義類》（上海市：商務印
　　　　書館，民國22年），頁684。
〔註131〕參見清・柳興恩：《穀梁大義述・述經師》（臺北市：藝文印書館，民國54
　　　　年）《皇清經解續編》南菁書院本，頁11221。
〔註132〕參見《清史稿・儒林列傳二・惠周惕　子士奇　孫棟　余蕭客》，引自趙爾巽
　　　　等撰：楊家駱校：《楊校標點本清史稿》（臺北市：鼎文書局，民國70年），
　　　　頁13178～13181。

《毛詩》二卷、《周禮》一卷、《儀禮》二卷、《禮記》四卷、《左傳》七卷、《公羊傳》一卷、《穀梁傳》一卷、《孝經》一卷、《論語》一卷、《孟子》二卷、《爾雅》三卷，共三十卷。而錄《周易》、《左傳》均各分一子卷，實三十三卷也。……〔註133〕

《古經解鈎沉》收錄唐代以前對《周易》、《尚書》、《毛詩》、《周禮》、《儀禮》、《禮記》、《左傳》、《公羊傳》、《穀梁傳》、《孝經》、《論語》、《孟子》、《爾雅》等諸經的著作。其中包含《穀梁傳》，則柳興恩將之列爲《穀梁》經師。

（三十二）陳鶴齡（生卒年不詳）

柳興恩引《四庫總目》：「著《十三經字辨》。」〔註134〕

巧儀案：柳氏據《四庫總目》以陳鶴齡撰有《十三經字辨》爲《穀梁》經師。

《四庫全書總目提要·五經總義類存目·十三經字辨》：

> 兩江總督採進本，國朝陳鶴齡撰。鶴齡字瑤賓，南通州人。初著有《五經四書字辨》，後又自爲補訂以成此書，刻於乾隆乙酉（1765）。前爲校畫，後爲校音，皆多舛漏。所謂「十三經」者，爲《大學》、《中庸》、《論語》、《孟子》、《易》、《書》、《詩》、《春秋》、《禮記》、《周禮》、《儀禮》、《爾雅》。無論古無此例，即以所列計之：如分《三傳》爲三，則加四書爲十四；如併《三傳》總爲《春秋》，則又爲十二，於數亦不相合也。〔註135〕

《十三經字辨》爲增補訂正其《五經四書字辨》的續作。雖稱「十三經」，然其中書目爲《大學》、《中庸》、《論語》、《孟子》、《易》、《書》、《詩》、《春秋》、《禮記》、《周禮》、《儀禮》、《爾雅》，共十二。即分《春秋》爲三《傳》，則爲十四。與歷來所稱不同，於書目亦不相合也。《春秋》中包含《穀梁傳》，則柳興恩將之列爲《穀梁》經師。

（三十三）朱筠（1729～1781）

柳興恩引《儒林傳稿》：「著《十三經文字同異》。」〔註136〕

〔註133〕參見清·永瑢等編撰：《四庫全書總目提要·五經總義類》（上海市：商務印書館，民國22年），頁688、689。

〔註134〕參見清·柳興恩：《穀梁大義述·述經師》（臺北市：藝文印書館，民國54年）《皇清經解續編》南菁書院本，頁11221。

〔註135〕參見清·永瑢等編撰：《四庫全書總目提要·五經總義類存目》（上海市：商務印書館，民國22年），頁708。

〔註136〕參見清·柳興恩：《穀梁大義述·述經師》（臺北市：藝文印書館，民國54

巧儀案：柳氏據《儒林傳稿》以朱筠撰有《十三經文字同異》爲《穀梁》經師。《清史稿·文苑列傳二·朱筠》：

> 朱筠，字竹君，順天大興人。……筠又奏言請倣漢唐故事，校正《十三經》文字，勒石太學。……〔註137〕

朱筠請仿照漢朝熹平石經、唐朝開成石經事，校正《十三經》文字，刻石於太學。其中包含《穀梁傳》，則柳興恩將之列爲《穀梁》經師。

（三十四）楊魁植（生卒年不詳）

柳興恩引《四庫總目》：「著《九經圖》。」〔註138〕

巧儀案：柳氏據《四庫總目》以楊魁植撰有《九經圖》爲《穀梁》經師。《四庫全書總目提要·五經總義類存目·九經圖》：

> 福建巡撫採進本，國朝楊魁植編，其子文源增訂。魁植字輝斗、文源字澤汪，長泰人。是書以信州學宮石刻《易》、《書》、《詩》、《禮記》、《周禮》、《春秋》六經圖，析《春秋》三傳爲三，而益以《儀禮》爲九經。其信州石刻原本殘脫者，則仍闕之。……〔註139〕

《九經圖》以信州學宮石刻《易》、《書》、《詩》、《禮記》、《周禮》、《春秋》六經圖，分《春秋》爲三《傳》，再增加《儀禮》爲九。其中包含《穀梁傳》，則柳興恩將之列爲《穀梁》經師。

（三十五）褚寅亮（1715～1790）

柳興恩引《漢學師承記》：「著《十三經筆記》十卷。」〔註140〕

巧儀案：柳氏據《漢學師承記》以褚寅亮撰有《十三經筆記》爲《穀梁》經師。《清史稿·儒林列傳二·褚寅亮》：

> 褚寅亮，字搢升，長洲人。……時《公羊》何氏學久無循習者，所謂五始、三科、九旨、七等、六輔、二類之義，不傳於世，惟武進

〔註137〕 參見清國史館原編：《清史列傳·儒林傳下一·朱筠》（台北市：明文書局，民國74年5月10日初版，《清代傳記叢刊》），頁437～439。

〔註138〕 參見清·柳興恩：《穀梁大義述·述經師》（臺北市：藝文印書館，民國54年）《皇清經解續編》南菁書院本，頁11221。

〔註139〕 參見清·永瑢等編撰：《四庫全書總目提要·五經總義類存目》（上海市：商務印書館，民國22年），頁708、709。

〔註140〕 參見清·柳興恩：《穀梁大義述·述經師》（臺北市：藝文印書館，民國54年）《皇清經解續編》南菁書院本，頁11221。

莊存與默會其解，而寅亮能闡發之，撰《公羊釋例》三十篇。謂三
《傳》惟《公羊》為漢學，孔子作《春秋》，本為後王制作，訾議《公
羊》者，實違經旨。又因何劭公言禮有殷制，有時王之制，與周禮
不同，作《周禮公羊異義》二卷，世稱為絕業。……著有《十三經
筆記》十卷，《諸史筆記》八卷，《諸子筆記》二卷，《名家文集筆記》
七卷，藏於家。……〔註141〕

可證褚寅亮著有《十三經筆記》。依《漢學師承記・褚寅亮》：

褚寅亮，字搢升，號鶴侶，一字宗鄭，長洲人也。……著《十三經
筆記》十卷、《諸史筆記》八卷、《諸子筆記》二卷、《名家文集筆記》
七卷，藏於家。……〔註142〕

亦有其撰有《十三經筆記》之著錄。其中包含《穀梁傳》，則柳興恩將之列為
《穀梁》經師。

（三十六）武億（1745～1799）

柳興恩引《漢學師承記》：「著補遺《箴膏肓》、《起廢疾》、《發墨守》、《鄭
志》等書。」〔註143〕

巧儀案：柳氏據《漢學師承記》以武億補遺《箴膏肓》、《起廢疾》、《發墨守》、
《鄭志》等書為《穀梁》經師。據《漢學師承記・武億》：

武億，字虛谷，先世由懷慶軍籍遷偃師。……生平深於經史、《七經
注疏》、三史、《涑水通鑑》皆能闇誦。所著書有《經讀考異義證》、
《偃師金石記》；校定《五經異義》、《駁異義》；補遺《箴膏肓》、《起
廢疾》、《發墨守》、《鄭志》等書。……〔註144〕

可知武億對《箴膏肓》、《起廢疾》、《發墨守》、《鄭志》等書作補遺。另，《清
史稿・藝文志》著錄王復、武億共同輯佚漢代鄭玄《箴膏肓》、《起廢疾》、《發
墨守》。柳興恩既以鄭玄為《穀梁》經師，則為其著作補遺之武億，亦列為《穀

〔註141〕參見《清史稿・儒林列傳二・褚寅亮》，引自趙爾巽等撰；楊家駱校：《楊校
標點本清史稿》（臺北市：鼎文書局，民國70年），頁13190、13191。

〔註142〕參見清・江藩撰：《漢學師承記・褚寅亮》（台北市：明文書局，民國74年5
月10日初版，《清代傳記叢刊》），頁64～66。

〔註143〕參見清・柳興恩：《穀梁大義述・述經師》（臺北市：藝文印書館，民國54
年）《皇清經解續編》南菁書院本，頁11221。

〔註144〕參見清・江藩撰：《漢學師承記・武億》（台北市：明文書局，民國74年5
月10日初版，《清代傳記叢刊》），頁113～116。

梁》經師。

（三十七）邵晉涵（1743～1796）

柳興恩引《漢學師承記》：「著《穀梁正義》。」〔註145〕

巧儀案：柳氏據《漢學師承記》以邵晉涵撰有《穀梁正義》爲《穀梁》經師。

《清史稿・儒林列傳二・邵晉涵》：

> 邵晉涵，字二雲，餘姚人。……著有《孟子述義》、《穀梁正義》、
> 《韓詩內傳考》，並足正趙岐、范甯及王應麟之失，而補其所遺。
> 又有《皇朝大臣謚跡錄》、《方輿金石編目》、《輶軒日記》、《南江
> 詩文薰》。……〔註146〕

邵晉涵著有《穀梁正義》，足以糾正范甯之過失。據《漢學師承記・邵晉涵》：

> 邵晉涵，字與桐，號二雲，餘姚人也。……撰述又有《孟子述義》、
> 《穀梁正義》、《韓詩內傳考》、《皇朝大臣謚迹錄》、《輶軒日記》、《南
> 江文集》，皆實事求是，爲學者有益之書。……〔註147〕

亦可證邵晉涵撰有《穀梁正義》。然其既撰有《穀梁傳》之專門著作，則柳興恩將其列爲《穀梁》經師。

（三十八）洪亮吉（1746～1809）

柳興恩引《漢學師承記》：「著《公羊穀梁古義》二卷。」〔註148〕

巧儀案：柳氏據《漢學師承記》以洪亮吉撰有《公羊穀梁古義》爲《穀梁》經師。據《漢學師承記・洪亮吉》：

> 洪亮吉，字君直，一字稚存，先世居歙縣，祖公寀贅於武進趙氏，
> 至君籍陽湖。……撰著行於世者：《左傳詁》二十卷、《公羊穀梁古
> 義》二卷、《漢魏音》四卷、《比雅》十二卷、《六書轉注錄》八卷、
> 《弟子職箋釋》一卷、《補三國晉書地理志》、《十六國疆域記》、《乾

〔註145〕 參見清・柳興恩：《穀梁大義述・述經師》（臺北市：藝文印書館，民國 54
年）《皇清經解續編》南菁書院本，頁 11221。

〔註146〕 參見《清史稿・儒林列傳二・邵晉涵》，引自趙爾巽等撰；楊家駱校：《楊校
標點本清史稿》（臺北市：鼎文書局，民國 70 年），頁 13209、13210。

〔註147〕 參見清・江藩撰：《漢學師承記・邵晉涵》（台北市：明文書局，民國 74 年 5
月 10 日初版，《清代傳記叢刊》），頁 156、157。

〔註148〕 參見清・柳興恩：《穀梁大義述・述經師》（臺北市：藝文印書館，民國 54
年）《皇清經解續編》南菁書院本，頁 11221。

隆府廳州縣志》、《詩文集》若干卷。……〔註149〕

可證洪亮吉著有《公羊穀梁古義》。其中包含《穀梁傳》，故柳興恩將其列爲
《穀梁》經師。

（三十九）李惇（1734～1784）

柳興恩引《漢學師承記》：「治經通敏，深於《春秋三傳》之學。」〔註150〕

巧儀案：柳氏據《漢學師承記》以李惇精通《春秋三傳》爲《穀梁》經師。《漢
學師承記‧李惇》：

> 李惇，字成裕，一字孝臣，高郵州人。祖兼五、父佩玉皆有篤性。
>
> 君治經通敏，尤深於《詩》及《春秋三傳》之學。……〔註151〕

李惇深於《詩》及《春秋三傳》之學。其中包含《穀梁傳》，故柳興恩將其列
爲《穀梁》經師。

（四十）阮元（1764～1849）

柳興恩引《漢學師承記》：「著《穀梁注疏校勘記》。」〔註152〕

巧儀案：柳氏據《漢學師承記》以阮元撰有《穀梁注疏校勘記》爲《穀梁》
經師。據《清史稿‧列傳一百五十一‧阮元》：

> 阮元，字伯元，江蘇儀徵人。……撰《十三經校勘記》、《經籍籑詁》、
> 《皇清經解》百八十餘種，專宗漢學，治經者奉爲科律。集清代天
> 文、律算諸家作《疇人傳》，以章絕學。……〔註153〕

可證阮元著有《十三經校勘記》。依《漢學師承記‧凌廷堪》：

> 伯元，名元，一字芸臺，儀徵人。……著有《考工車制考》、《石經
> 校勘記》、《十三經注疏校勘記》、《曾子注》、《論語論仁論》、《疇人
> 傳》等書。〔註154〕

〔註149〕參見清‧江藩撰：《漢學師承記‧洪亮吉》（台北市：明文書局，民國74年5
月10日初版，《清代傳記叢刊》），頁117～121。

〔註150〕參見清‧柳興恩：《穀梁大義述‧述經師》（臺北市：藝文印書館，民國54
年）《皇清經解續編》南菁書院本，頁11221。

〔註151〕參見清‧江藩撰：《漢學師承記‧李惇》（台北市：明文書局，民國74年5
月10日初版，《清代傳記叢刊》），頁178、179。

〔註152〕參見清‧柳興恩：《穀梁大義述‧述經師》（臺北市：藝文印書館，民國54
年）《皇清經解續編》南菁書院本，頁11221。

〔註153〕參見《清史稿‧列傳一百五十一‧阮元》，引自趙爾巽等撰；楊家駱校：《楊
校標點本清史稿》（臺北市：鼎文書局，民國70年），頁11421～11424。

〔註154〕參見清‧江藩撰：《漢學師承記‧凌廷堪》（台北市：明文書局，民國74年5

亦有阮元撰有《十三經注疏校勘記》的著錄。

　　吳連堂於其所著《清代穀梁學‧春秋穀梁傳注疏校勘記》以爲「《十三經注疏校勘記》分纂者七人，《穀梁》由李銳讎校，大體經其屬稿，少數經阮元覆按。」「阮《校》實多人經手。本文仍依一般認定，繫之阮元。」〔註155〕而楊錦富《阮元經學之研究‧阮元之著述》亦謂「是書（十三經注疏校勘記）卷帙宏大，助校者夥，然總其事者爲阮元，故仍以撰述歸之。」「校經之士，《穀梁傳》爲李銳。」〔註156〕吳、楊二人皆以李銳爲校勘《春秋穀梁傳注疏》之人，阮元覆按之。以《十三經注疏校勘記》總事者爲阮元，而歸諸其下。據阮元〈恭進十三經注疏校勘記摺子〉：

　　……臣幼被治化，肄業諸經，校理注疏，綜核經義，於諸本之異同，
　　見相沿之舛誤，每多訂正，尚未成。乾隆五十六年（1791），奉敕分
　　校太學石經，曾以唐石經及各宋板悉心校勘，比之幼時所校，又加
　　詳備。自後出任外省，復聚漢、唐、宋石刻，暨各宋元板本，選長
　　於校經之士，詳加校勘；自唐以後，單疏分合之不同，明閩附音之
　　有別，皆使異同畢錄，得失兼明，成《十三經注疏校勘記》二百十
　　七卷，附《孟子音義校勘記》一卷、《釋文校勘記》二十五卷。……

　　〔註157〕

可知阮氏早年治經，即爲諸經各本異同舛誤有所訂正，然未成書。至乾隆五十六年，以唐石經及各宋板校勘，益加詳細完備。後以漢、唐、宋石刻暨宋、元版本，屬善於校讎之人，加以校勘，而成《十三經注疏校勘記》。依是所言，則阮氏於成《十三經注疏校勘記》以前，於《十三經注疏》確嘗有訂正、校勘。另據阮氏〈十三經注疏校勘記序〉，除《爾雅》、《孟子》外，阮氏於其於十一經皆舊有校本，今但舉〈春秋穀梁傳注疏校勘記〉：

　　……康熙間長洲何煌者，焯之弟，其所據宋槧經注殘本、宋單疏殘本，
　　並希世之珍，雖殘編斷簡，亦足寶貴，元曾校錄，今更屬元和生員李
　　銳，合唐石經、元版注疏本及閩本、監本、毛本，以校宋十行本之訛，

　　　月 10 日初版，《清代傳記叢刊》），頁 191～195。
〔註155〕參見吳連堂：《清代穀梁學》（高雄：高雄復文圖書出版社，1998 年 2 月初版）
　　　　頁 558～560。
〔註156〕參見楊錦富：《阮元經學之研究》（台北縣：花木蘭文化出版社，2010 年 3 月。
　　　　中國學術思想研究輯刊，七編，第二一冊）頁 84～86。
〔註157〕參見阮元：《揅經室二集》卷八，《叢書集成初編》本，頁 541。

元復定其是非，成《穀梁注疏校勘記》十二卷。……〔註158〕

可見阮氏嘗校勘宋本，後以《穀梁傳》屬李銳以唐石經、元版注疏本及閩本、監本、毛本，校宋十行本之訛誤，阮氏復定其是非，而成《穀梁注疏校勘記》。柳氏以阮元著《穀梁注疏校勘記》，將其列為《穀梁》經師，亦無不可。若此，則李銳亦當列為《穀梁》經師。

（四十一）許桂林（1779～1821）

柳興恩引《疇人傳》：「著《穀梁傳時日月釋例》六卷。」〔註159〕

巧儀案：柳氏據《疇人傳》以許桂林撰有《穀梁傳時日月釋例》為《穀梁》經師。據《清史稿·儒林列傳三·許桂林》：

> 同時為穀梁之學者，有南海侯康、海州許桂林、嘉善鍾文烝、江都梅毓。侯康自有傳。許桂林、字同叔，海州人。……桂林於諸經皆有發明，尤篤信《穀梁》之學，著《春秋穀梁穀傳時日月書法釋例》四卷。其書有引《公羊》而互證者，有駁《公羊》而專主者。陽湖孫星衍嘗以條理精密、論辨明允許之。……〔註160〕

可證許桂林著有《穀梁傳時日月釋例》，其中有引《公羊傳》而相互證明，亦有駁斥《公羊傳》而專主《穀梁傳》。依《疇人傳·許桂林》：

> 許先生諱桂林，字同叔，號月南，又號月嵐，海州人。……別有《易確》二十卷行世。其未刊者：《毛詩後箋》八卷、《春秋三傳地名考證》六卷、《穀梁傳時月日釋例》六卷、《漢世別本禮記長義》四卷、《大學中庸講義》二卷、《四書因論》二卷、《許氏說音》十二卷、《說文後解》十卷、……〔註161〕

亦有其撰有《穀梁傳時月日釋例》的著錄。然其既撰有《穀梁傳》之專門著作，則柳興恩將其列為《穀梁》經師。

（四十二）陳壽祺（1771～1834）

〔註158〕參見阮元：《揅經室一集》卷十一，《叢書集成初編》本，頁228～238。另可清·阮元校，《十三經注疏·穀梁傳》，頁16。

〔註159〕參見清·柳興恩：《穀梁大義述·述經師》（臺北市：藝文印書館，民國54年）《皇清經解續編》南菁書院本，頁11221。

〔註160〕參見《清史稿·儒林列傳三·許桂林》，引自趙爾巽等撰：楊家駱校：《楊校標點本清史稿》（臺北市：鼎文書局，民國70年），頁13282～13285。

〔註161〕參見周駿富編：《疇人傳·許桂林》（台北市：明文書局，民國74年5月10日初版，《清代傳記叢刊》），頁240～242。

柳興恩「述曰」：「晉江陳慶鏞序余書，稱其治是經作禮說，每義鉤稽條貫，紬繹故訓，咸闖奧窔。惜未卒業，遽歸道山。」〔註162〕
巧儀案：陳慶鏞《籀經堂類稿》卷十一〈柳賓叔春秋穀梁傳學序〉：

> ……國朝右文稽古，經師代出。顧氏之於《左傳》、劉氏之於《公羊》，具有成書，獨《穀梁》迄無專家。吾師恭甫先生鉤稽條毋，擬撰《穀梁禮說》，惜未成書，梁木遽萎。……〔註163〕

可知陳慶鏞之師「恭甫先生」嘗欲撰作《穀梁禮說》，可惜尚未成書，即遽歸道山。依《清史稿·儒林列傳三·陳壽祺》：

> 陳壽祺，字恭甫，閩縣人。……著《五經異義疏證》三卷，《左海經辨》二卷，《左海文集》十卷，《左海駢體文》二卷，《絳跗堂詩集》六卷，《東越儒林文苑後傳》二卷，《東觀存薨》一卷。〔註164〕

雖未見於陳壽祺有關於《春秋》乃至於《穀梁》之相關著作，然陳壽祺字恭甫，可知陳壽祺即陳慶鏞之師「恭甫先生」。

（四十三）陳澧（1810～1882） 侯康（1798～1837）

柳氏於「述曰」謂：「澧字蘭浦，康字君謨。蘭浦序余書言：《穀梁春秋》近千年以來為絕學，昔吾友侯君謨與余皆有志於此。君謨所著曰《穀梁禮證》，未及成而歿。余著《穀梁箋》及《釋例》，亦久而未成。獨以謂孟子言孔子成《春秋》而亂臣賊子懼。又云《春秋》，天子之事也。《春秋》之義，莫大於此。此義惟《穀梁》最明。桓元年傳云桓無王。桓弟弒兄、臣弒君，天子不能定、諸侯不能就、百姓不能去，以為無王之道，遂可以至焉爾。元年有王，所以治桓也。然則世有亂臣賊子，自天子至百姓，皆有責焉。其人乃無所容於天下，此其所以懼也。天下無能治亂臣賊子者，《春秋》以為無王，而書王以治之。此所以為天子之事也，此《春秋》之大義也。君屬余序其書，舉此以就正於君。凡余之說甚多，他日當書以相質。」〔註165〕

〔註162〕參見清·柳興恩：《穀梁大義述·述經師》（臺北市：藝文印書館，民國54年）《皇清經解續編》南菁書院本，頁11221。

〔註163〕參見陳慶鏞：《籀經堂類稿》卷十一，引自《續修四庫全書》卷一千五百二十二（上海：上海古籍出版社，2003年5月第1版），頁633～635。

〔註164〕參見《清史稿·儒林列傳三·陳壽祺》，引自趙爾巽等撰：楊家駱校：《楊校標點本清史稿》（臺北市：鼎文書局，民國70年），頁13246～13250。

〔註165〕參見清·柳興恩：《穀梁大義述·述經師》（臺北市：藝文印書館，民國54年）《皇清經解續編》南菁書院本，頁11221、11222。另可參見陳澧《東塾

巧儀案：柳氏以陳澧爲其作序中謂欲撰有《穀梁箋》及《釋例》、侯康撰有《穀梁禮證》，將二人列爲《穀梁》經師。

陳澧此處所言「孟子言孔子成《春秋》而亂臣賊子懼。」諸語，可參見其所著《東塾讀書記》卷十：

> ……然則《春秋》始於隱桓，爲惡桓弒隱，而孔子以王法治之，大義昭然矣。此所謂「《穀梁》善於經」歟？〔註166〕

而柳氏所引陳氏序中言：「凡余之説甚多」者，其《東塾讀書記》引《穀梁傳》說解者甚多，除上述「《穀梁》善於經」外，亦有《穀梁》敘事尤少、《穀梁》拘泥文例、范甯注不曲從《穀梁》等。陳澧〈穀梁禮證序〉：

> 《穀梁禮證》者，吾友侯君謨孝廉未成之書也。甲午歲，余治《穀梁春秋》，君謨出示此編曰：「此傳今爲絕學，君當努力，吾方治諸史，未暇卒業也。異時君書成，當以此相付。」因舉鄭康成、服子慎說《左傳》事，語相與歡笑，未幾而君謨卒。……〔註167〕

可知陳澧於甲午年（道光十四年，1834）治《穀梁傳》，侯康出示其所著《穀梁禮證》付諸陳澧。侯康卒於道光十七年（1837），其書未成。又陳澧〈柳賓叔穀梁大義述序〉：

> 《穀梁春秋》千年以來爲絕學。昔吾友侯君謨著《穀梁禮證》未成而歿，澧爲《穀梁箋》及《條例》，亦久而未成。……此澧之臆說。賓叔如以爲然，異時將盡出其說，以備采擇。澧之書可不復作，若鄭康成與服子慎就車講《左傳》故事矣。君謨書雖未成，已有刻本，

讀書記》卷十：「孟子曰：『世衰道微，邪説暴行，有作臣弒其君者有之，子弒其父者有之。孔子懼，作《春秋》。《春秋》，天子之事也。孔子成《春秋》而亂臣賊子懼。』《春秋》之所以作，孟子此數語既明之矣。其始於隱桓，何也？《春秋》之前，魯幽公之弟魏公弒幽公而自立，懿公之兄子伯御弒懿公而自立。《春秋》不始於彼者，周宣王伐魯，殺伯御而立孝公。是時，天子尚能治亂賊也。至隱公爲桓公所弒，天子不能治之，此則孔子所以懼而作《春秋》也。《穀梁》隱元年傳云：『公何以不言即位，成公志也，將以讓桓也。讓桓正乎？曰不正。隱不正而成之，何也？將以惡桓也。』桓元年傳曰：『桓弟弒兄，天子不能定，諸侯不能救，百姓不能去，以爲無王之道，遂可以至焉爾。元年有王，所以治桓也。……』」（台北市：廣文書局，民國95年）頁1、2。

〔註166〕參見陳澧：《東塾讀書記》卷十（台北市：廣文書局，民國95年），頁1、2。

〔註167〕陳澧：《東塾集》卷三（臺北市：文海出版社有限公司，民國61年6月初版），頁176、177。

當爲賓叔致之，並采錄其說。君謨有知，當感嘆於地下也。〔註168〕
可知陳澧欲撰《穀梁箋》及《穀梁條例》，然皆未成。將己說與侯康《穀梁禮
證》盡付柳興恩。則陳澧書雖未成，然其亦有治《穀梁》學，則柳興恩以將
其列爲《穀梁》經師。據《清史稿・儒林列傳三・侯康》：

> 侯康，字君謨，亦番禺人。……嘗謂：「漢志載《春秋古經》十二篇
> 者《左》經也，經十一卷者《公》、《穀》經也。今以三《傳》參校
> 之，大要古經爲優。《穀梁》出最先，其誤尚寡。《公羊》出最晚，
> 其誤滋甚。」乃取其義意可尋者疏通證明之，著《春秋古經説》二
> 卷。又治《穀梁》以證三《禮》，以《公羊》雜出眾師，時多偏駁，
> 排詆獨多。著《穀梁禮證》，未完帙，僅成二卷。……〔註169〕

亦可證侯康著有《穀梁禮證》，僅成二卷，爲未完之書。然其既撰有《穀梁傳》
之專門著作，則柳興恩將其列爲《穀梁》經師。

（四十五）鄒漢勳（鄒漢勛）（1805～1854）

柳興恩：「著《春秋穀梁傳例》二十六卷、《讀書偶識》三十卷。咸豐二
年（1852）以同知分發安徽殉難。」〔註170〕

巧儀案：柳興恩以鄒漢勳撰有《春秋穀梁傳例》爲《穀梁》經師。《清史稿・
儒林列傳三・鄒漢勛》：

> 鄒漢勛，字叔績，新化人。……漢勛通左氏義，佐伯兄漢紀撰左氏
> 地圖説，又佐仲兄漢潢撰羣經百物譜。……生平於《易》、《詩》、《禮》、
> 《春秋》、《論語》、《説文》、《水經》皆有撰述，凡二十餘種，合二
> 百餘卷。同治二年（1863），土匪焚其居，燼焉。今存者《讀書偶識》
> 僅八卷，《五均論》二卷，《顓頊曆考》二卷，《學藝齋文》三卷、《詩》
> 一卷，《紅崖石刻釋文》　卷，《南高平物產記》二卷。〔註171〕

可證其著有《讀書偶識》，於《春秋》有所撰述，未明言其著作之名。《清史

〔註168〕此文成於道光三十年庚戌（1850年），參見陳澧：《東塾集》卷三（臺北市：
　　　　文海出版社有限公司，民國61年6月初版），頁176、177。
〔註169〕參見《清史稿・儒林列傳三・陳澧　侯康　侯度》，引自趙爾巽等撰：楊家駱
　　　　校：《楊校標點本清史稿》（臺北市：鼎文書局，民國70年），頁13285～13287。
〔註170〕參見清・柳興恩：《穀梁大義述・述經師》（臺北市：藝文印書館，民國54
　　　　年）《皇清經解續編》南菁書院本，頁11222。
〔註171〕參見《清史稿・儒林列傳三・鄒漢勛》，引自趙爾巽等撰；楊家駱校：《楊校
　　　　標點本清史稿》（臺北市：鼎文書局，民國70年），頁13287～13290。

稿》僅有其精通《左氏》義，未見其有明習《穀梁》。

　　另據《續修四庫全書》、《皇清經解續編》亦僅有鄒漢勛撰作《讀書偶識》之著錄，亦未見《穀梁》相關著作。不知柳興恩據何稱其撰有《春秋穀梁傳例》。

（四十六）鍾文烝（1818～1877）

柳興恩：「著《穀梁補注》。聞尚未成。」〔註172〕

巧儀案：柳氏據聞鍾文烝正在撰寫《穀梁補注》以其為《穀梁》經師。據《清史稿·儒林列傳三·鍾文烝》：

> 同時為穀梁之學者，有南海侯康、海州許桂林、嘉善鍾文烝、江都梅毓。侯康自有傳。……鍾文烝，字子勤，嘉善人。……於學無所不通，而其全力尤在《春秋》。因沉潛反覆三十餘年，成《穀梁經傳補注》二十四卷。其書網羅眾家，折衷一是。……文烝兼究宋、元諸儒書，書中若釋「禘祫」、「祖禰諡法」以及「心志不通」、「仁不勝道」、「以道受命」等，皆能提要挈綱，實事求是。又著《論語序詳正》一卷。卒，年六十。〔註173〕

鍾文烝著有《穀梁經傳補注》一書。鍾氏《穀梁補注》自序：「……文烝年九歲、十歲，先君子親以三傳全文授讀。……年將三十，始知《穀梁》源流之正，義例之精。數年之間，所見漸多，頗有所得，用是不揣樗昧，詳為之注。……乙巳迄癸丑歲稟立，己未歲始有定本。……」序末記時於「咸豐九年己未五月乙未」，又記時於「同治七年戊辰七月七日」。

　　鍾氏生於嘉慶二十三年戊寅（1818），九歲、十歲為道光六年丙戌（1826）、七年丁亥（1827）。乙巳開始撰寫其書，是年為道光二十五年（1845），時鍾氏二十八歲，合於序中所言「年將三十」，於癸丑（咸豐三年，1853）成稿。至咸豐九年己未（1859）始有定本，後有修改，於同治七年戊辰（1868）修改始定。

　　依阮元〈鎮江柳孝廉春秋穀梁傳序〉所言，道光二十年（1840）柳氏「挾其書渡江來，始得讀之。」可知是書最晚成稿於其時。此前錄有陳慶鏞作於道光二十六年（1846）之〈柳賓叔春秋穀梁傳學序〉，可知其成書之後亦有增

〔註172〕參見清·柳興恩：《穀梁大義述·述經師》（臺北市：藝文印書館，民國 54年）《皇清經解續編》南菁書院本，頁 11222。

〔註173〕參見《清史稿·儒林列傳三·柳興恩　弟榮宗　許桂林　鍾文烝　梅毓》，引自趙爾巽等撰：楊家駱校：《楊校標點本清史稿》（臺北市：鼎文書局，民國70年），頁 13282～13285。

補。柳氏《穀梁大義述》成書之時，鍾氏《穀梁補注》尚未成。依此推論，柳書成稿最晚於道光二十年（1840），而定本於咸豐三年（1853 年）以前。

另據《清史稿・藝文志》、《續修四庫全書》、《皇清經解續編》皆可證鍾氏撰有《穀梁補注》，共二十四卷。其既撰有《穀梁傳》之專門著作，則可作爲柳氏將其列爲《穀梁》經師之另一依據。

（四十七）程蒲孫（生卒年不詳） 王闓運（1833～1916）

柳興恩：「同治十一年（1872）九月，年家子寶應劉恭冕與予書曰：『近爲《穀梁》之學者，有績谿程蒲孫、湘潭王闓運，二君皆淵雅之才，當有所成。』」〔註 174〕

巧儀案：柳氏據劉恭冕處聞二人研究《穀梁傳》以程蒲孫、王闓運爲《穀梁》經師。《清史稿・儒林列傳三・王闓運》：

> 王闓運，字壬秋，湘潭人。咸豐三年舉人。……所著書以經學爲多，其已刊者有《周易說》十一卷，《尚書義》三十卷，《尚書大傳》七卷，《詩經補箋》二十卷，《禮記箋》四十六卷，《春秋公羊傳箋》十一卷，《穀梁傳箋》十卷，《周官箋》六卷，《論語注》二卷，《爾雅集解》十六卷，又《墨子、莊子、鶡冠子義解》十一卷，《湘軍志》十六卷，《湘綺樓詩文集》及《日記》等。……〔註 175〕

王闓運著有《穀梁傳箋》，柳興恩《穀梁大義述》成書之時，王闓運書尚未成。《穀梁申義》自序：

> ……言《穀梁》者，爲麋、范傳於博士。及唐，唯用范氏。今頒學宮，范爲先師，晉代不以專門說經號爲通取。故范氏注《穀梁》，而有毀傳之辭。夫傳述聖言，不能無瑕。然穀梁子私淑仲尼，親研異同，指事立教，必有宏旨。受經授義，義同君親入室操戈。昔人所傷，說傳疑傳，後生何述。徒令蔑師法，侮聖言，因緣抵隙，六經皆謬。自趙宋及前明，流禍烈矣。余推測經文，本傳《公羊》，泛覽二傳，各得其趣。《左氏》專於史，離經別行，其體即司馬本紀之準也。文駁意殊，不關《春秋》，其有得失，比之遷固，乃三史之學，

〔註 174〕 參見清・柳興恩：《穀梁大義述・述經師》（臺北市：藝文印書館，民國 54 年）《皇清經解續編》南菁書院本，頁 11222。

〔註 175〕 參見《清史稿・儒林列傳三・王闓運》，引自趙爾巽等撰；楊家駱校：《楊校標點本清史稿》（臺北市：鼎文書局，民國 70 年），頁 13300、13301。

非六經之誼。以別條辨，著於當篇。至于《穀梁》，依經樹義，其有離合，難審其由。後人見《公》、《穀》之異同，宜二傳之所受樂《左氏》之事情曲春秋以從之。故有赴告則書，陋同朝報；月日無意，隨其刀筆。或有悉廢三《傳》，妄作褒譏。亂其詞、亂其事，而《春秋》亡矣。今唯明《公羊》，不卒祛惑，輒以淺學，更中《穀梁》。務推其立說之原，期于不亂而止。……〔註176〕

依王闓運所言，其以為《穀梁傳》作注者，僅有糜信、范甯注解立為學官，到了唐代，便僅用范甯注。自宋代至明代，傳習《春秋》者，質疑經傳的情形愈演愈烈。到了今時，若是僅精通《公羊傳》，尚不足以去除疑惑，故而再闡發《穀梁傳》義，作《穀梁申義》。其既撰有《穀梁傳》之專門著作，則可作為柳興恩將其列為《穀梁》經師之另一依據。

小結

清代此四十八位經師依據其在《穀梁》學中之地位及貢獻，可約劃分為四類：

一、以其撰有著作，列為《穀梁》經師者。依其著作與《穀梁傳》關係之遠近，又可略分為四：

  （一）撰有《穀梁傳》專著者：共有武億補遺《箴膏肓》、《起廢疾》、《發墨守》、《鄭志》、邵晉涵《穀梁正義》、洪亮吉《公羊穀梁古義》、阮元《穀梁注疏校勘記》、許桂林《穀梁傳時月日釋例》、侯康《穀梁禮證》、鄒漢勳《春秋穀梁傳例》、鍾文烝《穀梁補注》、王闓運《穀梁申義》等九人；

  （二）著作為《春秋》學範疇，兼及《穀梁傳》。依其內容與《穀梁傳》關係之遠近，可約分為三：

    1、以《穀梁》別為一節，雖非《穀梁》專著，柳氏仍列為《穀梁》經師：有張尚瑗《三傳折諸》一人；

    2、引《穀梁》傳文、傳義說解，雖非《穀梁》專著，柳氏從寬取之，列為《穀梁》經師：共有顧炎武《日知錄》、王夫之《春秋稗疏》、《春秋家說》、俞汝言《春秋四傳糾正》、毛奇齡《春

〔註176〕參見王闓運：《穀梁申義》，引自《續修四庫全書》卷一百三十三（上海：上海古籍出版社，2003年5月第1版），頁1。

－230－

秋簡書刊誤》、張爾岐《春秋傳議》、萬斯大《學春秋隨筆》、
王芝藻《春秋義類折衷》、劉蔭樞《春秋蓄疑》、方苞《春秋比
事目錄》、盧軒《春秋三傳纂凡表》、吳陳琰《春秋三傳同異考》、
劉紹攽《春秋筆削微旨》、魏樞《春秋管見》、楊方達《春秋補
注》、劉夢鵬《春秋義解》、孫從添、過臨汾同撰《春秋經傳類
求》、湯啓祚《春秋不傳》、姜兆錫《公穀彙義》等十九人；

　　　3、其書未見，但存其目，無可考者：有孔傳鐸《三傳合纂》一人。
（三）著作爲經學範疇，兼及《穀梁傳》。依其內容與《穀梁傳》關係之
　　　遠近，可約分爲三：
　　　1、以《穀梁》別爲一節，雖非《穀梁》專著，柳氏仍列爲《穀梁》
　　　　經師：共有陸元輔《十三經注疏類鈔》、沈珩《十三經文鈔》、
　　　　吳浩《十三經義疑》、惠棟《九經古義》、沈廷芳《十三經注疏
　　　　正字》、余蕭客《古經解鉤沈》等六人；
　　　2、以《春秋》、三傳爲目，引《穀梁》傳文、傳義說解，雖非《穀
　　　　梁》專著，柳氏從寬取之，列爲《穀梁》經師：共有焦袁熹《經
　　　　說彙編》、齊祖望《說經》、朱筠《十三經文字同異》、楊魁植
　　　　《九經圖》、褚寅亮《十三經筆記》等五人；
　　　3、以《春秋》、三傳爲目，通論三傳者，柳氏從寬取之，列爲《穀
　　　　梁》經師：有陳鶴齡《十三經字辨》一人。
二、以史傳（或文獻資料）明言其研讀、授受《春秋》兼及《穀梁傳》者。
　　依史傳（或文獻資料）所載情形，約可分爲二：
　　（一）史傳（或文獻資料）直言其通《穀梁》者：共有陳壽祺、陳澧、
　　　　程蒲孫三人。
　　（二）史傳（或文獻資料）言其明《春秋》三《傳》，不專指《穀梁》者：
　　　　有李惇一人。
三、論《穀梁》傳義者：有惠士奇一人。
四、不當爲《穀梁》經師者者：顧宗瑋《春秋左傳事類年表》一人。
　　皮錫瑞《經學歷史》稱清代爲「經學復興時期」，此時經師們的著作多爲
群經兼及《穀梁傳》，如：陸元輔《十三經注疏類鈔》、惠棟《九經古義》、余
蕭客《古經解鉤沈》、阮元《十三經注疏校勘記》等。
　　在《春秋》學中，經師們亦一改元、明以來以《胡傳》爲本——以《胡

傳》爲尊抑或駁斥《胡傳》——的情形。清初以顧炎武、毛奇齡、萬斯大爲
代表的經師，俱對明代以前徒言心性的治學態度不以爲然，諸如沈珩即稱：「如
『六經注解』、『六經注腳』、『六籍無書』、『即心是經』之邪説。」〔註177〕轉
而追求實事求是，由文本入手，探究經典的「本義」和「經旨」。而回復到漢
學的治學方法上來。其中，清代漢學中的吳派，即以惠氏三世（惠周惕、惠
士奇、惠棟）爲首〔註178〕，「尊古信漢」爲其經學家法。這樣的治學方法，解
經時並不從比較三傳説解優劣得失中得出《春秋》本義，而是分別對三傳進
行文字訓詁及典章制度上的疏通。

　　乾嘉以後，柳興恩、許桂林、侯康、鍾文烝等人深感於《穀梁》學之衰
微，先後撰作關於《穀梁傳》的專著，以期能繼《穀梁》絕學，使之不致泯
沒。

第三節　柳氏略而未收之《穀梁》經師

（一）浮丘伯（生卒年不詳）。

1、《漢書・楚元王傳》：「（楚元王交）少時嘗與魯穆生、白生、申公俱受
《詩》於浮丘伯。伯者，孫卿門人也。」

2、《漢書・儒林傳》：「申公，魯人也。少與楚元王交俱事齊人浮丘伯受
《詩》。……申公卒以《詩》、《春秋》授，而瑕丘江公盡能傳之，徒眾最盛。」
巧儀案：孫卿即荀卿，而浮丘伯爲齊人，受業於荀卿。而楚元王交與魯國穆
生、白生、申公又受業於浮丘伯。瑕丘江公又受業於申公。

可知其傳授世系爲：「荀卿——浮丘伯——申公——瑕丘江公」。序列當
置於周代至西漢「荀卿」之下。

（二）陸賈（B.C.240～B.C.170）

據王初慶先生撰〈陸賈《新語》與《春秋穀梁傳》〉，舉《新語》中七篇十
有二事，分爲「明引《穀梁傳》」二則與「以《穀梁》傳義爲説」十則，以爲陸

〔註177〕參見沈珩《十三經文鈔》自序，引自清・朱彝尊：《經義考・春秋十三》卷二
　　　　百五十一（臺北市：中央研究院中國文哲研究所，民國88年4月初版），頁
　　　　531～535。

〔註178〕據《清史稿・儒林列傳二・惠周惕　子士奇　孫棟　余蕭客》：「**清二百餘年
　　　　談漢儒之學者，必以東吳惠氏爲首。**」引自趙爾巽等撰；楊家駱校：《楊校標
　　　　點本清史稿》（臺北市：鼎文書局，民國70年）頁13178～13181。

賈傳《穀梁傳》。並以此推論:「陸賈所據之《穀梁傳》,乃浮丘伯所傳之稿本;而今本《穀梁》則爲申公、江公等由浮丘伯傳本所衍生出之改本。」〔註179〕

另據黃覺弘撰〈論陸賈春秋學及其文學意義〉,舉《新語》十篇十五事言陸賈《新語》中所蘊含《春秋》學。其中,用《穀梁》者十有一事。並稱:「陸賈爲漢初《穀梁》家,其《春秋》遺說主要保存在《新語》裡。」〔註180〕

將二文相參,《新語》中用《穀梁》傳義爲說,共有七篇十有三事,足證陸賈當視爲《穀梁》經師。

知其傳授世系爲:「浮丘伯──陸賈」。序列當置於「浮丘伯」之下。

(三)李銳(1768～1817)

阮元〈春秋穀梁傳注疏校勘記〉:

> ……康熙間長洲何煌者,焯之弟,其所據宋槧經注殘本、宋單疏殘本,並希世之珍,雖殘編斷簡,亦足寶貴,元曾校錄,今更屬元和生員李銳,合唐石經、元版注疏本及閩本、監本、毛本,以校宋十行本之訛,元復定其是非,成《穀梁注疏校勘記》十二卷。……〔註181〕

可見阮氏嘗校勘宋本,後以《穀梁傳》屬李銳以唐石經、元版注疏本及閩本、監本、毛本,校宋十行本之訛誤,阮氏復定其是非,而成《穀梁注疏校勘記》。

則李銳既參與《穀梁注疏校勘記》之校勘,則其當列爲《穀梁》經師。序列當置於清代「阮元」之下。

〔註179〕參見王初慶先生:〈陸賈《新語》與《春秋穀梁傳》〉,《先秦兩漢學術》第7期(2007年3月)頁39。

〔註180〕參見黃覺弘:〈論陸賈春秋學及其文學意義〉,《江南大學學報(人文社會科學版)》第7卷第4期(2008年8月)頁77。

〔註181〕參見阮元:《揅經室一集》卷十一,《叢書集成初編》本,頁228～238。另可清·阮元校,《十三經注疏·穀梁傳》,頁16。

第伍章　結　論

　　柳興恩於《穀梁大義述・敍例》中，其〈述經師〉中所述之經師有「其說已亡而名僅存者」及「自漢以後，併治三《傳》者」〔註1〕。柳書自周代卜子夏已降，至清代道光、咸豐年間，但凡與《穀梁》直接或間接相關者，盡皆概括輯錄之。由是可以看出《穀梁傳》於歷代之研究概況。

　　西漢的《穀梁》學當從申公始，其與楚元王交同受於荀卿弟子浮丘伯，傳於瑕丘江公，瑕丘江公於武帝時代表《穀梁》，與代表《公羊》的董仲舒辯論，董仲舒勝而《公羊》大興。瑕丘江公傳於其子（江公子）、榮廣、皓星公，衛太子私淑於江公；榮廣傳於周慶、丁姓、蔡千秋，千秋又事皓星公。漢宣帝時，召蔡千秋與《公羊》家並說，上善《穀梁》說；後蔡千秋病死，徵江公之孫（江公孫）爲博士，以劉向爲待詔，受《穀梁》；江公孫又死，復徵周慶、丁姓爲待詔，卒授十人。甘露元年（B.C.53），《穀梁》待詔周慶、丁姓、劉向，中郎王亥，議郎尹更始與蕭望之等人大議殿中，此之謂石渠閣會議。後丁姓傳於申章昌，尹更始傳於其子尹咸、翟方進、房鳳，江公之孫江博士傳於胡常，胡常傳於蕭秉。翟方進傳於其子翟宣。西漢最重家學，故西漢經師的傳授脈絡最爲清晰。

　　東漢的《穀梁》經師，最爲明顯的侯霸，其受於西漢房鳳，其次爲賈逵，其兼通五家《穀梁》之學。

　　經學因西漢末的今文經學學派本身務求別異，愈分愈多，致使經義的說解日漸歧異，令學者無所適從。致使古文經的興盛。武帝建武四年（28），韓

〔註1〕　參見清・柳興恩：《穀梁大義述・敍例》（臺北市：藝文印書館，民國 54 年）《皇清經解續編》南菁書院本，頁 11013。

歆上疏，欲爲《費氏易》、《左氏春秋》立博士，時爲博士的范升大爲反對，因爲立於學官的派別愈多，經義便愈難統一。章帝建初四年（79），在楊終的建議之下，決定仿西漢石渠閣會議，召集諸儒於白虎觀，討論五經經義。此之謂白虎觀會議。白虎觀會議的召開，就是爲了統一當時愈來愈繁雜瑣碎的經義說解。後由班固整理這些已被討論過的經義，撰成《白虎通義》。

東漢經學雖呈現今、古文壁壘分明的樣貌，然則學者治學實多兼通諸經。如馬融博通經籍，兼習古今，著《三傳異同說》。賈逵雖爲古學，然兼通五家《穀梁》之說。東漢末的鄭玄更是打破今、古文的藩籬，專主《左傳》，兼采《公羊傳》、《穀梁傳》，初步統一了東漢經學。

晉代的學者，大多秉承東漢學風，以《左傳》爲主，兼通三傳。晉代最重要的《穀梁》學者爲范甯。三傳中，《左傳》有杜預注、服虔注，《公羊傳》有何休注，而注《穀梁傳》雖有將近十家，然而卻沒有比較好的注本。以此，范甯作《春秋穀梁傳集解》。依楊士勛《春秋穀梁傳注疏·序》：「魏晉以來，注者有尹更始、唐固、麋信、孔演（衍）、江熙、程闡、徐仙民（邈）、徐乾、劉瑤（兆）、胡訥之。」〔註2〕除尹更始與劉向同爲西漢時人外，其餘九人皆爲魏晉以來注《穀梁傳》學者。而與范甯同時的徐邈，其所注《穀梁傳》見重於時，南朝宋的陸澄與王儉，就徐邈注與范甯注討論，當立何者於學官，後王儉立徐邈注《穀梁傳》爲學官。

南北朝時經學分立，雖南學從杜預注；北學從服虔注，然遵《左傳》則一。到了隋代，以南學統一北學，而《左傳》則以杜預注解大爲流行。唐代初，服虔注及《公羊》、《穀梁》二傳衰微，幾乎沒有人研習傳授了。

唐代初年，因自南北朝以來，說經者多自撰義疏，以致諸經注釋繁雜。唐太宗因經書文字多有訛誤，詔令前中書侍郎顏師古考定《五經》，在國內頒行，命令學生學習。以儒學門戶眾多，章句繁雜，詔令國子祭酒孔穎達與諸儒寫定《五經》經義的解釋，共一百七十卷，名叫《五經正義》。命令全國學習。

貞觀七年（633）頒新定五經，統一五經文本。《五經正義》正式頒行於永徽四年（653）。進而統一五經經義。唐、宋取士皆以《五經正義》爲標準，此書影響不可謂不大。唐代的五經是指《易》、《詩》、《書》、《禮》、《春秋》。

〔註2〕 參見清·阮元校：《十三經注疏·穀梁傳》（台北：藝文印書館，1981年，重刊宋本），頁7。

而顏師古考定《春秋》所根據的底本，只有《左傳》。且由於孔穎達秉持「疏不破注」的原則，以致《春秋正義》以杜預注解爲尊。唐代科舉以九經取士，因明經只考背誦，不重經義，故同爲大經的《左傳》因字數較《禮記》爲多，不受以考試目的而讀書的士子們所重。而《穀梁傳》雖同被列爲科舉考試科目之一，然實際上已經到了幾近廢絕的景況。

《春秋穀梁傳注疏》爲楊士勛以私人身份撰修，取范甯《集解》爲注，共二十卷。對於《穀梁》學的流傳，具有重大價值，爲現今研究《穀梁》學的主要著作，也是唐代義疏的代表作之一。於唐代經師中，最特殊的要屬劉蕡。其整篇對策共引十二條《穀梁》傳義議論國事，於整個唐朝中，屬絕無僅有。

中唐以後，啖助、趙匡、陸質一門開「捨傳求經」之風。啖助《春秋集傳》，集傳爲「集三傳之善」，對三傳加以通盤考察，決定去取，改變以往《春秋》學者專守一傳的傳統。此「擇善而從」，沒有「常師」的原則，開創逞臆說經的新風氣。此風一開，蔚爲時尚，唐代後來《春秋》學者多仿其著作。如：陳岳《春秋折衷論》，其對三傳作比較。於同一條經文，要找出三傳最貼切經旨的說法，摒棄不得其實的解說，此即所謂「折衷」；又，劉軻《三傳指要》，其對三傳之說加以權衡，去其粗疏，取其精華，去其訛誤，取其正解，然後繫之於經文之下。另有於方法上另闢蹊徑，欲統整三傳之例者。如：韋表微《春秋三傳總例》其自序言：「尤好《春秋》，病諸儒執一概，是非紛然。」又陸希聲《春秋通例》，《崇文總目》謂其「因三家之例，裁正其冗，以通《春秋》之旨。」而此風氣，導致了宋、元、明三代的「信經不信傳」之《春秋》學風，影響不可謂不大。

自啖助以降，以《春秋》爲名，內容引錄三傳，實際爲比較三傳者，不當錄其爲《穀梁》經師。然柳興恩撰寫〈述經師〉的目的，就是爲了述明《穀梁》學的傳授、但有一語涉及者皆輯錄之。此些著作確實引用《穀梁》傳文，且並非全然批駁，就此處觀之，將其列爲《穀梁》經師，確有柳興恩之道理。

宋代治《春秋》者甚多，而並不專主一傳，多沿啖助、趙匡、陸質主「捨傳求經」一派，以胡安國最爲明顯。宋人除不信三傳外，每每要對三傳權衡比較，斟酌棄取，務求探出春秋的眞義（此義或在三傳之中，或出三傳之外）。

唐代《五經正義》統一五經文本，亦統一對文本經義的說解。使得經學的發展受到束縛（唐代經學即停滯不前）。

　　宋初，由於統治者的提倡，加上社會的穩定，使得經學得以復興。然初期仍沿襲唐以來重文學不重經術，治經則固守注疏的學術傳統。被稱爲「宋初三先生」的孫復，是北宋前期最重要的《春秋》學者之一，其《春秋尊王發微》將「尊王」提到《春秋》大義的首位，繼承唐代啖、趙、陸三家說經之法，站到三傳之外，重新審視三傳說解。於宋代《春秋》學有極其深遠的影響。

　　仁宗慶曆（1041～1048）以後，宋代經學大盛，其中，劉敞《春秋權衡》，自稱以《春秋》三傳善惡褒貶每每相反，「權衡」即對三傳進行衡量，將對的說解保留，批駁錯的。可見宋代在唐代啖助、宋初孫復的「捨傳求經」的影響下，進而「信經不信傳」了。而以此「信經不信傳」的風氣影響之下，神宗熙寧年間（1068～1077）王安石改變了《春秋》經傳在官學中的地位：《春秋》不列於學官，科舉考試不以《春秋》取士。至此，《春秋》三傳失去官學的地位。

　　而宋代探究《春秋》經義者，又多崇此質疑傳義、專求經旨之風。如南宋胡安國《春秋傳》將春秋大義概括爲「尊君父、討亂賊、辟邪說、正人心、用夏變夷」，實借《春秋》抒發其政治理念、原則。其書在元、明兩代產生深遠影響。王晳《春秋皇綱論》討論《春秋》書法義例，考據辨別三傳、啖、趙得失。孫覺《春秋經解》，其對三傳及先儒所論不甚滿意，自稱「取其是而捨其非」，在比較三傳後，認爲「《穀梁》最爲精深」、「以《穀梁》爲本」，然在解經形式上，雖主《穀梁》，然實借解經闡發政治思想。崔子方治《春秋》從三傳入手，以三傳都不足信而「捨傳求經」。葉夢得從批評舊說入手，《春秋讞》在綜合啖、趙的《辨疑》與劉敞的《春秋權衡》的基礎上，「正其差誤而補其疏略」。元、明以降，此種治經風氣愈趨流行，《穀梁》益發一蹶不振。

　　元代統治者不重經學，更不重科舉，以致名義上的「尊經」亦不復存在。士子既無從透過科舉考試進入仕途，則研治經典自然不如前朝。元仁宗延祐（1314～1320）年間定科舉法，《春秋》用胡安國《傳》。在不重經學的風氣之下，用胡《傳》取士，而宋人「信經不信傳」的治經風氣，更是大大影響了元朝。

　　皮錫瑞《經學歷史》謂宋代儒者治學有其根基，是故即使背棄古義，仍然能夠自成一家之言。而元人則固守宋儒之書，於注疏之學所得甚淺。明人又謹守元人之書，對於宋儒更少去研究。中唐時，由啖趙一派所興起的捨傳

求經之風，影響了整個宋代學術，宋儒孫復棄傳不駁傳、劉敞駁三傳之義例、葉夢得駁三傳之典故。到了元代，程端學綜合了孫復、劉敞、葉夢得三家，對三傳極盡其攻駁之能事，其信經疑傳更甚於宋。

　　然仍有不以此「捨傳求經」之說為然者，如黃澤，其撰有《三傳義例攷》。其對唐、宋以來所有的《春秋》經說幾乎都不甚滿意，主張回到三傳。認為說《春秋》者應當「只據《左傳事實，而參以《公》、《穀》大義。」而其弟子趙汸基本承襲黃澤的觀點，主張回歸三傳。其稱得《春秋》之法就在「屬辭比事」，亦即歸納《春秋》之用語以及記事。

　　明代的統治者在開國之初即很重視儒學，然由於其時理學以取代經學的地位。再加上明代科舉考試雖遠勝於元代，然其對於經學的發展是毫無裨益的。明初科舉考試，據《明史‧選舉志二》為「《春秋》主《左氏》、《公羊》、《穀梁》三傳及胡安國、張恰傳。」但永樂十三年（1415）所修成《春秋大全》後，廢棄注疏而不用。加上考試文體的僵化，士子但求學會作八股，不必鑽研經典。是故明代《春秋》學最為衰微。

　　《春秋大全》全部襲取元人汪克寬《春秋胡傳附錄纂疏》，是書成於至正六年（1316），在元末甚為流行。其以胡安國傳為主，同時博考眾說而成書。而柳興恩逕將元人汪克寬置於明代經師之首，可反映出其對明代《春秋大全》的諷刺。且柳氏以汪克寬撰有《春秋諸傳提要》，列其為《穀梁》經師。

　　自啖助、趙匡一派開「捨傳求經」風氣以來，自唐代至明代中葉之著作，可反映出其影響之大。其著作有「折衷」、「權衡」、「辨疑」、「闕疑」、「考正」等俱是受此風影響所著。而宋人胡安國所著《春秋傳》對元、明兩代的影響甚大。此由明人著作出現「四傳」可知。「四傳」即《左傳》、《公羊傳》、《穀梁傳》、胡《傳》。

　　清代被皮錫瑞稱為「經學復興時期」，此時經師們的著作多為群經兼及《穀梁傳》，如：陸元輔《十三經注疏類鈔》、惠棟《九經古義》、余蕭客《古經解鉤沈》、阮元《十三經注疏校勘記》等。

　　在《春秋》學中，經師們亦一改元、明以來以《胡傳》為本——以《胡傳》為尊抑或駁斥《胡傳》——的情形。清初以顧炎武、毛奇齡、萬斯大為代表的經師，俱對明代以前徒言心性的治學態度不以為然，轉而追求實事求是，由文本入手，探究經典的「本義」和「經旨」。而回復到漢學的治學方法上來。「尊古信漢」為其經學家法。這樣的治學方法，解經時並不從比較三傳

說解優劣得失中得出《春秋》本義，而是分別對三傳進行文字訓詁及典章制度上的疏通。

乾嘉以後，柳興恩、許桂林、侯康、鍾文烝等人深感於《穀梁》學之衰微，先後撰作關於《穀梁傳》的專著，以期能繼《穀梁》絕學，使之不致汩沒。

以下就柳興恩《穀梁大義述·述經師》的「《穀梁傳》傳授流傳體系」、「侷限與疏失」、「評價與地位」三方面分別述之。

第一節　柳興恩《穀梁大義述·述經師》之《穀梁傳》傳授流傳體系

現透過「授受」、「著作」、「通經致用」三方面來分析柳氏《穀梁大義述·述經師》中所引錄經師，說明柳氏之《穀梁傳》的傳授流傳體系。

（一）就授受言之

柳氏以史傳明言其研讀、授受《春秋》兼及《穀梁傳》者，共八十五人。依史傳所載情形，約可分爲三：

1、史傳直言其通曉、授受《穀梁》者；

2、史傳但言其通《春秋》，不得而知是否確爲《穀梁》者；

3、史傳言其明《春秋》三《傳》，不專指《穀梁》者。

本文於查考歷來《穀梁》經師於《穀梁》學地位外，亦將經師之間的傳授情形，試圖作〈傳授表〉。《穀梁》傳授表〉於大多數經學史書籍中皆有，然多止於西漢。〔註3〕〈傳授表〉類似於〈世系表〉、〈譜系表〉〔註4〕。〈世系

〔註3〕如吳雁南、秦學頎、李禹階主編《中國經學史》、趙伯雄《春秋學史》、戴維《春秋學史》、劉汝霖《漢晉學術編年》等。

〔註4〕黃繼立對「譜系」一詞有過說明：「所謂的『譜系』相當於『譜牒』，意爲記錄氏族世系的文件。考『譜系』一詞出現甚早，遠在《隋書》卷三十三〈志第二十八·經籍二〉即見『譜系』一詞的使用記錄：『氏姓之書，其所由來遠矣。……及周太祖入關，諸姓子孫有功者，並令爲其宗長，仍撰譜錄，紀其所承。又以關內諸州，爲其本望。其鄧氏官譜及族姓昭穆記，晉亂已亡。自餘亦多遺失。今錄其見存者，以爲譜系篇。』可見『譜系』在最初運用上，即有氏族傳承的記錄之意。又《舊唐書》卷四十六〈志第二十六·經籍上〉之說，亦值得注意，其云『乙部爲史，其類十有三』而『十二曰譜系，以紀世族繼序』，則簡要地說明了『譜系』的功能，在於記載氏族世代間的繼承關係。一個氏族譜系的形成，完全建立在血緣關係上，因此就血緣上這點來說，凡隸屬同一譜系者，其血緣必有相同之處。」參見黃繼立，《「神韻」詩學譜

表〉只要確認血緣關係即可，〈傳授表〉情形較〈世系表〉複雜的多：有因家學傳承者，如瑕丘江公傳子至孫；有從經師受學者，如房鳳授於侯霸；亦有非為經師所傳，然直承前朝經師論者，如晉代董景道上承漢代鄭玄。〈世系表〉中，父可有多子，如魯惠公有魯隱公、魯桓公二子；兒子不可有二父。然〈傳授表〉中，經師可以授多位弟子，如榮廣授於蔡千秋、周慶、丁姓等；而弟子亦可以受於多位經師，如蔡千秋又受於皓星公。

　　周代，自卜子夏傳於穀梁子，穀梁子數傳至荀卿，荀卿傳於浮丘伯、毛亨。西漢時，因重師法與家法的緣故，其授受脈絡較諸其後各代清楚。浮丘伯傳於申公、陸賈，申公傳於瑕丘江公，瑕丘江公傳於江公子、衛太子、榮廣、皓星公。至此，西漢《穀梁》傳授分為兩支。榮廣傳於周慶、丁姓、蔡千秋，蔡千秋又受於皓星公，蔡千秋傳於尹更始，尹更始傳於尹咸、翟方進、房鳳，房鳳傳於侯霸；江公子傳於江公孫，江公孫傳於胡常、卓茂、劉向，胡常傳於蕭秉、蕭秉傳於逢萌。東漢亦可窺其輪廓，但不如西漢那般明顯。最明顯的是侯霸，其上承房鳳；卓茂從江博士受《穀梁》；逢萌受於蕭秉。馬融授於鄭玄、延篤；孫炎、董景道上承鄭玄。（見附表五）〔註5〕

　　魏、晉以後，雖間得某經師授某經師，或某經師上承前朝經師的情形。但總的來說，其時說經者多自撰義疏，已經不同於漢代恪守家法或師法了。晉代以范汪、范甯父子祖孫一門為《穀梁傳》作注，與范甯同時為《穀梁》作注者尚有徐邈。北朝傳授脈絡較南朝清楚：程玄傳於劉獻之、孫惠蔚；孫靈暉上承於孫惠蔚，下傳於孫萬壽；徐遵明傳於李鉉，李鉉傳馮偉；熊安生上承於徐遵明、李鉉、陳達，下傳於孫萬壽、劉焯、劉炫。（見附表六）〔註6〕

　　歷來經學史，皆以隋朝統一南北朝，南學、北學亦統一，以北學併於南學。唐代五經正義中，《左傳》遵南學杜預注。而為《穀梁傳》作疏的楊士勛師承劉炫。可知其遵北學，非如他經從南學。另，歷來所習見「啖、趙一派」除啖助、趙匡、陸質外，啖助亦傳於啖異、盧庇，盧庇傳於竇羣，陸質傳於呂溫。（見附表七）〔註7〕

　　唐代以後，能就授受成體系者，僅寥寥數人。宋代朱臨、孫復上承於陸

　　　系研究——以王漁陽為基點的後設考察》（高雄：國立成功大學中國文學研究所碩士，2002年）

〔註5〕　參見附錄：〈附表五：《穀梁》傳授流傳譜系表：周代至三國〉。

〔註6〕　參見附錄：〈附表六：《穀梁》傳授流傳譜系表：晉代至隋代〉。

〔註7〕　參見附錄：〈附表七：《穀梁》傳授流傳譜系表：唐代〉。

質。胡安國上承朱長文，下傳於汪克寬。（見附表八）〔註8〕元代俞皋受於趙
長鈞；黃澤傳於趙汸；吳萊傳於戴良。（見附表九）〔註9〕

清代有惠氏一門，惠士奇傳於惠棟，惠棟傳於余蕭客。朱筠、邵晉涵同
受於戴震；武億、洪亮吉同受於朱筠；陳壽祺、侯康同受於阮元。（見附表十
一）〔註10〕

（二）就著作言之

柳氏以其撰有著作，列爲《穀梁》經師者，共<u>二百五十四人</u>。依其著作
與《穀梁傳》關係之遠近，又可略分爲四：

（一）撰有《穀梁傳》專著者，計三十四人。

（二）著作爲《春秋》學範疇，兼及《穀梁傳》，計一百五十三人。依其
內容與《穀梁傳》關係之遠近，可約分爲五：

1、以《穀梁》別爲一節，雖非《穀梁》專著，柳氏仍列爲《穀梁》經師；

2、引《穀梁》傳文、傳義說解，雖非《穀梁》專著，柳氏從寬取之，列
爲《穀梁》經師；

3、內無《穀梁》傳文、傳義，柳氏從寬取之，列爲《穀梁》經師；

4、其書雖佚，尚有資可考者；

5、其書未見，但存其目，無可考者。

（三）著作爲經學範疇，兼及《穀梁傳》，計五十一人。依其內容與《穀
梁傳》關係之遠近，可約分爲五：

1、以《穀梁》別爲一節，雖非《穀梁》專著，柳氏仍列爲《穀梁》經師；

2、以《春秋》、三傳爲目，引《穀梁》傳文、傳義說解，雖非《穀梁》
專著，柳氏從寬取之，列爲《穀梁》經師；

3、以《春秋》、三傳爲目，通論三傳者，柳氏從寬取之，列爲《穀梁》
經師；

4、其書雖佚，尚有資可考者；

5、其書未見，但存其目，無可考者。

（四）因故無從歸類者：計十六人。

自穀梁子作《穀梁傳》後，西漢一代僅有尹更始作《穀梁章句》，其餘著

〔註8〕 參見附錄：〈附表八：《穀梁》傳授流傳譜系表：宋代〉。
〔註9〕 參見附錄：〈附表九：《穀梁》傳授流傳譜系表：元代〉。
〔註10〕 參見附錄：〈附表十一：《穀梁》傳授流傳譜系表：清代〉。

作皆無。蓋因西漢重師法、家法，故所授、所傳皆《穀梁傳》。自東漢始，則有如糜信、唐固等注《穀梁傳》，然東漢學者多兼通諸經，則反映於其著作上，如：馬融撰《三傳異同說》、許慎《五經異義》、孫炎《春秋三傳》注等。

晉代時，爲《穀梁傳》作注者甚眾，范甯、徐邈、孔衍、江熙、程闡、徐乾、劉兆、胡訥等人。以范甯注最好，唐代楊士勛取之作疏。

自唐代啖助、趙匡一派開「捨傳求經」風氣以來，自唐代至明代中葉之著作，可反映出其影響之大。其著作有「折衷」（如：唐代陳岳《春秋折衷論》、宋代吳孜《春秋折衷義》）、「權衡」（如：宋代劉敞《春秋權衡》、明代來集之《春秋權衡》）、「辨疑」（如：元代程端學《春秋三傳辨疑》、明代童品《春秋經傳辨疑》、陳肇曾《春秋四傳辨疑》）、「考正」（如：元代程直方《春秋諸傳考正》）等俱是受此風影響所著。

而宋人胡安國所著《春秋傳》對元、明兩代的影響甚大。此由明人著作出現「四傳」（如：徐溥《春秋四傳私考》、陳士芳《春秋四傳通辭》、夏允彝《春秋四傳合論》、王介之《春秋四傳質》）可知。「四傳」即《左傳》、《公羊傳》、《穀梁傳》、胡《傳》。

清初的經學著作多爲群經兼及《穀梁傳》，如：陸元輔《十三經注疏類鈔》、惠棟《九經古義》等。於《春秋》學中，亦一改元、明以來多以《胡傳》爲本的情形。乾嘉以後，《穀梁傳》的專著先後成書，如：侯康《穀梁禮證》、許桂林《穀梁傳時月日釋例》、鍾文烝《穀梁補注》、王闓運《穀梁申義》等。

（三）就通經致用言之

除授受、著作外，柳氏尚有以《穀梁》傳義議論時事者，共二十二人。略可分爲數種：

參與學術會議、學官（博士）、禮制、國事、經義等。漢代兩次學術會議，參與石渠閣會議的周慶、丁姓、劉向、尹更始、王彥、蕭望之等人、參與白虎觀會議的丁鴻、賈逵、班固等；其次，是討論立學官（博士），西漢的胥君安、東漢的范升、晉代的荀崧、南齊的陸澄、唐代的李元瓘、歸崇敬；還有討論禮制及國事者，東漢的張霸、翟酺、晉代的秦秀、唐代的于志寧、劉蕡。然自劉蕡以後，以《穀梁》傳義議論時事者，已是不可得而見。

可見無論是關於哪方面的討論，皆在唐代便嘎然而止。一方面是唐代以明經取士，專考背誦，無關經義通解與否的緣故，致使朝堂之士深究《穀梁》經義者愈來愈少。此種重文藝不重經術的情形，到了宋代愈趨嚴重。儘管宋

代關於《春秋》的著作數量遠勝於前代，然而，在「信經不信傳」的風氣之下，研究《穀梁傳》的人益發減少，更不用說要深入探究經義。柳氏於宋代以後，但凡其著作有片語隻言涉及《穀梁》傳文或傳義，即列爲《穀梁》經師。可證《穀梁傳》於唐代以後，益發傾頹的情形。

第二節　柳興恩《穀梁大義述‧述經師》之侷限與疏失

（一）柳興恩《穀梁大義述‧述經師》之侷限

柳興恩於《穀梁大義述‧敘例》中，除上述透過「授受」、「著作」、「通經致用」明顯可得《穀梁傳》的傳授流傳體系外，尚有史傳（或有資可據）謂其研讀、通曉《春秋》三傳，未能確知爲《穀梁傳》，而柳氏從寬取之；著作屬《春秋》學或經學範疇，未能確知爲《穀梁傳》專著，而柳氏從寬取之。

史傳（或有資可據）謂其研讀、通曉《春秋》三傳，未能確知爲《穀梁傳》，而柳氏從寬取之。如：馮豹教《春秋》，崔駰通《春秋》，沈麟士（南齊43）隱居教授，注《春秋》，熊安生從陳達（北周71）受三傳。

馮豹「教《春秋》」。其以《詩》、《春秋》同爲瑕丘江公所傳之家法，而馮豹既以《詩》、《春秋》教授弟子，視其所教授的《春秋》爲《穀梁》。將其列爲《穀梁》經師。

崔駰「通《春秋》」。以其所通《春秋》亦謂《穀梁》，所作〈達旨〉所謂「六經」，亦如同漢宣帝論六經於石渠。而〈達旨〉所言「譬猶衡陽之林，岱陰之麓。」、「伍員樹功於柏舉。」等文皆引自《穀梁傳》。將其列爲《穀梁》經師。

沈麟士「隱居教授，注《春秋》」。以其隱居在餘不吳差山，講解經學，教授學生，注解《春秋》，雖未能確知此《春秋》爲《穀梁傳》，然柳氏從寬取之，將其列於《穀梁》經師。

熊安生「從陳達（北周71）受三傳」。熊安生跟從陳達學習《春秋》三《傳》，雖非專傳授《穀梁傳》，然柳氏亦將其列爲《穀梁》經師。

以著作屬《春秋》學，不主《穀梁傳》，甚者有批駁，而柳氏從寬取之。如：李廉《春秋會通》、鄭玉《春秋闕疑》，童品《春秋經傳辨疑》。

李廉《春秋會通》：以胡傳爲主而駁正殊多，又參考諸家，並能撥其長義，

一事之疑，一辭之累，皆貫串全經以折衷之。如：卷一「二年春，公會戎于潛（此外交之始）」條：「《左氏》（脩惠公之好也，戎請盟公辭）《公羊》（注凡書會者，惡其虛內務，恃外好也。王者不治夷狄，錄戎來者勿距去者勿追）《穀梁》（會者，外爲主焉爾。知者慮，義者行，仁者守，有此三者，然後可以出會。會戎，危公也）胡氏（戎，狄舉號外之也。內中國而外四夷，使之各安其所也。正朔不加奚會同之有書會戎，譏之也）張氏（譏隱公降國君之尊，失中國之重。不脩政事，以啓猾夏之階）　案《春秋》書公會四十有六，皆諸侯之會也。獨會吳與會戎異詞。趙子曰：凡戎狄不書爵號，而君臣同詞是也。　附錄（春夏不書王月）《穀梁》（注凡年首月承于時，時承于年，文體相接。《春秋》因書王以配之，所以見王者奉時承天也。然《春秋》記事有例時者，若事在時例則時而不月，月繼事末則月而不書王，書王必皆上承春而下屬于月。文表年始事莫之先，所以致恭而不黷者。他皆放此。惟桓有月無王，以見不奉王法爾）」〔註11〕

　　鄭玉《春秋闕疑》：采《左氏》傳列於前，《公》、《穀》二家以下合於理者則取之。如：卷一「秋，武氏子來求賻」條：「王未葬也。公羊氏曰：武氏子何？天子之大夫也。其稱武氏子者何？譏父卒子未命也。何以不稱使？當喪未君也。穀梁氏曰：歸死者曰賵，歸生者曰賻。歸之者正也，求之者非正也。周雖不求，魯不可以不歸。魯雖不歸，周不可以求之。求之爲言，得不得未可知之辭也。交譏之。程子曰：武氏王之卿士。稱武氏，見世官。天王崩，諸侯不供其喪。故武氏子微求于四國。書之以見天子失道、諸侯不臣也。胡氏曰：古者君薨諒陰，百官總己以聽于冢宰三年。夫百官總己以聽，則是攝行軍國之事也。以非王命而不稱使，所以謹天下之通喪，而嚴君臣之名分也。張氏曰：仲子之喪，宰咺歸賵。而平工之喪，隱公不奔喪。不勝誅爲政，於王室者不能輔王以舉政刑，而遣使下求于列國。《春秋》書之，以見其隳體失政，取輕天下文武之澤斬然矣。」〔註12〕

　　童品《春秋經傳辨疑》：論《左傳》所載事迹凡九十三條，於三傳異同者，大旨多主《左氏》而駁《公》、《穀》。亦有少數贊同《穀梁》者。如：卷上「逆

〔註11〕　參見《景印文淵閣四庫全書》卷一百六十二（台北市：臺灣商務印書館，1986），頁186。
〔註12〕　參見《景印文淵閣四庫全書》卷一百六十三（台北市：臺灣商務印書館，1986），頁14～15。

婦姜于齊（文公四年）」條：「《穀梁》曰：婦，有姑之詞也。程子曰：納幣在喪志與喪婚同也。稱婦姜，已成婦也。胡氏曰：禫制未終，思念娶事，是不志哀而居約矣。方逆也而已成於婦，未至也而如在國中，原其意而誅之也。按莊公之娶哀姜，納幣于小祥之後，比之文公，殆有甚焉。但書曰夫人姜氏入，而不稱婦者時，文姜已沒，無姑之詞也。《穀》說似通。」〔註13〕

王熙元〈穀梁傳授源流考〉一文，謂柳興恩之《穀梁大義述・述經師》自周代卜子夏，迄清代王闓運，搜羅甚富。然惜其「仍有遺漏，或所取不宜，或引文繁簡失當」〔註14〕，失之於寬泛。然則若非此些經師，則自唐代楊士勛撰《春秋穀梁傳注疏》，至清代道光、咸豐的許桂林、侯康、柳興恩、鍾文烝四人，這幾近千年的時間，《穀梁》早已亡佚散亂。其對於《穀梁》傳文、傳義的討論、留存，其功亦不可沒。以此視其為《穀梁》經師，亦無可厚非。

此為柳書最大的侷限，亦為《穀梁傳》本身的侷限，亦是本文的侷限。

（二）柳興恩《穀梁大義述・述經師》之疏失

就經師言之，柳氏鉅細靡遺的收羅經師，然仍有所遺漏，以其可證與《穀梁傳》確實有關係者，補其所略收經師三人：浮丘伯、陸賈、李銳。不當列為《穀梁》經師一人：鍾興。

浮丘伯受《穀梁》於荀卿，授於申公，則當視為傳授《穀梁傳》的經師。陸賈則以其《新語》多處引《穀梁》傳文及用《穀梁》傳義，且以時代觀之，稍後於浮丘伯，則其當問《穀梁》於浮丘伯。清代的李銳，撰《春秋穀梁傳校勘記》，則當視為撰有《穀梁傳》專著的經師。鍾興從丁恭受《嚴氏春秋》，其當視為《公羊》經師。

就引文言之〈述經師〉中柳氏所徵引文獻與今本所傳不同。可分作經師姓名、著作名稱與引錄文獻三類。

經師姓名，如唐代「呂溫」誤作「徐溫」；「馮伉」誤作「馬伉」。著作名稱，如清代沈廷芳《十三經注疏正字》誤作「十二經」。引錄文獻，如西漢翟方進：「常為先經」，誤作「先進」；南朝宋王淮之之列傳於《南書》，柳氏引作《晉書》；北史徐遵明《春秋義章》作《春秋義》，少一「章」字；唐代劉

〔註13〕 參見《景印文淵閣四庫全書》卷一百六十七（台北市：臺灣商務印書館，1986），頁17。

〔註14〕 參見王熙元：〈穀梁傳傳授源流考〉，《孔孟學報》第28期（民國63年9月），頁219。

蕡對策文字與今本《新唐書》有異，有十有四處。(見附表四) 〔註15〕

第三節 柳興恩《穀梁大義述・述經師》之評價與地位

柳氏為繼《穀梁》千古絕學，欲集漢代以來之大成為目的而作《穀梁大義述》。舉凡有片語隻言與《穀梁傳》直接或間接相關，盡皆輯錄。引錄大量的文獻資料，羅列《穀梁傳》自東周卜子夏至清代王闓運之間的經師，以明此間《穀梁》於歷代流傳興衰的情形。歷來對柳書的評價可分略為三類：

一類是肯定柳興恩繼《穀梁》絕學，有阮元、陳澧、梁啓超等人。阮元稱許柳書扶翼孤經，為之作序。陳澧喟嘆其書精博，放棄著作《穀梁箋》及《條例》。梁啓超言「《穀梁》學自昔號稱孤微，清中葉以後稍振，其著作有鍾朝美文烝之《穀梁補注》、有侯君謨康之《穀梁禮證》、柳賓叔興恩之《穀梁大義述》，柳書較佳。」〔註16〕《穀梁》久屬孤經絕學，振興於清中葉，又謂柳書較佳。

一類是批評柳興恩專事抄書，未能深究《穀梁》義例，有孫詒讓、江慎中、馬宗霍等人。孫詒讓〈與梅延祖論穀梁義書〉云：「柳氏致力甚勤，而識鑒疏固，其書義例蕪雜，駢枝為累，未饜所聞也。」〔註17〕孫詒讓先稱許柳書用功之勤，然義例繁雜，不卒聞也。江慎中〈春秋穀梁傳條例敘〉云：「柳氏專事抄撮，絕無心得，其書內〈述例〉一篇，為排比日月而不及其他，若不知日月之外，別有義例者，其於《穀梁》之學，入之不深，已可概見。」〔註18〕直言柳氏專事抄書，無有心得，並稱未能深入探究《穀梁》。馬宗霍《中國經學史》：「獨治《禮記》者，……治《穀梁》者，如鍾文烝《穀梁經傳補注》、許桂林《穀梁傳時月日書法釋例》、柳興恩《穀梁春秋大義述》、侯康《穀梁禮證》，或短促不能具大體，或義不師古，或專明一端，故此二經無新疏。」〔註19〕清代經學以十三經新疏的著作為重要的成就，而《穀梁大義述》為柳氏與劉寶楠、

〔註15〕參見附錄：附表四：《穀梁大義述》與《新唐書》引劉蕡對策文字相異表。
〔註16〕參見梁啓超：《中國近三百年學術史》(臺北市：中華書局，民國51年)頁192。
〔註17〕孫詒讓《籀廎述林》卷十。
〔註18〕《國粹學報》六十八期。
〔註19〕參見馬宗霍：《中國經學史》(臺北市：臺灣商務印書館，民國55年9月臺一版)，頁153。「鍾文烝」誤作「蒸」。

劉文淇等人相約共撰十三經新疏的著作。今馬氏卻言《穀梁》未有新疏，即否定柳書的價值。

　　還有一類如本田成之等認爲柳興恩有蒐羅之功於後人。本田成之《中國經學史》稱「柳興恩的《穀梁大義述》，也是一樣，實際沒有甚麼大義的敍述。只是把關於《穀梁》的學說，彙齊羅列出來而已。」「替後人做下很大的工作，後人更應由此去比較及分析綜合地研究。」〔註20〕吳連堂《清代穀梁學》，稱「柳氏《大義述》最顯而易見者，及其搜羅整理之功，如其〈述日月例〉之分類排比，〈述師説〉之彙聚眾家，〈述經師〉〈述長編〉之周詳靡遺，皆可見其用力之勤；而搜羅之宏富，足顯前人於穀梁學之成績，且可供後人研習《穀梁》之資。又，《大義述》之分類論述，具明所由，體例分明，眉目清晰，爲當代《穀梁》著作所未及。」〔註21〕

　　就《穀梁》經師傳授言之，柳書較之於時代稍早的畢沅所著《通經表》〔註22〕於大多數的經師下僅註明其字（如：榮廣，字王孫）、籍貫（如：蔡千秋，沛人）、師承（如：江博士，江翁子授）。只有少數引文獻資料作補充（如：穀梁子，尸子一云「名俶，字元始」。鄭樵以爲有兩人，非是）更爲詳細。

　　就經學史的角度言之，自唐代楊士勛撰修《春秋穀梁傳注疏》，歷經唐、宋、元、明四朝，竟無《穀梁》學專著，至多與《左傳》、《公羊》相較。直至許桂林、侯康、柳興恩等人撰著《穀梁》專著，衰頹千年的《穀梁傳》，方有興盛之象。吳雁南、秦學頎、李禹階所編《中國經學史》即稱「此書（《穀梁大義述》）開了清代《穀梁傳》研究的先河。」〔註23〕

〔註20〕　參見本田成之：《中國經學史》（臺北市：廣文書局有限公司，民國68年5月初版），頁309。

〔註21〕　參見吳連堂，《清代穀梁學》（高雄：高雄復文圖書出版社，1998年2月），頁373。

〔註22〕　畢沅《通經表》作於乾隆四十六年（1781），主要分爲《易》、《書》（分古文、漆書古文、今文、中文、僞尚書）、《詩》（魯、齊、韓、毛）、《春秋》（左氏、公羊、穀梁）、《禮》（禮、周禮、論語附、孝經附）五經。其〈序〉言：「《穀梁》十一傳至侯霸。」其表關於《穀梁》傳授：「一孔子、二子夏、三穀梁赤、四孫卿、五申公、六江翁、七江翁子、榮廣、皓星公、八江博士、蔡千秋、周慶、丁姓、九胡常、尹更始、申章昌、十蕭秉、尹咸、翟方進、房鳳、十一侯霸。」

〔註23〕　參見吳雁南、秦學頎、李禹階：《中國經學史》（台北市：五南圖書出版股份有限公司，2005年8月初版）頁469。

參考書目

壹、古籍（依經史子集排列，各部下以時代先後為排列順序）

經部

1. 漢・鄭玄：《起廢疾》，《續修四庫全書》（上海：上海古籍出版社，2003年5月第1版）。

2. 唐・陸淳：《春秋集傳纂例》，《續修四庫全書》（上海：上海古籍出版社，2003年5月第1版）。

3. 唐・陸淳：《春秋微旨》，《續修四庫全書》（上海：上海古籍出版社，2003年5月第1版）。

4. 唐・陸淳：《春秋辨疑》，《續修四庫全書》（上海：上海古籍出版社，2003年5月第1版）。

5. 唐・陸德明：《經典釋文》，《續修四庫全書》（上海：上海古籍出版社，2003年5月第1版）。

6. 宋・楊甲：《六經圖》，《續修四庫全書》（上海：上海古籍出版社，2003年5月第1版）。

7. 宋・孫復：《春秋尊王發微》，《續修四庫全書》（上海：上海古籍出版社，2003年5月第1版）。

8. 宋・王晳：《春秋皇綱論》，《續修四庫全書》（上海：上海古籍出版社，2003年5月第1版）。

9. 宋・劉敞：《春秋權衡》，《續修四庫全書》（上海：上海古籍出版社，2003年5月第1版）。

10. 宋・劉敞：《春秋傳》，《續修四庫全書》（上海：上海古籍出版社，2003年5月第1版）。

11. 宋·劉敞：《春秋意林》,《續修四庫全書》(上海：上海古籍出版社,2003年5月第1版)。

12. 宋·劉敞：《春秋傳說例》,《續修四庫全書》(上海：上海古籍出版社,2003年5月第1版)。

13. 宋·孫覺：《春秋經解》,《續修四庫全書》(上海：上海古籍出版社,2003年5月第1版)。

14. 宋·崔子方：《春秋經解》,《續修四庫全書》(上海：上海古籍出版社,2003年5月第1版)。

15. 宋·崔子方：《春秋本例》,《續修四庫全書》(上海：上海古籍出版社,2003年5月第1版)。

16. 宋·葉夢得：《葉氏春秋傳》,《續修四庫全書》(上海：上海古籍出版社,2003年5月第1版)。

17. 宋·葉夢得：《春秋考》,《續修四庫全書》(上海：上海古籍出版社,2003年5月第1版)。

18. 宋·葉夢得：〈春秋穀梁傳讞〉《春秋三傳讞》,《續修四庫全書》(上海：上海古籍出版社,2003年5月第1版)。

19. 宋·呂本中：《春秋集解》,《續修四庫全書》(上海：上海古籍出版社,2003年5月第1版)。

20. 宋·胡安國：《胡氏春秋傳》,《續修四庫全書》(上海：上海古籍出版社,2003年5月第1版)。

21. 宋·高閌：《高氏春秋集註》,《續修四庫全書》(上海：上海古籍出版社,2003年5月第1版)。

22. 宋·陳傅良：《春秋後傳》,《續修四庫全書》(上海：上海古籍出版社,2003年5月第1版)。

23. 宋·程公說：《春秋分記》,《續修四庫全書》(上海：上海古籍出版社,2003年5月第1版)。

24. 宋·戴溪：《春秋講義》,《續修四庫全書》(上海：上海古籍出版社,2003年5月第1版)。

25. 宋·呂大圭：《春秋或問》,《續修四庫全書》(上海：上海古籍出版社,2003年5月第1版)。

26. 宋·陳深：《讀春秋編》,《續修四庫全書》(上海：上海古籍出版社,2003年5月第1版)。

27. 元·俞皋：《春秋集傳釋義大成》,《續修四庫全書》(上海：上海古籍出版社,2003年5月第1版)。

28. 元·程端學：《春秋本義》,《續修四庫全書》(上海：上海古籍出版社,2003年5月第1版)。

29. 元・程端學：《三傳辨疑》，《續修四庫全書》（上海：上海古籍出版社，2003 年 5 月第 1 版）。

30. 元・李廉：《春秋會通》，《續修四庫全書》（上海：上海古籍出版社，2003 年 5 月第 1 版）。

31. 元・鄭玉：《春秋闕疑》，《續修四庫全書》（上海：上海古籍出版社，2003 年 5 月第 1 版）。

32. 元・何異孫：《十一經問對》，《續修四庫全書》（上海：上海古籍出版社，2003 年 5 月第 1 版）。

33. 元・趙汸：《春秋屬辭》，《續修四庫全書》（上海：上海古籍出版社，2003 年 5 月第 1 版）。

34. 明・石光霽：《春秋書法鉤元》，《續修四庫全書》（上海：上海古籍出版社，2003 年 5 月第 1 版）。

35. 明・童品：《春秋經傳辨疑》，《續修四庫全書》（上海：上海古籍出版社，2003 年 5 月第 1 版）。

36. 明・湛若水：《春秋正傳》，《續修四庫全書》（上海：上海古籍出版社，2003 年 5 月第 1 版）。

37. 明・熊過：《春秋明志錄》，《續修四庫全書》（上海：上海古籍出版社，2003 年 5 月第 1 版）。

38. 明・王樵：《春秋輯傳》，《續修四庫全書》（上海：上海古籍出版社，2003 年 5 月第 1 版）。

39. 明・徐學謨：《春秋億》，《續修四庫全書》（上海：上海古籍出版社，2003 年 5 月第 1 版）。

40. 明・卓爾康：《春秋辨義》，《續修四庫全書》（上海：上海古籍出版社，2003 年 5 月第 1 版）。

41. 明・王介之：《春秋四傳質》，《續修四庫全書》（上海：上海古籍出版社，2003 年 5 月第 1 版）。

42. 清・唐晏：《兩漢三國學案》（台北：仰哲出版社，民國 79 年 11 月）〔1990〕。

43. 清・俞汝言：《春秋四傳糾正》，《續修四庫全書》（上海：上海古籍出版社，2003 年 5 月第 1 版）。

44. 清・張尚瑗：《三傳折諸》，《續修四庫全書》（上海：上海古籍出版社，2003 年 5 月第 1 版）。

45. 清・阮元校：《十三經注疏・詩經》（台北：藝文印書館，1981 年，重刊宋本）。

46. 清・阮元校：《十三經注疏・公羊傳》（台北：藝文印書館，1981 年，重刊宋本）。

47. 清・阮元校：《十三經注疏・穀梁傳》（台北：藝文印書館，1981 年，重刊宋本）。

48. 清・吳浩：《十三經義疑》，《續修四庫全書》（上海：上海古籍出版社，2003 年 5 月第 1 版）。

49. 清・沈廷芳：《十三經註疏正字》，《續修四庫全書》（上海：上海古籍出版社，2003 年 5 月第 1 版）。

50. 清・余蕭客：《古經解鉤沉》，《續修四庫全書》（上海：上海古籍出版社，2003 年 5 月第 1 版）。

51. 清・劉寶楠：《論語正義》（台北：文史哲出版社，民 79 年 11 月）〔1990〕。

52. 清・包慎言：《春秋公羊傳曆譜》（台北：《續修四庫全書》影印《皇清經解續編》本）。

53. 清・畢沅：《通經表》（北京：中華書局，1985 年）《叢書集成初編》本（北京市：中華書局，1985 年）。

54. 清・陳立：《公羊義疏》（台北市：台灣中華書局，民國 60 年）〔1971〕。

55. 清・侯康：《穀梁禮證》，《續修四庫全書》據清道光三十年伍氏粵雅堂刻嶺南遺書本影印（上海：上海古籍出版社，2003 年 5 月第 1 版）。

56. 清・許桂林：《穀梁釋例》，《皇清經解續編》南菁書院本（臺北市：藝文印書館，民國 54 年）〔1965〕。

57. 清・柳興恩：《穀梁大義述》，《皇清經解續編》南菁書院本（臺北市：藝文印書館，民國 54 年）〔1965〕。

58. 清・鍾文烝：《春秋穀梁經傳補注》，《續修四庫全書》據光緒二年鍾氏信美氏刻本影印（上海：上海古籍出版社，2003 年 5 月第 1 版）。

59. 清・皮錫瑞：《經學通論》（台北市：河洛圖書出版社，民國 63 年 12 月景印出版）〔1974〕。

史部

1. 漢・班固撰；唐・顏師古注；楊家駱主編：《新校本漢書集注并附編二種》（臺北市：鼎文書局，民國 75 年，《中國學術類編》）〔1986〕。

2. 晉・陳壽撰，南朝宋・裴松之注，楊家駱主編：《新校本三國志注附索引》（臺北市：鼎文書局，民國 69 年，《中國學術類編》）〔1980〕。

3. 晉・常璩撰，劉琳校注：《華陽國志校注》，（成都：巴蜀書社，1984 年 7 月第一版）。

4. 北齊・魏收撰，《西魏書》清・謝啓昆撰；楊家駱主編：《新校本魏書附西魏書》（臺北市：鼎文書局，民國 69 年，《中國學術類編》）〔1980〕。

5. 劉宋・范曄撰；唐・李賢等注；晉・司馬彪補志；楊家駱主編：《新校本

後漢書并附編十三種》（臺北市：鼎文書局，民國 70 年，《中國學術類編》）
〔1981〕。

6. 北齊・魏收撰；《西魏書》；清・謝啓昆撰；楊家駱主編：《新校本魏書附
西魏書》（臺北市：鼎文書局，民國 69 年，《中國學術類編》）〔1980〕。

7. 梁・沈約撰；楊家駱主編：《新校本宋書附索引》（臺北市：鼎文書局，
民國 69 年，《中國學術類編》）〔1980〕。

8. 梁・蕭子顯撰；楊家駱主編：《新校本南齊書》（臺北市：鼎文書局，民
國 69 年，《中國學術類編》）〔1980〕。

9. 隋・姚察、隋・謝炅、唐・魏徵、唐・姚思廉合撰；楊家駱主編：《新校
本梁書附索引》（臺北市：鼎文書局，民國 69 年，《中國學術類編》）
〔1980〕。

10. 隋・姚察；唐・魏徵、姚思廉合撰　楊家駱主編：《新校本陳書附索引》
（臺北市：鼎文書局，民國 69 年，《中國學術類編》）〔1980〕。

11. 唐・陸德明：《經典釋文・敍錄》，《叢書集成續編》本（臺北市：新文豐
出版公司，民國 74～75 年）〔1985～1986〕。

12. 唐・魏徵等撰；楊家駱主編：《新校本隋書附索引》（臺北市：鼎文書局，
民國 69 年，《中國學術類編》）〔1980〕。

13. 唐・房玄齡等撰；楊家駱主編：《新校本晉書並附編六種》（臺北市：鼎
文書局，民國 69 年，《中國學術類編》）〔1980〕。

14. 唐・李延壽撰；楊家駱主編：《新校本北史并附編三種》（臺北市：鼎文
書局，民國 69 年，《中國學術類編》）〔1980〕。

15. 唐・李延壽撰；楊家駱主編：《新校本南史附索引》（臺北市：鼎文書局，
民國 70 年，《中國學術類編》）〔1981〕。

16. 唐・李百藥撰；楊家駱主編：《新校本北齊書》（臺北市：鼎文書局，民
國 69 年，《中國學術類編》）〔1980〕。

17. 唐・令狐德棻等撰；楊家駱主編：《新校本周書附索引》（臺北市：鼎文
書局，民國 69 年，《中國學術類編》）〔1980〕。

18. 後晉・劉昫撰；楊家駱主編：《新校本舊唐書附索引》（臺北市：鼎文書
局，民 70〔1981〕，《中國學術類編》）。

19. 宋・歐陽修、宋祈撰；楊家駱主編：《新校本新唐書附索引》（臺北市：
鼎文書局，民國 70 年，《中國學術類編》）〔1981〕。

20. 宋・洪适：《隸釋　續隸》（北京：中華書局，2003 年）。

21. 宋・鄭樵撰：《通志 二百卷》（臺北市：臺灣商務印書館，民國 76 年）
〔1987〕。

22. 宋・王溥撰：《唐會要》，《叢書集成新編》本

23. 宋‧徐天麟：《西漢會要》，《叢書集成初編》本（北京：中華書局，1985年）。

24. 宋‧陳振孫：《直齋書錄解題》，《叢書集成續編》本（臺北市：新文豐出版公司，民國 74～75 年）〔1985～1986〕。

25. 宋‧晁公武：《郡齋讀書志》，《叢書集成續編》本（臺北市：新文豐出版公司，民國 74～75 年）〔1985～1986〕。

26. 元‧脫脫等撰，楊家駱主編：《新校本宋史并附編三種》（臺北市：鼎文書局，民國 69 年，《中國學術類編》）〔1980〕。

27. 元‧馬端臨撰：《文獻通考三百四十八卷》（臺北市：臺灣商務印書館，民國 76 年，《十通；第 7 種》）〔1987〕。

28. 明‧宋濂等撰；楊家駱主編：《新校本元史并附編二種》（臺北市：鼎文書局，民國 70 年）〔1981〕。

29. 清‧江藩撰：《漢學師承記》（台北市：明文書局，民國 74 年 5 月 10 日初版，《清代傳記叢刊》）〔1985〕。

30. 清‧永瑢等編撰：《四庫全書總目提要》（上海市：商務印書館，民國 22 年）〔1933〕。

31. 清國史館原編：《清史列傳》（台北市：明文書局，民國 74 年 5 月 10 日初版，《清代傳記叢刊》）〔1985〕。

32. 清‧阮元原編；清‧王先謙續編《皇清經解續編》（台北市：藝文印書館，民國 54 年）〔1965〕。

33. 清‧阮元編刊；（民國）王進祥重編：《重編本皇清經解》（台北市：漢京文化）。

34. 《景印文淵閣四庫全書》（台北市：臺灣商務印書館，1986）。

35. 清‧朱彝尊原著；汪嘉玲、張惠淑、張廣慶、黃智信點校：《點校補正經義考》（台北市：中央研究院中國文哲研究所籌備處，民國 86 年 10 月）〔1997〕。

36. 清‧高宗敕撰：《續通志 六百四十卷》（臺北市：臺灣商務印書館，民國 76 年）〔1987〕。

37. 二十五史編刊館；國防研究院：《仁壽本二十六史》（台北市：成文出版社有限公司，民國 60 年 10 月初版）。

38. 《正誼堂全書》（清康熙張柏行編同治左宗棠增刊本）。

子部

1. 漢‧陸賈撰；王利器校注：《新語校注》（北京市：中華書局，1986 年）。

2. 漢‧劉向撰：《說苑》（台北市；台灣中華書局，民國 60 年）〔1971〕。

3. 漢‧王充著，張宗祥校注：《論衡校注》（上海：上海古籍出版社，2010年3月第一版）。

4. 北宋‧王欽若等編：《冊府元龜》（北京：中華書局，1994〔民83〕）。

5. 宋‧李昉等奉敕編：《太平御覽一千卷》（臺北市：臺灣商務印書館，民國64年《四部叢刊三編，子部》）〔1975〕。

6. 宋‧王闢之撰；呂友仁點校：《澠水燕談錄》（北京：中華書局，1981年3月第1版）。

7. 宋‧王闢之撰；呂友仁點校：《澠水燕談錄》（北京：中華書局，1981年3月第1版）。

8. 宋‧王應麟：《玉海》（揚州市：廣陵書社，2007年12月第1版）。

9. 宋‧王應麟：《困學紀聞》（全校本）；清‧翁元圻等注：欒保羣、田松青、呂宗力校點（上海：上海古籍出版社，2008年12月第1版）。

10. 宋‧江少虞撰：《宋朝事實類苑七十八卷》（上海：上海古籍出版社，1981）。

11. 宋‧洪邁著：《容齋隨筆七十四卷》（上海：上海古籍出版社，1978）。

12. 清‧王先謙：《荀子集解》（臺北市：華正書局有限公司，1993年9月初版）。

13. 何寧撰：《淮南子集釋》（北京：中華書局，1998年10月第1版）。

集部

1. 宋‧朱長文：〈春秋通志序〉《樂圃餘薰》《景印文淵閣四庫全書》冊1119（台北市：臺灣商務印書館，1986）。

2. 宋‧程俱：〈漢儒授經圖序〉《北山小集》《台灣商務印書館（上海涵芬樓借江安傅氏雙鑑樓藏景宋寫本景印）》

3. 元‧戴良：〈春秋三傳纂元序〉《九靈山房集》《叢書集成新編》

4. 元‧劉軻：〈三傳指要序〉《劉希仁文集》《叢書集成新編》

5. 元‧吳萊：〈春秋傳授譜序〉《淵穎吳先生集》《叢書集成續編》（臺北市：新文豐出版公司，民國74～75年）〔1985～1986〕。

6. 明‧王夫之著：《船山全集》，（湖南：嶽麓書社，1993年1月第1版）。

7. 明‧朱右：〈春秋傳類編序〉《白雲稿》收於《續修四庫全書》（明初刻本影印）。

8. 清‧劉文淇撰；曾聖益點校：《劉文淇集》（台北：中央研究院中國文哲研究所，民96年12月）〔2007〕。

9. 清‧劉寶楠：《念樓集》；沈雲龍主編：《近代中國史料叢刊續編》（文海出版社）。

10. 清‧阮元：《揅經室續編》，《叢書集成初編》（北京市：中華書局，1985

年）。

11. 清・阮元：《揅經室再續集》，《續修四庫全書》（上海：上海古籍出版社，2003 年 5 月第 1 版）。

12. 清・陳澧，《東塾集》（台北：文海出版社有限公司，民國 61 年 6 月）〔1972〕。

13. 清・陳澧：《東熟讀書記》（台北市：廣文書局，民國 95 年）〔2006〕。

14. 清・陳慶鏞：《籀經堂類藁》（續修四庫全書）（上海：上海古籍出版社，2003 年 5 月第 1 版）。

15. 清・陳立：《句溪雜著》，《叢書集成續編》（臺北市：新文豐出版公司，民國 74～75 年）〔1985～1986〕。

16. 清・薛壽：《學詁齋文集》，《叢書集成續編》（臺北市：新文豐出版公司，民國 74～75 年）〔1985～1986〕。

17. 清・劉毓崧：《通義堂文集》，《叢書集成續編》（臺北市：新文豐出版公司，民國 74～75 年）〔1985～1986〕。

18. 清・劉恭冕：《廣經室文鈔》，《叢書集成續編》（臺北市：新文豐出版公司，民國 74～75 年）〔1985～1986〕。

19. 清・張宗泰著；沈雲龍主編：《魯巖所學集》，《史料叢刊》（台北縣：文海出版社，民國 64 年）〔1975〕。

貳、近現代著作（以出版時間爲排列順序）

1. 梁啓超：《中國近三百年學術史》（台北市：中華書局，民國 51 年）〔1962〕。

2. 余嘉錫：《四庫提要辨證》（台北縣：藝文印書館，民國 54 年）〔1965〕。

3. 支偉成：《清代樸學大師列傳》（藝文印書館，民國 59 年 10 月）〔1970〕。

4. 陳之邁：《東塾續集》（台北：文海出版社有限公司，民國 61 年 6 月）〔1972〕。

5. 汪宗衍：《陳東塾（澧）先生年譜》（台北：文海出版社有限公司，民國 61 年 6 月）〔1972〕。

6. 徐復觀：《兩漢思想史》（台北市：台灣學生書局，1976 年）。

7. 王德毅、李榮村、潘柏澄等編：《元人傳記資料索引》（臺北市：新文豐出版社，民國 68～71 年）〔1979～1982〕。

8. 劉汝霖：《漢晉學術編年》（台北市：長安出版社，民國 68 年 11 月）〔1979〕。

9. 葉國良：《宋人疑經改經考》（臺北：國立臺灣大學文學院，民國 69 年 6 月初版）《文史叢刊》之五十五〔1980〕。

10. 趙爾巽等撰；楊家駱校：《楊校標點本清史稿五百二十九卷，目錄一卷》（臺北市：鼎文，民 70 年）〔1981〕。

11. 汪惠敏：《三國時代之經學研究》（臺北縣：漢京文化事業有限公司，民

國 70 年 4 月《當代學術論著叢刊》第一輯第五冊）〔1981〕。

12. 徐復觀：《中國經學史的基礎》（台北市：台灣學生書局，民國 71 年）〔1982〕。

13. 周駿富編：《清代疇人傳》（台北市：明文書局，民國 74 年 5 月 10 日初版，《清代傳記叢刊》）〔1985〕。

14. 徐世昌纂：《清儒學案小傳‧孟瞻學案》；周駿富輯，《清代傳記叢刊‧學林類》（明文書局，民國 74 年 5 月）〔1985〕。

15. 李威雄：《中國經學發展史論》（台北市：文史哲出版社，民國 77 年）〔1988〕。

16. 汪惠敏：《宋代經學之研究》（臺北：師大書苑，1989 年）。

17. 林慶彰主編：《五十年來的經學研究》（1912～1987）（臺北：漢學研究中心，1994 年 4 月）。

18. 王葆玹：《西漢經學源流》（台北市：東大圖書公司，1994 年）。

19. 章權才：《魏晉南北朝隋唐經學史》（廣東：廣東人民出版社，1996 年 8 月第 1 版）。

20. 謝金良：《穀梁傳漫談》（台北市：頂淵文化事業有限公司，1997 年）。

21. 吳連堂：《清代穀梁學》（高雄：高雄復文圖書出版社，1998 年 2 月）。

22. 章權才：《宋明經學史》（廣東：廣東人民出版社，1999 年 9 月第 1 版）。

23. 吳智雄：《穀梁傳思想析論》（臺北：文津出版社，2000 年 6 月）。

24. 昌彼得等編：《宋人傳記資料索引》（臺北市：鼎文書局，民國 90 年）〔2001〕。

25. 周何：《春秋穀梁傳傳授源流考：兼論張西堂穀梁眞僞考》（台北市：國立編譯館出版，民國 91 年）〔2002〕。

26. 《續修四庫全書》編纂委員會：《續修四庫全書》（上海：上海古籍出版社，2003 年 5 月第 1 版）。

27. 趙航：《揚州學派概論》（揚州：廣陵書社，2003 年 11 月）。

28. 王章濤編著：《阮元年譜》（合肥：黃山書社，2003 年 10 月第 1 版）。

29. 張慰祖：《穀梁大義述補闕》，《續修四庫全書》（上海：上海古籍出版社，2003 年 5 月第 1 版，甲戌陶風樓石印本）。

30. 戴維：《春秋學史》（長沙：湖南教育出版社，2004 年 5 月）。

31. 趙伯雄：《春秋學史》（濟南：山東教育出版社，2004 年 4 月第 1 版）。

32. 吳雁南、秦學頎、李禹階：《中國經學史》（台北市：五南圖書出版社，2005 年 8 月）。

33. 北京圖書館出版社影印室輯：〈雷塘庵主弟子記〉（阮元）《乾嘉名儒年譜》（北京市：北京圖書館，2006 年）。

34. 北京圖書館出版社影印室輯：《晚清名儒年譜》（北京市：北京圖書館，2006 年）。

35. 趙昌智主編：《揚州學派人物評傳》（揚州：廣陵書社，2007 年 11 月）。

36. 江右瑜：《唐代《春秋》義疏之學研究——以詮解方式與態度爲中心》（臺北縣：花木蘭文化出版社，2009 年 3 月初版）。

37. 張慰祖：《穀梁大義述補闕》；收入林慶彰主編：《民國時期經學叢書》第四輯（台中市：文听閣圖書有限公司，2009 年 9 月，陶風樓景印本）。

38. 張曉芬：《天理與人欲之爭—清儒揚州學派「情理論」探微》（台北市：秀威資訊科技股份有限公司 2010 年 7 月）。

參、學位論文（以出版時間爲排列順序）

1. 王熙元：《穀梁范注發微》（台北：國立臺灣師範大學中國文學研究所博士，1970）。

2. 簡博賢：《今存三國兩晉經學遺籍》（台北：國立臺灣師範大學中國文學研究所博士，1980 年）。

3. 陳銘煌：《春秋三傳性質之研究及其義例方法之商榷》（台北：臺灣大學中國文學研究所碩士論文，1990 年）。

4. 李紹陽：《《春秋穀梁傳》時月日例研究》（台北：國立臺灣師範大學國文學系碩士，1994 年）。

5. 陳秀玲：《楊士勛《春秋穀梁傳注疏》之研究》（台中：國立中興大學中國文學系碩士，1995 年）。

6. 簡逸光：《《穀梁傳》解經方式研究》（台北：中國文化大學中國文學研究所碩士，2002 年）。

7. 黃繼立：《「神韻」詩學譜系研究——以王漁陽爲基點的後設考察》（高雄：國立成功大學中國文學研究所碩士，2002 年）。

8. 簡逸光：《《公羊傳》、《穀梁傳》比較研究》（宜蘭：佛光大學文學系博士，2007 年）。

肆、期刊論文（以出版時間爲排列順序）

1. 劉煥瑩：〈春秋穀梁傳柯氏釋例目錄敍〉，《書林》1：2（民國 26 年 3 月），頁 18～19〔1937〕。

2. 施之勉：〈劉向習穀梁不得有十餘年〉，《大陸雜誌》7：3（民國 42 年 8 月），頁 32〔1953〕。

3. 李曰剛：〈穀梁傳之著於竹帛及傳授源流考〉，《師大學報》第 6 期（民國 50 年 6 月），頁 237～244〔1961〕。

4. 戴君仁：〈春秋穀梁傳時月日例辨正〉，《孔孟學報》第 4 期（民國 51 年 9 月），頁 155～172〔1962〕。

5. 百閔：〈春秋穀梁傳與語意學〉，《國魂》第 301 期（民國 59 年 12 月），頁 45〔1970〕。

6. 李甲孚：〈春秋穀梁傳及其作者〉，《中央月刊》第 5：12（民國 62 年 10 月），頁 145～151〔1973〕。

7. 王熙元：〈穀梁傳傳授源流考〉，《孔孟學報》第 28 期（民國 63 年 9 月），頁 219～236〔1974〕。

8. 梁煌儀：〈春秋穀梁傳評介〉，《孔孟月刊》第 18：2（民國 68 年 10 月），頁 27～38〔1979〕。

9. 管東貴：〈穀梁傳「不孤子」與「緩帶」解：明史解經的一個案例研究〉，《中央研究院歷史語言研究所集刊》第 53：2（民國 71 年 6 月），頁 251～263〔1982〕。

10. 周何：〈穀梁傳之仁義觀〉，《教學與研究》第 12 期（民國 79 年 6 月），頁 123～126〔1990〕。

11. 孫劍秋：〈試從漢代古今字判定經書今古文本——以穀梁傳爲例〉，《東吳文史學報》第 11 期（民國 82 年 3 月），頁 17～27〔1993〕。

12. 林秀富：〈范甯「春秋穀梁傳集解」在解經觀念上的突破〉，《輔大中研所學刊》第 3 期（民國 83 年 6 月），頁 71～76〔1994〕。

13. 黃志誠：〈穀梁傳之正道觀〉，《輔仁國文學報》第 12 期（民國 85 年 8 月），頁 261～286〔1996〕。

14. 吳韋璉：〈三傳比義〉，《壢商學報》第 6 期（民國 87 年 5 月），頁 12～23〔1998〕。

15. 周何：〈穀梁傳〉，《國文天地》第 14：9=165（民國 88 年 2 月），頁 9～12〔1999〕。

16. 潘興：〈白虎觀會議與今古文經學之爭〉，《洛陽師專學報》第 18 卷第 1 期（1999 年 2 月），頁 87～88、137。

17. 程克雅：〈「春秋」三「傳」「逆祀」經解禮義釋論〉，《國立中央大學人文學報》第 23 期（民國 90 年 6 月），頁 1～39〔2001〕。

18. 吳智雄：〈《穀梁傳》中關於《春秋》史事記載原則的解釋觀念〉，《國立編譯館館刊》30：1/2（民國 90 年 12 月），頁 35～65〔2001〕。

19. 鄭良樹：〈論「春秋」記時例〉，《書目季刊》第 35：4（民國 91 年 3 月），頁 13～33〔2002〕。

20. 郜積意：〈論漢代《公羊》、《穀梁》之爭〉，《孔孟學報》第 80 期（民國 91 年 9 月），頁 31～60〔2002〕。

21. 文廷海：〈學術與政治的內在互動：兩漢春秋穀梁學的命運演替〉，《求索》

（2004 年 11 月），頁 238～240。

22. 文廷海：〈私學與官學之間：漢至唐春秋穀梁學之反向互動〉，《江西師範大學學報》第 38 卷第 2 期（2005 年 3 月），頁 78～82。

23. 劉國平：〈論襄公二十九年「吳子使札來聘」──以《春秋》三傳為文本〉，《人文暨社會科學期刊》第 1：2（民國 94 年 12 月），頁 15～24〔2005〕。

24. 周國琴：〈論程端學駁前儒以「日月時例」解經〉，《內蒙古大學學報（人文社會科學版）》第 38 卷第 5 期（2006 年 9 月），頁 84～88。

25. 申艷婷：〈論石渠格會議召開的緣由及其歷史影響〉，《懷化學院學報》第 25 卷第 10 期（2006 年 10 月），頁 99～101。

26. 王初慶：〈陸賈《新語》與《春秋穀梁傳》〉，《先秦兩漢學術》第 7 期（2007 年 3 月），頁 39～62。

27. 劉少虎：〈論王闓運《穀梁申義》的經學特色〉，《湖南大學學報》第 21 卷第 3 期（2007 年 5 月），頁 64～69。

28. 文廷海：〈多路並進、超越前代：清代春秋穀梁學研究〉，《求索》（2007 年 9 月），頁 213～216。

29. 周國琴，〈元儒程端學對《春秋》三傳的辯駁〉，《內蒙古民族大學學報（社會科學版）》第 33 卷第 5 期（2007 年 10 月），頁 9～12。

30. 李福長：〈3～9 世紀「春秋學」的整合與蛻變〉，《許昌學院學報》第 27 卷第 6 期（2008 年），頁 26～28。

31. 黃覺弘：〈論陸賈春秋學及其文學意義〉，《江南大學學報（人文社會科學版）》第 7 卷第 4 期（2008 年 8 月），頁 77～85。

32. 吳連堂：〈《穀梁》輯佚述評〉，《孔孟學報》第 86 期（2008 年 9 月），頁 167～207。

33. 張端穗：〈《公羊傳》與《穀梁傳》親親觀比較研究──以君王對待世子、母弟之道為探索焦點〉，《東海大學文學院學報》第 50 期（2009 年 7 月），頁 1～45

34. 吳連堂：〈穀梁傳之君臣關係析論〉，《孔孟學報》第 87 期（2009 年 9 月），頁 81～117。

35. 李紀祥、簡逸光：〈清學史中的《穀梁大義述》〉，《經學研究集刊》第 7 期（2009 年 11 月），頁 21～29。

36. 吳連堂：〈《穀梁傳》解經方式析論〉，《孔孟學報》第 88 期（2010 年 9 月），頁 3～46。

37. 吳智雄：〈論《穀梁》傳義在漢代的政治應用〉，《政大中文學報》第十六期（2011 年 12 月），頁 167～200。

伍、工具書

1. 清・吳榮光撰；陳垣校注：《中國古代名人生卒・歷史大事年譜》（北京：北京圖書館出版社，2002 年 10 月第 1 版）。

2. 姜亮夫：《歷代名人年里碑傳總表》（臺北市：臺灣商務印書館，54 年 4 月臺一版）〔1965〕。

3. 江慶柏編著：《清代人物生卒年表》（北京：人民文學出版社，2005 年 12 月）。

4. 朱彭壽編著：《清代人物大事紀年》（北京：北京圖書館出版社，2005 年 2 月。

附　錄

附表一：蔣元慶〈柳興恩穀梁述禮補缺〉所補〈述禮〉條目列表

〈述禮〉條目	〈述禮〉注闕者	蔣氏補缺情形
隱公十條	五年「禮，尊不親小事，卑不尸大功。」	補
桓公五條	三年「子貢曰:『免而親迎不已,重乎？』……」	補
莊公十三條	二十五年「天子救日。置五麾,陳五兵、五鼓。……」 二十七年「諸侯之嫁子於大夫,主大夫以與之。」 三十二年「男子不絕于婦人之手,以齋終也。」	補 補 補
閔公一條		
僖公六條	三年「委端搢笏而朝諸侯。」 九年「禮,柩在堂上,孤無外事。」 九年「許嫁,筓而字,……」 十五年「天子七廟……」 二十年「南門,法門也。」 二十四年「天子無出。」	補 補 未補 未補 補 補
文公八條	二年「壞廟之道,易檐可也,改塗可也。」 十三年「禮,宗廟之事,君親割,夫人親舂。」 十六年「毀泉臺……」	補 補 補
宣公三條	八年「聞大夫之喪,則去樂卒事。」 十五年「古者,什一藉而不稅。……」	補 補

〈述禮〉條目	〈述禮〉注闕者	蔣氏補缺情形
成公四條	元年「古者，立國家……」	補
	五年「免牲者……」	補
	十七年「宮室不設，不可以祭。……」	補
襄公八條	七年「禮，諸侯不生名。」	補
	十九年「墠帷而歸命乎介。」	補
	二十五年「古者，大國過小邑，……」	補
	二十九年「禮，君不使無恥，……」	補
	二十九年「古者，天子封諸侯，……」	補
昭公四條	七年「王父名字也。」	補
	八年「因蒐狩以習武事，……」	補
	十五年「古之人重死者，……」	補
定公一條	十四年「生曰脤，熟曰膰。」	補
哀公兩條		

附表二：《穀梁大義述》各篇體例分析表

	卷次	條目數	闕文數	條目排列順序
述日月例	卷一至卷五	九十二條	四條	以出現於經文的先後為序，以魯國十二公為目，依時間次第排列。
述禮	卷六	五十三條	二十七條	以魯國十二公為次，依經文次第為序。
述異文	卷七、卷八	三百零六條		據魯國十二公為先後次第。
述師說	卷九至卷十四	九位學者，四百零四條	四十四條	所舉學者以時代先後為次。
述經師	卷十五至卷十九	列舉經師三百六十七人		所列經師以時代先後為序。
述長編	卷二十至卷三十	七百一十四條	五百九十六條	各書以經史子集為目，四部之下，依書籍時代先後為次。

附表三：《穀梁大義述》全書雙行夾注內容列表

雙行夾注內容	述日月例	述禮	述異文	述師說	述經師	述長編
標識年份	○	○	○			
柳興恩案語	○	○	○	○	○	○
注「闕」	○	○		○		○
於引錄書籍下標註其篇目、卷次等		○		○	○	○
對字形、字音、字義作訓詁			○		○	○
歷來注、疏文字			○	○	○	
對文字的校勘			○			
註記條目				○		
引錄《穀梁》原文相參		○		○	○	○
引他書相參			○	○	○	
引他人說相參				○		

附表四：《穀梁大義述》與《新唐書》
引劉蕡對策文字相異表

《穀梁大義述》	《新唐書》
繼故不書即位	繼故必書即位
書其名	不書其君
譏疏遠賢士	春秋譏其疏遠賢士
以為其先君不得正其終	春秋以其先君不得正其終
能逐君側惡以安其君	以其能逐君側惡人以安其君
以其君漏言也	以其上漏言也
處父所以及殘賊之禍	處父所以及戕賊之禍
皆不知其所以	皆不知其所以然
魯僖公一年之中	魯僖公七月之中
以其人君有恤人之志也	以其君有恤人之志也
文公三年之中	魯文公三年之中
以其人君有閔人之心也	以其君無憫人之心也
齊桓公盟諸侯不日	齊桓公盟諸侯不以日
美其能壹明天子之禁	美其能宣明天子之禁

〈《穀梁》傳授流傳統系表〉凡例

一、依時代分爲七張表格：以周代至三國一張、晉代至隋代一張、唐代一張、
　　宋代一張、元代一張、明代一張、清代一張。

二、各表中，盡量以時代相近或輩分相近爲列。於經師下以（）標記其時代
　　與序號（此序號爲該經師於本文所加，以便與前文相互檢閱），如：「瑕
　　丘江公（西8）」則表示瑕丘江公爲周代至西漢中第八位經師。若未以（）
　　標記者，則非爲《穀梁》經師。爲節省空間，各朝代均以簡稱稱之：

　　（一）〈《穀梁》傳授流傳統系表：周代至三國〉：「周」表示周代、「西」
　　　　　表示西漢；「東」表示東漢、「三」表示三國；「補」，表示柳氏略而
　　　　　未收而本文補之。

　　（二）〈《穀梁》傳授流傳統系表：晉代至隋代〉：「晉」表示晉代、「宋」
　　　　　表示南朝宋、「梁」表示南朝梁、「魏」表示北魏、「齊」表示北齊、
　　　　　「周」表示北周、「隋」表示隋代，位於本文第二章第三節中。

　　（三）〈《穀梁》傳授流傳統系表：唐代〉：「唐」表示唐代。

　　（四）〈《穀梁》傳授流傳統系表：宋代〉：「宋」表示宋代。

　　（五）〈《穀梁》傳授流傳統系表：元代〉：「元」表示元代。

　　（六）〈《穀梁》傳授流傳統系表：明代〉：「明」表示明代。

　　（七）〈《穀梁》傳授流傳統系表：清代〉：「清」表示清代。

三、圖例：

　　↓ 表示有師承關係，如：房鳳（西28）授於侯霸（東4）。

　　⇣ 表示非直接傳授，爲間接傳承關係，如：董景道（晉20）上承鄭玄（東
29）。

　　---- 表示時代相同，相互問學者，如：范汪（晉3）與蔡謨（晉4）。

附表五：《穀梁》傳授流傳譜系表：周代至三國

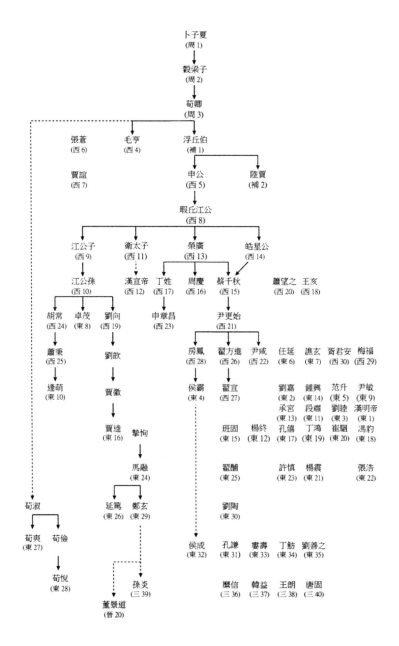

附表六：《穀梁》傳授流傳譜系表： 晉代至隋代

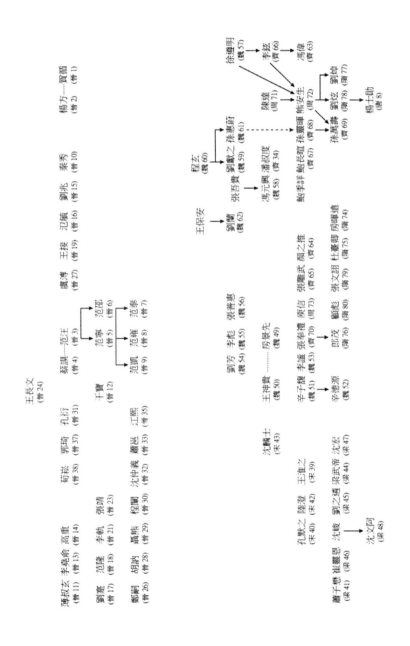

附表七：《穀梁》傳授流傳譜系表：唐代

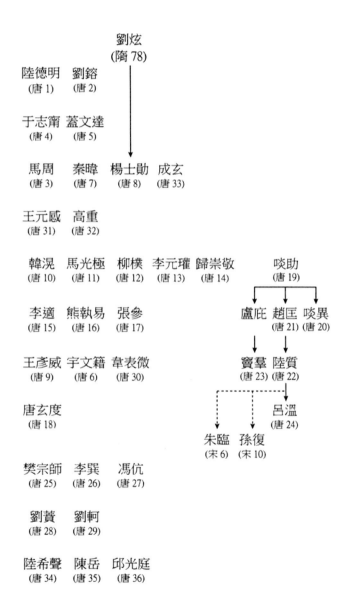

附表八：《穀梁》傳授流傳譜系表： 宋代

陸質
(唐 22)

賈昌朝　　吳孜　　劉敞　　　　　孫復
(宋 9)　　(宋 11)　(宋 12)　　　　(宋 10)

王晳　　范隱之　孫立節　章拱之　趙瞻　　朱臨　　劉巽　　杜諤　　孫覺
(宋 1)　(宋 3)　(宋 2)　(宋 4)　(宋 5)　(宋 6)　(宋 7)　(宋 8)　(宋 16)

劉弇　　呂本中　王沿　　王曉　　丁副　　任伯爾　李堯俞　崔子方　鄧名世　朱長文
(宋 17)　(宋 13)　(宋 14)　(宋 20)　(宋 21)　(宋 23)　(宋 27)　(宋 31)　(宋 19)

王日休　程俱　　葉夢得　于正封　許翰　　黃補　　余安行　晁說之　　　　胡安國
(宋 15)　(宋 25)　(宋 26)　(宋 28)　(宋 30)　(宋 35)　(宋 18)　(宋 22)　　　(宋 24)

汪澈　　鄭樵　　高閌　　黃敏求　張伯文　錢承志　鄭綺　　　　　　　　汪克寬
(宋 29)　(宋 32)　(宋 39)　(宋 35)　(宋 34)　(宋 36)　(宋 46)　　　　　　(明 1)

呂祖謙　陳傅良　戴溪　　胡箕　　謝疇
(宋 40)　(宋 41)　(宋 42)　(宋 47)　(宋 48)

畢良史　吳曾　　楊甲　　毛邦翰
(宋 45)　(宋 33)　(宋 54)　(宋 55)

許奕　　楊伯嵒　岳珂　　句龍傳　陳宓　　劉伯證　楊泰之　程公說　趙善湘　林希逸
(宋 52)　(宋 34)　(宋 43)　(宋 44)　(宋 49)　(宋 53)　(宋 56)　(宋 57)　(宋 58)　(宋 59)

王應麟　陳思謙　黃震　　呂大圭　趙孟至
(宋 60)　(宋 51)　(宋 62)　(宋 63)　(宋 64)

馬端臨　陳深　　陳德甯　蕭之美　李舜臣　敬鉉
(宋 61)　(宋 65)　(宋 66)　(宋 67)　(宋 68)　(宋 69)

附表九：《穀梁》傳授流傳譜系表：元代

趙長鈞
(元4)
↓

何異孫　郝經　歐陽長孺　俞皋
(元1)　(元2)　(元3)　(元5)

陳櫟　程端學　李廉　黃澤　吳萊　雷光霆　鄭玉
(元8)　(元6)　(元7)　(元9)　(元10)　(元11)　(元14)
　　　　　　↓　　↓
　　　　　　趙汸　戴良
　　　　　(元12) (元13)

單庚金　蔣宗簡　黃景昌　曾震
(元16)　(元17)　(元18)　(元19)

張樞　吳儀
(元20)　(元21)

附表十：《穀梁》傳授流傳譜系表：明代

胡安國
(宋 24)

↓

汪克寬　　陶凱　　朱右　　　　　張以寧
(明 1)　　(明 2)　　(明 3)

↓

　　　　　徐溥　　李舜臣　　周安　　石光霽
　　　　　(明 9)　(明 10)　(明 11)　(明 4)

湛若水　　童品　　金賢　　徐獻忠　　楊時秀
(明 8)　　(明 6)　(明 7)　(明 12)　(明 13)

王樵　　朱睦　　顏鯨　　顧起經　　唐順之　　徐學謨
(明 14)　(明 16)　(明 17)　(明 18)　(明 19)　(明 22)

熊過　　陳士元　　王圻　　董啟　　黃智　　徐允祿　　張岐然
(明 15)　(明 20)　(明 21)　(明 23)　(明 24)　(明 25)　(明 26)

高攀龍　　郭正域　　卓爾康
(明 27)　(明 30)　(明 39)

賀仲軾　　施天遇　　周應賓　　夏允彝　　來集之　　黃喬棟　　王介之　　梁斗輝
(明 31)　(明 32)　(明 33)　(明 35)　(明 36)　(明 37)　(明 38)　(明 40)

趙宦光　　蔣明玉　　陳士芳　　陳肇曾
(明 28)　(明 41)　(明 29)　(明 34)

附表十一：《穀梁》傳授流傳譜系表：清代

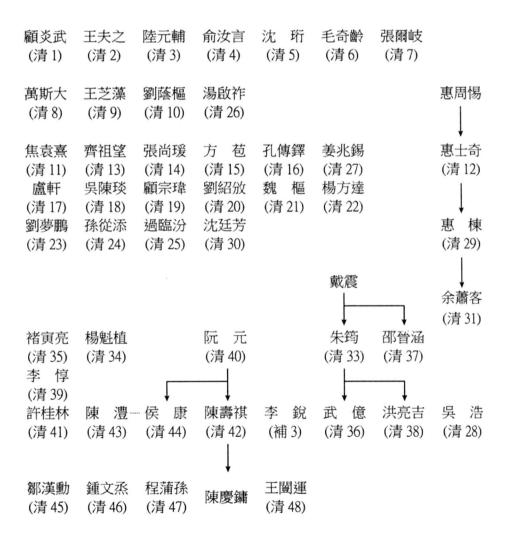

附表十二：柳興恩《穀梁大義述》相關大事繫年表

清帝紀元	年齡	柳興恩學行事蹟	他人相關事蹟
乾隆二十九年甲申 （1764 年）			阮元，正月二十日生，字伯元，號良伯、芸台。江蘇儀徵人。（享年八十六）
乾隆四十四年己亥 （1779 年）			許桂林，二月初十生，字同叔、百藥，號月南、月嵐。江蘇海州人。（享年四十三）
乾隆五十四年己酉 （1789 年）			劉文淇，字孟瞻，號竹嶼。江蘇儀徵人。（享年六十六） 阮元，二甲進士，編修，體仁閣大學士。
乾隆五十六年辛亥 （1791 年）			劉寶楠，二月初五生，字楚珍，號念樓。江蘇寶應人。（享年六十五）
乾隆五十七年壬子 （1792 年）			阮元撰《儀禮石經校勘季》四卷成，見六月自序。
乾隆五十九年甲寅 （1794 年）			梅植之，六月二十生，江蘇江都人。（享年五十）
乾隆六十年乙卯 （1795 年）	1	柳興恩，五月十六日生，字賓叔，號祇齋。江蘇丹徒人。（享年八十六）	

清帝紀元	年齡	柳興恩學行事蹟	他人相關事蹟
嘉慶三年戊午 （1798 年）	4		侯康，六月初七日生，字晙民，號君謨。廣東番禺人。 阮元撰《經籍纂詁》二百十六卷成，見九月臧鏞堂後序。
嘉慶十四年己巳 （1809 年）	15		陳立，五月二十一日生，字卓人，號句溪、默齋。江蘇句容人。（享年六十一）
嘉慶十五年庚午 （1810 年）	16		陳澧，二月十九日生，字蘭浦。廣東番禺人。（享年七十三）
嘉慶二十一年丙子 （1816 年）	22		許桂林，中式舉人，江蘇海州人。
嘉慶二十三年戊寅 （1818 年）	24		鍾文烝生，字殿才，號子勤。浙江嘉善人。（享年六十）
嘉慶二十四年己卯 （1819 年）	25		劉文淇，優貢生，江蘇儀徵人。
嘉慶二十五年庚辰 （1820 年）	26		劉文淇撰《左傳舊注考正》八卷成，見二月自序（是書至道光戊戌始刻）。
道光元年辛巳 （1821 年）	27		許桂林撰《穀梁釋例》四卷成（是書卒後始刻，今繫於九月之前。）許桂林，卒年四十三，入國史儒林傳。
道光四年甲申 （1824 年）	30		劉恭冕，九月初七日生，號勉齋。江蘇寶應人。（享年六十）
道光八年戊子 （1828 年）	34	相約各治一經	
道光十年庚寅 （1830 年）	36		阮元編刻《皇清經解》一千四百卷成，見九月夏修恕跋。
道光十二年壬辰 （1832 年）	38	柳興恩，中式舉人，句容縣訓導。	陳立撰《白虎通疏證》十二卷成，見九月自序。
道光十五年乙未 （1835 年）	41		侯康，中式舉人，廣東番禺人。
道光十六年丙申 （1836 年）	42	（阮元）始聞鎮江柳氏為《穀梁》之學。	阮元撰《經書古訓》六卷成，見自序。

清帝紀元	年齡	柳興恩學行事蹟	他人相關事蹟
道光十八年戊酉（1838年）	44	柳興恩治《毛詩》、《穀梁》	侯康撰《春秋古經說》二卷、《穀梁禮證》二卷成（諸書皆卒後始刻，今繫於此年）。侯康，卒年四十，入《國史·儒林傳》。
道光十九年己亥（1839年）	45		梅植之，中式舉人，江蘇江都人。
道光二十年庚子（1840年）	46	柳興恩撰《穀梁大義述》三十卷成，見阮元序。	劉寶楠進士。（阮元）柳氏興恩，渡江來，始得讀之。
道光二十一年辛丑（1841年）	47		陳立進士。
道光二十二年壬寅（1842年）	48		王先謙，七月初一日生，字益吾，號葵園。湖南長沙人。（享年七十六）
道光二十三年癸卯（1843）	49		梅植之，卒年五十。
道光二十四年甲辰（1844v）	50	陳澧謁阮元，見《穀梁大義述》。	
道光二十六年丙午（1846年）	52		鍾文烝，中式舉人，浙江嘉善人。
道光二十九年己酉（1849年）	55		阮元，卒年八十六。
道光三十年庚戌（1850年）	56	陳澧作〈柳賓叔穀梁大義述序〉	
咸豐四年甲寅（1854年）	60		劉文淇，卒年六十六。入國史儒林傳。
咸豐五年乙卯（1855年）	61		劉寶楠，《論語正義》若干卷止（此書尚未撰畢，後經其子恭冕續成之共二十四卷，見同治乙丑後序，今繫於九月之前）。劉寶楠，卒年六十五。入《國史·儒林傳》。
咸豐六年丙辰（1856年）	62		陳澧撰《漢儒通義》七卷成，見六月自序。
咸豐九年己未（1859年）	65		鍾文烝撰《春秋穀梁經傳補注》二十四卷成（書成後續有修改，至同治戊辰七月始定）。

清帝紀元	年齡	柳興恩學行事蹟	他人相關事蹟
咸豐十年庚申（1860 年）	66		《皇清經解》咸豐庚申補刊本
同治四年乙丑（1865 年）	71		劉恭冕補撰其父寶楠《論語正義》二十四卷成，見卷末後序。王先謙，二甲進士，編修，祭酒。
同治七年戊辰（1868 年）	74		鍾文烝《穀梁補注》自序又記時，修改始定。
同治八年己巳（1869 年）	75		陳立，卒年六十一。入《國史·儒林傳》。
同治九年庚午（1870 年）	76		梅毓舉人
同治十一年壬申（1872 年）	78		張慰祖生
光緒三年丁丑（1877 年）	83		鍾文烝，卒年六十。入國史儒林傳。
光緒五年己卯（1879v）	85		劉恭冕，中式舉人，江蘇寶應人。
光緒六年庚辰（1880 年）	86	柳興恩，卒年八十六。入《國史·儒林傳》。	
光緒七年辛巳（1881 年）			陳澧撰《東塾讀書記》十五卷成（原目二十五卷，澧卒時僅存十五卷，見廖廷相識語）
光緒八年壬午（1882 年）			陳澧，卒年七十三。入國史儒林傳。
光緒九年癸未（1883 年）			劉恭冕，卒年六十。入國史儒林傳。
光緒十一年乙酉（1885 年）			《皇清經解續編》開始徵書。
光緒十四年戊子（1888 年）			王先謙編刻《皇清經解續編》一千四百三十卷成，見六月自序。
民十七年丁巳（1917 年）			王先謙，卒年七十七。
民二十三年癸亥（1934 年）			《穀梁大義述補闕》刊成，柳詒徵〈跋〉。

附表十三：《穀梁大義述》經師分類表

	小計	總計
一、以其撰有著作，列爲《穀梁》經師者。依其著作與《穀梁傳》關係之遠近，又可略分爲四：		254
（一）撰有《穀梁傳》專著者。	34	
（二）著作爲《春秋》學範疇，兼及穀梁傳。	153	
（三）著作爲經學範疇，兼及穀梁傳。	51	
（四）因故無從歸類者	16	
二、以史傳明言其研讀、授受《春秋》兼及《穀梁傳》者。		85
三、以《穀梁》傳義議論時事者。		22
四、不當目爲《穀梁》經師者。		4